융합 미디어와 공익

방송통신 규제의 역사와 미래

나남
nanam

나남신서 1885

융합 미디어와 공익

방송통신 규제의 역사와 미래

2016년 9월 20일 발행
2019년 9월 20일 2쇄

지은이 강형철
발행자 趙相浩
발행처 (주) 나남
주소 10881 경기도 파주시 회동길 193
전화 (031) 955-4601(代)
FAX (031) 955-4555
등록 제 1-71호(1979.5.12)
홈페이지 http://www.nanam.net
전자우편 post@nanam.net

ISBN 978-89-300-8885-5
ISBN 978-89-300-8001-9(세트)

책값은 뒤표지에 있습니다.

나남신서 1885

융합 미디어와 공익

방송통신 규제의 역사와 미래

강형철 지음

나남
nanam

Convergent Media and the Public Interest

The History and Future of Broadcasting and Telecommunication Regulation

by

Hyung Cheol Kang

nanam

머리말

방송을 연구하는 나는 지난 7~8년간 통신 연구자들과 친분을 나누고자 노력했다. 방송통신 융합현상에 대한 이해와 실천의 방법 중 하나가 인적 교류라고 생각했다. 가까운 사람이 말하면 생소한 것에도 마음이 더 열리기 마련이다. 다른 패러다임을 지닌, 즉 서로 다른 색깔의 안경을 쓴 사람들 간에 현실 인식이 다를 것은 자명하다. 패러다임이 다른 방송계와 통신계가 융합현상을 놓고 같은 인식에 도달하기는 쉽지 않다. 하지만 자신이 보지 못하는 부분이나 색깔을 상대방은 볼 수 있다는 점만이라도 인정한다면 이해의 공유 및 확장 가능성은 그만큼 커진다. 경제학적 접근을 주로 한 통신 연구자들의 이야기를 귀동냥하고 방송학의 생각을 그들에게 털어놓고 말할 수 있었던 것은 참으로 귀한 기회였다.

나는 방송통신 융합이 가속화하는 현 상황에서 반드시 함께 되새겨

보아야 할 것이 '공익' 개념이라고 생각한다. '공익'은 방송이 추구하는 사회적 가치이고, 이와 달리 통신의 핵심적 가치는 '보편적 서비스'라는 인식이 있다. 그러나 그것은 오해이다. 역사를 추적하면 방송도 시작부터 보편적 서비스의 가치를 중요하게 생각했고, 통신에서도 처음부터 공익 가치가 핵심적이었다.

영어 'radio'가 무선통신과 방송을 모두 뜻하는 것에서 알 수 있듯이 방송과 통신은 애초부터 상호 구별된 사회적 구성물이 아니었다. 같이 출발한 방송과 통신이 각기 발전하다가 먼 길을 돌아 이제 다시 만나게 된 것뿐이다. 공익이라는 공통적 가치 아래 방송과 통신의 융합현상을 사회적으로 수용하는 것이 현명한 방법이라고 나는 믿는다.

공익이 있느니 없느니 하며 논란을 빚기보다는 양자 모두에게 전통적인 '공익' 개념으로 문제를 풀어 갈 필요가 있다. 융합현상을 사회적으로 받아들이는 방식을 공익 개념을 중심으로 모아 보자는 것이다. 공익이란 어떠한 현상 또는 문물이 개인만이 아니라 사회 전체에 이득이 된다는 뜻이다. "개인만이 아니라 사회 전체에도 이득이 된다"는 것 자체는 쉽게 반대하기 어려운 좋은 말이다. 그런데 중요한 것, 그리고 갈등을 불러일으키는 것은 "그러면 어떻게 해야 사회 전체에도 이득이 될 것인가"에 대한 논의일 것이다. 다시 말해, 융합현상에 대해 우리 사회가 어떻게 접근해야 사회 전체에 이득이 될 수 있을까, 즉 공익적일까를 논의해야 한다는 것이다.

전체에게 이득이 되는 것이 무엇인지, 그리고 그것을 어떻게 달성할 것인지는 시대와 상황에 따라, 그리고 문제의 대상에 따라 달라진다. 그러므로 공익의 뜻 자체를 필요에 맞게 바꾸어 나가면 된다. 공익은

'복지'와 같이 매우 추상적인 가치추구 개념이기 때문이다.

현 시점에 맞는 공익 개념과 그 실현 방법을 도출하기 위해 나는 방송통신 영역에서 나타난 공익의 기원부터 살펴보기 시작했다. 그것이 어디서 시작되어 시간이 흐르면서 어떻게 변화했는지를 추적하고자 하였다. 이것을 위해 활용한 학문적 시각은 '신제도주의'라는 것이다. 신제도주의는 제도를 인간 행위의 결과물로 보기보다는 이른바 독립변인으로 하여 그것의 역할에 주목하는 시각을 말한다. 신제도주의는 비공식적 관행과 규칙들에 주목하고 제도의 변화 요인을 분석한다. 신제도주의는 '공익'과 같은 가치 자체를 일종의 제도로 파악하여 이것의 변화상을 추적하는 데 용이하다. 특히, 공익과 같은 규범적 개념이 '이러저러한 뜻을 가진다'라는 식으로 '규범적으로' 주장하는 것이 아니라 규범 자체를 분석 대상으로 놓고 파악한다. 물론 이러한 신제도주의적 방법을 통한 객관적 분석 후에는 나의 '규범론'을 제시할 것이다.

이 책은 모두 8장으로 구성하였다. 우선 제 1장 "미디어 융합과 사회의 만남: 이해의 틀"에서 나는 분식의 틀인 신제도주의에 대해 설명할 것이다. 이어서 제 2장부터 제 5장까지는 역사적 접근을 통해 한국, 유럽, 미국에서 공익의 개념이 출발하여 그 이름 아래 방송과 통신이 국가 또는 사영 독점화하였다가 해체되는 과정을 살펴보려고 한다.

구체적으로, 제 2장 "통신의 공익 개념 출발과 역사적 전개"에서는 통신이 등장하면서 이에 공익 개념이 부여된 배경과 그 발전과정을 역사적으로 추적할 것이다. 제 3장 "방송 미디어 공익 개념의 출발과 역사적 전개"에서는 통신에서 분리해 나온 방송이 통신과 마찬가지로 공익 개념 아래 발전한 과정을 살펴본다. 제 4장 “통신 독점의 문제 제기와 민영화, 자유화”, 제 5장 “방송 독점의 해체와 민영화, 자유화”는 각각 통신과 방송 독점이 해체되는 과정을 그릴 것이다. 역사적 추적을 끝낸 뒤 제 6장 “융합미디어의 보편적 서비스”에서는 통신에게 핵심 개념으로 오해된 ‘보편적 서비스’ 개념에 대해 논의할 것이며, 제 7장 “융합 미디어의 공익”에서는 방송에게 핵심 개념으로 오해된 ‘공익’ 개념에 대해 살펴볼 것이다. 그리고 마지막 장인 제 8장 “결론: 융합시대의 공익과 실천”에서는 논의를 종합하여 기술결정론이 아닌 사회적 선택 현상으로 미디어 융합을 보아야 함과 유연한 새로운 공익 개념과 그에 따른 규제의 틀을 주장할 것이다. 이상의 논의는 그간 꾸준히 연구해 발표한 논문들에 기초하였다.

2004년 《공영방송론》, 2012년 《공영방송 재창조》에 이어서 단독으로, 그리고 나남출판사에서 내는 책이다. 매번 느끼는 바이지만 편집 교정 과정에서 보이는 나남 출판인들의 전문성이 존경스럽다. 대중성 없는 세부전공 출간을 이번에도 지지해 주신 조상호 회장께 감사한다. 이 책이 부디 방송계의 오랜 동료들과 통신계의 새 벗들 간의 상호 이해를 넓히는 데 조금이나마 도움이 되었으면 한다. 이것이 이 책을 출판한 가장 큰 동기였다.

2016년 9월
강 형 철

융합 미디어와 공익

방송통신 규제의 역사와 미래

차 례

제1장

미디어 융합과 사회의 만남

이해의 틀

서론인 이 장에서는 우리가 융합 전자 미디어 현상을 이해하는 데 필요한 틀을 제시하고자 한다. 이것은 미디어가 인간 사회에서 약속된 규칙, 즉 제도로서 자리 잡는 과정을 알기 위한 접근방법을 의미한다. 이를 위해 앞부분에서는 방송통신 융합현상을 이해하는 데 적합한 방법이 무엇인지 논의할 것이고, 뒷부분에서는 현실에서 방송과 통신의 규제 근거로 제시되는 공익의 가치 개념들에 대해 간략하게 설명할 것이다. 이러한 이해의 틀을 가지고 다음 장부터 전자 미디어와 사회가 만나는 과정을 추적하여 이 현상에 대한 일반적인 모습을 그려 내고자 한다.

1. 방송통신 융합의 공익 가치를 찾아서: 이해의 틀

1) 융합시대에 공익을 찾아야 하는 이유

2015년 말 이동통신사인 SK텔레콤이 케이블방송사업자 CJ헬로비전을 인수하겠다는 계획을 발표하자 방송계는 통신의 시장 논리가 방송의 공익성을 압도하게 될 것이라고 반발하였다. 대표적으로 이와 관련한 세미나에서 한 방송학자는 양사의 합병으로 "방송 플랫폼 선택의 다양성이 감소하고 지역채널 경쟁력이 저하될 것"이라고 우려하는 뜻을 밝혔다. 그러나 통신계는 일반적으로 이 합병 건에 우호적인 태도를 보였다. 한 경제학자는 세미나에서 "SK텔레콤의 투자로 인해 CJ헬로비전 등 케이블망이 기가급으로 업그레이드될 것이며 초고속 인터넷과 방송, 그리고 이동전화가 결합한 상품이 출시될 것"이라며, 이것은 "결과적으로 소비자 혜택으로 돌아간다"라고 말했다. 결국 공정거래위원회가 7개월간의 심사 끝에 합병을 허가하지 않음으로써 방송과 통신의 융합은 현실적으로 결코 쉬운 일이 아님을 보여 주었다.

이에 앞서 2000년대에도 인터넷망을 이용해 방송 서비스를 하는 IPTV가 방송인지 통신인지를 놓고 방송계와 통신계가 대립하였다. 방송계는 IPTV가 방송 서비스의 하나라고 간주하면서 이것을 방송법에 넣어 규제하려고 하였고, 통신계는 이것이 통신의 확장이라며 전기통신사업법으로 규제하면 된다고 주장하였다. 당시 방송위원회, 국회 문화관광위원회 의원, 지상파 및 케이블방송사업자, 방송학자들로 구성된 '방송 동맹'(?)과 정보통신부, 국회 과학정보통신기술위원회 의원,

〈그림 1-1〉 미디어 융합

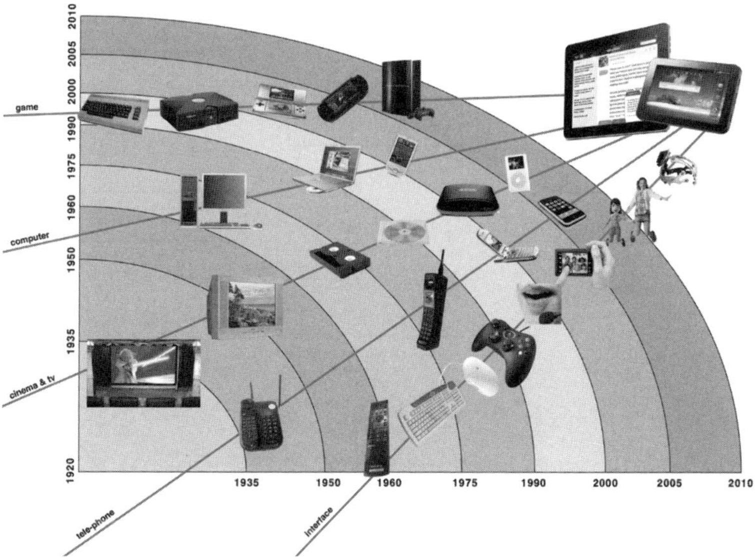

출처: www.garyphases.com

통신사업자, 통신 및 경제학자로 구성된 '통신 동맹'(?)이 한 치의 양보 없이 충돌했다.

물리적 충돌은 물리적 해결로 끝나기 쉽다. IPTV를 둘러싼 갈등은 2007년 12월 방송법도 아니고 전기통신사업법도 아닌 별도의 IPTV법(인터넷 멀티미디어 방송사업법)을 새로 제정하는 타협안으로 봉합되었다. 양자가 분리하여 다투기보다는 양자를 물리적으로 합쳐 버리면 문제가 해결될 것이라는 단순한 사고는 2008년 이명박 정부 출범과 함께 방송통신위원회를 출범시키는 출발점이 되기도 했다.

새로운 융합 미디어에 대해 어떠한 공익적 가치가 부여되고 이 가치 실현을 위해 어떠한 방식의 규제가 필요한 것인가에 대한 논의보다는

〈그림 1-2〉 한국 방송통신 정부부서 통합과 분리

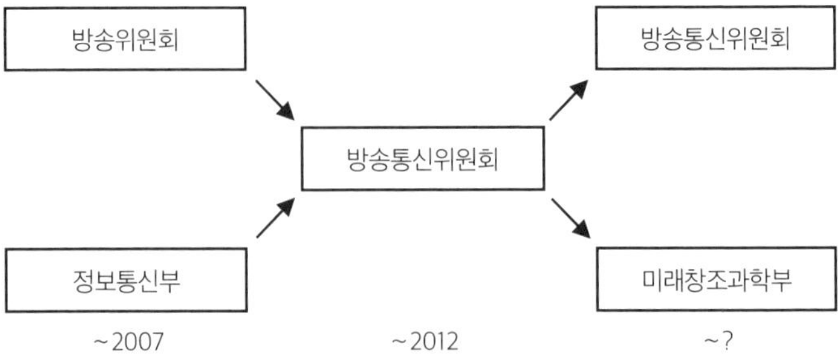

"방송통신 현상을 융합하기 위해서는 담당 기관을 융합하는 것이 효율적"이라는 논리가 앞선 것이다. 방송통신위원회는 방송과 통신의 '행정공학적 통합'이라고 할 수 있는 현상이다. 이 기구는 방송과 통신 영역의 결합에 따른 새로운 정책·규제 모델을 창출하기보다는 규제기관의 물리적 봉합을 통해 양자를 중심으로 한 이해 동맹의 타협을 이뤄 내기 위한 것이다.

방송통신위원회는 출범 이후 모든 미디어 현상에 통신 정책 및 규제 방식을 일원적으로 적용하는 경향이 강하다는 지적을 받는 한편(윤석민, 2010), 경제논리가 아닌 정치논리로 통신시장에 대한 왜곡이 일어나고 있다는 비판을 받기도 했다(강병준, 2012).

이러한 방송통신위원회 모델의 실험이 5년 동안 진행된 뒤 2013년 박근혜 정부 출범과 함께 방송통신 융합 업무는 다시 '성장동력 창출과 창조경제 구현'을 목적으로 한다는 미래창조과학부로 넘겨졌다. 방송계는 방송의 공공성이 방기될 것이라고 또 다시 반발하였고, 통신계는 그간 여러 부서로 흩어진 통신정책 기능이 수렴되지 못했다고 아쉬워하였다. 5년간의 시행착오를 겪고도 한국사회가 융합현상을 다루는 일에 대한 합의의 수준은 더 낮아졌다.

이 책은 '방송과 통신, 그리고 컴퓨터가 고도로 융합되는 현 시대에 융합 미디어의 공익 문제에 대해 방송계와 통신계가 허심탄회하게 뜻을 나누는 일이 매우 절박하다'는 생각에서 출발한다. 그간 방송과 통신이라는 양대 전자 미디어 현상은 각기 다른 사회적 가치, 즉 공익의 개념 아래 사회적 규제와 지원을 받으며 성장했다. 그런데 기술이 발전하고 정치경제적 조건이 변화하면서 양자가 융합되어 사회는 융합 미디어 현상에 맞는 공익 모델을 필요로 하게 되었다.

하지만 사회적 제도와 관련한 과거의 관행과 인식은 쉽게 바뀌지 않는다(March & Olsen, 1984). 융합현상에 따른 새로운 공익 개념이 만들어지는 것이 아니라 과거의 방송이나 통신에 각각 적용되었던 것들이 물리적으로 충돌하는 것에 머물고 만다. 위의 사례에서 보았듯이 방송사와 방송학자, 관련 규제기관 등 '방송계'는 문화적 가치를 중시하는 '과거의' 방송 공익성이 통신의 시장논리에 의해 훼손되고 있다며 우려를 표명한다. 반면에 통신업계와 경제학자, 관련 규제기관 등 '통신계'는 경제적 후생을 중시하는 '과거의' 통신 공익성이 방송의 정치논리에 의해 훼손되고 있다며 불만을 보인다.

융합 미디어 질서를 포괄하는 목표 가치를 도출하기란 매우 어려운 작업이 되었다. 새로운 융합 미디어가 공공의 이익에 기여하는 바가 무엇인지를 생각해 내고 이것을 이루기 위해 어떤 질서를 만들 것인지 공동된 이해를 만들어 내기가 쉽지 않다는 이야기다. 그런데 잘 생각해 보면 이것은 여기에 참여하는 규제자, 학자, 사업자 등 관계자들이 기존의 인식체계를 벗어나는 데 필요한 정신적 투입과 기득권 포기를 최소화하려는 일종의 합리적 선택의 결과이기도 하다. 통신계는 방송계가 주장하는 공익성 개념을 '지대추구'[1]를 위한 명분이라며 폄하하며, 방송계는 통신계의 경제논리와 수리적 방법론 자체가 기득권을 보호하는 장치라고 비난한다. 양자는 상호 이해의 장벽을 넘기가 어렵기 때문인지 융합 미디어의 공익보다는 융합되지 않은 과거의 상태로 돌아가기를 원한다. 이러한 상황에서 방송과 통신, 그리고 이에 더해 고도화된 컴퓨터 기술과 인터넷이 결합해 하루가 다르게 새로운 변화를 쏟아 내는 시대에 미디어 융합현상을 통괄할 공익 가치의 정립은 시급한 사회적 과제라고 할 수 있을 것이다.

이에 따라 이 책은 방송과 통신의 공익 개념의 발전과정을 분석하고, 새로이 등장하는 융합 미디어 현상이 가져오는 새로운 공익의 가치와 이에 부응하는 규제 패러다임과 정책 방향을 제시해 보고자 한다.

2) 관련 패러다임들

같은 현상에 대한 다른 접근은 그것을 '바라보는 눈', 즉 패러다임 자체

---

1) '지대추구'(*rent seeking*)란 경제 주체들이 자신의 이익을 위해 로비, 약탈, 방어 등 비생산적인 활동을 함으로써 경제력을 낭비하는 현상을 말한다. 예를 들어, 어떤 사람이 단독으로 면허를 받아 독점사업을 하면 별다른 노력 없이도 경쟁 상태와는 다른 초과 소득을 얻을 수 있다. 각 경제 주체들이 이와 같은 지대를 얻기 위해 경쟁을 벌이는 행위를 지대추구 행위라고 한다(출처: 이종수, 《행정학사전》). 여기서 지대(地代)란 말 그대로 '땅의 대가'로서, 땅 주인이 일을 하지 않고도 토지를 빌려준 대가로 얻는 이득이다. 자본이나 노동 등 필요한 노력의 투입 없이 이득을 보려는 행위라 하여 '지대추구'라고 하는 것이다.

가 다르기 때문에 발생한다. 서로 다른 패러다임은 같은 현상의 다른 측면과 색깔과 질감을 본다. 미디어라는 사회현상도 본질적으로 과거에 비해, 또는 다른 사회현상에 비해 특별히 달라진 것이 없을지라도 그것을 바라보는 패러다임은 변할 수 있다. 이 책이 방송과 통신의 융합현상을 분석하는 데 이용한 패러다임은 신제도주의(*New Institutionalism*) 관점이다.

우리 사회가 제도적 측면의 미디어 현상을 다루는 방식을 크게 두 가지로 구분해 볼 수 있다. 그 하나는 '기능주의'(*Functionalism*) 관점이고, 다른 하나는 '신제도주의' 관점이다. 기능주의는 말 그대로 미디어가 사회에 어떻게 기능하는지, 즉 미디어의 개인적, 사회적 기능에 관심을 두는 관점이다. 우리가 일반적으로 접하는 미디어에 대한 비평이나 분석 대부분은 기능주의적 관점에서 시작한다. 반면에 신제도주의는 미디어가 다른 사회 구성요소들과 상호작용하는 것 자체에 더 관심을 둔다. 기능주의 패러다임이 미디어가 사회에서 어떠한 기능을 하는지를 주로 관찰한다면, 신제도주의 패러다임은 이것이 국가, 자본, 시민사회 등 다른 역할자들과 어떻게 상호작용하는지에 주목한다.

이것과 다른 차원의 분류 방식으로, 사회를 이해하는 패러다임들을 '기능·공리주의적(*functionalist/utilitarian*) 접근'과 '제도주의적(*institutional*) 접근'으로 나눌 수도 있다. 이것은 국제정치학자 스티븐 크래스너(Stephen Krasner)의 구분에 따른 것이다(Krasner, 1988). 이 중 기능주의적 접근은 바로 앞에서 보았듯이 어떠한 사회적 구성물이나 제도는 특정한 사회적 목표를 위해 기능한다는 것을 전제로 한다. 그런데 기능주의적 시각은 사회적 효용을 극대화하는 것을 목표로 하는 공리주의 패러다임과 같이할 경우가 많다.

공영방송 제도를 예로 들어 이런 경우를 설명해 보자. 공영방송은 사영방송과 차별화된 콘텐츠와 서비스를 제공하여 그 사회를 통합하고 방송의 수준을 고양하는 기능을 한다(강형철, 2012). 이때 공영방송 서비스는 특정 계층의 사람만이 아닌 최대한의 사람들에게 최소한의 비용으로 최선의 정보와 문화를 서비스하는 것이 바람직하다. 여기서 '사회통합과 방송 수준 고양'이라는 것은 기능주의적으로 공영방송을 바라보는 것이고, '최소 비용으로 최선의 효과'를 얻고자 하는 것은 공리주의 패러다임을 뜻한다.

그러나 기능주의와 공리주의는 항상 함께 어울리는 것이 아니다. 기능주의는 사회의 한 구성요소를 그것이 기능하는 바를 통해서만 파악하려고 한다. 기능하지 않으면 의미가 없다. 의도되었든 아니면 결과적으로 그렇게 되었든 기능주의의 관심은 모든 것들의 기능에 몰려 있다. 이와 달리 공리주의는 효용을 위한 선택에 주목한다. 이 패러다임은 인간행위의 특징이 최대한의 효용을 얻으려는 선택이나 의도적 결정에 있다고 판단한다. 거시적으로도 모든 제도 또한 계산된 결정들의 결과라고 본다. 어떠한 사회현상의 기능을 중요시하는 것과 그것에서 최대한의 효용을 얻으려는 것은 유사한 생각인 것 같지만 꼭 그렇지만은 않다. 예를 들어 공영방송이 신뢰할 만한 좋은 정보와 높은 품질의 오락을 제공하며 바른 '기능'을 하기 원하는 것과 공영방송이 효율적으로 운영되기를 원하는 것은 다른 생각일 수 있다.

크래스너가 구분한 것과 달리 기능주의와 공리주의의 반대 방향에 반드시 제도주의가 있는 것도 아니다. 기능주의가 제도주의와 함께 가

〈표 1-1〉 미디어 제도 이해를 위한 접근법

	기능주의	신제도주의
공리주의	구조기능주의 (Structural Functionalism)	합리적 선택 제도주의 (Rational Choice Institutionalism)
비공리주의	도구주의 (Instrumentalism)	역사적 제도주의 (Historical Institutionalism)

는 경우도 있으며, 공리주의와 제도주의가 함께하는 경우도 있다. 이런 점을 고려해 공리주의의 반대편에 있는 것을 편의상 '비공리주의'라고 불러 보자. 그리고서 앞에서 설명한 기능주의 패러다임과 신제도주의 패러다임으로 구성된 하나의 축을 놓고 공리주의와 비공리주의의 축을 교차하면 〈표 1-1〉처럼 4가지의 패러다임 유형을 구분해 이해할 수 있다.

기능주의가 제도를 한 사회의 발전을 위해서 또는 특정 계급을 위해서 기능하는 수단으로 파악하는 반면에, 신제도주의는 사회적 결정에 "제도가 역할하는 바에 대해 설명"하고자 한다(Hall & Taylor, 1996: 936). 즉, 공식적 규칙과 비공식적 규범 등 제도적 제약 아래 사회적 선택이 이루어지는 바에 관심을 둔다(Clemens & Cook, 1999: 444). 신제도주의는 제도를 기능적으로 바라보아 이것을 하나의 조건으로 이해하던 종전의 시각에서 벗어나 제도 자체를 하나의 주체로 놓고 이것이 변화하는 패턴을 찾고자 하는 것이다.

한편, 공리주의가 사회의 안정성, 의사결정에 참여하는 주체들의 힘의 균형, 의사결정의 합리성을 전제한다면 비공리주의는 사회의 불안정성, 힘의 불균형, 의사결정의 비합리성에 주목한다. 이것은 곧 독일 사회학자 랄프 다렌도르프(Ralf Dahrendorf)가 사회학 이론을 '통합이론'(*Integration Theories*)과 '갈등이론'(*Conflict Theories*)으로 나눈 것과 크게 다르지 않다(Dahrendorf, 1959). 다렌도르프는 사회 이론을 이같이 두 가지로 분류하면서 통합이론은 안정, 균형, 기능적 조정, 합의 등의 사회현상에 주목하는 반면, 갈등이론은 변화, 불균형, 갈등 등에 관심을 둔다고 보았다. 사실, 2개의 서로 다른 패러다임은 같은 현상(미디어 제도)을 설명하기보다는 서로 다른 현상을 설명한다. 통합이론적 패러다임은 안정된 사회에서 이루어지는 현상을 분석하는 한편 갈등이론적 패러다임은 사회 내 힘의 균형이 안정적이지 않고 가변적인 상황에서 현상을 분석하고자 하는 것이다.

이제 이 2개 차원(기능주의/신제도주의와 공리주의/비공리주의)을 교차했을 때 구분되는 4가지 유형의 접근법에 대해 설명해 보기로 하자. 우선, 사회제도의 기능을 중요하게 분석하는 구조기능주의는 공리주의적 측면의 기능주의이다. 또한 미디어의 도구성을 지적하는 비판이론은 비공리주의적 측면의 기능주의로서 도구주의라고 이름 붙일 수 있겠다. 신제도주의 패러다임 중에서도 공리주의적 측면을 지니는 것이 합리적 선택 제도주의이고 비공리주의적 측면의 것이 역사적 제도주의이다.

물론 신제도주의를 이렇게 두 가지로만 나누는 것은 지나친 일반화일 수도 있다. 이 패러다임이 포함하는 유형들에 대해서는 학자들마다 다양한 방식을 제시하기 때문이다. 예를 들어, 정치학자인 피터 홀(Peter Hall)과 로즈메리 테일러(Rosemary Taylor)는 신제도주의를 역사적(*historical*) 제도주의, 합리적 선택(*rational choice*) 제도주의, 사회학적(*sociological*) 제도주의로 나눈다(Hall & Taylor, 1996). 또한 행정학자 비비안 로운데스(Vivian Lowndes)는 신제도주의의 유형을 ① 규범적 제도주의, ② 합리적 선택 제도주의, ③ 역사적 제도주의, ④ 실증적 제도주의, ⑤ 국제적 제도주의, ⑥ 사회학적 제도주의, ⑦ 네트워크 제도주의, ⑧ 구성주의 제도주의, ⑨ 여성주의(*feminism*) 제도주의 등 무려 9개로 구분한다(Lowndes, 2010).

하지만 지금 설명하는 미디어 제도에 대한 패러다임의 설명에서는 신제도주의를 합리적 선택 제도주의와 역사적 제도주의, 두 가지로만 구분하고자 한다. 관념과 문화적 측면을 강조하는 사회학적 제도주의도 넓게 보면 역사적 제도주의에 포함할 수 있고, 기타의 자세한 분류들 또한 합리적 선택 제도주의나 역사적 제도주의 접근의 구분에 비하면 상대적으로 지엽적이기 때문이다. 유형화(*typology*)라는 것이 이전에 미처 파악하지 못했던 현상의 측면을 이해하기 위한 발견적(*heuristic*) 기능이 목적이라면 이 같은 제한된 구별이 현상을 분석하는 데 도움이 될 수 있을 것이기 때문이다.

(1) 구조기능주의

구조기능주의에서는 한 시스템은 전체 사회 시스템에 대하여 하나의 기능을 다하는 서브시스템(*subsystem*)이라고 파악한다. 가족, 교육, 종교, 정치, 경제, 미디어 등의 서브시스템들, 즉 사회의 구성요소들은 사회의 안정성을 위해 각각의 기능을 완수해야 한다. 이러한 서브시스템은 자신의 기능을 위해서 적응(*adaptation*)과 유지(*maintenance*) 활동을 하며, 궁극적으로는 통합(*integration*)의 역할을 하게 되는 것이다. 여기서 적응이란 서브시스템이 환경에서 받은 투입(*input*)을 바탕으로 다시 산출(*output*)을 환경에 제공하는 것을 뜻하며, 유지란 서브시스템 간의 균형을 유지하기 위하여 조정하는 기능을 뜻한다. 끝으로, 통합이란 모든 서브시스템을 전체 시스템으로 통합해 내는 것을 말한다.

구조기능주의적 접근은 미디어 제도를 분석하는 경우에도 그것의 기능적 측면에 주목한다. 이른바 "주류 언론학"(양승목, 1999)의 언론이론들이 구조기능주의 패러다임에 속한다. 의제설정이론,[2] 문화계발효과 이론[3]은 물론 개혁확산이론[4]에 이르기까지, 주류 언론학 이론은 사회

---

2) '의제설정이론'(*Agenda Setting Theory*)은 매스미디어가 반복된 뉴스 보도를 통해 공중의 마음에 이슈의 중요성을 부가시키는 능력이 있다고 주장하는 이론이다. 즉, 특정 주제에 대해 미디어가 주목하고 많이 다루면 실제 그렇지 않더라도 공중이 그 이슈를 중요하게 평가한다는 것이다(출처: 정인숙, 《커뮤니케이션 핵심 이론》, 커뮤니케이션북스).

3) '계발이론'(*Cultivation Theory*)은 언론매체가 그것에 많이 노출되어 있는 수용자에게 현실세계에 대한 정보를 전달하여 대중들이 사물에 대한 형체나 견해·생각을 구성하는 데 직접적이고 강력한 영향력을 미친다는 주장이다. 수용자 대중이 현실세계에 대해 가지고 있는 이미지는 언론매체에서 전달하는 내용에 계속해서 노출된 결과라는 것으로, 이 이론은 언론매체 중 특히 텔레비전은 지속적으로 일관성 있는 내용을 수용자에게 전달하기 때문에 수용자 대중에게 현실세계에 대한 특정 이미지를 계발하는 힘을 가지고 있다고 본다. 조지 거브너(G. Gerbner)의 문화계발 폭력과 관련된 태도와 텔레비전 시청과의 상관관계에 관한 연구가 유명하다. 폭력적인 내용을 담은 텔레비전을 많이 본 사람들이 텔레비전을 덜 본 사람보다 세상을 위험스럽고 범죄에 시달리는 곳이라고 믿는다는 것이다(출처: 《시사상식사전》, 박문각).

4) '개혁확산이론'(*Innovation Diffusion Theory*)은 미국 미디어학자 에버렛 로저스(Everett Rogers, 1931~2004)가 주장한 것으로서, 미디어 등 새로운 사회적 고안물이 어떻게 사회에서 확산되는지를 설명하려는 것이다. 로저스는 개혁의 전파는 상대적 이익, 기존 것과의 일치성, 복잡성, 시도 가능성, 가시성 등의 요인에 영향을 받는다고 주장했다. 아울러 그는 이러한 새로운 사회적 고안물이나 메시지가 의견지도자를 통해 일반인에게 전달된다는 '2단계 전파 가설'을 제기하기도 하였다.

〈그림 1-3〉 시스템으로서의 사회

사회는 기계 시스템처럼 사회 유지를 위해 기능하는 무수한 서브시스템으로 구성되어 있다.
출처: 영화 〈모던 타임즈〉

의 안정과 다양성을 상정하고 미디어가 행하는 정적, 또는 부적 기능을 관심의 초점으로 삼는다. 사실, 방송 등 미디어에 대한 연구는 그 영향력에 대한 관심에서 비롯되었다는 것을 부정할 수 없다. 그러나 이 같은 영향력에 대한 관심(또는 두려움)은 연구자들의 시각을 미디어 제도의 구조적 문제점은 간과한 채 기능적 측면에 천착하게 만들었다. 아울러 구조기능주의적 접근은 제도를 기능적으로만 파악하려다 보니 제도 자체가 하나의 주체가 되어 존속하는 현실을 설명하지 못한다는 단점도 있다. 이것은 앞서 언급한 신제도주의 패러다임이 비판하고자 하는 바이기도 하다.

미디어 제도에 대한 구조기능주의적 설명 중 대표적인 것은 찰스 라이트(Charles Wright)가 제시한 언론의 4가지 기능이다. 라이트는 해럴드 라스웰(Harold Lasswell, 1948)이 제시한 환경감시(*surveillance*), 상관조정(*correlation*), 사회적 유산의 전달(*transmission of culture*) 등의 3가지 기능에 오락(*entertainment*) 기능을 더하여 4가지 기능으로 종합하였다(Wright, 1975). 물론, 언론은 이같이 정기능만 하는 것이 아니라 마취, 동조, 하위문화 축소, 도피의식 등의 역기능도 한다고 하지만 본질적으로 구조기능주의자들이 제시하는 언론에 대한 시각은 언론이 사회 시스템 내에서 바른 기능을 하여 전체 사회가 안정(유지)을 이루고 통합되도록 하는 것에 있다. 기능·공리주의적 시각에서 보면, 제도는 바람직한 목표 수행에 기여할 때만 존속 가능하다(Krasner, 1988).

이러한 구조기능주의적 접근은 서구 자본주의 언론현상에 대한 분석에서 출발한 것인데, 이것이 제3세계 현상에 적용될 때 '발전론'이라는 형태를 띠게 된다. 다니엘 러너(Daniel Lerner) 등 서구 발전론자들은 선진국의 발전 모델을 저개발 국가에 적용하여 이들을 발전시키는 데 방송 등 매스미디어를 이용할 수 있다고 보았다(Lerner, 1963; Katz & Wedell, 1977). 이들은 서구사회를 안정된 시스템으로 보았기 때문에 미디어가 이 안정된 사회를 위해 기능하는 바에 주목했다. 이런 시각이 '불안정한' 제3세계에 적용될 때 방송은 안정을 이루기 위해 '기능하는' 서브시스템으로 파악된다. 따라서 이들 발전론자들은 방송이 국가통합이나 경제발전의 수단으로 사용되어야 한다고 하였다. 이런 과정에서 언론학은 제3세계의 많은 독재정권에 봉사하는 역할을 하게 된다.

다니엘 핼린(Daniel Hallin)이 주장했듯이, "1960년대와 1970년대 제3세계 커뮤니케이션 연구에서 민주주의 문제에 대한 침묵은 권력 문제에 대한 같은 수준의 침묵으로 연결되었다"(Hallin, 1998: 162). 자신이 탄생한 사회를 벗어난 이론이 다른 사회에 무비판적으로 적용될 때 이러한 엉뚱한 역기능을 하게 된다. 이는 "서구 학계의 자민족중심주의(*ethnocentrism*)가 가져온 폐해"(Dogan & Pelassy, 1984)의 전형적 사례이다.

(2) 도구주의

미디어의 기능에 관심을 두는 이론은 비단 구조기능주의적 주류 언론학뿐만이 아니다. 구조기능주의의 반대편에 있는 갈등이론(*Conflict Theory*)적 시각[5]에서도 언론은 사회적 '기능'을 한다. 그런데 그 기능하는 바가 국가권력이나 자본의 특권적 지위를 재생산하는 데 있다고 본다는 점에서 구조기능주의와 다른 시각을 가질 뿐이다. 갈등이론적 시각에서 미디어의 기능을 설명하는 것을 도구주의(*Instrumentalism*)라고 한다. 영국 방송학자 마이클 트레이시(Michael Tracy)는 TV에 대한 연구를 두 부류로 나누면서 하나는 '제 4부'로서 자율성을 띤 TV를 상성하는 것, 다른 하나는 국가나 자본구조에 종속된 형태의 TV를 상정하는 것이라고 분석하였다(Tracy, 1977). 트레이시의 이 분류는 〈표 1-1〉에서 기능주의의 축에 있는 '구조기능주의'와 '도구주의'에 각각 해당된다. 현대사회에서 사람들이 미디어에 의존하는 바가 점점 커진다는 '미디어

5) 갈등이론은 사회가 서로 다른 이해를 가진 개인과 집단의 갈등 속에 변화, 발전한다고 보는 시각이다. 이 시각은 사회를 합의와 균형만 존재하는 곳으로 피아하는 구조기능주의와 다른 세계관을 갖는다. 마르크스, 짐멜, 다렌도르프 등이 대표적인 갈등 이론가들이다.

의존이론'[6] 또한 "확실히 기능주의적"(Downing, 1996: 92)이다.

많은 마르크스 이론가들의 미디어에 대한 설명이 도구주의에 해당한다. 이 가운데 이른바 '정통주의자들'[7]의 생각은 "어떤 시기에서도 지배계급의 사상은 지배적인 사상이다. … 물질적 생산수단을 소유한 계급은 동시에 정신적 생산수단도 장악하게 되며, 따라서 정신적 생산수단을 갖지 못한 자들의 사상은 그것을 통제하는 계급의 사상에 종속된다"는, 칼 마르크스와 프리드리히 엥겔스가 《독일 이데올로기》(Marx & Engels, 1947: 39)에서 주장한 바에 뿌리를 두고 있다. 이 시각은 마르크스가 《정치경제학 비판을 위하여》(Marx, 1970)에서 "물질적 생활의 생산양식이 사회적, 정치적, 지적 생활의 전반적 과정을 조건 짓는다"고 주장한 바를 매우 좁게 해석하여 언론을 이해한다. 이들에게 방송은 지배계급의 사상을 전파하기 위한 도구일 뿐이다.

물질적 토대가 아닌 정신적 상부구조의 상대적 자율성을 주장한 신마르크스주의 이론가 루이 알튀세(Louis Althusser, 1971)의 언론이론 또한 여전히 기능주의적이다. 그의 '이데올로기적 국가기구' 개념은 언

---

6) '미디어 의존이론'(*Media Systems Dependency Theory*)은 1976년 산드라 볼-로키치(Sandra Ball-Rokeach)와 멜빈 드플로(Melvin DeFleur)가 개발한 이론이다. 미디어, 개인, 그리고 사회적 환경이 모두 상호 의존적 관계(*dependency relationships*)를 형성하고 있다는 이론이다. 미디어 이용에 의해 충족되는 욕구에 의존하면 할수록 미디어가 사람들의 생활에 미치는 역할은 더욱 중요해지고, 그렇게 되면 미디어의 영향력은 더욱 커진다는 설명이다(출처: 정인숙, 《커뮤니케이션 핵심 이론》, 커뮤니케이션북스).

7) 정통주의적 마르크스주의는 경제적 토대가 문화와 정치 등의 상부구조를 결정한다는 경제적 환원주의를 고수하는 시각을 말한다.

〈그림 1-4〉 미디어에 포박된 인간

출처: Khalid Albaih

론이 국가에 대해 지니는 이데올로기적 기능을 강조한다. 알튀세는 군대와 경찰같이 폭력을 활용해 힘을 발휘하는 '억압적 국가기구'와 달리 학교, 교회, 미디어 등 '이데올로기적 국가기구'는 자본주의의 생산조건을 재생산하는 국가 이데올로기를 지원하는 도구가 된다. 알튀세의 이론을 차용한 도구적 미디어 이론가들은 미디어가 자본주의 사회에서 자본가의 이데올로기를 확산하는 기능을 한다고 주장한다.

구조기능주의나 노구주의 모두가 미디어의 결과를 보고, 그것이 어떤 '기능'을 한다고 분석하는 것은 전형적인 결과론적 해석이다. 이런 결과론적 해석은 미디어의 복잡한 존재양식은 관심을 두지 않거나, 더 세밀한 설명을 하지 못한다. 예를 들어, 한국에서 그간 이루어진 미디어와 민주화의 관계에 대한 많은 분석들은 신문과 방송을 구별하지 않은 채 일반적인 '언론'에 관한 논의를 계속했다(강형철, 2004). 이러한 추상화된 설명은 결과론적 해석 때문에 발생하는 필연적인 결과이다. '미디어가 도구화돼 있고, 기능을 한다'는 매우 추상적인 명제에서 원인을 거꾸로 찾기 때문에 두 매체 간의 차이는 그리 중요한 것이 아니고, 본질적으로 차이에 대한 설명이 생략될 수밖에 없는 것이다.

기능주의적 사고방식에서는 특정한 사회적·정치적 결과에 대한 설명이 이에 관련한 행위자의 동기나 의지가 아니라 그것들이 발생시키는 결과와 관련해서 이루어진다. 이런 방식의 설명이 지니는 문제점은, 이런 결과를 발생시키는 메커니즘을 결코 설명하지 않는다는 것이다(Hay, 1995). 그 대신 기능주의는 주로 설명이 아니라 설명의 대체물, 곧 의사설명(*pseudo-explanation*)의 형태를 띤다. 어떠한 것이 발생되는 메커니즘을 설명하지 않으면 그 현상은 이해된 것이 아니다. 이러한 이유로 기능주의적 접근의 연구들은 다양한 사회 요소들의 "변증법적 상호작용의 형태로 반드시 설명돼야 하는 '국가 구조의 진화'와 같은 복잡한 전체적 과정에 대한 관심을 멀어지게 한다"(Hay, 1995: 194).

기능주의적 접근은 미디어에 대한 개념에 대해서도 관련된 변수들의 인과관계를 선형적인 것으로만 취급했다. 즉, 'A라는 원인이 B를 만들고, 이것이 C에게 영향을 준다'는 식의 선형관계는 'A가 B에게 기능을 하며 다시 B가 C에게 기능을 한다'는 뜻이다. 그러나 미디어가 어떠한 기능을 하고 있다고만 하기에는 미디어를 둘러싼 국가, 자본, 시민, 기술발전, 경제상황 등 수많은 변수들 간의 역학관계가 너무 복잡하다. 기능주의 패러다임으로는 하루가 다르게 변화하는 융합현상을 설명할 수 없다.

(3) 합리적 선택 제도주의

미디어학자 샌드라 브래먼(Sandra Braman)의 말대로 미디어 연구의 "이론들, 개념들, 그리고 방법론들이 최근에야 비선형적인 사회과정들을 다루면서 발전하고 있다"(Braman, 1995: 11). 이 맥락의 연구들은 체제의 구성요소들의 기능보다는 그것들 간의 역학관계에 관심을 둔다. 이 구성요소들은 미시적으로는 개인 또는 집단이며, 거시적으로는 자본, 국가, 시민사회 등이다.

우선, 신제도주의적 관점 중 하나인 '합리적 행위론'은 인간 행동을 단순한 기능적 활동이 아니라 그 결과로 얻어질 손실과 이득을 계산한 가운데 이루어지는 합리적 선택이라고 설명한다. 개인은 주어진 상황에서 자신이 투자하는 바에 비하여 돌아올 이득을 생각해 이기적으로 행동하며, 이런 상호작용 방식을 통해 안정된 사회질서가 생성된다는 것이다. 합리적 행위론은 미시적으로는 심리학 또는 경제학의 합리적 선택이론으로 표현되고 있으며, 개인이 아닌 집단, 또는 사회 하부구조의 합리적 행위과정을 설명하는 거시적 차원으로도 발전하고 있다.

거시적 합리적 행위론, 즉 합리적 선택 제도주의는 미디어 제도에 대한 설명에도 적용된다. 예를 들어, 노르웨이의 미디어학자 트린 쉬베르트센(Trine Syvertsen)은 유럽의 공영방송 제도가 국가, 신문, 수신기 제조업자, 공중 등 사회 내 각종 세력과 이해당사자들이 방송이라는 현상에 대해 자신의 이익을 최대화하려는 노력의 결과물이라고 설명한다(Syvertsen, 1992). 특히 그녀는 공영방송 제도는 각 이해당사자들에게 최선의 선택이라기보다는 자신에게 덜 나쁜 것들을 선택한 '부정적 연합'(*negative coalition*)의 산물이라고 분석한다. 방송 주파수를 자신이

〈그림 1-5〉 미디어 제도화

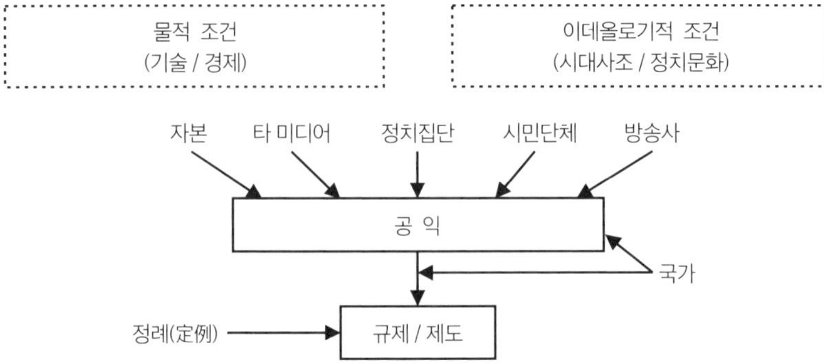

출처: 강형철(2011: 34).

허가받는 것이 최선이지만, 만약 그것이 안 된다면 최소한 자신의 경쟁자가 받는 것은 피해야 한다는 것이다. 어떤 대기업에게는 경쟁 대기업이 지상파 주파수를 허가받는 것이 최악일 것이고, 어떤 신문사에게는 경쟁 신문사가 그것을 받는 것이 최악일 것이다. 다른 사영방송사들과 신문사들에게도 주파수를 허가받은 민영 상업방송사의 등장은 자기 매체의 광고가 줄어드는 등의 부정적 결과를 가져올 것이다. 이에 따라 기업, 방송사, 신문사 등의 경쟁 주체들은 차라리 광고를 하지 않는 공영방송 제도를 차선으로 선택한 것이다. 정부에게도 자기의 영향력하에 둘 수 있는 공영방송이 있는 것이 나쁘지 않다. 공영방송은 이러한 부정적 연합의 결과이다.

네덜란드 미디어학자 데니스 맥퀘일(Denis McQuail)도 쉬베르트센과 마찬가지로 사회 구성원 간의 '합의 모델'로서 공영방송을 설명한다(McQuail, 1995). 〈그림 1-5〉에서처럼 당대의 기술, 이데올로기(시대사조), 경제환경뿐만 아니라 문화적 의미체계의 환경 아래 각 사회세력과 이해추구 집단들이 그 의미(가치)를 구성해 가면서 공식적/비공식적 미디어 관련 제도를 만들어 간다.

그러나 이러한 '합의 모델'은 20세기 초의 서구라는 상대적으로 안정된 사회에 제한적으로 적용되는 설명이다. 규범적 차원에서, 합리적 선택이론은 국가 개입의 실패를 설명하면서 신자유주의 이론의 무기가 되어 대처나 레이건의 정책의 밑받침이 되기도 했다(Self, 1993). 합리적 행위론자들은 각종 제도의 출발점을 이해당사자들의 자발적 계약 또는 합의라고 보는데, 이때 전제되는 것은 이런 이해당사자들이 서로 균등한 정도의 힘을 가지고 있다는 사실이다. 따라서 이러한 합의 모델의 설명력은 힘의 불균형이 전제돼 있는 사회에는 제한될 수밖에 없다(Korpi, 2001). 또한 많은 경우, 심지어 이해당사자들의 힘이 균형적으로 분포되어 있을 경우에도 사회제도는 사회 내 세력들의 힘이나 욕구가 그대로 반영되는 단순한 결과물이 아니다. 사회제도는 과거의 선택이 현재와 미래의 선택을 제한, 결정하는 경로의존적(*path-dependent*) 현상이기도 하기 때문이다(Brendstrup, 2002).

합리적 선택 제도주의는 여러 유형이 있지만 공통적으로 다음과 같은 4가지 특성을 지닌다(Hall & Taylor, 1996).

첫째, 합리적 선택 제도주의는 일련의 행동적 특성을 가정한다. 일반적으로 관련 행위자들은 고정된 선호나 취향의 집합을 가지고 예정한 계산치를 최대화하기 위해 행동한다는 것이다. 이것은 다른 행위자들이 어떻게 행동할 것인지에 대한 예상을 포함하는 전략적 행동이다.

둘째, 정치를 바라보는 시각들이 '권력 추구', '사회적 학습과정' 등의 특징적 이미지를 고안해 내는 것과 마찬가지로 합리적 제도주의도 정치를 '일련의 집단행동 딜레마'로 바라보는 경향이 있다. 이 딜레마는 개인들이 자신이 선호하는 바의 최대치를 얻기 위해 행동하지만 집단적으로 차선의 결과를 가져오는 경향이 있음을 뜻한다. 이것은 '공유지의 비극'이나 '죄수의 딜레마'라는 개념이 표현하는 바와 같다.

셋째, 이때 제도는 전략적 행동을 하는 행위자들에게 어젠다의 순위를 정하고, 정보를 제공하고, 불확실성을 감소시키는 기제를 강제하는 등으로 더 효율적인 상호작용의 장을 제공한다는 것이 합리적 선택 제도주의의 가정이다.

넷째, 합리적 선택 제도주의는 제도가 생겨나는 과정에 대해 독특한 설명을 한다. 이것은 특정 제도가 균등한 힘을 가진 독립적 행위자들의 자발적 합의에 의해 만들어진다는 것이다.

끝으로, 합리적 선택 제도주의에서 주목해야 할 것은 제도 자체가 제도를 결정하는 선택의 주체가 될 수 있다는 사실이다. 하나의 제도는 그것을 둘러싼 이해관계자들의 네트워크라고 할 수 있다. 현재의 제도는 이해당사자들의 이해의 균형이 이루어진 상태이기 때문에 제도 변화는 균형이 무너지는 것을 의미한다. 이 때문에 현재의 제도는 항상성을 유지하려는 동인을 갖게 되고 쉽사리 바뀌지 않는 것이다. 심지어 외부적 요인 때문에 불가피하게 공식적 제도가 바뀌었을 경우에도 그 이면에 자리 잡은 관행 등 비공식적 제도가 실질적으로 작용하여 결과적으로는 제도가 변하지 않은 것과 같은 양상을 보일 수도 있다. 예를 들어, 한국에서 공영방송 사장을 임명하는 방식을 개선하여 권력 개입을 완화하고자 하는 여러 형태의 제도 개선 노력이 있었다. 그러나 공식적 제도가 어떻게 바뀌더라도 직·간접적으로 '추천의 빚'을 지고 그것을 갚아야 하는 실질적 관행은 비공식적 제도로 바뀌지 않고 남아 있다.

(4) 역사적 제도주의

사회 내 세력의 힘이 불균형 상태에 있을 때, 그리고 환경변화가 급속히 진행될 때 제도에 대한 적절한 분석방법은 '역사적 제도주의'(*historical institutionalism*)이다(Korpi, 2001). 역사적 제도주의는 기능주의적 설명이 아님과 동시에 사회의 안정성을 상정하는 것도 아니다. 이 접근은 역사를 통해 한 제도가 발생, 형성, 변형하는 과정을 분석한다. 이 접근은 또한 사회제도를 사회 내 이해세력들의 합리적 선택의 결과로 보기보다는 과거의 관행 또는 결정에 의존한 현상, 또는 비객관적 의미 추구의 결과(*constructivism*)로 본다.

역사적 제도주의 가운데 제도의 경로의존성을 강조하는 논자들은 만약 어떤 의미의 유형들이 충분한 시간 동안 반복되고 강화되면 그것들은 제도화된다고 본다. 이는 그 제도가 "원래 그런 것이고, 객관적이며 사실"로 여겨지게 된다는 뜻이다(Kahl, 2001). 한번 결정한 것을 쉽게 바꿀 수 없는 경로의존적 현상은 비단 제도뿐만 아니라 여러 삶의 방면에서 자주 나타난다. 예를 들어 예전 기계식 타자기가 자판 키들이 엉키는 것을 막기 위해 영문 '쿼티' 방식, 즉 왼손 위 자판을 QWERTY로 배열하는 것을 선택한 것이 현재 컴퓨터 키보드에도 그대로 적용되었다. 컴퓨터는 자판 키 엉킴을 염려할 필요가 없지만 타자기에 익숙한 사람들을 고려하여 효율적이지 않은 쿼티 방식을 답습한 것이다.

한편으로, 역사적 제도주의자 가운데 구성주의자(*constructivist*)들은 제도를 객관적·물질적 환경 속에서 이뤄지는 필연적 결과라기보다는

〈그림 1-6〉 쿼티 자판 타자기

출처: Jimmy Hilario(Compfight)

인간이 만들어 낸 아이디어, 사상, 의미 등의 결과물로 파악하기도 한다(Burch, 2002). 역사적 제도주의의 4가지 특징은 다음과 같이 요약할 수 있다(Hall & Taylor, 1996). ① 역사적 제도주의는 제도와 개인의 관계를 상대적으로 폭넓은 용어로 개념화하고자 한다. ② 제도의 작동, 발전과 관련한 힘의 불균형을 강조한다. ③ 제도 발전에 대한 시각에서 경로의존성과 의도하지 않은 결과들을 강조한다. ④ 관념(*idea*)과 같은 다른 종류의 요인들이 영향을 미치는 바에 대한 분석을 포함하고자 한다.

미디어 제도 분야의 역사적 제도주의 접근법을 논의하는 제임스 맥도넬(James McDonnell)은 우리가 여러 사회문화적·정치적 맥락 속에서 여러 유형의 미디어 이념들이 어떤 식으로 실행되는지 알기 위해서는 여러 연구방법을 혼합해야 한다고 주장한다. 그는 방송에 대한 연구가 "가치를 추적하는 문화적 분석에 기반해야 하기도 하지만, 방송정책을 지탱하는 권력관계를 탐색하는 정치적 분석과 현재 방송제도의 이념적, 문화적 기반에 대한 역사적 연구를 병행해야 한다"고 역설한다(McDonnell, 1987: 13). 전자 미디어는 "자유주의적 또는 보수적 이데올로기를 일관되게 표명하는 존재와는 매우 달리, 고도의 갈등적 매체로서 그 안에서 경쟁 상태에 있는 경제적, 정치적, 사회적, 그리고 문화적 힘들이 교차"(Kellner, 1990: 14) 하는 곳으로서 역사적 접근법이 중요하다.

3) 미디어 융합현상 조명을 위한 신제도주의

이상과 같이 미디어 변화를 이해하는 4가지 접근법들 중 방송과 통신, 그리고 컴퓨터가 고도로 융합되는 복잡한 현재 상황을 설명하는 데는 신제도주의적 접근이 가장 적절하다. 한국의 경우 선진국을 추격하며 국가발전을 이루어야 한다는 시대적 과제 때문에, 그리고 한편으로는 미디어를 국가가 통제한 외상 때문에 아직도 이 융합현상을 구조기능주의직 시각이나 도구주의적 시각으로 설명하고자 하는 경향이 강하다.

구조기능주의적 시각은 융합현상을 사회통합의 기능을 하는 도구로 간주하고 이것이 국가 경제발전의 동인이 되어야 한다고 주장한다. 도구주의적 시각은 이와 반대편에서, 미디어가 국가와 자본에 예속되어 이데올로기적 도구로 사용되는 방식에 주목한다. 그러나 도구주의적 설명은 단순히 "융합 미디어도 예전 것들과 마찬가지로 국가와 자본에 예속되어 그들의 이데올로기를 재생산하는 기능을 한다"는 것으로 끝난다. 결과에서 출발한 기능에 대한 설명은 이러한 기능의 메커니즘을 설명하지 못하는 것이다. 도구주의적 설명은 아주 단순한 형태의 권력관계(예를 들어 독재국가의 권력구조)에서의 미디어 현상에 대한 설명으로는 충분할지 모르지만, 사회 내 권력의 분점이 역동적으로 이루어지는 불안정 사회에는 적용하기 너무 단순하다.

이런 단순한 설명에 더해서 융합현상을 둘러싸고 벌어지는 사회세력 간의 길항에 대해 주목할 때 역사적 제도주의 및 합리적 선택 제도주의적 설명이 자리를 잡게 된다. 미디어 제도는 사회 내 각 세력 간의 상호작용을 통해 나타나는 결과이기 때문이다. 현재 한국에서 벌어지는 융합현상을 이해하기 위해서는 횡으로는 다른 나라들과의 비교 분석이 필요함과 동시에 현재를 구성하는 과거의 영향이 동시에 조명되어야 한다. 이렇게 제도가 재생산되는 과정에 대한 설명을 위해서는 첫째, "어떠한 제도적 유산이 어떠한 조건에서 최초에 등장하였는지?", 그리고 둘째, "그러한 유산이 어떠한 과정을 거쳐 재생산되는지?"에 대해 묻고 답을 하여야 한다(Stinchcombe, 1968). 이에 대한 질문과 답을 추구하는 것이 바로 신제도주의가 바라보는 시각이다.

이제 방송통신 융합현상에 신제도주의적 접근법이 적용되어야 하는 바를 논의하기 이전에 이것에 대해 조금 더 설명하는 것이 필요할 것 같다.[8] 그동안 신제도주의는 주로 정치학, 행정학, 사회학 영역에서 활용되었고 미디어 영역에서는 생소한 것이기 때문이다. 앞서 이야기했듯이 신제도주의는 제도를 바라보던 기존의 시각보다 폭넓게 조감하여

8) 이하 신제도주의에 대한 설명은 저자(강형철, 2011)의 논문 "한국 방송정책의 결정과정과 특징: 신제도주의적 시론"의 pp. 30~35 내용을 수정, 보완하여 활용한 것이다.

제도를 공시적 규칙뿐만 아니라 비공식적으로 일반화된 관행을 포함하는 것으로 이해한다(Hall, 1986: 19~20). 이 접근의 특징은 제도가 어떻게 결정되는가에 대한 의문에 그치지 않고 제도 자체가 이른바 독립변수가 되어 사회적 결정에 영향을 미치는 바에 대해 관심을 갖는다는 점이다(Hall & Taylor, 1996: 936). 신제도주의는 제도적 제약 아래 “공식적 규칙, 비공식적 규범, 사회적 관계, 의도적 행동의 상호작용”(Clemens & Cook, 1999: 444)을 통해 사회적 선택이 이루어지는 것에 주목한다.

신제도주의적 관점을 지닌 조직이론가 제임스 마치(James March)와 요한 올센(Johan Olsen)은 “환원주의자들은 정치를 개별 행동의 산물로 설명하고, 기능주의자들은 역사를 평형을 이루려는 기제로 간주하고자 하며, 도구주의자들은 의사결정과 자원할당이 정치생활의 핵심적 관심사라고 정의하려고 하고, 공리주의자들은 개별 행동을 합리적 자기 이익 추구에 의해 동기화된 것으로 설명하는 데 반하여 신제도주의는 정치기구들의 자율적인 역할과 규범과 규칙의 제약을 주장한다”고 설명한다(March & Olscn, 1984). 이 말을 요약하자면, 사람들이 제도를 활용하지만 제도 또한 하나의 행위자가 되어 자신의 존속과 독립적 영향력을 행사하고자 한다는 것이다.

‘구’ 제도주의와 비교되는 다음과 같은 특징적 차이를 살펴볼 때 신제도주의를 더 쉽게 이해할 수 있을 것이다(Lowndes, 2002: 97~101).

① 조직에 대한 관심에서 규칙(*rules*)에 대한 관심으로: 제도를 조직으로 보았던 구제도주의와 달리 신제도주의는 제도를 개별 행위자

들의 행위를 인도하고 제약하는 규칙의 집합체로 간주한다.

② 공식적 제도 개념에서 비공식적 제도 개념으로: 공식적 제도에만 관심을 두었던 구제도주의와 달리 신제도주의는 공식적 제도뿐만 아니라 비공식적 관행과 규칙들에도 주목한다.

③ 정적(*static*) 제도 개념에서 동적(*dynamic*) 제도 개념으로: 제도의 안정성을 전제한 구제도주의와 달리 신제도주의는 이를 하나의 과정(*process*)로 보고 이의 변화 또는 안정화 요인을 분석한다.

④ 선한 가치를 전제한 제도 분석에서 가치에 대한 비판적 분석으로: 정부나 기관이 선한 목적을 전제로 존립한다는 구제도주의적 시각과 달리 신제도주의는 제도가 자신의 존립을 위해 규범과 사회적 가치를 활용하는 것에 주목한다.

⑤ 전체적(*holistic*) 제도 개념에서 분해된(*disaggregated*) 제도 개념으로: 전체 정부 시스템을 분석하는 것에 치중한 구제도주의와 달리 신제도주의는 다양한 하부시스템에 대하여 관심을 둔다.

⑥ 독립적 존재로서의 제도 개념에서 상황에 매입된(*embedded*) 제도 개념으로: 제도를 공간과 시간에서 유리된 독립된 실체로 이해하였던 구제도주의와 달리 신제도주의는 특정 상황에 매입된 제도를 분석한다.

미디어 분야에서도 신제도주의적 접근에 의한 연구들이 여럿 눈에 띈다. 예를 들어, 미디어학자 허난 갤퍼린(Hernan Galperin)은 신제도주의적 관점에서 미국의 디지털 TV 전환정책이 아날로그 TV에 관련한 기존 질서를 계승한 것을 밝혀낸 바 있다(Galperin, 2002). 갤퍼린은 또한 미국의 국회의원 선출방식이라는 제도적 특성이 지상파방송국에 우호적인 방송정책을 만들어 냈다고 주장하기도 했다(Galperin, 2004a). 이밖에도 사회적 갈등을 부추기는 미국 언론인의 행위를 설명하거나(Rohlinger, 2007), 융합현상에 대한 비현실적 개념화가 이것의 효율적 수용을 방해한 인도의 사례를 분석한 연구도 있다(Menon, 2005). 이들 연구 모두는 제도를 하나의 독립적 주체로 설정하고 이것이 미디어 정책에 미치는 영향을 분석했다는 점에서 공통적이다.

한국의 경우, 정치학, 행정학, 사회학 등의 분야에서 신제도주의적 접근으로 사회적·정치적 의사결정을 분석한 사례들을 쉽게 발견할 수 있지만 미디어 분야는 그렇지 않다. 미디어 분야에서는 해당 영역의 폭발적인 변화 상황에서 관련 정책에 대한 많은 논의가 이루어지고 있지만 유달리 신제도주의적 접근은 크게 활용되지 않는다는 점에서 특이하다. 미디어 분야의 정책 연구 대부분은 규범이론이나 행위자 연구 등 다분히 '구제도주의적'인 것들이다(정인숙, 2006).

이러한 가운데 그래도 두드러지는 것들 몇 가지가 있다. 우선, 방송학자 정인숙은 한국의 IPTV 도입과정에서 나타난 갈등을 지대추구의 개념을 적용해 분석하였다(정인숙, 2009). 그는 지대추구를 "이해관계자들이 각자의 경제환경을 유리하게 조작해 이익을 얻으려는 행위"라고 정의하면서, IPTV 도입은 통신사업자의 '규제지대' 추구와 이에 대응하는 케이블방송사업자의 방어적 규제지대 추구행위로 나타났다고 주장한다. 사업자들의 지대추구 행위는 나아가 지대배분자의 위치에 있는 방송위원회와 정보통신부 또한 각자의 관할권하에 있는 사업자들과 연대하여 자신들에게 유리한 법률 제정을 통해 지대를 추구하려는 '규제지대' 추구 행위로 확장되었다는 것이다. 그의 분석은 스스로 '신제도주의'라는 표현을 쓰지는 않았지만 통신사업자와 케이블방송사업자들의 일반적인 지대추구 행위를 넘어 '국가기구의 지대추구 행위에 대한 분석'이었다는 점에서 신제도주의적 접근이라고 할 수 있을 것이다.

정인숙은 아울러 김영삼 정부 당시 언론사에 행해진 비공식적 통제에 대해 분석하면서 정부의 간접통제와 자본의 통제가 "어떤 형태의 이익을 기대하면서" 언론사 사주에 의해 선택된 자발적 수용행위라는 사실을 밝혀내기도 했다(정인숙, 1998). 이것은 규제자와 피규제자가 일종의 동의 상태에서 만들어 내는 숨겨진 제도를 드러냈다는 점에서 중요한 시사점을 갖는다.

미디어학자 권장원은 언론현상에 대해 거의 유일하게 '신제도주의'라는 표현을 내세웠는데, 그는 제5공화국에서 김영삼 정부로 이어지는 시기 방송사 조직의 행위변화를 분석하였다(권장원, 2001). 권장원은 이를 위해 '동형화'(*isomorphism*)라는 개념(DiMaggio & Powell, 1991)을 사용하여, 한국의 방송사 조직이 어떻게 다른 조직과 동형화, 즉 같은 모습이 되었는지를 설명한다. 그의 분석에 따르면, 한국의 방송사는 관료적이고 위계적인 정치권력 조직을 강요받은 '억압적 동형화'의 모습을 보이고, 불확실성을 없애기 위해 서양의 것을 모방하는 '모방적 동형화'의 모습도 지니며, 대학 입학 당시의 서열화 방식이 방송사 입사에서도 그대로 적용되는 전문화 방식으로서의 '규범적 동형화'를 추구한다.

그간 방송정책이 결정되는 방식에 대한 많은 분석들은 이를 이해집단 간의 갈등의 산물(합리적 의사결정이론), 기술발전의 결과(맥루한 전통의 기술결정론), 그리고 이데올로기(정치경제학 등의 연구)로 설명하고자 했다. 그런데 새로운 기술에 대해 이데올로기를 동원한 이해집단 갈등의 결과로만 방송정책을 이해하기에는 부족하다. 갤퍼린은 그간 커뮤니케이션 정책을 분석하는 데 전통적으로 동원된 각각의 이해집단, 이데올로기, 기술 중심적 분석 접근법들이 모두 "망라적이지도, 상호배타적이지도 못하다"고 비판한다(Galperin, 2004b: 162). 제도의 최종 결정은 강력한 이해집단의 의지와 상관없이 이루어지는 경우가 허다하며, 이데올로기 또한 선택되는 것이지 결정하는 것은 아니라는 것이다. 아울러 기술발전은 중요한 제도적 변화의 계기가 되는 것은 사실이지만 최종 결정은 기술보다는 정치적 논리에 의해 이루어지는 것이 일반적이다. 미디어의 제도화는 이른바 '기술결정론'이 주장하는 바와 달리 그 기술이 가진 본래의 속성과는 별도로 당대의 정치경제적 상황의 반영이 이루어진 결과이다(Winston, 1995; 1998). 이러한 이유로 미디어에 대한 사회적 결정이 이루어지는 과정을 이해하기 위해서는 그 사회의 제도적 구조를 이해해야 할 필요성이 대두된다.

방송이 한 사회에서 제도화되는 과정을 이해하기 위해서도 합리적 선택이론이 채택하는 것보다 더욱 복합적인 조망이 필요하다. 이는 결국 당대의 기술, 이데올로기(시대사조), 경제환경뿐만 아니라 문화적 의미체계의 환경 아래 각 사회세력과 이해추구 집단들이 방송의 의미(가치)를 구성하면서 공식적/비공식적 제도를 만드는 양상을 파악하는 작업을 말한다.

우리가 현상을 분석하는 이유는 현상에서 패턴을 찾아내서 그것을 이해하기 위함이다. 현상에서 발견하는 패턴 또는 분석자가 행하는 '사실들의 배열'(*arrangement of facts*)은 현상 전체뿐만 아니라 개별 현상에 대한 이해를 가져다준다. 이러한 이해를 바탕으로 우리는 우리의 미래를 통제할 수 있다. 여기서 패턴 또는 '사실들의 배열'은 곧 이론을 의미하고, 이론은 현실에 대한 이해를 넘어 미래에 대한 예측의 기능을 한다. 미디어 융합현상을 분석하기 위해서는 마찬가지로 융합현상에서 일어나는 패턴을 찾아야 한다. 미디어 융합에 관련한 사실들을 배열해서 패턴을 찾기 위해서는 이에 관련해 과거부터 일어난 사실들을 알아내야 하며, 이는 한국 및 다른 나라에서 일어난 일들을 비교함으로써 가능하다.

이 때문에 나는 이 책에서 전자 미디어 발전의 주도적 역할을 하였던 유럽과 미국을 비교의 준거로 활용하여 한국의 발전과정을 되짚어 보고자 하는 것이다. 이를 바탕으로 융합현상이 이루어지는 현재의 모습이 그려질 것이며, 또 이를 바탕으로 미래를 예측할 수 있을 것이다. 이러한 과학적 접근은 결국은 규범론이 아니라 사실을 바탕으로 한 규범 제시가 될 것이다. 전자 미디어 발전 초기에 공익의 의무는 어떠한 의미로, 어떠한 이유로, 어떠한 과정을 거쳐서 부여되었으며, 정치적 · 경제적 · 기술적 변화에 따라 공익은 어떻게 변화했는지를 분석하는 것이 이 책의 1단계 목표이다. 이를 통해 전자 미디어 공익과 사회가 관계를 맺는 '패턴'이 그려질 것이며, 이러한 지혜를 바탕으로 미래 사회의 '공익'을 위해 현재의 우리 사회가 융합 미디어와 어떠한 방식으로 관계를 맺어야 하는지를 알아보고자 하는 것이 최종 목표이다.

2. 공익과 규제이론

이제 다음 장에서 구체적으로 전신과 전화 등 초기 전자 미디어가 어떻게 공익의 개념을 만나고 그와 함께 발전했는지를 알아보기 전에 공익에 대한 일반적 이해, 또는 중요한 개념들을 정리하고 넘어가고자 한다. 이러한 일반적 이해 또는 주요 개념들을 고려하면서 과거의 현상을 바라볼 때 더 큰 이해가 가능할 것이기 때문이다. 이는 해석학에서 말하는 '전이해'(前理解)의 개념이 설명하는 바와 같이, 과거에 일어난 사건, 또는 사실들을 해석하는 데 현재 우리가 관심 있어 하는 것들이 도움을 줄 수 있기 때문이다. 공익 개념에 대한 더 자세한 논의는 제7장에서 하게 될 것이지만, 그 전에 기초적 이해를 위해 여기서 간단한 개념 정의를 하고자 한다.

1) 공익 일반론

(1) 공익의 정의

공익은 다양한 사회철학이나 목적을 가지고 정의 또는 주창되기 때문에 학문세계는 물론이고 실용세계에서 지속적으로 논란이 되는 개념이다. 1930년대에 한 연구자가 미국의 주요 규제기관들에 대해 분석해 본 결과, 규제기관들 간에 공익에 대한 공통적인 정의는 없는 것으로 드러났다고 한다(King, Chilton & Roberts, 2010: 957). 때로는 공익에 대한 정의는 완전히 상반되기까지 한다. 한국어로 공익은 '공공(公共) 또는 공중(公衆)의 이익'을 뜻하는 반면, 영어인 'public interest'는 '공중의 이익'이란 뜻과 함께 '공중의 관심'이란 뜻도 포함한다. 실제로 1980년대 미국 FCC 의장 마크 파울러(Mark Fowler)는 "공중의 관심이 곧 공익"(*Public's interest is pubic interest*)이라고 주장한 바 있다.

가장 일반적이라고 할 수 있는 '공중의 이익'으로 공익을 정의하다고 해도 다시 공중은 무엇이며 이익은 무엇인지에 대해 합의하기 어렵다. 한국어 사전상으로 공중은 "사회의 여러 사람" 또는 "일반사람들"을 뜻한다. 그러나 영어 사전상으로는 "사람들 전체"(*people in general*)라는 뜻이다. 뒷장에서 살펴보겠지만 '공중' 또는 '공'에 대한 의미 부여는 동양과 서양이 다르다. 영어로 공중의 뜻인 '사람들 전체'를 더 넓게 해석해 보면 이것은 시공을 초월하는 보편적인 인간 전체를 뜻한다. 미디어학자 제이 블럼러(Jay Blumler)는 이러한 '시공을 초월한 인간 전체'로서의 공중의 개념을 따라, 공익을 현재에 대한 개인 이해의 합이 아니라 지역적 특수성을 뛰어넘으며 후세의 이해까지도 염두에 두는 개념으로 정의한다(Blumler, 1992).

제 7장에서 자세히 살펴보겠지만 공익에 대한 정의만큼이나 이에 대한 비판 또한 무수하며, 그 가운데 공익 자체의 존재를 부정하는 논의도 많다. 어떤 이들은 "공익이라는 것은 사실로서 존재하지 않는다"고 주장하고, 다른 이들은 "개인을 떠난 전체적 가치로서의 공익은 존재하지 않는다"고 주장한다. 또 다른 이들은 "공익은 언제나 의미 있는 총괄적 가치가 될 수 없다"고 말한다(Moroni, 2004).

이 중 첫 번째, 공익의 사실적 존재성을 부정하는 이들은 현재의 파편화된 사회에서 다양한 개인과 집단의 이해가 겹쳐질 가능성 자체가 희박하기 때문에 공익은 불가능하다고 주장한다. 하나의 '공익'은 없으며, 다양하고 경쟁하는 이해들만이 있을 뿐이라는 것이다.

두 번째, 공익의 비개인성을 문제 삼는 주장은 다분히 자유주의적 전통에 따른 것으로, 어떠한 가치이든 개인을 떠난 '전체적' 개념은 옳지 못하다는 것이다. 이는 역사주의나 공동체주의가 내세우는 '현재의 개인을 초월한 인간' 개념이 개인의 존엄성과 배치되는 것으로 파악한다.

끝으로, 공익의 가치적 측면을 문제 삼는 이들은 현대의 다원화된 가치체계 속에서 '공익'이라는 것 자체가 다양한 가치 중 하나에 불과할 뿐, 개인이나 집단의 이익을 상쇄하는 전체적 가치가 될 수는 없다고 말한다. 이렇게 공익에 대한 다양한 시각이 존재하는 가운데 중요한 것은 공익이 여전히 규제의 근거가 되고 있다는 사실이다.

(2) 규제이론

자유주의의 가치에 따라 현대 국가는 시민의 사적 활동에 개입하지 않는 것이 기본이다. 그러나 국가는 공중의 이익을 위해 규제를 통해 사적 활동을 제한하기도 한다. 규제란 좁은 의미에서는 경제활동 영역에 대한 것으로 국한될 수 있지만, 넓은 의미에서는 국가가 민간인의 사회·경제적 상호작용에 개입하는 것까지도 포함한다. 규제는 국가가 어떤 행위를 완전히 금지(또는 국가 독점)하는 것과 완전히 방임해 두는 것 사이에 위치하는 개념이다(Francis, 1993).

국가가 민간의 상호작용 영역에 개입하게 되는 이유는 크게 두 가지가 있다(강형철, 2004). 첫 번째는 경제적 이유로서, 독점 등 자유경쟁시장의 원칙이 지켜지지 않는 시장실패(*market failure*) 상황을 방지하여 경제적 효율성을 회복하려는 것을 말한다. 두 번째는 사회적 이유다.

사회적 가치의 보전, 경제적 형평성의 추구 등 개인의 이익추구 측면보다는 사회 전체의 이익을 우선시하여 국가가 사적 활동에 개입하게 되는 것이 바로 그것이다.

우선, 시장실패는 말 그대로 시장이 완전경쟁을 보장하지 못해 제 기능을 발휘하지 못하는 경우를 뜻하는데, 이의 조건으로는 불완전경쟁(독과점, 자연독점 등), 공공재, 외부효과 등이 거론된다.

① 자연독점: 모든 생산수준에서 1개 기업이 독점 생산할 경우 2개 이상의 기업이 분할 생산하는 것보다 생산비가 적게 소요돼 진입장벽을 설정하게 되는 상황이다.

② 공공재: 비경합성(*non-rivalry*)과 비배제성(*non-exclusivability*)의 특성을 지닌 재화를 말한다. 경합성은 한 사람이 소비하면 다른 사람은 자동적으로 소비할 수 없는 일반적 재화의 특성이다. 비배제성은 한 사람이 어떤 재화를 소비할 때 값을 지불하지 않은 다른 사람이 같이 소비하는 것을 막을 수 없다는 뜻이다.

③ 외부효과: 개인이나 기업의 경제활동이 자신뿐만 아니라 다른 개인이나 기업에게 의도하지 않은 이득이나 손실을 주지만 이에 대한 보상이 이루어지지 않는 상황을 말한다.

위와 같은 경제적 근거 이외에도 여러 사회적 이유로도 규제가 이루어진다. 이것들은 주로 사회적 위험을 제거하고, 중요한 가치를 보존하고, 합리적 제한선을 설정하며, 급격한 변화 상황에서 안정과 균형을 유지하기 위해서이다.

① 위험 제거: 노동자, 소비자, 공중 등의 건강과 안정을 보호한다는 뜻이다. 위험을 방지하기 위해 두 가지 형태의 규제가 이루어지는데, 정보제공(*information*)과 처방적 규제(*prescription*)가 그것이다(Francis, 1993: 14~17). 담배를 예로 들면, 담배의 해악을 충분히 알려 준 뒤 이성을 가진 시민 스스로가 흡연 여부를 결정하게 하는 것은 정보제공을 통한 규제이다. 그러나 인간의 자발적 의지에 대한 확고한 신뢰가 없는 경우에 흡연을 강제로 제한하게 되는데, 그것이 바로 처방적 규제다.

② 가치 보존: 완전경쟁의 모든 조건들이 만족되고 시장에서의 자원배분이 가장 효율적으로 이루어졌다 할지라도 자원배분의 형평성(*fairness* 혹은 *equity*)이 희생되었다면 형평의 제고를 위하여 국가가 시장에 개입해야 한다는 논리가 등장한다(이용환 외, 1992: 91~94). 또한 낙태나 음란물 등에 대한 규제와 같이 사회적으로 공유된 가치를 보전하기 위한 목적으로 규제가 정당화되기도 한다.

③ 합리적 제한선 도출: 규제는 금지와 자유방임 사이에서 마련되는 일종의 '타협책'이다. 사회 내의 많은 행위들에 대하여 동의를 하는 사람들과 그렇지 않은 사람들이 있다. 양 극단의 중간에 서서 이를 중재하는 것이 규제의 역할이다. 예를 들어, 성인영화의 경우 완전 금지를 원하는 사람들도 있지만 오히려 포르노 전용극장 설립까지 주장하는 사람들도 있다. 이럴 때 영화의 등급을 정하고 그에 따라 관객의 입장을 제한하는 것이 규제의 역할이고, 환경이 변하면서 탄력적으로 조정되는 것이 규제다.

④ 급격한 변화 속에서 안정과 균형 도출: 오랫동안 지속되었고 예상

할 수 있던 상황이 급작스레 변해 미래를 예측할 수 없게 되었을 때 규제가 필요하다. 예를 들어 가뭄 때문에 쌀값이 갑자기 폭등할 경우 사회적 혼란을 발생시키기 때문에 국가는 쌀 등 생필품에 대하여 가격통제 등 강력한 규제를 가하게 된다. 인간의 삶은 내일이 오늘과 크게 다르지 않다는 기대 속에서 안정을 이룰 수 있기 때문이다.

(3) 반규제이론(포획이론)

그러나 규제에 대해 반대하는 사람들은 규제는 비효율적이며, 규제자나 피규제자의 이익을 추구한다는 이유로 '규제의 실패'를 주장한다. 모든 규제는 다음과 같은 이유들로 실패할 수밖에 없다는 것이다(Francis, 1993: 25~32).

① 구조적 부적절성: 규제는 현재의 상태에 대한 대응이므로 변화하는 현실에 따라갈 수 없는 등 규제자는 규제를 위한 완전한 정보를 가질 수 없다.

② 피규제자에 봉사: 규제를 시작하면 규제자는 피규제자에 포박(*capture*)되어, 그들을 규제하는 것이 아니라 살리기 위해 오히려 도와줌으로써 시장질서를 해치게 된다.

③ 고비용: 규제를 위해 인력과 자본이 들어가므로 산업경쟁력을 약화시킨다.

④ 과잉규제: 규제자는 '규제의 책임'을 진 사람이므로 모든 위험을 피하려고 하여 산업을 위축시킬 가능성이 크다.

⑤ 규제회피: 어떤 경우는 반대의 경우로, 규제자는 규제 확대에 따른 업무의 과부하를 피하려고 하여 규제의 왜곡현상이 나타난다.

그렇다면 방송과 통신은 각각 어떠한 이유로 공익 가치를 실현해야 하는 것으로 간주되고 규제되는 것일까?

2) 통신의 공익 개념

(1) 통신의 규제 이유

통신은 자유시장 원리가 잘 적용되지 않아 일반적으로 '규제산업'의 특성이 있다. 앞에서 말한 경제적 이유, 즉 시장실패가 통신에 대한 규제의 주요 논리이다. 통신산업은 다음과 같은 이유로 독점적 구조가 발생할 확률이 매우 높다(정현준, 2005).

① 공급 측면에서 규모의 경제

통신산업은 규모의 경제가 이루어지는 전형적인 산업이다. 규모의 경제는 초기 고정비용이 막대하게 투여되는 반면, 한 단위 생산, 서비스 제공에는 그다지 크지 않은 비용이 드는 경우 주로 발생한다. 또한 규모의 경제는 평균비용이 감소하는 생산기술적 특성을 갖는다. 이로 인해 시장은 자연스럽게 가장 큰 기업 하나만 남는 자연독점 상태가 된다.

② 수요 측면에서 망 외부효과

통신산업에는 이용자 수가 증가함으로 인해 당해 망을 이용하는 이용자

〈표 1-2〉 네트워크 커버리지와 통화기회

가구 또는 시장 커버리지	통화기회 (전체 대비 비율)	가구 또는 시장 커버리지 증가율	통화기회 증가율	통화기회 승수
10	1	-	-	-
20	4	100	300	3.0
30	9	50	125	2.5
40	16	33	78	2.3
50	25	25	56	2.3
60	36	20	44	2.2
70	49	17	36	2.2
50	64	14	31	2.1
90	81	12	27	2.1
100	100	11	23	2.1

출처: Melody(1997: 223).

의 효용이 증가하는 현상인 망 외부효과(*network externalities*)가 존재한다. 망 외부효과는 소비자들이 이용자가 더 많은 더 큰 망으로 이동하여 고객이 쏠리는 쏠림현상(*tipping effect*)을 초래한다. 모든 상호작용망에서 가입자가 통화를 할 기회는 통화를 거는 가입자와 받는 가입자의 조합에 의해 결정된다(Melody, 1997). 이메일과 같은 새로운 양방향 서비스의 가구 또는 잠재 시장 가입률이 10%일 때 이것은 1%의 통화기회(10% × 10%)만을 지닌다. 90% 가구는 다른 90%는 물론, 가입가구인 10%에게도 통화를 시도하지 않기 때문이다. 그런데 만약 가입률이 50%로 올라간다면, 통화기회는 25%로 올라간다. 90% 가입률이 되면 81%의 통화기회가 생긴다. 네트워크가 확장될수록 통화기회는 그 속도의 2배 이상으로 늘어난다. 〈표 1-2〉에서 보듯이 네트워크 커버리지가 1% 증가할 때 통화기회는 2배 이상으로 늘어나는 것을 알 수 있다. 특히, 네트워크 확장 초기에는 이 통화기회 승수(네트워크 확장

〈표 1-3〉 통신산업의 독점적 구조가 발생하는 원인

규모의 경제	평균비용이 감소하는 생산기술의 특성으로 자연독점 현상 발생
망 외부효과	이용자 수가 많은 망일수록 해당 망 이용에 따른 효용이 커져서 이용자들이 더 큰 망으로 이동하는 현상 발생
보편적 서비스 제공	수지가 맞지 않는 지역에서 서비스를 제공하기 위하여 망 내부 사용자 간 상호보조를 인정하는 메커니즘 필요
국가안보, 전략	기간산업으로서 통신산업의 중요성

출처: 정현준(2005: 30).

대비 통화기회 증가)가 더 높게 나타난다. 이러한 네트워크 확장의 승수효과는 네트워크의 효율성을 뜻하며, 이로 인해 신규 가입자는 더욱 큰 망에 대한 더 큰 유인을 갖게 되는 것이다.

③ 서비스 측면에서 공공적 특성

통신산업 서비스는 사적재로서의 성격을 지니는 동시에 공공성도 가지고 있다. 보편적 서비스로서 통신 서비스가 제공되기 위해서는 기업 입장에서 수지가 맞지 않는 시골지역이나 인구가 적은 지역에도 망을 설치하여야 한다. 이러한 수지가 맞지 않는 지역에서 서비스를 제공하기 위하여 내부 망 사용자 간 상호보조를 인정하는 메커니즘을 가지는 경향이 있다. 이런 경우 수지가 맞는 지역에 신규진입 압력이 증가하게 되는데, 실제 신규진입이 이루어지면 기존 사업자는 보편적 서비스를 위한 상호보조가 불가능하게 된다는 점도 독점을 인정하거나 진입규제를 하는 한 근거로 사용되었다.

④ 기간산업으로서의 특성

통신은 사회의 중요 정보가 흐르는 소통의 수단이다. 이것은 국가안보나 전략의 특성을 지니며, 국가가 이를 조종할 수 없을 때 문제가 발생할 수 있다.

(2) 통신의 주요 공익성 개념들

일반적으로 거론되는 통신의 공익성 개념, 즉 통신이 공익의 의무를 갖는 이유와 관련된 개념은 '보편적 서비스'와 '커먼 캐리어'이다.

① 보편적 서비스(universal service)

서비스 품질, 가격, 서비스 방식 등에 있어 거주 지역 등 어떠한 특성을 가진 이용자이든지 차별을 두지 않고 동일한 수준의 서비스를 제공해야 한다는 뜻이다. 앞에서 살펴본 바와 같이 통신은 네트워크 외부성이 있기 때문에 사업자들은 중앙에 위치하며 인구가 밀집한 지역에 대한 서비스를 선호하며, 중앙에서 멀리 떨어지고 인구밀도가 낮은 지역은 외면하기 쉬운 경제적 동인을 갖는다. 이 때문에 통신은 발전 초기부터 밀집지역의 이윤을 밀집이 낮은 지역의 손실을 보전하는 데 쓰도록 하는 '상호보조' 방법을 통해 보편적 서비스를 수행하도록 규제받았다. 이러한 보편적 서비스를 위한 상호보조의 논리는 독점사업자가 전체 영역을 서비스하는 것이 바람직하다는 명분으로 활용되었다. 이러한 인식의 현실화는 두 가지 형태로 이루어졌는데, 영국 등 유럽 국가는 통신의 국가 독점을, 미국은 사영사업자의 독점과 정부 규제 방법을 사용했다. '보편적 서비스'에 대해서는 제 7장에서 더 자세하게 살펴볼 것이다.

② 커먼 캐리어(common carrier)

운수 및 통신산업에서 특정하지 않은 일반 공중에 대해서 운송 또는 전송 서비스를 제공하는 사업자를 뜻한다. 일반 공중이 아닌 개별 계약에 의한 서비스 제공자는 커먼 캐리어가 아니다. 커먼 캐리어가 공익의 의무를 지니게 되는 배경은 두 가지로 추적해 볼 수 있는데, 그 하나는 이용자가 위탁한 물품을 온전하게 운반해야 하는 의무를 뜻하고, 다른 하나는 독점사업권을 지닌 사업자의 의무를 뜻한다(Jones, 1980). 통신에 이 두 가지 의무를 적용해 본다면 앞의 것은 품질을, 뒤의 것은 가격과 보편적 서비스 등을 의미할 것이다. '커먼 캐리어'에 대해서는 다음 장인 제2장에서 더 자세히 알아볼 것이다.

3) 방송의 공익 개념

(1) 방송 규제의 이유

방송은 통신과 마찬가지로 경제적 이유와 사회적 이유로 오래전부터 규제의 대상이 되었다. 경제적 이유는 한정된 지상파를 쓰는 데서 발생하는 독점의 문제와 공공재적 성격이 지적된다. 방송은 ① 그를 선날할 주파수가 희소하고, ② 공공재이며, ③ 규모의 경제에 따라 자연독점에 이르게 되고, ④ 내용의 영향성으로 인해 긍정적 또는 부정적 외부효과를 발생시키며, ⑤ 그중에서도 고품질 방송은 메리트재로서 자유시장에서는 충분히 공급되기 어렵고, ⑥ 소비 전에 그 가치를 알 수 없다는 점 등에서 국가 개입이 불가피한 것으로 인식되었다(강형철, 2008).

그러나 방송 규제의 더 큰 이유는 경제적인 것보다는 사실 문화적,

정치적인 것이었다. 방송 내용이 정치와 관련되어 궁극적으로는 사회 자원의 배분에 영향을 미치거나 문화적 정체성 문제와 관련되어 있다는 가정이 방송 규제의 근본적 이유였다. 방송의 효과 연구는 이러한 인식을 증명하기 위해 오랜 기간 노력을 기울였다.

(2) 방송의 공익성 개념들

방송의 공익성은 통신과 달리 그것이 전달하는 내용과 관련이 있다. 통신의 공익성은 정보 전달을 위한 구조와 정보 전달의 정확성, 신속성 등 양적 개념에서 출발하였지만 방송과 관련해서는 내용에서 비롯되는 공익성이 중요하다. 방송의 물리적 환경이 문제가 되는 것도 그것이 내용과 관계가 있기 때문이다. 방송의 공익성과 관계되는 여러 개념, 또는 용어들이 있지만 다음의 3가지가 공익성을 구성하는 주요 하위 개념들이다.

① 다양성(diversity)

다양성은 어느 나라이든 방송이 추구해야 할 주요 가치로 삼고 있다. 유럽식 사회적 방송 모델 또는 '사회학파'(*Social School*) 이든 미국식 시장주의 모델 또는 '시장학파'(*Market School*) 이든 모두가 '다양성'을 공익을 위한 주요 가치로 본다. 미디어 정책의 목표에 대해 상반되는 주장을 하는 유럽식과 미국식 모델도 다양성이 커뮤니케이션 정책의 주요 목표라는 데는 동의한다(Entman & Wildman, 1992).

다양성에 대한 개념 정의 및 그것을 구성하는 하위 개념들, 그리고 측정방법에는 여러 가지가 있겠지만, 대표적으로 필립 나폴리(Philip

〈그림 1-7〉 나폴리의 다양성 개념 구성

<table>
<tr><th>소스 다양성</th><th>→</th><th>프로그램 다양성</th><th>→</th><th>노출 다양성</th></tr>
<tr><td>1. 소유의 다양성
a. 프로그램 편성
b. 채널
2. 인력의 다양성</td><td></td><td>1. 장르 다양성
2. 인구 다양성
3. 의견/사상의 다양성</td><td></td><td>1. 수평적 노출 다양성
2. 수직적 노출 다양성</td></tr>
</table>

Napoli)의 구분을 살펴보자. 그는 다양성의 차원을 소스, 프로그램, 노출 등 3가지로 나누고 이 각각의 차원을 다시 작은 하위 개념으로 구성한다(Napoli, 1999).

- **소스 다양성(source diversity)**: 소스 다양성은 전통적으로 프로그램이나 편성의 다양성, 미디어 채널 소유의 다양성, 미디어 채널 인력의 다양성이라는 3가지 하위 개념을 포함하는 개념이다. 여기서 소유의 다양성(*ownership diversity*)이란 다시 프로그램 편성(*programming*)과 채널(*outlet*)의 다양성이라는 하위 개념을 지닌다. 또한 인력의 다양성(*workforce diversity*)이란 방송을 제작하는 인력이 얼마나 다양하게 분포되어 있는지를 의미하는 개념이다.

- **프로그램 다양성(content diversity)**: 프로그램 다양성은 장르 다양성, 인구 다양성, 그리고 의견/사상의 다양성 등으로 이루어진다.

- **노출 다양성(exposure diversity)**: 접근 가능한 중요한 콘텐츠와 다양한 미디어 시스템을 이용할 수 있는 정도를 말한다. 엔트먼과 와

〈표 1-4〉 엔트먼과 와일드먼의 노출 다양성 개념 구성

	수평적 노출 다양성 (horizontal exposure diversity)	수직적 노출 다양성 (vertical exposure diversity)
개념	- 모든 이용 가능한 콘텐츠에 대한 시청자들의 분포	- 개인 시청자의 콘텐츠 소비의 다양성
측정	- 시청자가 특정한 시점에 이용 가능한 콘텐츠에 어떻게 분포하는지에 관한 것. (예: 시청 점유율 분석)	- 시청자 개인의 장시간에 걸친 노출 패턴에 초점을 맞춘 것으로, 시청자 양극화(audience polarization) 개념과 유사. - 시청자 개인의 다양한 콘텐츠 소비 패턴을 조사하기 위해서는 시청자 개인의 행동을 추적하는 축적적인 측정이 필요함.

일드먼은 이를 다시 수평적, 수직적 노출 다양성으로 분류한 바 있다(Entman & Wildman, 1992).

② 지역성(localism)

지역성은 방송이 지니는 특성, 즉 수용자 접근을 위한 한계비용이 낮은 점 때문에 콘텐츠 공급이 중앙화되는 데서 출발한다. 방송이 지역 문화를 대변하지 못하고 중앙의 것만을 일방적으로 공급할 때 해당 지역의 정체성이 문제가 되는 것이다. 이 때문에 국내 차원에서는 지역방송이 해당 지역에서 만든 프로그램을 어느 정도 이상 방송할 것을 요구한다. 국제적 차원에서도 많은 나라들은 경쟁력 있는 미국 프로그램 등이 들어와 자국 콘텐츠의 성장 기회를 막고 자국의 문화 정체성을 훼손할 것을 우려하여 국내 제작 프로그램 할당제를 실시하고 있다.

③ 품질(quality)

방송이 추구하는 품질은 전달 정보의 내용을 말한다는 점에서 통신에서 말하는 품질과 다르다. 통신에서 말하는 품질은 앞에서 살펴본 '커먼 캐리어'의 개념에서 출발하여 정보가 손실 없이 수신자에게 가장 빠르고 많이 전달되는 것을 의미한다. 그러나 방송의 품질은 내용의 충실성을 뜻한다. 방송의 품질은 일반적으로 "기본적인 가치나 규범에 비추어 볼 때 일정하게 가치가 있다고 여겨지는 어떤 기준을 충족시키는 하나 혹은 그 이상의 특성"(Rosengren, Carlsson, & Tågerud, 1996)이라고 정의된다. 그러나 방송 프로그램에서 '품질'은 상대적 개념이다(심미선·강형철·이승혜, 2010). 제작자의 입장에서 보는 품질과 수용자의 관점에서 보는 품질이 다르며, 뉴스 프로그램의 품질과 오락 프로그램의 품질도 다르다. 또한 그것을 측정하는 방식에서도 합의되지 않은 다양한 것들이 존재한다. 예를 들어, KBS의 품질평가는 방송의 공익성을 평가하는 데 초점을 두며, MBC의 품질평가는 프로그램 품질 향상을 통해 채널의 브랜드 자산을 높이는 데 초점을 맞춘다. SBS도 ASI라는 프로그램 품질평가 시스템을 개발해 활용하고 있으며, EBS는 EPEI 지수, 방송위원회는 KI 지수를 개발해 지상파방송 프로그램의 품질을 평가한다.

3. 소결: 융합시대 공익과 규제의 딜레마

이상과 같이 통신과 방송에 대한 '일반적인' 공익 개념들을 살펴보았지만 고도의 미디어 융합 환경에서 이상의 모든 개념 정의는 강력한 문제 제기 대상이 되고 있다. 어떤 경우는 공익 개념 적용 자체가 문제가 있다고 지적한다. 그나마 가장 약한 문제 제기는 개념 자체의 유용성은 그대로 두지만 그의 정의가 달라져야 한다는 것이다.

예를 들어, 통신의 보편적 서비스 개념의 경우도 과거 전신이나 전화의 성장 단계에 등장하여 정책의 기준 역할을 하였지만, 전신과 전화 등의 통신수단 보급이 거의 포화상태에 이른 지금도 이것이 필요한지, 또한 인터넷 등 새로운 미디어도 적용되어야 하는지에 대한 문제 제기가 이루어지고 있다(Monberg, J. & Esrock, S. E., 2006). 보편적 서비스 의무를 속속 등장하는 모든 미디어에 적용하는 것이 정당한지, 공익을 위해 효율적인지, 아니면 가능한지에 대한 논의가 필요한 것이다. 어떠한 기준으로 어떠한 미디어에 어느 정도의 보편적 서비스 의무를 부여할 것인지도 중요한 문젯거리다.

방송의 다양성 개념도 마찬가지이다. 앞에서 살펴본 다양한 차원의 다양성 개념을 모든 전자 미디어에 적용하는 것이 정당한지, 공익을 위해 효율적인지, 아니면 가능한지 등에 대한 논의가 필요하다. 그리고 이러한 모든 개념들이 완전히 달성되었다고 해도 그것이 바람직한 공공의 이익이 되는지도 점검해 보아야 한다. '다양한' 다양성 개념들은 다양성의 최종 목표, 즉 다양한 정보와 인식, 태도 등을 이루기 위한 수단일 뿐이다. 중요한 것은 이러한 미디어 다양성 지표들이 실제로 우리 사고의 다양성을 보장하는지 여부이다. 어떠한 경우에는 소스 다양성이 오히려 사고의 다양성을 해칠 가능성도 있다. 파편화된 미디어 지형에서 세분화된 수용자는 서로 다른 다양한 미디어에 노출되면서 자신의 이해나 관점을 더 고착화하고, 다른 사람들의 이해나 관점을 이해하지 못하는 문제가 발생할 수 있기 때문이다.

로컬리즘도 문젯거리다. 디지털화로 미디어 콘텐츠가 빛의 속도로 세계를 이동하는 판에 어떤 지역에서는 중앙의 '재미있고 품질 높은' 방송을 보지 말고 지역의 '재미없고 품질 낮은' 방송만 보라는 식의 지역주의의 현실화는 문제가 크다. 전통적인 공간적 의미의 지역주의 원칙은 더 이상 지역주의 정책을 뒷받침하는 충분한 명분이 되지 한다. 나폴리는 이에 대해 "로컬리즘이 생동력 있고 유효한 지침이 되기 위해서는 그 대신 더욱 '사회적'인 개념화가 필요할 것"이라고 말한다(Napoli, 2001: 205).

끝으로, 통신 및 방송 각각에 적용된 공익 개념들이 여전히 지속 되어야 하는지를 놓고 논란을 빚고 있다는 이상의 사실에 더하여, 이러한 개념들이 융합 미디어에서는 어떻게 적용될 수 있는지에 대한 논의가 필요하다. 방송의 특성과 통신의 특성이 융합 미디어에는 어떻게 발현되고, 이러한 혼합된 특성에 맞춘 공익 의무가 무엇인지를 알아보아야 하는 것이다.

이상에서 통신과 방송의 융합현상을 분석하기 위한 이론적 틀을 논의해 보았고, 그 결과 역사적 제도주의가 이 현상에 가장 적합한 분석틀이라는 점을 이야기했다. 그리고 통신과 방송에 적용된 전통적인 공익 개념들을 이야기하고, 현 시점에 그것들이 새로이 점검되어야 하며,

동시에 융합 미디어에 대한 새로운 공익 개념들이 필요하다는 점을 논의했다. 이제 이러한 문제의식을 바탕으로 다음 장부터 통신에서 시작하여 방송으로 이어지는 공익과 규제의 모습을 그려 보고자 한다. 여기서 도출되는 패턴에서 융합 미디어의 공익성을 어떻게 자리매김할 것인지를 찾아보려는 것이 이 책의 목표이다.

제2장

통신의 공익 개념 출발과 역사적 전개

이 장에서는 서양 및 한국에서 통신이 등장하면서 이에 공익 개념이 부여된 배경과 그것이 발전해 나간 과정을 역사적으로 추적해 볼 것이다. 이러한 과거에 대한 분석은 과거가 현재를 결정한다는 역사적 제도주의 시각을 활용한 것이다. 신제도주의의 한 지류인 역사적 제도주의의 중요 개념인 '경로 의존성'(*path dependency*)은 중요한 기술적, 경제적, 정치적 환경변화 상황에서 행해진 중요한 사회적 결정은 후일의 결정에 영향을 미친다고 주장한다. 서양 및 한국의 통신 영역에서 행해진 중요한 공익 관련 결정들은 이러한 경로의존성을 잘 보여 준다. 현재의 융합형 전자 커뮤니케이션 현상을 이해하기 위해서는 앞선 통신 미디어인 전화와 전신에 대한 역사적 결정들을 알아야 하며, 최초의 전자통신수단인 전신에 대한 이해는 앞서 있었던 철도 등에 대한 이해를 필요로 한다.[1)]

1. 공익의 출발과 통신 규제: 철도에서 전화까지

서유럽에서 산업발전과 경제확장이 급속히 진행되면서 상업적 이해가 다양한 공중의 필요에 부응할 수 있을 것인지에 대한 우려의 목소리가 나오기 시작했다. 그러나 19세기 후반까지만 해도 이러한 우려는 소수 전문가들 사이의 예측적 분석이었을 뿐 사회적 논란까지 확장되지는 않았다. 이때까지만 해도 독점이나 집중 현상은 광범위하게 드러나지 않았다. 다만 애덤 스미스가 이야기한 "작은 기업들의 공개시장에서의 자유로운 경쟁" 원리에 맞지 않는 산업이 이미 등장하였는데, 그것은 바로 철도와 통신 등 네트워크 산업이었다(Rowland, 1997). 이 영역에는 적극적인 국가 개입이 시작되었고, 그 명분은 바로 '공익'이었다.

통신에 대한 공익 의무 부여는 이 재화가 갖는 본질적 특성(자연독점성) 때문이기도 하지만, 근본적으로는 이 사업에 부여된 혜택에 대한 대가이기도 하다. 통신산업은 초기 형태인 전신에서부터 국가의 지원 또는 혜택을 받으면서 성장했다. 통신사업자의 네트워크 포설을 위해서는 공유지와 사유지를 통과하는 일, 즉 통행권(*right of way*)이 필요했으며, 자본투자를 위해서는 금융제도의 뒷받침이 불가피하였다. 이는 철도나 도로, 운하 등 운송사업에 국가적 지원이 필요했던 것과 마찬가지이다. 국가가 운송이나 통신산업에 혜택을 준 것은 이 산업들이 국가 발전에 필수불가결하다고 인식하였기 때문이다. 그러나 이러한 혜택에

---

1) 이 글의 내용 중 영국과 미국의 초기 통신 규제 발달에 대한 것은 저자(강형철, 2016)의 글을 바탕으로 한 것이다.

는 그에 맞는 의무수행이 필요하였으며, 그것이 바로 '공익'이라는 개념으로 요약된다. 이는 후일 전화, 방송, 인터넷 등에 대한 공익 의무 부여와 같은 맥락을 지닌다. '공익' 의무는 곧 '혜택'의 대가라는 공식이 초기부터 시작된 것이다.

서유럽과 미국 모두 전자 커뮤니케이션 영역에 대해 '공익'의 가치를 중시했지만, 이를 실행하는 방식은 달랐다. 서유럽은 주로 가부장적 시각에 의한 방법을, 미국은 경제적 시각에 의한 방법을 따랐다. 물론 양자 모두 '정부 소유'나 '완전 자유방임'의 극단적인 방법은 피했다(Ashley, 2013). 다음에서는 영국을 중심으로 한 서유럽과 미국에서 통신 미디어에 대한 공익 개념이 어떻게 발전하였는지를 자세히 살펴볼 것이다. 여기서 알게 된 '초기 통신과 공익의 만남'은 후일 방송과 인터넷 등 새로운 커뮤니케이션 수단이 당면하게 되는 공익 의무를 이해하는 데 도움을 줄 것이다.

1) 통신 공익 개념의 기원: 커먼 콜링과 커먼 캐리어

기본적으로 시장 원리에 맡겨 두는 다른 자유재들과 달리 통신은 국가가 직접 소유하거나 강력하게 규제했다. 언제나 그렇듯이 규제의 명분은 공익이다. 그렇다면 통신을 규제하는 것이 어떻게 공공의 이익이 될 것인가? 여기에는 현재의 이유도 중요하지만 과거에 통신 규제가 공익을 위해 왜 필요하다고 했는지가 중요하다. 왜냐하면 우리가 알고 사용하는 중요한 생각들은 과거의 유산일 경우가 많기 때문이다. 또한 앞 장에서 살펴본 역사적 제도주의 시각 중 구성주의가 주장하듯 "제도라는 것은 객관적, 물질적 환경 속에서 이뤄지는 필연적 결과라기보다는 인간이 만들어 낸 아이디어, 사상, 의미 등의 결과물"(Burch, 2002)이기 때문이다. 아울러 '경로의존성' 개념이 설명하는 바와 같이, 초기에 일단 이루어진 사회적 결정은 쉽사리 바뀌지 않고 그 나름의 길을 가게 되어 나중에는 원래 결정 상태에서 멀리 떨어진 결과를 초래하기 때문이기도 하다.

(1) 커먼 콜링의 공익과 규제

통신 규제 역사에서 중요한 초기의 사회적 인식 또는 결정은 '커먼 캐리어'(*common carrier*)와 그 이전의 '커먼 콜링'(*common calling*) 개념에서 찾아야 한다. 우편, 철도, 운하 등 대중운송수단을 뜻하는 '커먼 캐리어'는 독점이나 위탁운송 물품의 훼손을 방지하기 위하여 일찍부터 규제 대상이 되었고, 그 근본적 명분은 '공익'이었다. 그런데 운송수단에 대해 공적인 의무를 부과하거나 규제하게 된 근거는 중세시대의 커먼 콜링이라는 일단의 상행위로 거슬러 올라간다.

영국 관습법 등 유럽의 법제는 사업자가 공중을 대상으로 사업을 하려면 특별한 의무를 갖는다는 독특한 생각을 발전시켰다. 그들은 이것을 '커먼 콜링'이라고 불렀는데, 이것은 "그것의 과정 또는 결과에서 상당한 공익을 갖는 사업"(Kopp & Landry, 2000: 36)이라고 말할 수 있다. 이렇게 공익성을 지니는 커먼 콜링은 공공의 소유인지 사적 소유인지에 상관없이 정부 규제의 대상이 된다. 여기서 커먼(*common*)은 '일반대중 서비스'라는 뜻을 지니며, '콜링'(*calling*)이란 기독교적으로는 소명, 즉 천직을, 세속적으로는 직업(*vocation*) 또는 사업(*trade*)을 의

〈그림 2-1〉 중세 커먼 콜링 중 하나인 편자공

출처: Universität Wien

미한다(이창근, 2002).

커먼 콜링은 원래 중세시대에 새로 나타난 거의 모든 일반 상행위 직업을 의미하였다(Speta, 2001). 당시에 상인은 두 가지 종류로 나뉘었는데, 하나는 귀족에게 고용되어 그를 위해 일하는 사람이고, 다른 하나는 일반 대중을 상대로 일하는 사람이었다. 일반 대중을 상대로 하는 여관 주인, 주류 판매업자, 뱃사공, 화물선주, 편자공(*farrier*), 재단사, 외과의 등은 바로 '커먼 콜링'에 종사하는 것으로 이해되었다(Kopp & Landry, 2000: 37).

이보다 넓게는 이발사, 제빵사, 대장장이, 식료품 판매업자 등 꽤 많은 직업들이 공공사업으로 분류되기도 했다. 여행자가 먼 길을 가다가 숙박을 해야 할 때 여관업자는 도둑이나 강도로부터 안전한 잠자리와

〈그림 2-2〉 중세 커먼 콜링으로서의 여관

물건을 말에 실은 상인이 주인이 어서 오라고 손짓하는 여관으로 향하고 있다.
출처: Stephen Alsford

필요한 식음료를 제공해야 한다. 중세에는 먼 거리를 이동해 물건을 사고파는 상행위가 생각보다 활발했고, 이에 따라 물건과 돈을 지니고 다니는 여행자를 노리는 범죄가 극성했다고 한다. 만약 여관업자가 숙박과 음식 제공 서비스를 거부한다면 여행자의 안전은 심각하게 위협받게 될 것이므로 여관업은 공익에 관련한 커먼 콜링인 것이다. 아울러 당시 여러 직종의 장인들의 수는 매우 귀했고, 더구나 1348년 런던을 강타한 흑사병은 이들의 수를 더욱 귀하게 만들었다. 살아남은 장인들은 독점력을 행사할 수 있게 된 반면 이들의 공적 성격은 그만큼 더 강해진 셈이므로 커먼 콜링으로 규정하여 규제하는 것이 자연스러웠다.

"'공공'(*common*)이란 말이 '적정하게 제공하는 것'(*to serve properly*)

을 의미"(Bruce Wyman, 1904: 516)하기 때문에 공공운송업(*common carrier*), 공공여관(*common innkeeper*), 공공여객선(*common ferries*) 등이 주의 깊게 운송하고, 안식처를 제공하고, 태우는 것은 암묵적인 법적 약속이다. 커먼 콜링은 그것을 원하는 모든 사람에게 서비스 제공을 거부할 수 없으며 부당한 가격을 요구할 수 없는 의무를 지닌다.

심지어 이들에게는 엄격한 서비스 품질과 책임감이 요구되기도 하였다. 예를 들어, 수의사가 치료하던 말이 죽으면 그는 이에 대한 책임을 져야 했지만 일반인이 같은 치료를 하여 말이 죽으면 그는 아무런 책임이 없었다고 한다(Kopp & Landry, 2000: 37). 현대에 무면허 의료행위가 처벌받는 것과는 정반대이다. 중세에 커먼 콜링에 종사하는 사람은 그만큼의 자질과 책임이 있는 반면 일반인은 그야말로 전문성이 없는 일반인이므로 말을 살려 낼 능력과 의무가 요구되지 않는다고 보았기 때문이다.

커먼 콜링에 적용되는 부당하지 않은, 즉 정당한 가격은 스콜라 철학자인 토마스 아퀴나스(Thomas Aquinas)가 주장한 '공정가격'(*justum pretium*)을 의미한다(Melody, 1997). 공정가격은 아퀴나스가 저서 《신학대전》에서 정의론에 입각해 공동체의 재화를 어떻게 분배할 것인지에 대한 원칙을 제시한 것이다. 아퀴나스가 제시한 공정가격은 원재료비에 노고에 대한 보수, 운송비, 위험부담, 가격변동분, 절도 있는 이익을 더한 것으로 구성된다. 이것은 완전 자유경쟁시장에서 형성되는 시장가격과는 다른 개념이다.

공정가격의 구성요소인 '절도 있는 이익'은 특정 재화나 서비스가 과소 공급되면 가격이 올라가서 이익이 커지고, 과잉 공급되면 가격이 떨

〈그림 2-3〉 토마스 아퀴나스의 '공정가격' 구성

어져서 이익이 줄어드는 방식으로 정해지므로 자유시장에서 이익이 결정되는 바와 다르다. 즉, 공정가격은 시장 원리에 맡겨 두는 것이 아니라 절도 있는 이익과 실제 비용 등을 종합한 임의 가격이다. 절도 있는 이익의 개념에는 사회적 불평등을 예방하는 재분배적 성격과 함께 "남에게 받고 싶은 만큼 너도 남에게 베풀라"는 성경의 지침, 윤리적 가치가 녹아들어 있었다(Hantke-Domas, 2003: 168). '공정가격 원칙'은 사회정의를 이루기 위해서는 사영산업에 대해서도 규제할 수 있음을 의미하였다.

커먼 콜링의 법적 의미는 1670년경 영국 판사인 매슈 해일(Matthew Hale) 경이 작성한 "De Portibus Maris"와 "De Jure Maris"라는 문건에 잘 나타나 있다(Moore, 2006). 해일 경이 작성한 두 문건은 공익에 의해 영향받는 사업에 대한 원칙을 명시한 것으로서, 뒤에서 검토하겠지만 후일 영미 공익사업(*public utility*)들의 규제에 큰 영향을 끼쳤다. "De Portibus Maris"는 페리, 부두, 크레인, 커먼 캐리어, 여관 등은 "공중의 이익에 의해 영향을 받게 될 때 사적 권리(*juris privati*) 대상이

〈그림 2-4〉 판사 매슈 해일 경

출처: Boston College Law Library

아니다"고 명시하였다. 특히, 해일 경은 크레인 사용료나 부두 사용료 등 관련 서비스 비용은 반드시 합리적(*reasonable*)이고 적절해야(*moderate*) 한다고 주장하며 공공 상업 요금의 합리성 의무를 명시하였다. "De Jure Maris"도 왕이 "독점사업권과 특전을 가지며 … 모든 페리는 공공 규제를 받아야 한다. 즉, 페리는 정해진 시간에 서비스해야 하며, 정해진 대로 보트를 운행해야 하며, 합리적 뱃삯을 받아야 한다. 이를 위반하면 벌금에 처해야 한다"라고 하여 특정 사업에 대한 규제와 그것이 합리적 가격을 받아야 할 의무를 강조하였다.

해일 경의 공익 원칙은 이후 영국과 미국에서 각각 있었던 공익 관련 판결들의 기준이 되었다. 그리고 이 판결들은 다시 공익 가치가 법적 구속력을 갖게 하는 근거가 되었다. 우선, 영국에서는 1810년 '올닛 대 잉글리스'(Allnutt vs. Inglis) 사건이 해일의 원칙을 사영사업에 처음으로 적용한 사례다.[2] 당시 런던에서는 올닛이란 사람이 유일하게 프랜차이즈 권리를 지니고 창고 대여업을 하고 있었다. 와인 판매업자인 잉글리스가 이 창고를 빌리고자 하였으나 올닛이 높은 가격을 부르자 그는 소송을 제기하였다. 잉글리스는 올닛이 요구하는 비싼 보관료를 낼 수 없어 와인 보관을 제대로 못하는 바람에 자신이 손해를 보았다고 주장하였다. 그러나 올닛은 반대로 잉글리스가 보관료를 제대로 내지 않으려 했기 때문에 창고 대여를 거부한 것이라고 항변하였다. 재판은 잉글리스의 승소로 끝났다. 재판장 엘렌보러(Ellenborough CJ) 판사는 해일 경의 커먼 콜링 원칙에 입각하여 "어떤 사람이 독점사업권의 이익을 취하고자 할 때 그는 합리적 조건으로 그에 상응하게 부여된 의무를 수행하여야 한다"고 판시하였다(Gray, 2010). 미국에서도 유사하게 '먼 대 일리노이 주'(Munn vs. llinois) 사건에서 해일의 원칙이 다시 부각되었는데, 이에 대해서는 미국의 초기 통신산업을 다룰 때 더 자세히 이야기하게 될 것이다.

(2) 커먼 캐리어의 공익

시간이 흐르면서 영국에서 왕권은 약화하고 상업적 이해의 힘은 더욱 성장하게 된다. 이에 따라 16~17세기에 이르면서 커먼 콜링은 운송업

---

2) Allnutt vs Inglis(1810). 12 East 527, 104 ER 206.

과 운송에 관련한 사업들, 예를 들어 창고와 여관 등을 뜻하는 말로 축소되었다(Speta, 2001). 왕은 더 이상 쉽사리 일반적 상행위에 간섭하기 어려워진 것이다. 그러나 상인계급과 귀족들 모두가 자신들의 이익을 위해 규제를 원한 영역이 있었는데, 그것이 커먼 캐리어다. 상인계급의 관심은 자신들과 자신들의 물건이 안전하게 이동하는 것에 있었으며, 도심에 사는 귀족들에게도 지역에 있는 자신들 소유의 땅에서 나오는 소출을 안전하게 가져오는 일이 매우 중요하였다. 이러한 상인계급과 귀족계급의 이해 일치는 운송업과 운송에 관련한 사업들을 커먼 콜링으로 묶는 중요한 요인이 되었다. 17세기에 들어서 커먼 콜링은 '커먼 캐리어'의 개념으로 치환되기 시작하였다.

'커먼 캐리어' 개념은 18세기 초 영국에서 법적 개념으로 활용되기 시작하였다. 1710년 영국에서 있었던 운송 관련 판결에서는 커먼 캐리어란 "물품이나 사람을 비차별적으로 운송하도록 위탁받은 사업"이라고 정의하였다(Kopp & Landry, 2000: 39). 이후 커먼 캐리어 개념은 미국으로 건너가 19세기에 미국 법률가들인 톰슨 치티(Thompson Chitty)와 리오프릭 템플(Leofric Temple)은 커먼 캐리어에 대한 자세한 정의를 내렸고, 이것이 추후 이에 대한 의미를 설명하는 표준이 된다. 이들은 커먼 캐리어의 속성을 다음과 같이 나열하였다(Chitty & Temple, 1857: 53).

① 커먼 캐리어는 물품을 운송하고 대가를 받는 것이며, 민법상 물건을 보관하는 임치(任置) 사업(*bailment*)의 하나인 'Locatio operis mercium vehendarum'(물품운송 대행업)으로 분류된다.

② 커먼 캐리어는 고대법에 나타난 바와 같이 관공서와 같은 역할을 가지며 공중에 구속된다. 어떠한 사람에게 커먼 캐리어의 책임을 부여하기 위해서는 그는 '공직'으로서의 사업을 수행하여야 한다.
③ 커먼 캐리어는 반드시 모든 사람들에게 비차별적으로 물품운송 수탁을 하여야 한다.
④ 커먼 캐리어는 사업(*business*)으로서의 물품운송 대행에 적극 나설 준비되어 있어야 하며, 그것은 일시적인(*pro hac vice*) 비정규직업이어서는 안 된다.

뒤에서 다시 논의하겠지만, 이상의 정의는 1887년 미국에서 제정된 '주간통상법'(Interstate Commerce Act)에 반영되어 철도사업은 법적 규제 대상인 커먼 캐리어로 명시된다. 그리고 이어서 1910년 제정된 '맨-엘킨스법'(Mann-Elkins Act)은 최초로 전신과 전화를 커먼 캐리어로 편입하였다.

앞서 설명했듯이 커먼 콜링은 원래 자본주의와 함께 등장한 모든 상행위를 뜻하다가 점차 좁혀져서 운송 및 그에 관련한 사업을 뜻하게 되었고, 이러한 이유로 이것은 다시 더 구체적으로 '커먼 캐리어'로 불리게 된다. 이에 따라 철도, 도로를 뜻하는 커먼 캐리어의 개념에는 공정가격과 커먼 콜링의 개념이 발전한 궤적이 녹아들어 있는 것이다. 아울러 도로와 항만, 철도 이후에 나타난 전신과 전화가 커먼 캐리어로 사회적으로 개념화되었기 때문에 이 통신수단들이 앞선 공공사업과 마찬가지로 공익론에 의해 규제되는 규제산업으로서의 길을 걷게 된 것이다. 전신이나 전화 서비스 재화가 지닌 자연독점의 성질도 중요한 원인

〈그림 2-5〉 커먼 캐리어로서의 기차와 여객선

좌: 정박해 있는 여객선과 기차 / 우: 19세기 영국과 프랑스를 잇던 기차 · 선박 노선 가격표
영국 남부 해안 도버(Dover)에 위치한 기차역인 'Admiralty Pier' 역은 1862년 개사하여 1914년에 문을 닫았다. 런던 등 북쪽에서 기차를 타고 온 승객은 이 역에 내려 여객선으로 갈아타고 프랑스 칼레(Calais)로 갈 수 있었다.
출처: www.disused-stations.org.uk

이었지만 '공익'이라는 '명분'의 규제가 따라다닐 수 있었던 것은 이것들이 커먼 캐리어로 규정되었기 때문이고, 이 규정의 전이는 전신이 커먼 캐리어인 철도에 바로 이어 등장했기 때문이다.

(3) 공익 의무의 근거

커먼 캐리어 또는 커먼 콜링이 공익의 의무를 갖는 이유는 그것의 독점적 성격 때문이기도 하고 독점과 관계없이 그 자체로 공적 성격을 갖기 때문이기도 하다. 독점성 때문이냐 아니냐의 문제에 대해서는 이미 오래전부터 논란이 되었다. 대표적으로 20세기 초에 법률가인 브루스 와이먼(Bruce Wyman)은 특정한 사업들을 커먼 콜링으로 분류해 특별한 의무를 부여한 것은 그것들이 실제적인 독점 상태에 있기 때문에 일반적인 상거래에 해당하는 보통의 법규로는 개인들을 보호할 수 없기 때문이라고 주장하였다(Wyman, 1904). 앞에서 보았듯이 중세 이후 나타난 대부분의 상업 서비스들은 공급이 부족한 실질적인 독점 상태였기 때문에 그것의 해악을 막기 위해서 공익의 이름으로 규제를 가해야 했던 것이다. 커먼 콜링이 커먼 캐리어로 축소된 것도 다른 것들은 독점성이 해소되었지만 운송과 관련한 상행위들은 지속적으로 독점 상태에 있었기 때문이라는 것이 와이먼의 설명이다. 후일 토니 프로서(Tony Prosser)도 "희소 자원에 대한 공적 접근권"이라는 개념으로 특정 재화의 독점적 성격이 공적 의무를 불러온다고 분석하였다(Prosser, 1997: 24).

그러나 와이먼이 독점성과 공익의 관계를 주장한 수년 뒤 찰스 버딕(Charles Burdick, 1911)은 그의 논리를 반박하면서 커먼 캐리어에 대한 공적 의무는 독점과 상관없이도 부여되었다고 설명한다. 커먼 캐리어에 가해진 의무, 즉 '비차별적 서비스', '서비스 품질', 그리고 '정당하고 합리적인 가격'은 과거에 왕이 직접 운영하거나 왕의 허가로 민간이 운영하던 사업에 부가된 사항들이었다. 이것은 곧 국가가 서비스해야 할 의무가 있는 사업이고, 이것이 민간에게 허가되었을 때 공익을 담보하기 위한 의무를 지게 된다는 것이다. 허가는 곧 다른 사업들은 하지 못하는 것을 하게 하는 '특혜'를 뜻하는 것이고, 이 특혜는 의무를 요구한다. 앞서 살펴본 '올넛 대 잉글리스' 사건에서도 당시 재판장이 강조한 '독점사업권의 이익'과 '합리적 조건'의 관계는 '독점'이 아니라 '사업권', 즉 허가를 강조하는 것이었다. 허가의 목적은 교역과 상업을 독려하기 위한 것이므로, 공익의 의무를 지는 것은 당연하다는 것이다(Hantke-Domas, 2003: 167). 커먼 콜링에 대한 공익 의무는 다음과 같은 판별

기준에 의해 부여되었다(Hantke-Domas, 2003: 169).

① 정부 면허(*license*)가 부여된다.
② 이 면허는 독점을 만들거나 자연독점의 이득을 얻을 수 있는 특권을 제공한다.
③ 면허 수여자는 사적 존재이다.
④ 이 경제행위는 공중에게 이익이 된다.

후일, 많은 공공 서비스에 대한 규제의 논리도 '특혜'와 '의무'의 정적 상관관계 속에서 이루어지는 것을 쉽게 찾아볼 수 있다. 예를 들어, 지상파방송의 경우 전파를 사용하는 특혜의 대가로 공익 의무가 부여되며, 이것은 무선통신사업에 대한 공익 의무의 원인과 같다. 이상의 시각들을 종합해 본다면, 어떤 사업의 공익 의무는 독점적 성격 또는 사회적 특혜에 의해 발생하는 것이라고 결론지을 수 있다.

2) 커먼 캐리어 개념의 통신 적용

(1) 영국 철도 국유화

앞에서 살펴본 커먼 캐리어 개념이 통신에 적용되어 공익 의무가 이 산업에 부여되는 과정을 살펴보기 이전에, 앞선 커먼 캐리어인 철도에 대한 규제를 알아볼 필요가 있다. 커먼 캐리어는 독점이거나 특혜적 성격을 띤 것이기 때문에 사적으로 소유, 운영되더라도 공익 의무를 진다는 규제 방식은 당시 본격적인 '신기술산업'인 철도산업에서 구체화하고 표준화하였기 때문이다. 그리고 이와 같이 철도에서 정해진 커먼 캐리어 규제는 통신으로 이전되었다.

영국은 1884년 당시의 신기술산업인 철도를 규제하기 위하여 '철도법'(Railways Act)을 만들었다. 철도를 시장 질서에 그냥 내버려 둘 수는 없다는 생각이 '자연독점'이나 '규모의 경제'와 같은 경제적 규제 개념들이 나타나기 훨씬 이전에 생긴 것이다(Stern, 2003). 철도는 출범 초기에는 높은 생산성을 보였지만 곧이어 급격한 정체상태에 빠지게 된다. 이에 대해 과잉투자가 일어났거나 가격이 너무 낮기 때문에 그런 것이 아닌가 하는 등의 원인분석이 나오기 시작했다. 영국 정부는 이 문제를 철도법을 통한 규제로 해결하고자 하였다. 19세기 영국의 경제 사조가 자유방임주의(*laissez-faire*)였음에도 철도에 대한 적극적 국가 개입이 이루어진 것은 특이한 현상이라고 보아야 할 것이다.

애덤 스미스를 잇는 고전경제학자 J. R. 맥컬럭(McCulloch)도 철도를 규제해야 한다고 강하게 주장하고 나섰다. 그는 "자유방임 원칙은 어떤 것들에 대해서는 안전하게 신뢰할 수 있다"고 전제하고, 그러나 "더 많은 것들에게는 전적으로 적용할 수 없다"고 말했다. 자유방임 원칙이 적용되는 재화보다 그렇지 않은 것이 더 일반적이라는 이야기다. 그는 이러한 이유로 "모든 경우를 이 원칙에 호소하려는 것은 정치인이나 철학자가 아니라 앵무새의 정책과 같다"라고 조롱하기까지 하였다(McCulloch, 1848: 156; Bailey, 2003: 9에서 재인용).

철도 이전에 영국의 유료도로와 운하 등 하부구조 설비도 커먼 캐리어에 속하는 것으로 이해되어 프랜차이즈 계약, 즉 독점사업권에 의해 건설되고 운영되었다(Stern, 2003). 프랜차이즈 계약 내용은 법률로 명시되었는데, 이는 계약 기간을 21년간으로 하고 배당은 10% 이내로 하며, 요금은 특정 가격을 받는다는 것 등으로 이루어져 있었다.

그런데 이 프랜차이즈 계약에 나타난 규제는 언뜻 보기에 개인 투자자의 이익을 보호하기 위한 것처럼 보인다. 이는 근본적으로 투자자의 이익을 담보해 주어야 커먼 캐리어가 유지될 수 있다는 판단 때문이었다. 즉, 공공의 이익을 위하여 개인 투자자의 이익을 보장한다는 취지였다. 도로와 운하는 건설비로 인하여 높은 진입비용이 필요한 영역이다. 그런데 정작 이 시설을 이용해 차나 선박으로 운송업을 하는 데는 진입비용이 낮았다. 도로나 운하 건설에 투자한 것에 적절한 보상이 따르지 않는다면 더 이상의 하부구조 확장은 기대하기 어렵다. 이에 국가는 투자자들의 투자금액과 유지비용을 요금으로 보전해 준 것이다. 흥미로운 것은, 요금을 계약 기간인 21년 동안이나 미리 정해 두었다는 사실이다. 지금의 시각으로는 이해하기 어려울 수도 있지만 이것은 당시에 인플레이션이 거의 없었기 때문이다.

영국 의회는 애초에 철도에도 유료도로와 운하에 적용한 투자자 보호원칙을 그대로 사용하려 하였다고 한다. 그러나 앞선 운송수단들과는 달리 철도는 건설업자가 운송 서비스까지 함께 담당하는 방식이기 때문에 도로와 운하에 적용한 프랜차이즈 계약 방식을 그대로 적용하는 데 무리가 있었다(Leunig, & Crafts, 2008). 유로도로나 운하는 그 소유자가 자신의 도로와 운하를 이용해 길을 가는 자동차나 배에 요금을 물리는 방식으로 사업이 이루어지고 있었다. 이때 국가는 도로나 운하 소유자가 운송수단에 물리는 요금만을 규제하고 운송수단을 소유한 사람이 그것을 타는 사람이나 화물에 대해 매기는 요금이나 운송 조건에서 대해서는 내버려 두는 방식을 취하였다. 이것은 도로나 운하는 필수 서비스임과 동시에 독점성을 지니는 것이지만, 자동차나 배를 통한 운송 서비스는 그렇지 않은 일종의 자유재라고 보았기 때문이다. 의회는 이것들은 자유롭게 놓아두면 시장 원리에 따라 적정 가격과 조건이 만들어질 것이라고 판단하였다.

철도에 대한 초기의 사회적 인식도 도로와 운하에 대한 그것을 그대로 적용한 것이었다. 당시 사람들은 자동차와 배와 마찬가지로 기차를 소유한 사업자는 누구든지 철로에 진입해서 적절한 요금을 내고 자신이 원하는 사업을 하면 된다고 생각하였다. 같은 노선에 시간을 달리한 중복 사업자가 허가되었는데, 이것은 바로 도로와 운하에 대한 생각이 철도에 전이된 것이다(Millward, 2005: 27). 그러나 기차의 스피드와 긴 제동거리로 인해 철로 소유자가 아닌 제 3자의 통제되지 않은 철도 진입은 매우 위험한 상황을 초래할 수 있었다. 이 때문에 철로와 운송수단의 영업 분리는 현실적으로 불가능한 것이었고 철로 소유자의 서비스 독점권은 불가피했다. 이뿐만 아니라 철도에는 초기 선로 건설 투자비뿐 아니라 유지보수 및 운영비가 많이 든다는 점도 앞선 운송수단과 다른 방식의 규제가 필요한 이유가 되었다(Bailey, 2003). 철도에 21년간의 프랜차이즈 계약기간은 너무 짧은 것이었다.

반면에 철도산업에는 규모의 경제와 네트워크 외부성이 작용하고 기술발전에 따른 비용 축소가 일어난다는 사실이 드러났다. 배당비율을 정해 놓고 정부가 이를 보장하면 과잉투자가 이루어진다는 사실도 밝혀졌다(Stern, 2003). 아울러, 철로를 포설하기 위해서는 공유지와 사유지를 사용해야 하는 복잡한 문제가 제기되었다. 자유시장경제 원리에 따르자면 통행권(*right of way*)은 철로 사업자와 땅 소유자가 개별 협상을 통해 해결할 문제다. 그러나 유럽 각국 정부는 이것을 시장에 내버려 두지 않고 사업자가 쉽게 통행권을 확보할 수 있도록 제도화하는 방식으로 적극 개입하였다(Millward, 2005: 15~32). 이러한 배경에서 영국도 철도에 대해서는 독점과 통행권의 특권을 인정하되 공익을 위한 규제가 필요하며, 개별 계약이 아니라 상황에 따른 결정을 내릴 수 있는 지속적인 규제 시스템이 필요하다는 결론을 얻게 된다(McLean, 2004). 결국 의회는 1844년 '철도법'을 제정하고 별도의 규제위원회 대신 의회가 이 기능을 대신하여 지속적인 가격 평가를 하여 계약을 바꿀 수 있는 방식을 채택한 것이다.

철도법은 가격 등 경제규제적 사항뿐만 아니라 철도 속력, 정규 시간 서비스, 하위등급 열차 편성 의무 등도 세세히 규정함으로써 공공설비에 대한 품질 기준과 보편적 서비스 의무를 제시한 첫 번째 규제 방식이라는 데 의의가 있다(McLean, 2004). 철도법 통과 후 21년이 지난 시점부터 연간 10% 이상 이윤을 내는 새로운 선로에 대해 의회가 가격 제한을 할 수 있으며, 이를 국유화할 수 있는 권한도 갖게 하였다. 이 법은 철도의 공적 의무를 명시하여 철도회사가 우편, 군대와 경찰을 수송해야 하며, 그들의 선로를 따라 공공 전신선을 포설하는 것도 용인하도록 하였다. 보편적 서비스 의무로 해석되는 이른바 '의회 열차'(*parliamentary train*)라는 것도 의무화하였는데, 이것은 저소득층도 기차 서비스를 향유할 수 있는 길을 열어 놓고자 하는 것이었다. 이 규정에 따라 모든 철도회사는 3등 칸으로 구성된 '의회 열차'를 주중 매일 각 편도당 한 편씩 운행하여야 했다. 이 열차는 지붕을 덮어야 하며, 좌석을 마련해야 하고, 요금이 1마일당 1페니를 넘어서는 안 된다는 등의 자세한 의무가 나열되었으며, 심지어 이 열차는 시간당 12마일 이상으로 운행하여야 한다는 속도 의무도 부여되었다.

그러나 철도법은 시행 후 바람직한 결과를 얻지 못했다. 철도법은 사업자들의 정보공개 의무 등을 명확하게 규정하지 않아 운송 가격이 지역에 따라 차별적으로 정해지는 것을 막지 못했다. 또한 영국 철도는 벨기에 등 다른 나라보다 요금이 비싼 편이었다. '의회 열차'의 경우, 사업자들이 열차 시발시각을 사람들이 거의 이용하지 않는 오전 6시로 하는 등의 회피 행위가 만연했다(McLean, 2004).

미국 시카고학파가 주장하는 바와 같은 '규제 실패'는 규제 폐지가 아니라 더 큰 규제를 불러오는 것이 일반적이다. 철도 이용자들의 불만이 커지면서 결국 1873년 '철도·운하 위원회'(Railways and Canals Commission)가 설립된다. 철도·운하 위원회는 고등법원과 같은 수준의 권한을 가지고 철도회사들을 감독하면서 더욱 엄격한 기준에 따라 서비스와 가격을 규제하였다. 이어서 1894년에는 '철도 사찰국'(the Railways Inspectorate)이 등장하여 안전기준, 노동조건과 임금, '노동자 열차' 운행과 같은 서비스 의무 부과 등에 대한 권한을 행사한다.

1920년대에 이르러 철도사업자들은 엄격한 규제 시스템 아래에서 안전성과 보편적 서비스 의무 수행은 향상하였지만 경제적으로는 어려운 상황에 처하게 된다. 다른 나라들과 비교할 때 영국 철도는 선로 건설비용, 운영비용, 요금이 가장 높았으며, 이윤율은 가장 낮았고, 아울러 사고율은 가장 높았다(McLean, 2004). 이에 더해 저렴한 도로운송 산업이 발전하면서 규제 실패는 결국 1947년의 철도 국유화로 이어진

〈그림 2-6〉 무능한 국회를 의회 열차에 빗대 풍자한 카툰

출처: Punch, or The London Charivari

다(Stern, 2003). 영국은 다른 나라들의 경우 철로의 일부 혹은 전부가 국가 소유인 것을 뒤늦게 깨달았다. 후발주자인 프랑스, 벨기에, 프러시아, 오스트리아 등에 비해 성과가 뒤진 이유는 바로 민간이 운영했기 때문이라는 것이다.

지금까지 살펴본 영국 철도의 규제와 국유화 과정은 사업자들의 이득이 아니라 공공의 이익을 추구하려는 당시 영국 정부의 의지에 의한 것이었다(McLean, 2004). 철도사업자들에게 독점계약과 통행권 보장, 이윤 보장 등의 혜택을 준 것은 안정되고 품질 좋은 공공 서비스를 요구하기 위한 것이었으며, 이것을 보장하기 위해 가격 규제와 사업자 재정 상황 감시 등이 이루어졌다. 적극적 규제의 성과가 드러나지 않았을 때 영국 정부는 철도를 아예 국유화하였다. '공익 목적 달성을 위한 혜택과 그에 따른 의무'는 철도뿐만 아니라 통신과 방송 규제의 일반적 모델이 되었다.

(2) 전신 국유화: 크림 스키밍, 교차보조, 공익

전신도 철도와 마찬가지로 처음에는 사영업자들에 의해 시작되었다(Hills, 1993). 1840년대에 시작한 영국의 전신은 1850년대까지 철도사업에 관련하던 5대 사업자들이 운영하였다. 그러나 이들의 전신은 고가의 요금과 지역 간 차별로 인한 문제를 드러내었다. 특히 사영업자들의 전신 서비스는 도시 이외 지역에 대한 서비스 수준이 매우 낮았다. 보다 근본적으로는 국유화 서비스인 우편이 매우 발달되어 있기 때문에 전신이 경쟁력을 가지기 힘들었다. 당시 영국 우편 서비스는 요금이 저렴한 데다가 야간에도 배달하는 등 서비스 수준이 매우 높았다.

전신을 가스, 전기, 철도 등과 같이 국가발전을 위한 기반으로 취급한 유럽 각국 정부는 전신 선로 통행권을 보장하는 등의 방식으로 이에 적극 개입하였다. 전신은 특히 경제발전과 군사전략, 그리고 정치적 통일을 이루기 위한 중요 방편으로 간주되었다(Millward, 2005: 30). 그런데 영국에서는 철도의 경우와 마찬가지로 공익을 위해 서비스 수준

〈그림 2-7〉 마르코니와 전신 송수신기(1896)

출처: www.mds975.co.uk

〈그림 2-8〉 1900년대 크림 분리기 광고

출처: Wikimedia Commons

이 낮은 전신을 독점해야 한다는 요구에 직면하게 된다. 이에 1869년 우체국(Post Office)에 국내 전보 송신 독점권을 주는 전신법(Telegraph Act)이 제정된다.

전신 국유화는 '크림 스키밍'(*cream-skimming*)을 방지하고, 지방에서의 손실을 밀집 도시에서의 수익으로 보전할 수 있을 것으로 기대되었다. '크림 스키밍'은 아이들이 크림 분리기를 이용해 우유에서 추출한 맛있는 크림만을 먹고 우유는 먹지 않으려는 것처럼, 기업들이 버스 노선, 철도 노선 등의 공급 대상 중 인구밀집 지역 등 수익이 높은 부문만 선택하고 수익성이 낮은 부문에 대한 서비스는 외면하는 행위를 말한다. 이러한 문제를 해결하기 위해서 국가 독점을 선택한다면 수익성이 낮은 부문에서의 손실을 수익성이 높은 부문에서 나오는 이득으로 보전할 수 있을 것으로 기대되었다.

국가 독점을 통한 손실 보전은 후일 등장하는 '교차보조'(*cross-subsidization*)라는 개념으로 정당화된다. 교차보조는 한 산업 내에서 특정 부문의 손실을 다른 부문에서 나오는 이익으로 충당하는 것으로 정의된다. '내부보조'(*internal subsidization*)라는 용어로 불리기도 하는 교차보조 개념은 미국 판사이자 경제학자인 리처드 포스너가 '정부규제의 과세'(*taxation by regulation*) 이론을 통해 처음 논증한 것이다. 이 이론은 정부가 교차보조를 강제하는 규제를 통해 보조 없이는 서비스 공급이 불가능하거나 불충분한 부문에 서비스 공급을 가능하게 함으로써 공익을 실현하는 기능을 하는 것에 대한 논의이다(Posner, 1971). 교차보조의 개념화 및 이론화는 이렇게 1970년대에 이루어졌지만 그 실행은 이미 1860년대 전신사업에서 시작된 것이다. 국유화한 영국 전신은 교차보조를 통해 충분한 서비스, 즉 보편적 서비스를 이룬 통신 영역의 전례가 되었고, 이는 뒤에 등장한 전화와 방송산업의 국유화로 이어진다(Millward, 2005: 64).

물론 전신 국유화도 앞선 사례인 우편 서비스의 영향을 받은 것은 마찬가지였다(Hills, 1993). 영국 우체국이 운영하는 우편제도는 거리와 상관없는 단일요금제를 실시해 성공을 거둔 바 있다. 이에 따라 영국 정부는 우편과 전신을 통합하여 운영하는 것이 규모의 경제 면에서 더 효율적이라고 생각하였다. 또한 교차보조를 통해 외진 지역에도 전신 서비스의 확장이 가능할 것으로 생각하였다. 이에 따라 국영 전신은 거리에 따라 요금을 부과한 민영 시절과 달리 우편요금과 마찬가지로 단일요금제를 도입하게 된다. 이 결정은 거리에 상관없이 같은 요금을 받는다면 인구가 적은 곳이나 많은 곳, 사회 중심에서 멀리 떨어진 곳이나 가까운 곳 상관없이 전신 수요가 늘어나고, 이것은 결국 모두에게 도움이 될 것이라는 교차보조 원리에 의한 것이었다.

1870년 우체국이 전신을 수용한 직후에는 예상한 효율성이 나타나는 듯했다. 가격도 떨어지고 이용률도 급속히 올라갔다. 그러나 시간이 지날수록 전신으로 인한 재정손실은 날로 증가했고, 1870년에 가서야 국민들은 우체국의 전신 서비스가 파산 상태라는 것을 알게 되었다. 이것은 우체국의 재정 예측이 완전히 틀렸기 때문이다. 네트워크 확장을 위한 비용 증가와 초기 민간 네트워크 수용비용을 과소 계상하여 이로 인한 대출자금의 이자액을 생각하지 못한 것이다(David, 2000: 744).

미국 사영 전신회사가 기업 대상 고속 서비스로 돈을 번 반면, 영국 국영 전신은 대중 대상 저가 서비스로써 이윤 창출에 실패하였다. 전신이 상업통신수단이었던 미국과 달리 영국의 그것은 일반 시민들의 대중적인 커뮤니케이션을 목표로 하였기 때문이다. 이에 더해 우편 서비스라는 경쟁 통신 서비스는 전신 수요 확장을 막는 중요한 요인이 되었다. 또한 정부는 직원 수 증가와 유지보수를 위해 당시 전신설비 관리를 맡고 있던 철도사업자에게 비용을 지급해야 했으며, 철도 서비스를 위한 통신에 전신을 무료로 사용하게 하면서 규모의 경제를 실현시키지 못했다. 이뿐만 아니라 신문사와 뉴스통신사가 전신을 이용하는 데 낮은 요금을 부과한 것도 경영상의 부담이 되었다. 신문사나 뉴스통신사에 대한 특혜는 국유화 체제에 대한 사회적 동의에 도움이 되었으며 '민관'의 공생관계 구조로 인한 제도의 안정성을 보장하기 위한 것이었다.[3] 국유화 이전 이것을 주도한 우체국은 반대 여론을 약화하기 위해 언론사업자들에게 특별 할인요금을 적용하겠다고 약속하였으며, 철도에게는 전용 라인을 깔아 주고 요금도 받지 않겠다고 합의한 바 있다(David, 2000: 743). 끝으로, 고수익이 나는 국제전신은 오히려 사기업이 운영하도록 하였기 때문에 여기서 올린 수익이 국영인 국내전신 서비스에 흘러 들어가지 못하여 국내 전신요금 인하를 가져올 수도 없었다.

비단 영국뿐만 아니라 유럽 국가 대부분이 전신을 국유화하였다. 예를 들어, 프랑스는 전신 발달 이전에 1797년에 출범한 수신호 방식 전보(*semaphore*) 시스템도 바로 국유화하고 육군이나 해군의 예산과 국가 복권 수입금을 활용한 바 있다(Millward, 2005: 64). 오스트리아도 민간 전신 서비스는 국방에 위협이 될 것이라고 판단하여 1847년에 전신 국유화를 선언하였으며, 프러시아 정부는 아예 1849년에 자국에서 전신 서비스를 처음 운영하였다. 일반적으로 유럽 국가들이 수도, 전기, 가스 등 다른 공공사업들에 대해서는 국가가 직접 운영하기보다는 가격규제, 이윤보장, 국가보조 등의 여러 수단을 통해 공익적 목적을 달성하려고 했다는 점에서 전신 국유화는 이례적인 사례라고 할 수 있다.

이에 대한 납득할 만한 설명은 교차보조를 통해 경제적 효율성을 제고하기 위한 목적이라는 것으로는 충분하지 않다. 유럽 전신의 국유화는 근본적으로 군사와 사회 안전을 위해 정보를 통제하고자 하는 국가의 이해 때문이었다고 보는 것이 더 정확할 것이다. 아울러 통신 시스템은 단순한 기술이 아닌 경제적 약자, 중산층 또는 농민들에 대한 자원

3) 뒤에 살펴볼 바와 같이 미국의 독점 통신사 AT&T도 AP 등 제휴 통신사에게 특혜를 주었는데, 이것은 오히려 국유화를 막는 수단으로 활용되었다.

재분배를 위한 사회・정치・경제 기구였다(Noam, 1992). 이러한 이유로 오랜 기간 통신은 'PTT(*Post, Telephone, and Telegraph*) 시스템'이라는 이름하에 국가 독점을 유지하는 것이 일반적이었다. 교차보조를 통한 효율성이 우선 고려사항이었다면, 뒤에 살펴보겠지만 미국처럼 특정 민간사업자에 독점권을 주는 방식을 선택할 수도 있었을 것이다. 미국과 비교할 때 유럽 각국 전신 서비스의 경제적 효율성은 매우 낮았는데, 이것은 그들에게 전신이 기본적으로 국가 서비스이므로 수익이 나지 않는 것을 큰 문제로 인식하지 않았기 때문이다(Millward, 2005: 64). 서유럽에서 전신은 국가가 제공 의무를 지니는 공공 서비스로 출발하였고 후일 전화에도 같은 인식이 전수되었다. 전신 공영화는 후일 전화와 방송에 대한 규제체제에 결정적 영향을 준다(Ashley, 2013).

(3) 전화 국유화

서유럽에서는 전신과 전화 등 초기 통신매체에 대해 지금 우리가 상식처럼 말하는 '공공재'나 '보편적 서비스' 개념을 적용하는 것에 대한 명확한 사회적 동의는 존재하지 않았다고 한다(Hills, 1993). 이런 개념들이 영국과 유럽에서 부각된 것은 오히려 민영화 논의가 대두된 1980년대에 이르러서이다(Garnham, 1987). 유럽에서 공공재 및 보편적 서비스 개념을 쓰지 않은 사실은 사회복지의 전통이 약한 미국에서 이 개념들에 대해 중요하게 생각한 것과 대비되는 흥미로운 현상이다. 그 이유는 유럽에서 통신 서비스가 보편적 서비스가 아닌 '공공 서비스' 원칙에 의해 운영되었기 때문이다. 유럽에서 전신과 전화는 가스, 전기, 철도, 우편 등의 공공사업들과 함께 국가가 기본적으로 영토 내에 제공해야 하는 필수적 공공 서비스였다. 공공 서비스는 국가가 이 재화를 "보편적으로 공급"하기보다는 "국토 내에 이러한 서비스를 필수적으로 제공"해야 함을 의미하는 것이었다(Garnham, 1987). 이에 따라 공공 서비스가 사영업체들에 의해 제대로 보장되지 못할 경우 국유화하는 것이 전혀 이상하지 않다.

영국 정부는 전화사업 영역에서 초기 전신사업에 그러했던 것보다 훨씬 더 배타적인 권한을 행사하였다. 전화는 이미 전신을 국유화한 이후에 등장한 것이기 때문에 민영사업자에 대한 사업 허가가 오히려 이례적인 것으로 인식되었다. 정부 스스로가 전화사업을 하면서 사영사업자를 규제하였기 때문에 사영사업자들의 처지에서는 전화사업은 매우 불공정한 게임이었다. 1880년 영국 법원은 유선전화와 무선전신 면허를 부여할 수 있는 권한을 우체국에게 주었다. 이 권한을 활용하여 우체국은 스스로 전화 서비스를 운영하며 사영업자들과 경쟁하는 동시에 그들에게 면허를 주는 방식으로 규제할 수 있는 이중적 지위를 갖게 된 것이다(Hills, 1993). 사영 전화사업자인 UTC(United Telephone Company)는 1880년에 전화 특허권을 얻어 전화망을 깔기 시작하였지만 1869년에 제정된 전신법(Telegraph Act)에 따라 짧은 기간의 면허만을 얻을 수 있었다. 네트워크 포설에는 높은 고정비용이 들어가는데 정작 이것을 사용하여 사업할 수 있는 면허 기간이 짧은 것은 사업자들의 적극적인 투자 욕구를 감소시켰다. 아울러 사영사업자들은 장거리전화사업을 못하도록 제한되었으며(Noam, 1992: 20), 개별 가입자당 40실링의 금액과 수익의 10%를 로열티로 정부에 내야 했다. 우체국이 독점권을 갖고는 있었으나 전화 시스템 특허권은 UTC에 있었는데, UTC는

〈그림 2-9〉 UTC의 벽걸이 전화(1885)

출처: Science Museum

사업면허를 얻기 위해 1881년 우체국이 독자 네트워크를 가설할 수 있도록 특허권을 배분하는 데 동의해야만 했다.

UTC는 1882년 런던에 전화회사를 세우고 연간 요금 20파운드에 무제한으로 지역통화를 할 수 있는 서비스를 시작하였다. 그러나 이 업체가 보유한 면허에는 과거 전신의 사례와 달리 남의 땅에도 전신주와 전선을 포설할 수 있는 권리, 즉 통행권(*right of way*)은 없었다. 이와 반대로 경쟁사업자인 우체국은 아무 곳에나 전화 설비를 세울 수 있었다. 또한 UTC는 우체국이 요구하는 만큼의 전화기를 제공하도록 되어 있었다. 우체국은 특허권과 상관없이 전화기를 제조할 수도 있었다. 우체국 전화 가입자는 전화를 이용해 전보를 보낼 수 있었지만, 사영 시스템 가입자가 전신 서비스에 연결하기 위해서는 1년에 5파운드 5실링을 추가로 내야 했다.

지역사업자들이 단일 전국 네트워크로의 확장을 꿈꾸는 상황에서 정부는 우체국이 아예 전체 사영 전화 시스템을 흡수하도록 하는 결정을 내린다(Spiller & Vogelsang, 1996: 82). 전화요금이 비싼 데 대한 시민들의 불만 여론과 지역과 도시 간 격차를 줄인다는 명분이 제시되었다. 그러나 이것은 근본적으로 전신의 확장인 전화도 이전 통신수단과 마찬가지로 자신의 관할권하에 두려 하는 우체국의 이해가 관철된 것이다. 면허교부권을 가진 우체국은 1911년 이후로는 사영사업자들에게 면허 연장을 해주지 않기로 결정하였는데, 이는 곧 국가 독점화를 의미하는 것이었다. 정부는 심지어 기존 사영업자의 시설을 대가를 주고 수용할 의무도 없었다.

그러나 국가가 적극 개입하여 전화사업을 하던 영국은 미국에 비해 낮은 전화보급률을 기록하게 된다. 이에 대해서는 몇 가지 이유가 거론된다(Hills, 1993). 첫째, 전신을 보호하려던 우체국(Post Office)의 위험 회피전략 때문이다. 우체국은 이미 국유화한 전신을 운영하고 있었고, 전화는 전신의 경쟁매체였다. 앞서 전신도 우체국이 운영한 우편에 의해 마찬가지로 홀대 받은 바 있다. 우체국 관리들로서는 자신들이 운영하는 전신에(그 이전에는 우편에) 위협이 되는 매체를 스스로 발전시키는 것은 모순적인 행동이었을 것이다.

둘째, 사회적 이유로서 영국인들은 전화를 사회 커뮤니케이션 수단으로 인식하지 못하였다. 이들은 전화를 오히려 상업용 수단이나 사치재로 여겼다고 한다. 전화는 초기에 공공 서비스로서의 성격을 충분히 인정받지 못한 것이다. 전화를 공공사업으로 생각하지 못한 것은 비단

〈표 2-1〉 전화보급 증가율(1895~1912)

	미국	유럽
1895	0.36	0.25
1902	2.30	0.30
1912	8.80	0.70

출처: Mueller(1993: 358).

영국뿐만 아니라 다른 유럽 나라들도 마찬가지였다. 프랑스 작가 콜레트(Sidonie-Gabrielle Colette)는 "왜 전화가 필요하지요? 이것은 사업하는 남성이나 뭔가 숨길 것이 있는 여성이 사용하는 것이잖아요"라고 말했다고 한다(Millward, 2005: 64).

셋째로, 관료주의도 지적된다. 이것은 일반적으로 국유화된 사업이 가지는 단점으로서, 급속히 변하는 기술산업을 국가기관이 담당하는 것은 신속한 의사결정과 미래 비전 수행을 어렵게 한다. 전신 국유화를 겨우 달성한 우체국 관리들에게 새로운 통신매체에 집중하는 것은 부담스러운 일이었다. 전화를 보편적 서비스 대상이 아니라 일부 층의 사치재로 여기는 상황에서 이에 대한 보급 확대정책 시행이 더딘 것은 자연스런 일이었다. 1985년 당시 우체청장 아놀드 몰리(Arnold Morley)는 의회 토론에서 "가스나 수도는 국내 모든 거주자에게 필수재이지만 전화는 필수재가 아니며 결코 그렇게 될 수 없다"고 역설했다(Noam, 1992: 21~22).

국가 소유 자체가 낮은 전화보급률의 결정적 원인이라고 말하기는 어렵다. 소유 형태와 관계없이 특정 국가가 지역이나 국가 전화 시스템의 병합을 허용하거나 장려한 정도에 따라 보급률이 달라졌다고 보는 것이 더 정확한 진단이다. 초기에 정부가 망 확장에 적극적이었던 국가

〈표 2-2〉 유럽 통신 보급 현황(1913~1950)

		영국	덴마크	프랑스	독일	스웨덴	이탈리아	노르웨이	스페인	미국
1,000인당 전화기 수	1913	16	42	7	19	39	2	31	2	91
	1932	46	98	30	46	93	12	70	12	143
1인당 통화 수	1938	47	185	23	46	177	1	-	-	-
공공 소유 교환기 비율	1913	100	1	100	100	68	65	51	5	0
	1920	100	3	100	100	93	-	58	0	0
	1950	100	5	100	100	100	52	84	100	0
100인당 전보 수	1938	122	79	86	33	79	64	138	112 (1935)	156
1인당 우편 수	1938	171	88	136	116	124	64	66	40 (1935)	200
1,000인당 라디오 허가	1938	181	176	112	146	195	22	126	13	-

출처: Millward(2005: 100).

는 후일 더 효율적인 망 시스템으로 인해 높은 전화보급률을 기록했지만 그렇지 못한 국가는 반대의 양상을 보였다(Millward, 2005: 104). 예를 들어, 덴마크, 스웨덴, 노르웨이 등 스칸디나비아 국가들은 19세기 중반부터 지역 네트워크는 민간에 맡겼지만 정부 주도로 트렁크 라인 포설에 힘을 쏟아 망 통합을 이루었고, 이것이 망 효율성과 전화 이용률을 높이는 원인이 되었다(〈표 2-2〉 참조). 제1장에서 살펴보았듯이 통신망에는 이용자 수가 증가함으로 인해 당해 망을 이용하는 이용자의 효용이 증가하는 현상인 망 외부효과(*network externalities*)가 존재하기 때문이다. 스칸디나비아 국가들과 반대로 프랑스의 경우 국가 통합 망이 없었기 때문에 유럽에서 상대적으로 낮은 수준의 전화 이용률을 초래하였다. 일반적으로 서유럽 국가들은 전화사업의 전망이 불투명한 초창기에 보조금을 지급하는 방식으로 망 확장을 도왔다. 그러나 사영망 통합에 국가가 기여한 후에는 단일 망을 민간이 소유하는 것에 대한 우려와 국가의 정보통제 욕구로 인해 국유화가 이루어지는 패턴을 보였다(Millward, 2005: 104).

이상에서 살펴본 유럽의 전신과 전화 국유화 사례는 통신 관련 규제와 제도가 만들어지는 과정에 대한 중요한 시사점을 드러낸다. 그것은 통신매체에 대한 규제와 제도화는 그것을 결정하는 주체들의 합리적 판단에서만 이루어지는 것은 아니라는 점이다.

첫째, 영국 등 유럽 국가에서 전신과 전화를 국유화한 것은 기본적으로 이 서비스가 국가발전에 도움이 될 수 있다는 합리적 판단 때문이겠지만, 철도와 같은 전례가 없었다면 그렇게 결정하기 어려웠을 것이다. 이 사례는 제1장에서 살펴본 역사적 제도주의가 설명하는 '경로의존성', 즉 사회제도는 사회 내 이해세력들의 합리적 선택의 결과라기보다는 과거의 관행 또는 결정에 의존한 현상이라는 점을 보여 준다.

둘째, 경로의존성과 함께 생각해 보아야 할 것은 새로운 기술 서비스에 대해 사람들이 지니는 인식의 중요성이다. 당시에 커먼 콜링, 공정가격, 커먼 캐리어 등의 개념과 이에 관련한 국가 개입의 논리가 발전하지 않았다면 시장자유주의가 만개한 시절에 발전한 전신과 전화가 국유화의 길로 가기 어려웠을 것이다. 특히, 전신과 전화를 철도와 같은 커먼 캐리어로 인식한 것이 이러한 국가 개입과 관련한 개념들을 적용한 중요한 원인이 되었을 것이다. 이것은 앞 장에서 언급한 역사적 제도주의 시각 중 구성주의가 주장하듯 "제도라는 것은 객관적, 물질적 환경 속에서 이뤄지는 필연적 결과라기보다는 인간이 만들어 낸 아이디어, 사상, 의미 등의 결과물"(Burch, 2002)이라는 명제를 지지하는 사례이다.

끝으로, 전신과 전화를 담당한 국가부서가 이전에 우편을 담당한 곳이었기 때문에, 새로이 등장하는 통신수단을 규제하는 방식은 물론 국유화하는 과정에서 조직의 이해에 따른 행위를 보인 것 또한 알 수 있었다. 이것은 마찬가지로 앞 장에서 설명한 바 있는 합리적 선택 제도주의가 주장하듯이, 제도 자체가 하나의 변수가 되어 자신의 존재를 영속, 확대하려는 동인을 가지고 있다는 사실을 증명하는 사례가 될 수 있을 것이다.

2. 미국의 초기 통신 미디어 규제

미국에서도 영국과 마찬가지로 전신, 전화 등 초기 통신 미디어들은 사영업자들에 의해 시작되었다. '크림 스키밍', 독점 등 네트워크 산업이 지니는 전형적인 특징으로 인해 미국에서도 통신 서비스는 문젯거리가 되었다. 영국과 마찬가지로 이에 대한 국유화 목소리가 꽤 컸지만 미국의 상업 자유주의는 '독점을 인정하는 대신 규제를 택하는' 길을 걸었다. 규제만 잘 한다면 독점 상황은 오히려 '크림 스키밍'을 피하고 효율성을 지킬 수 있는 길이라고 생각한 것이다.

1) 미국의 공익사업과 공익규제의 등장

상업주의 정신이 투철한 미국의 일반 시민들은 초기에 철도와 선박 등 커먼 캐리어가 공공 소유 대상이라고 거의 생각하지 않았다. 이것들은 일반적으로 사적 이익을 위한 것으로 이해되었다. 그러나 정작 개별 주 정부는 이 사업들에 적극적으로 투자하였다. 개별 주와 연방정부는 사영철도에게 독점적 운행권, 우대 대출, 토지 불하 등의 특혜를 주었다(Rowland, 1997). 철도, 선박, 운하, 도로 등의 사업이 영토를 하나로 묶는 경제발전의 원동력이라고 생각했기 때문이다. 앞에서 살펴보았듯이 유럽에서도 이러한 사업들이 사회적으로 중요하다는 인식이 있었고, 마찬가지로 통행권 등 국가의 지원과 특혜가 제공되었다. 이러한 특혜나 정부 투자는 당연히 대가가 요구되는데, 그것은 보통 합리적인 가격이나 비차별적인 서비스를 의미하는 것이다. 19세기에 들어서면서 커먼 캐리어 사업에 대한 규제가 각 주별로 등장하기 시작했는데, 이것의 명분은 '공익'이었다.

커먼 캐리어의 공적 의무를 법적으로 확정한 것은 1877년 '먼 대 일리노이 주'(Munn vs. Illinois) 사건에 대한 대법원의 판결이었다. 이 사건은 이른바 '농민 사건'(Granger Cases)이라고 불린 6개의 사건 중 하나로서, 핵심 내용은 사영사업에 대한 정부 규제의 정당성 여부를 판단하는 것이었다. 이 사건들에 대해 당시 대법원은 한결같은 원칙과 논리로 유사한 결론을 내린다. 대표적인 '먼 대 일리노이 주' 사건은 시카고의 대형 곡물창고 소유주인 먼이 주 정부를 대상으로 제기한 소송이었다. 먼은 인근 지역 곡물이 다른 곳으로 출하되기 위해 필요한 창고의 보관료를 비싸게 받았고, 이에 대해 주 정부가 나서서 조례로 가격 제한을 정하고 모든 원하는 사람에게 서비스할 것을 명령하였다. 먼은 주 정부의 이 같은 규제에 반발해 소송을 제기했고 법원은 정부의 규제가 정당하다고 판결한 것이다. 대법원은 판결에서 먼이 상거래가 이루어지는

〈그림 2-10〉 시카고 곡물창고

출처: Ferris(1975).

길목에서 서서 그 길을 지나가는 사람들에게 돈을 받는 셈이라고 지적하였다.

대법원은 단순히 독점이 문제가 되는 것이 아니라 창고업 자체가 커먼 콜링으로서 정당한 가격과 비차별적 서비스의 의무를 갖는 것임을 명확히 하였다(Speta, 2001, 257). 때문에 대법원은 창고업을 규제하기 위해서 그것이 실제로 독점력을 행사하고 있다는 사실을 증명하는 근거는 필요하지 않다는 시각을 밝혔다. 대법원은 판결문에서 앞서 영국 통신 규제의 시작 부분에서 살펴본 영국 판사 매슈 해일 경의 판결문 "De Portibus Maris"와 "De Jure Maris"에서 커먼 콜링에 대한 원칙을 인용한다. 이 판결문은 "누구든 자신의 자산을 사용하여 공중의 이익이 걸린 일을 하려고 하는 사람은 그것을 사용하는 공중의 이익을 인정해야 하며, 그가 창출한 이익만큼 공동선(*common good*)을 위해 공중에 의해 통제되어야 한다"고 적시하였다. 미국 대법원은 해일의 논지를 이어받아 사유재산권은 그것의 향유 효과가 공적 결과를 초래할 경우, 헌법상으로 최고나 절대적인 가치로 인정받을 수 없기 때문에 정부에 의한 규제가 적용될 수 있다고 보았다(Hantke-Domas, 2003: 171). 이 판결은 후일 전신과 전화 등의 커먼 캐리어뿐만 아니라 전기, 가스, 수도 등 미국의 주요 공익사업 규제 근거로 적용되었다(Melody, 1997: 12). 이 판결은 '공익'(*public interest*)이 '편의'(*convenience*) 및 '필요'(*necessity*)와 함께 미국 통신 및 방송 규제의 주요 개념이 되는 출발점이 된 것이다.

이 사건 이후에도 공익 개념은 여러 판결이나 의회 토론, 또는 위원회 보고서 등에 자주 등장하기는 하였지만 이것이 법적으로 명시된 것은 1920년 운송법(Transportation Act)에서이다. 운송법은 '편의와 필요'(*convenience and necessity*)라는 원칙을 적시하고, 이것을 정부가 운송면허를 발부하거나 경로변경 허가 등의 중요사항을 결정하는 데 적용하도록 하였다. 즉, '편의와 필요'가 규제의 근거라고 정한 것이다. 그런데 여기서 간과하지 말아야 할 점은 공익은 말 그대로 공중의 이익을 의미하기도 하지만, 동시에 사업자의 이익을 의미하기도 하였다는 사실이다. 예를 들어, 뒤에 더 살펴보게 될 규제기관인 주간통상위원회, 즉 ICC(Interstate Commerce Commission)는 관할 규제 대상의 하나인 철도에 대해 규제하는 역할과 함께 철도산업이 효율적이고 경제적이며 생동하도록 만드는 임무도 동시에 부여받았다. 이것은 공익이 철도산업의 이익과 같은 것으로 간주된 셈이라고 볼 수 있다.

이러한 공익에 대한 해석은 이후 통신산업에도 적용되었는데, 철도의 공익 개념이 통신에 전수된 것은 ICC가 철도뿐만 아니라 통신(전신, 전화, 국제 케이블, 무선전신)도 함께 규제하였기 때문이라고 해석된다.

미국에서 통신에 대한 공익 의무 부여는 철도를 관할하던 규제기관이 이 분야를 단순히 '추가'하면서 시작된 셈이다(Melody, 1989: 659). 이것은 앞서 설명했듯이 영국에서 새로 등장한 전신과 전화가 우체국에 의해 관할되면서 우편과 같은 규제 프레임에 놓이게 된 것과 마찬가지이다. 물론 영국 우체국은 다른 부서 관할대상인 철도에 적용되는 공공서비스 성격을 자신의 관할인 전신과 전화에 전이시켰다. 이 통신수단들을 국유화하기 위해서는 철도에게 부여되었던 커먼 콜링, 공정가격, 커먼 캐리어라는 기존 개념들을 사용하는 것이 편리했기 때문이다. 그러나 미국에서는 커먼 캐리어로 간주되는 철도가 ICC의 규제를 받았고, 이어 등장한 전신과 전화도 이 기구의 관할하에 있었기 때문에 철도에 적용된 공익 개념이 곧바로 전이될 수 있었던 것이다.

미국 통신회사들은 공익 개념을 통한 규제에 크게 반발하지 않았는데, 그 이유는 자신들의 사업이 유럽처럼 아예 국유화되는 것보다는 정부의 규제하에 있는 것이 더 좋았기 때문이다. 이에 더하여 규제에는 새로운 사업 참여자를 막고 현재의 업자들을 오히려 보호하는 장점도 있었다.

2) 전신산업 발전과 정부 지원

일부 논자들은 방송은 주파수라는 공적 자산을 사용하기 때문에 국가 규제의 정당성이 있지만 통신은 사영사업자들이 직접 망을 깔아 사업을 하는 것이기 때문에 독점 이외에는 규제할 명분이 없다고 말한다. 그러나 전신에서 인터넷에 이르기까지 미국 통신산업은 국가의 지원 아래 성장하였다. 전신산업도 사영사업으로 인식되었지만 발달 초기부터 직간접적으로 정부 지원을 받았다(Sterling, Bernt, & Weis, 2008: 44~45).

전신을 처음 만든 모르스(Morse)는 애초에 이 시스템이 사적 기업이 아닌 정부에 의해 운영되기를 바랐다고 한다. 그러나 그의 아이디어는 채택되지 못했고, 정부의 직접적 지원은 1844년 볼티모어와 워싱턴 사이에 실험 선로를 가설할 때 3만 달러를 지원하고, 1860년 태평양 연안으로 선로를 이을 때 5만 달러를 지원하는 데 그쳤다.

하지만 시간이 지나면서 통신사업자들은 정부의 간접적 지원 혜택을 더욱 많이 누리게 된다. 워싱턴과 볼티모어를 잇는 1843년 모르스의 실험 선로에 의회는 3만 달러를 지원했고, 1845년에는 이 구간 유지에 4만 달러를 더 투입했다(Du Boff, 1984: 60~61). 통신사업자 웨스턴 유니온(Western Union)은 남북전쟁 기간 동안 군대가 가설한 1만 5천 마일의 선로를 활용할 수 있는 허가를 얻었으며, 1865년에는 전쟁으로 인한 손해에 대한 보상으로 이 선로를 불하받는 혜택을 얻었다. 또한 1866년의 우편로법(Post Road Act)에 따라 전신사업자는 국가 소유의 우편로를 따라 전신 선로를 포설할 수 있는 통행권을 갖게 되었다. 아울러 정부가 일정 가격으로 전신 우선사용권을 갖는 대가로 전신사업자는 공유지의 나무를 베어 전신주를 만들 수 있는 자격도 얻었다. 물론 정부는 지원에 대한 대가로 해당 전신사업자들이 차별 없는 서비스를 제공하도록 요구하였다.

웨스턴 유니온은 각종 혜택을 기반으로 성장하면서 50여 개에 달했던 경쟁자들을 하나씩 병합하며 독점에 이르렀고, 이에 대한 우려는 통신 국유화론으로 발전하게 된다. 웨스턴 유니온은 계속적으로 기술을 개발하고 특허를 획득하면서 다른 경쟁자의 진입을 막아 냈다. 독점은 결국 고가정책을 초래했지만 정부는 개입하지 않았다. 웨스턴 유니온은 최초의 통신영역 독점 사례로서, 네트워크 기술 기반 산업이 지니는 문제점을 처음부터 잘 보여 주었다.

3) 전신 국유화 논의 무산

1840년대 웨스턴 유니온이 미국 전신시장을 독점하면서 이에 대한 우려는 통신 국유화론으로 발전하게 된다. 당시 웨스턴 유니온은 전신시장을, AP(Associate Press)는 뉴스통신 서비스 시장을 지배하고 있었다. 웨스턴 유니온은 개인보다는 기업에 더 유리한 사업 행태를 보였으며, 최대 전신 수요자인 AP와의 유착은 다른 소규모 또는 지역사업자들의 존립을 불가능하게 했다.

전신과 뉴스통신의 연합에 불만인 주요 언론들도 앞선 '우편로법' 제정을 둘러싼 논의에서 통신 공영화를 적극적으로 주장하였다(Ashley, 2013). 일간지 〈뉴욕헤럴드〉(*New York Herald*)는 정부 소유가 공익을 더 안정적으로 촉진하는 방법이라고 주장하였고, 〈뉴욕타임스〉(*New York Times*)도 유럽처럼 우체국에서 전신 업무를 담당하면 공중의 수요에 맞춘 공급이 이루어질 것이라고 제안하였다.

독점이 완성된 1868년 이후 이 목소리는 점차 커졌고, 여러 논자들은 국가가 통신을 독점하여 운영하는 것이 지역에서 통신 서비스가 소외되는 문제, 즉 크림 스키밍, 전신회사와 AP의 유착을 막는 길이라고 강력

<〈그림 2-11〉 웨스턴 유니온 전보 배달원

출처: Telegram for America

하게 주장했다. 당시 전신 개혁 주장에는 3가지의 갈래가 있었다. 첫째는 영국처럼 정부가 완전히 독점하는 것, 둘째는 정부와 민간의 경쟁체제를 만드는 것, 그리고 마지막은 정부가 여러 업체와 계약하여 전신 서비스를 하게 하는 것이었다(David, 2000).

그러나 결국 '통신 국유화 운동'은 실패하고 통신에 대한 규제를 강화하는 것으로 결론이 나고 말았다. 우편로법에 따라 정부는 전신사업체를 사들일 수 있는 권리를 가지고 있었지만 독점 문제를 해결하는 데 이를 활용하지 않았다. 가격과 서비스의 차별을 없앨 수 있는 방안으로 강력하게 주장된 국유화가 결국에는 실행되지 못한 것이다(Ashley, 2013: 19~21). 뉴스통신사에 대한 특혜 등으로 언론과 유착관계를 맺은 웨스턴 유니온을 상대로 승리하는 것은 쉽지 않은 일이었다. 이미 많은 정부 관리나 국회의원들도 무료 전신 서비스를 받고 있었기 때문에 이들에게도 웨스턴 유니온의 독점체제는 나쁠 것이 없는 상태였다.

또한 웨스턴 유니온은 상업용 고속·고가 서비스를 주로 하여 수익 대부분을 상업영역에서 창출하였으며, 주요 서비스 이용자인 기업들과 언론은 당시 시스템에 만족하고 있었다. 이것은 앞서 살펴본 영국의 사례와 반대되는 현상이었다. 일반인 중 전신을 사용한 경험이 있는 사람은 69명 중 1명에 불과했기 때문에 통신 국유화 이슈는 대중적 관심과는 동떨어진 것으로서 확산에 한계가 있었다(David, 2000: 749). 1868년 웨스턴 유니온의 평균 전신요금은 1달러 5센트로서 당시 노동자 일급의 2/3에 해당하는 고가였다(Ashley, 2013).

그리고 민영사업자의 통신 독점이 우려스러운 것은 사실이었지만 그렇다고 해서 그것을 정부에게 맡기는 것에 대한 지지를 얻기는 쉽지 않았다. 당시 미국 정부에 대한 신뢰가 크지 않았고, 오히려 민간이 더 능력 있다는 사회적 인식 때문이었다(David, 2000: 746). 미국사회는 통신의 민영 독점이 공익에 위배된다고는 생각했고 영국의 전례도 있었지만 그것의 대안이 정부 소유라는 것에 대한 확신이 없었다(Du Boff, 1984: 64). 더 근본적으로는, 자유주의 산업관이 강했던 당시 미국사회의 정치사조에서 신기술은 사기업 소유라는 기본적인 틀은 바꿀 수 없었다. 제 1차 세계대전 동안 한시적으로 전신, 전화, 무선통신의 운영이 정부에 의해 통제될 수 있었을 뿐이다. 만약 웨스턴 유니온의 독점체제 완성이 20년쯤만 미뤄졌어도 1900년대에 등장한 진보사조는 통신 독점을 막는 선택을 하였을 가능성이 크다.

국유화에는 실패했지만 통신 국유화 논란은 웨스턴 유니온에 공익의 가치를 강하게 부여하는 계기가 된 것만은 사실이었다. 웨스턴 유니온의 국유화 실패는 미국 통신산업이 영국과 같은 국유화의 궤적으로 옮겨 가지 않고 가던 길을 그대로 감으로써 후일 전화와 인터넷 등 다른 통신에 적용되는 중요한 전례가 되었다. 아울러 공익이 영국에서는 공공 서비스를 의미했지만, 미국에서는 점차 기술적 효율성과 경제적 소비를 의미하게 되는 결정적 계기가 되었다(Melody, 2013: 19).

4) '규제위원회 모델'의 등장

국유화는 선택하지 않았지만 미국사회는 도로, 철도, 전신 등 공익사업이 사영사업임을 인정함과 동시에 시장에 그냥 내버려 둘 수 없는 딜레마를 해결하여야 했다. 이것들은 분명히 다른 재화들과 다른 성질을 가지고 있었고 입법·사법·행정부의 3권 분립을 기초로 이루어진 국가 시스템이 이를 다루기에도 어려움이 있었다. 이를 해결하기 위해서 고안된 것이 바로 독립행정위원회(*independent administrative committee*) 모델이다. 행정부과 입법부에서 독립되었으면서도 사법적 판단 기능을 지닌 독립행정위원회는 헌법에 위배된다는 지적을 지금까지도 받는 방식이다. 그러나 공익과 관계되며 기술 수준이 급격히 발전하는 산업을 다루기에는 다른 마땅한 방법이 없다. 이 때문에 일종의 '타협책'으로서 독립행정위원회는 한국 등 여러 나라에서 활용되고 있다.

미국의 개별 주들은 1832년부터 운송 관련 법을 만들어 주 행정부 및 사법부에서 어느 정도 독립된 위원회를 만드는 실험을 시작한다. 철도 영역에서도 1850년대에 규제위원회가 등장하였다. 당시에 철도는 국가 지원이 이루어지고 독점적 지위가 묵인되는 등의 특혜에도 불구하고 가격차별과 낮은 안전도를 보여 시민들의 공분을 사고 있었다. 이를 해결하는 방법은 관련 법을 만들어 규제하는 것이었다. 그러나 철도는 급속히 발전하는 기술산업으로서, 법을 통한 방식에는 '규제지체 현상'이 불가피하였다. 기술의 발전 속도를 법이 따라가지 못하는 것이다. 이에 따라 철도사업자가 허가장이나 관련 법을 제대로 지키는지 여부를 판단하고, 기존의 법이나 제도를 적용할 수 없는 새로운 현상에 대한 판단을 내리기 위해 여러 주에서 특별위원회를 설치하기 시작하였고, 이것은 상시위원회로 발전한다.

그러나 이러한 규제위원회는 삼권분립에 기초한 미국 헌법에서 그 근거를 찾기 어려웠다. 이 지점에서 규제위원회를 통한 의사결정의 근거로 제시된 것이 공익 개념이었다. 공익 개념은 1837년 매사추세츠 주의 교각 건설에 사적 토지 소유권을 이용하는 문제로 일어난 분쟁에 대한 판결에서 명시적으로 활용되었다. 이 재판의 판사 로저 태니(Roger Taney)는 사적 소유권이 신성하게 보호되어야 하지만 공익이 주요 목표가 되어야 함을 강조하였다(Rowland, 1997: 318). 그의 주장은 점차 다른 주들에 의해 폭넓게 차용되기 시작했고, 앞서 살펴본 바와 같이 대법원의 '먼 대 일리노이 주' 판결은 가격결정 등과 관련하여 공익을 위한 사기업 규제는 헌법에 위배되지 않는다는 사실을 명확히 하였다(Munn v. Illinois 94 U.S. 113, 1877). 이 판결은 일련의 공공설비 관련 판결에서 공익 개념이 정부 규제의 명분이 되는 계기가 되었다. 물론 자유주의 사상을 기초로 한 미국사회에서 정부의 직접적인 규제는 정당성을 확보하기 어렵기 때문에 정부 규제의 실제적 영역은 제한적일 수밖에 없었다. 이에 따라 적극적 개입보다는 피규제자들에 의해 주어진 조건에 반응하는 규제위원회 모델이 현실적인 선택지였던 것이다.

그런데 개별 주의 규제위원회를 통한 규제는 산업 발달에 따라 주 범위를 넘어서는 상행위가 확대되면서 한계를 가지게 된다. 이에 1887년 연방정부 차원에서 '주간통상법'(Interstate Commerce Act)을 제정한다. 주간통상법은 앞서 논의한 영국의 철도법을 모델로 한 것으로(Ashley, 2013; McLean, 2004), 근본적으로는 뒤에 언급할 1890년의 셔먼법(Sherman Act)과 함께 "대형 악덕 기업들이 획득한 힘을 제어"(Hantke-Domas, 2003: 172)하는 데 활용되었다. 예를 들어, 'Northern Securities Company'는 태평양 연안 북서부 지역에서 철도 독점을 구가하는 '악덕 기업'이었다. 1902년에 정부는 이 기업에 대해 소송을 걸어 승소함으로써 독점 시스템을 해체해 버렸다.

주간통상법은 공익을 해치는 거대 자본의 문제점을 교정하려는 시도가 활발했던 진보시대(Progressive Era)를 예고하는 것이었다. 진보시대는 보통 1890년에서 1920년까지의 시기를 말하는데, 악덕기업 해체와 정치권력 남용의 제어, 사회정의 구현 등을 강력하게 추구한 때로서, 시어도어 루즈벨트(Theodore Roosevelt) 대통령이 이 시대의 대표적 인물로 언급된다.

진보시대 직전에 제정된 주간통상법에 따라 철도는 '커먼 캐리어'로 처음 정의되고, 그에 대한 의무와 책임이 부여된다. 주간통상법은 철도 독점을 방지하려는 목적이 있었지만, 더 근원적으로는 공중이 철도 발전을 지원하였기 때문에, 즉 혜택을 주었기 때문에 이 운송수단은 공

〈그림 2-12〉 철도 독점을 비판하는 카툰

출처: Joseph Keppler(1879).

익을 위해 활용되어야 한다는 '혜택에 대한 반대급부로서의 공익' 개념을 실현하기 위한 것이었다(Stepa, 2001: 259). 이 법에 따라 앞에 살펴본 바와 같은 최초의 연방 독립 규제기구인 '주간통상위원회'(ICC)가 출범하였고, 이후로 유사한 연방 독립 규제기구들이 속속 등장한다. 산업기술 발전이 급속화하면서 정부기구와 의회 모두 규제 기능을 확장하며 충돌하기보다는 이의 균형을 맞추기 위해 양자에서 독립적인 '독립'기구를 둔 것이다. 1927년 '연방라디오위원회'(FRC: Federal Radio Commission)가 만들어지기 전까지 ICC는 이후에 만든 '연방준비제도이사회'(FRB: Federal Reserve Board) 및 '연방거래위원회'(FTC: Federal Trade Commission)와 함께 통신 서비스에 관련한 규제를 담당하였다. 그러나 연방 규제기구들의 규제 기능은 매우 제한적이었다. 연방 규제기구들이 다룬 사업은 철도와 같이 급속한 기술발전을 동반하는 것들이었기 때문에, 규제를 위한 정보에 있어 피규제 산업에 절대적으로 의존할 수밖에 없었기 때문이다(Rowland, 1997).

5) 전화 독점의 공고화

1876년 알렉산더 그레이엄 벨(Alexander Graham Bell)이 전화를 발명한 뒤, 1899년 설립된 '벨 전화사'(Bell Telephone Company)는 특허를 이용하여 독점적 지위를 유지하였다. 기술적 문제로 지역적 서비스만 가능했던 초기의 전화는 지역 대리점들에 의해 제공되기 시작했다. 특허를 가지고 있던 벨 사는 이들 지역 대리점에 전화기와 장비를 대여해 수익을 올리는 비즈니스 모델을 만들었다. 벨 사는 산재해 있는 지역 대리점들의 네트워크를 연결하고, 장비들의 표준화를 위해 1885년 AT&T(American Telephone and Telegraph Company)라는 자회사를 설립한다.

그러나 한동안 유지된 독점은 깨지고, 1900년대에 6천여 개의 지역 전화회사가 통신시장에 신규 진입하여 사업자 간 경쟁이 일어났다. 이렇게 수많은 독립 경쟁자들이 동시에 시장에 진입할 수 있었던 것은 AT&T가 보유한 대부분의 특허가 만료되고 교환기가 발전하여 지역 간 상호접속이 가능해졌기 때문이다. 이들 경쟁자들은 소규모 영세사업자들로서, AT&T가 서비스하지 않는 작은 지역은 물론 AT&T 가맹사들이 사업하는 지역에서도 사업을 벌였다. 이에 대해 AT&T는 요금을 낮추는 가격경쟁을 벌이고, 네트워크를 확장하며, 경쟁사에는 장비 판매를 거부하는 등의 방식으로 경쟁 독립사들을 제압하는 전략을 구사한다(Sterling, Bernt, & Weis, 2008: 75~77).

1907년 시어도어 베일(Theodore Vail) 사장이 취임하면서 AT&T는 더욱 적극적인 대응에 나서 경쟁사들을 공격적으로 병합하거나 가맹사로 만드는 전략을 확대한다. 그의 유명한 슬로건 "하나의 정책, 하나의 시스템, 보편적 서비스"(*One policy, One system, Universal service*)는 경쟁자들을 물리치고 네트워크 독점을 유지하기 위한 명분이었다(Napoli, 2001). 오늘날 통신 영역에서 최초로 '보편적 서비스' 개념을 사용한 것으로 오해되는 베일의 이 슬로건은 정작 현재 우리가 쓰는, 즉 "모든 소비자들에게 보편적으로 서비스해야 한다"는 의미로서의 보편적 서비스 개념이 아니었다. 이것은 자사 가맹 지역사업자들 간 자유로운 상호접속을 통해 효율성을 확보하자는 사업적 의지가 담긴 목표였던 것이다(정보통신정책연구원, 2005). 실제로 AT&T는 자사와 가맹되어 있지 않은 지역사업자들이 자사 장거리 통신망에 접속하는 것을 거절하였다(Stepa, 2001: 263). 베일이 말한 '보편적 서비스'는 사업 효율성과 주정부 및 연방정부에 대한 설득의 방편이었을 뿐이다(Garnham, 1997).

AT&T는 상호접속 거부 등을 통해 지속적으로 합병을 통한 규모 확대와 시장점유율 확대를 꾀하며 독점적 지위를 공고화하였다. 경쟁보다는 독점을 통한 초과이윤의 확대를 지지한 주요 은행들의 이해관계도 AT&T의 독점에 우호적인 조건으로 작용하였다(Melody, 1989: 660). 결국 1930년대에 이르러 AT&T는 미국 전화시장의 80%를 점유하는

〈표 2-3〉 미국 전화보급률(1895년 현재)

미국 총 인구	69,471,144			
전화기 대수	251,994			
전체 보급률(%)	0.36			
기업/민간 비율(%)	90/10			
지역 규모에 따른 전화 보급				
인구	전체 인구 대비 비율	전화기 대수	전체 전화기 대비 비율	보급률(%)
5만 이상	21	143,455	57	1.00
1만~5만	9	71,536	28	1.11
2,500~1만	8	28,442	11	0.51
외딴 지역	8	562	3	0.02
지역 규모에 따른 교환기 보급				
인구	해당 지역 수	설치 장소 수	설치 비율	
5만 이상	72	72	100	
1만~5만	294	288	98	
2,500~1만	1297	474	37	
2,500 이하	7710	259	3	

출처: Mueller(1993: 256).

시내전화사업자이자 유일한 장거리전화사업자가 된다(정현준, 2005).

앞서 말한 1860년대부터 20세기 초까지 이어진 '진보시대'의 반독점 정서에 의해 AT&T 독점에 대한 문제가 부각되었고, 독점력을 행사하는 벨 서비스에 대한 이용자들의 불만도 고조되기 시작한다. AT&T는 지역전화사업자들을 병합하여 단일 시스템에 의한 효율성을 끌어내고자 하였다(Sterling, Bernt, & Weis, 2008: 70). AT&T는 또한 전신 시스템과의 연결이 시너지를 낼 것을 기대하며 1909년에 웨스턴 유니온을 병합하였다. AT&T의 네트워크 확장과 그에 따른 독점적 행태는 독립 전화사업자, 상업적 이용자, 전화 노동자, 그리고 일반 공중의 강한 반발을 불렀다. 전화는 이전 통신수단인 전신과 달리 상업용이 아니라 일반인들도 주로 활용하는 것으로 발전했기 때문에 이에 대한 불만의 크기는 더 컸다. 높은 전화요금에 대한 불만은 시민단체를 중심으로 한 전국적인 소비자운동으로 확산되었다(Schiller, 2007: 19).

결국 AT&T도 과거의 웨스턴 유니온과 같이 경쟁을 강화하고, 반독점 행위를 적극적으로 처벌하거나, 국유화를 통해 이 문제를 해결하자는 주장 앞에 놓이게 된다. 앞서 언급한 1890년의 셔먼법(Sherman Act)에 따라 연방정부는 특정 영역에 대해서는 독점을 방지하기 위한 수단을 활용할 수 있었다. 그러나 기술발전으로 그 양태가 하루가 다르게 변하는 산업에 대한 ICC의 규제는 무기력하였고, AT&T는 원거리 네트워크 구축 등 벨 연구소(Bell Laboratories)를 통한 적극적인 기술개발에 박차를 가하여 이 위기를 극복하고자 하였다(Schiller, 2007: 18).

자신감을 가진 AT&T는 여러 방법으로 요금 인상을 지속했으며, 라디오 방송, 영화, 상업 전신, 레코드 사업 등에도 진출하고자 하였다. 그러나 1920년대의 경제위기 상황에서 전화 가입률이 떨어지는 등 AT&T의 경영 상황도 나빠졌다. 특히 자동화로 인한 고용축소와 높은 요금은 정치적 불만의 고조로 이어진다.

AT&T가 지역전화사업자들을 마구잡이로 사들이는 전략을 쓰면서 독립사업자들은 정부의 개입을 요청하는 한편, 의회에 청원하기도 하였다. 일부 주에서는 경쟁업자들 간의 상호접속을 의무화하는 법이 통과하기도 했으나 AT&T와 독립사업자들 모두 이와는 반대의 길을 가고자 하였다. 특히 독립사업자들은 거대 네트워크인 AT&T에 접속하는 것은 작은 마을과 시골 지역에서의 우위를 넘겨주는 셈이라고 생각하였다.

1910년 '맨-엘킨스법'(Mann-Elkins Act)은 커먼 캐리어 리스트에 "전신, 전화, 케이블 회사"를 올려놓아 통신사업에 공적 의무가 강하게 부여되는 듯했다. 그러나 정작 이 법의 목적은 독점 확대로 이어지는 인수합병 문제를 다루는 것이 아니라 가격 규제에 있었기 때문에 AT&T의 독점 강화 현상을 막는 데 도움이 되지는 못했다(Sterling, Bernt, & Weis, 2008: 70). 오히려 1921년 '윌리스-그레이엄법'(Willis-Graham Act)이 통과하여 전화사업의 인수와 합병이 자유로워지면서 일시적인 전화 서비스 사업 경쟁은 막을 내리고 AT&T의 독점이 공고화된다. 이 법을 통해 통신산업은 경쟁이 아닌 독점이 적용되는 영역임이 공인된 셈이다.

한편으로, 방송사업에도 참여하고자 한 AT&T는 1922년부터 1926년 사이 뉴욕과 워싱턴 DC에 각각 라디오 방송국을 소유, 운영하였다. AT&T는 처음에 방송도 전화사업처럼 자신들은 설비만 제공하고 제 3자가 콘텐츠를 채워 넣는 방식으로 이해했다고 한다. 방송은 전화와 다르다는 점은 곧 알게 됐지만, 전화통신망을 이용해 방송국 간 네트워크를 만든 것은 통신사업에서 착안한 바였다. AT&T는 자사의 경쟁상대인 RCA도 방송국 간 네트워크에 전화선을 사용하고자 하자 이를 거부하였다. 이에 RCA는 독자적인 유선망 구축을 고려하게 된다. 이에 거꾸로 통신사업에 대한 잠재적 위협을 느낀 AT&T는 방송국을 RCA에 매각하고 방송사업에서 아예 철수한다. 그 대신 RCA 또한 통신사업 진출은 하지 않는다는 계약을 맺는다. 그러나 AT&T는 지상파 네트워크사(*network*)[4]가 가맹사(*affiliate*)로 프로그램을 송출할 때 필요한 케이블망이나 위성망을 제공하는 망사업자로서 방송산업에 여전히 관여하였다. 물론, 광고주로서의 역할도 AT&T가 방송산업에 관여한 바이기는 하다(Sterling, Bernt, & Weis, 2008: 90~91).

6) FCC 출범과 전화 규제

전화의 독점체제를 인정한 후 미국은 두 가지 방법으로 이에 따른 문제점을 해결하고자 하였는데, 하나는 가격을 통제하는 것이고, 다른 하나는 정보 공개를 의무화하는 것이었다(Schiller, 2007: 21~23).

첫째, 가격 통제는 연방통신위원회(FCC: Federal Communications Commission)를 설립하여 전문성을 가지고 AT&T의 활동을 감시하는 방식으로 이뤄졌다. AT&T의 강한 반대가 있었지만 1934년 제정된 통신법(Communications Act)에는 FCC의 설립이 명시되었다. 통신법에 따라 이제 전화는 ICC에서 떠나 FCC 및 주 정부의 규제를 받게 된 것이다(정현준, 2005). 그간 주 정부와 ICC에서 행한 규제는 거대 벨 시스템에게 무력하다는 지적을 받았다. 새로 제정된 통신법은 개별 주를 넘어서 통신을 행하는 유선망을 커먼 캐리어로서 규정하였고, 이것은 앞서 본 커먼 캐리어의 역사적 정의를 물려받아 반독점과 비차별의 의무를 부여하는 것이었다(Stepa, 2001: 264). FCC는 설립과 동시에 바

4) 네트워크(*network*)는 지역방송 가맹사들에게 방송 프로그램을 실시간으로 공급하여 다른 지역 시청자들이 자체 지역방송을 제외하고는 거의 같은 방송 편성을 즐길 수 있게 하는 시스템을 말한다. 미국에서는 NBC, ABC, CBS가 가장 큰 3대 네트워크이며, 한국에는 법적으로 정해져 있지는 않으나 SBS 서울방송이 지역 민방에 프로그램들을 실시간 전송함으로써 사실상의 네트워크로서 역할한다.

로 전화사업에 대한 종합적 조사에 착수한다. FCC는 NARUC(National Association of Railway and Utility Commissioners)와 사실관계 정보 및 정책 정보를 공유하면서 ICC 등 이전의 규제기관과는 다른 전문성을 확보하였다. 이 방안은 결실을 맺어 전화보급률을 높이는 한편 1960년대에 이르기까지 미국의 전화요금이 다른 나라에 비해 낮은 수준을 유지하게 하는 선순환 구조를 만들어 내었다.

둘째, 미국은 전자와 통신 등 고도 기술지식을 통한 산업발전이 냉전 상황에서 국가 경쟁력을 키우는 방법이라고 생각하여 이러한 기술지식을 범용화하는 정책을 썼다. 이러한 기조의 일환으로 1949년 법무부는 AT&T의 독점을 일반적으로 인정하면서도 다른 사업체가 특허로 인한 로열티를 받지 않도록 하는 한편 기술정보들을 공개하라고 명령하였다(Schiller, 2007: 25~26).

이상에서 살펴본 바와 같이 미국의 전신과 전화는 사영에서 시작하여 극심한 경쟁을 통해 독점체제를 구축하였으며, 그 결과로 국유화 대신 규제를 받는 길을 걸었다. 영국이 전신을 국유화한 반면 미국은 그렇지 않았던 것은 명확히 공익의 제도화가 다른 양태로 나타난 것이다. 같은 변수들이라도 이것들이 연결되는 역사적 시점과 상황, 즉 맥락에 따라 다른 결과가 나타나는 것에 주목하는 것이 역사적 제도주의고(하연섭, 2002), 이러한 영·미의 차이는 당연히 흥미로운 연구대상이다. 이 사례는 같은 아이디어 또는 가치라고 하더라도 그것의 제도화는 다르게 나타나는 이유, 즉 다른 요인들을 설명하는 데 활용될 수 있을 것이다.

그러나 근본적으로 국토 크기, 정치체제, 경제적 이념 등 환경적 요인이 크게 차이 나는 양국을 비교해서는, 즉 '최대 상이 체계'(*most different system*) 비교를 통해서는 차이의 원인을 찾기 힘들다(Przeworski & Teune, 1970: 31~46). 다른 변수들의 차이가 크게 나는 곳에서는 오히려 유사성을 보이는 관심 있는 변수의 원인을 찾는 것이 가능하다. 이런 점에서 전신에 대한 제도화에 있어 영국과 미국에서 발견한 모습은 "이렇게 다른 체계에서 공히 전신의 공적 서비스를 강조하는 제도가 등장한 원인이 무엇인지?"를 답해 볼 수 있도록 해준다. 역사적 검토를 통해 이것을 해석하는 바는, 미국에서 영국과 철도의 전례가 없었다면, 그리고 공익 개념의 전이가 없었다면 통신에게 '커먼 캐리어' 지위를 부여하고 공공 서비스 의무를 지우기가 쉽지 않았을 것이라는 점이다. 아울러 미국이 영국처럼 전신을 공영화하는 길을 걸었다면 후일 방송도 유사한 경로를 채택하게 됐을지도 모른다(Ashley, 2013: 19).

3. 한국의 공익 개념 수용과 통신 미디어

한국에서 통신이 시작하고 그에 대해 사회적 의미를 부여한 과정은 앞에서 살펴본 서양과는 다른 궤적을 보였다. 한국의 특성을 미리 요약하자면, 그것은 선진국의 문물을 받아들여 그들을 추격해야 한다는 국가 발전 모델에 따른 것이라고 할 수 있겠다. 한국에서는 발전, 즉 신기술 도입 자체가 공익이라고 인식되었다. 이것은 근본적으로는 국가주의적 공익관에서 비롯된 것이었고, 이에 따라 공익을 추구하기 위한 전자 미디어 "관련 제도와 규제의 결정방식은 권위적"(정용준, 2010) 이었다.

1) 한국과 서양의 공익 개념 차이

한국에서 공익은 항상 국가주의의 하위에 놓이는 가치였다.[5] 공익을 수행하는 주체는 불가피하게 국가일 가능성이 많기 때문에 서양에서나 한국에서나 상관없이 공익과 국가는 분리하기 어려운 관계이다. 그러나 한국의 국가는 서양의 그것과 달리 시민사회와의 계약관계가 아닌 개인에 앞서는 선행적 존재이기 때문에 국가의 행위 자체가 공익으로 이해되었다. 한국에서 공익성에 대한 담론은 '국가이익', '국가발전', '국민계도', '질서유지' 등 국가 유지 및 발전과 관련되어 발전했다(김동진, 1986).

한국에서의 공익(公益)은 서양에서의 공익보다 어떤 측면에서는 더 좁은 의미로, 또 다른 측면에서는 더 넓은 의미로 사용된다(강형철, 2011a). 공익은 글자 그대로 사익(私益)과 반대되는 개념이다. 개인(私)의 이익이 아니라 공(公)의 이익이라는 뜻이다. 여기서 '공'은 '개인이 아니'라는 데 방점이 있다. 예를 들어 나와 나의 집안을 위한 일은 사가 되지만, 내가 속한 마을이나 집단을 위한 일은 공이 된다.

반면에, 서양에서의 공익(*public interest*)은 개인과 집단의 이익이 아닌 공중 또는 전체의 이익이라는 뜻을 지니고 있다. 공익은 사적 이익(私益)도 아니지만 어떤 특정 '분파'의 이익도 아니라는 뜻이다. 공익은 개인과 집단을 넘어서는 전체의 선(*common good*), 전체의 이익이라는

---

5) 이하의 한국에서의 공익 개념은 저자(강형철, 2011a) 글의 일부 내용을 이 책의 목적에 맞게 수정하여 기술한 것이다.

것이 서양에서의 의미이다. 계몽사상에서 출발한 공익 개념은 개별의지의 반대개념으로서의 일반복지(*general welfare*) 또는 일반의지(*general will*)를 뜻한다. 미국 건국 주도자인 제임스 메디슨(James Madison)도 공익을 '분파'(*faction*)의 반대 개념으로 파악했다(Goodin, 1996). 그가 말한 분파란 몽테스키외나 루소 등이 주창한 '개별의지'(*particular will, sectoral will*)와 반대되는 개념이었다.

편의상 우리는 서양의 '퍼블릭'(*public*)을 '공'(公)으로 번역한다. 그러나 양자는 근본적으로 차이가 있다. 우선, '퍼블릭'과 '공'은 사(私)가 아니라는 점에서는 공통점을 지닌다. 그러나 앞에서 말했듯이 양 세계는 개인이 아닌 '집단'에 대해서는 다른 모습을 갖는다. 집단은 서양의 가치로는 '퍼블릭'이 아니지만 동양의 눈으로는 '사'가 아닌 '공'이 될 수 있다. 동양의 '공'이란 '여러 사람'이라는 뜻을 가지고 있기 때문이다. 예를 들어, 선거에서 자주 쓰는 말인 '공천'(公薦)은 여러 사람이 더불어 추천하는 일이란 뜻을 가지고 있다(이승환, 2001).

서양에서 만들어진 공익 개념은 일본을 거쳐 구한말 한국으로 수입된 것으로 여겨진다. 이때 영어의 한자어 번역과정에서 원래 쓰이던 '공'(公)의 개념에 이익(益)의 개념을 더한 것이 되었다. 일본은 1858년 개항하고 1868년 메이지유신을 통해 국가경제를 재편하는 과정에서 애덤 스미스와 스튜어트 밀 등 서양의 사회철학과 경제이론을 수입했는데(손열, 2002), 공익 개념도 이때 수입되었을 것으로 추정된다. 한국은 구한말에 다시 일본 출판물을 통해 이를 재수입하였을 것으로 추정된다. 이 근거로 근대 이전의 동양 문헌에서 공익이라는 단어는 쉽게 눈에 띄지 않는다는 사실을 들 수 있다(이승환, 2001). 《조선왕조실록》을 찾아보면 '公益'이라는 단어가 등장하는 것은 19세기 후반에 이르러서다. 예를 들어, 고종 32권, 31년(1894 甲午 청 光緒 20年) 7월 14일(戊子) 3번째 기사는 군국기무처 각 아문의 대신에 대한 규칙을 열거하면서 "공익침해"(公益侵害)라는 표현을 썼다.[6] 공익이라는 개념 자체가 서양에서도 아직까지 논란의 대상이 되는 매우 추상적인 개념이었는데, 이것이 한국에 들어 올 때 전통적인 '공' 개념과 서양의 '공익' 개념이 합쳐져 더욱 혼란스러운 것이 될 수밖에 없었던 것이다.

2) 구한말 신문에서 읽는 공익 개념

서양에서는 개인뿐만 아니라 전체가 아닌 집단 또한 '퍼블릭'이 아닌 것으로 취급되지만 한국에서는 집단도 '공'이 될 수 있다. '개인만을 위한 것이 아닌 이익'이라는 의미의 공익은 구한말 문헌들에서 종종 발견된다. 〈대한매일신보〉 1909년 8월 10일자 "공익으로 쓰지"라는 기사는 빚을 놓아 큰돈을 번 한 집단에서 이를 각자 나눌 것인지(=사익), 아니면 모아서 공익사업에 함께 투자할 것인지(=공익)를 놓고 논란이 있다는 내용을 싣고 있다.

> 공익으로 쓰지
>
> 종로 은방도가에서는 연리로 빚을 놓아 식리한 돈이 수만 원인 터, 그 도가 청년들은 그 돈을 공익상에 투용하여 무슨 사업이든 하자 하고, 그중

---

6) 조선왕조실록 홈페이지 http://sillok.history.go.kr

연로한 모모인은 각기 분식하자 하여 의론이 분일한 터, 공익으로 보용하는 것이 마땅하다는 일반 여론이 있다더라.[7)]

—〈대한매일신보〉, 1909. 8. 10.

또한 개인이 아닌 여러 사람들이 모여서 사업을 하는 경우에 '공익' 조합이라는 명칭을 썼는데, 이때의 '공익'도 이 사업이 전체 사회를 위한 것임을 말하는 것이 아니다. 예를 들어, 〈조선일보〉 1927년 5월 5일자 "문제 중(中)의 예천 공익조합 결국 당파전 계속"이라는 제목의 기사는 공익조합 총회에서 해산파와 존속파가 나뉘어 다퉜다는 내용을 실었다. 지금 시각으로 이 상황을 보면 '공익'을 내세우는 조합이 분파 싸움을 벌인다고 비판하는 것이 맞을 것이다. 그러나 이 기사는 이 사태가 '공익'조합의 '공익' 목적과 배치된다는 식의 시각보다는 그저 일반적인 분파 싸움으로 보는 시각을 보여 준다. 서구의 개념에서 당파는 공익에 속하지 않지만 한국에서는 당파도 공익일 수 있다는 점에서 한국의 공익과 서양의 공익의 차이를 잘 드러낸다.

1913년 12월 14일 〈권업신문〉은 "단체와 공익심"이라는 제목으로 집단과 공익의 관계에 대해 분석한 기사를 실었다. 재미있는 것은, 이 기사는 이전의 공익과 집단에 대한 시각과 달리 집단(단체) 중에서도 공적인 것이 있고 사사로운 것이 있다고 구분한다. 서양의 공익 개념과 유사한 시각이 나타나기 시작한 것이다. 그러나 역시 "단체 아래에 있는 사람은 그 단체를 위하여 의무를 다하여야" 하며, 이것이 곧 '공익'임을 명

7) 이하에 인용하는 고 신문 내용은 현대 표기로 저자가 수정하였다.

시함으로써, 공적인 집단이든 사적인 집단이든 개인의 이익을 희생하고 집단을 생각하는 것이 '공익'이라는 동양적 공익관을 버리지 않았다.

단체와 공익심

단체란 것은 여러 사람이 모인 것을 이름이라. 단체에 사사로운 단체도 있고 공번된 단체도 있나니, 쉽게 말하면 이익을 목적하여 모인 회사와 같은 것 등은 사사로운 단체요, 종교단체나 학교 같은 것은 모두 공번된 단체며, 국가도 또한 공번된 한 단체라. 그러면 물론 어떠한 단체든지 그 단체의 이름 아래에 있는 사람은 그 단체를 위하여 의무를 다하여야 할지니, 만약 그렇지 않고 각각 그 단체를 남 보듯 하면 그 단체는 곧 없어질 것뿐이니 적게 말하면 회가 해산되며 학교가 없어지는 것도 거의 이에 말미암으며, 크게 말하면 국가가 망하는 것도 곧 이에 말미암는다 할지라. 그러므로 단체와 공익심은 관계가 과연 이같이 중대하도다. (이하 생략)

—〈권업신문〉, 1913. 12. 14.

공익은 개인이 아닌 집단이나 전체를 위한 행동을 뜻하기도 한다. 고 신문들을 보면 자신의 재산이나 재능을 희사한 사람들을 '공익심'(共益心)이 있는 것으로 묘사하곤 한다. 예를 들어, 1913년 3월 27일 〈매일신보〉는 5면에 "화류계의 공익심"이라는 기사를 실었다. 기생조합이 무료 연주회를 가졌다는 내용으로, 이러한 봉사활동을 '공익'이라고 본 것이다.

화류계의 공익심: 기생조합의 공익 열심, 조산부를 위해 연주회

광교기생조합 기생 일동은 조산부(助産婦) 양성소가 우리 사회에 중대한 책임을 부담하고, 그 유지에 전력한 결과 양호한 성적은 사회에 보급될 희망이 점차 많은 중, 다만 경비가 군졸하여 직원일동의 고심과 유지 제씨의 개탄함을 민망히 여겨, 본일부터 이후 삼십일 동안 동구 안 단청사에서 조산부양성소를 위하여 자선연주회를 실행한다는데 유지 제씨의 찬성 연조하기를 기생 일동이 갈망한다 하여 기생조합의 금번 사업은 일반사회에서 칭찬 아니 하는 자는 없으므로 아마 금번 연주회는 공전한 성황을 이루리라더라.

—〈매일신보〉, 1913. 3. 27.

자선이나 기부 행위를 공익적 행동으로 본 시각은 1913년 10월 14일 〈매일신보〉 3면의 “평양기생의 공익심”이라는 기사에서도 발견된다.

평양기생의 공익심

본월 9일부터 2일간 평양부 남문 외록정에 있는 가무기좌(歌舞技座) 에서 연주회를 열고 흥행한다는데, 그 내용을 들은즉, 사립 진명학교는 재정이 군졸하여 유지하기가 곤란하다는 말을 듣고, 조합소 기생 박월선이가 즉시 조합장으로부터 회원 일동과 협회한 결과로 예기조합 연주회를 열고, 진명여학교의 재정 군졸함에 대하여 연주로써 동정을 표하기 위하여 흥행하는데, 가곡과 여러 가지 눈으로 보기 좋고 귀로 듣기 좋게 할 만한 재료를 연구하여 흥행하는 고로, 관광하는 사람마다 그 조합 예기의 가상함을 칭송하고 진명여학교를 위하여 금전으로서 다소간 기부하는 사람도 있다더라.

—〈매일신보〉, 1913. 10. 1.

하와이 교포가 발행하던 〈신한국보〉 1909년 4월 20일자 "이것이 공익사업" 기사는 마우이 기파후루 농장에서 자사 신문대금을 보내 주었다고 칭찬하면서 신문에 기여하는 것이 곧 '공익'이라고 표현하였다.

이것이 공익사업

마우이 기파후루 농장은 본래 유지 인사가 회집한 곳이라. 회무를 확장함과 전진의 선봉됨을 앙모하는 중에 본보 대금을 또한 일일이 수송하오니 본사의 다행함을 논술키 어렵기로 두어 글자로 아름다운 뜻을 광포하노라.

—〈신한국보〉, 1909. 4. 20.

보다 근본적으로 한국에서 '공'은 서양과 달리 물리적·공간적 개념이 아니라 행위에 내재되어 있는 규범의 개념이기도 하다. 이 때문에 때로는 사적 공간에서 일어나는 일도 '공'이 될 수 있다. 정치인의 권력남용은 공적 공간에서 벌어지지만 천리를 따르지 않기 때문에 사가 되며, 부모를 공경하는 행위는 사적 공간에서 벌어지지만 천리를 따른 것이기 때문에 공이 된다는 것이다(채장수, 2009). 이 때문에 한국에서의 공익은 하늘의 뜻을 수행하는 국가권력이 공평성과 공정성을 실현하는 것으로 이해된다(이승환, 2001). "'공'은 정치권력이나 국가권력을 의미하며 '사'는 국가나 법률의 허락을 받지 않은 '탈법적'이라는 뜻을 가지고 있었다"는 것이다. 예를 들어, 사통(私通)은 정식 부부가 아닌 남녀가 남몰래 정을 통하는 일을 뜻한다.

이러한 국가주의적 공익관은 앞에서 살펴본 〈권업신문〉의 "단체와 공익심"이라는 기사 뒷부분에서도 나타난다. 이 기사는 해외동포들이 국채보상을 위해 헌금한 것뿐 아니라 "의병을 위한다, 학교를 위한다, 의사를 위한다, 지사를 구제한다, 신문을 유지한다" 등의 애국애족 활동을 한 일들을 열거하며 이것들이 곧 공익이라고 말한다. 여기서의 공익은 곧 애국애족의 개념이다.

단체와 공익심

(앞부분 생략) 만 근 십 년간에 우리 내지에서 지내던 일을 말할지라도 경향 각처에 학교가 불 일 듯하며 모든 단체가 조수 밀리듯 일어날 때에 백에 아흔아홉은 거의 개인의 사사 재산으로 한 것이며, 또 나라 집 빚을 갚지 못하면 그 나라가 망한다 하여 경상도 대구 한 모퉁이에서 서상돈 씨가 국채보상 의연 모집할 일을 발기하매, 꿈이나 생시에 못 보던 사람이지만은 전국이 일시에 응하여 심지어 거지들도 동냥한 돈푼을 떨어 바치며 여인들은 머리채를 베어 연조하여 불과 양년 이내에 몇십만 원에 달하였으니 어찌 특이한 일 아니며 어찌 장쾌한 일이 아닌가.

또 해외로 말하면 유신 사업이란 이름이 생긴 이래로 미주에서는 상항(샌프란시스코)이나 하와이 등 각처에 몇천 명 못 되는 동포가 능히 두 곳 신문을 유지하며 여러 단체를 위하여 여러 만 원을 내었으며, 북간도로 말하면 농촌생활이 그같이 곤란한 가운데 四, 五十 처의 학교를 유지하여 연래에 몇천 명 학생을 양성하며, 또 동강으로 말하면 연래로 의병을 위한다, 학교를 위한다, 의사를 위한다, 지사를 구제한다, 신문을 유지한다 하여 의논만 한번 나면 금광 농장에서 피땀 흘리는 동포가 먼저 주머니를 떨며 철도 역장에 괭이로 벗을 삼으며 부두와 거리에서 지게로 생명을 삼는 이들이 먼저 연조를 내어 오늘날 해외 사업의 반부 이상은 모두 불쌍한 동포의 피로 모인 힘으로 된 것이니 어찌 특이한 일이 아니며 어찌 장쾌한 일이 아닌가.

잉글리(영국) 사람이나 프란츠(프랑스) 사람이 공익에 힘을 다한다 하면 무엇이 특이하며 무엇이 장쾌하리오만은, 오늘날 우리 동포는 동서에 표박하여 집도 먹을 것도 입을 것도 없는 이 경우에도 공익에 대한 성의는 조금도 남에게 질 것이 없으니, 이를 미루어 생각건대 우리가 이 앞에 모든 일을 경영하매 우리의 정성만 다하면 무엇이든지 못 할 일이 없으리라 하노라.

— 〈권업신문〉, 1913. 12. 14.

이상과 같이 살펴보았을 때 한국에서의 공익은 국가의 주도성을 강조함과 동시에 그 주도성은 '공평함', '공정함'을 전제로 함을 알 수 있다. 물론 해방 이후에는 이러한 공익심이나 사익과 반대되는 개념으로서의 공익이 아닌 '전체의 이익'으로서의 서구적 공익 개념이 점차 일반적이 되어 가는 모습을 보이는 것이 사실이다. 일례로, 1960년 8월 27일 〈조선일보〉는 "사투국회의 성격과 전도. 공익과 사욕은 절대로 양립 못 한다"라는 제목의 칸럼을 실었다. 이 칸럼은 민주당 분파들이 물리적 충돌을 벌인 것을 두고 이를 '사욕'과 '사투'라고 하며 공익이 아니라고 주장한다. 그러나 세월이 흘렀어도 여전히 한국에서의 공익은 서양과는 달리 개인이 아닌 집단과 전체의 이익으로서의 뜻을 내포하고 있다. 특히, 어떠한 이익의 추구가 공평하고 공정한 방법이라면 이것이 공익으로 취급되는 경향이 강하다. 또한 공익의 실현주체로서 국가의 주도권을 인정하는 경향 또한 강하게 남아 있다.

2) 국가사업으로서 전신의 도입

(1) 청 · 일의 침탈 상황 아래 전신 선로 포설

한국(당시는 조선)의 전신 및 전화 등 통신 미디어는 서구와 달리 민간이 아닌 국가에 의해 도입되었다. 이들 '신 문물'은 개항과 함께 과학기술과 공업이 앞서 발달한 서양을 추격해야 한다는 민족적, 국가적 과제 수행목록의 하나였다. 앞서 보았듯이 국가는 공익의 담지자로서 도로와 철도, 전신 등의 공익사업은 국가가 당연히 나서야 하는 영역이었다. 조선의 선각자들은 이미 앞서 서구문물을 받아들인 중국을 통해 서구의 전신에 대한 정보를 알고 있었으며, 1876년 강화도조약에 따라 일본에 파견한 김홍집 등 수신사에 의해 이에 대한 지식을 들여왔다.[8)]

조선은 1882년(고종 12년) 외교와 통상 업무를 관장하는 정부부서로서 통리교섭통상사무아문(統理交涉通商事務衙門)을 설치하고 그 아래에 우정사(郵程司)를 두었다. 우정사는 교통과 체신 업무를 담당하는 공익사업 담당기관이었다. 이 기구는 지금의 차관급에 해당하는 협판직 홍영식의 지휘 아래 우편, 철도, 전신 등의 사업을 관장하였다. '개화파'인 홍영식은 직접 미국에 가서 전신과 우편 사업 현황을 살펴보는 등의 적극적 활동 끝에 1884년 우정총국을 설치하는 역할을 하고 우정총국 총판에 오른다. 홍영식은 10월 1일 서울-인천 간 근대 우편사업을 시작했지만 갑신정변에 실패하면서 청국군에 살해당한다. 그의 피살로

---

8) 이하 전신 및 전화 도입과 관련 사실들은 별도의 인용이 없으면 진한엠앤비가 발행한 《기록으로 본 한국의 정보통신 역사》(편집부 편저, 2012)를 참조한 것들이다.

우편사업의 명맥이 끊긴 것은 물론, 그가 추진하던 전신사업도 무위로 돌아간다.[9]

전신시설은 결국 외세가 한반도를 침탈하려는 시도의 일환으로 가설된다. 청국의 이홍장은 조선에 차관 제공은 물론 기술 및 운영까지 맡겠다는 적극적인 태도를 보이며 1885년 조선과 〈의주전선합동〉조약을 체결하고 인천에서 의주로 이어지는 전신망인 '서로전선'을 개설하기 시작했다. 조약은 "청국 전보국은 조선에 한성전보총국을 설치하고 인천에서 서울, 의주를 거쳐 청국 봉황성에 이르는 육로 전선을 가설"할 것을 명시하였다. 이에 앞서 일본이 1884년 2월 일본에서 부산까지 해저전선을 설치한 바 있지만, 이것은 조선과는 무관한 일제의 사업이었다. 서로전선은 비록 청국 기술과 자본에 의해 설치되고 상당 기간 운영권까지 청에 있었지만 조선 정부가 가설 경비의 상당 부분과 경상유지비를 담당하였고 차관도 상환해 나갔기 때문에 엄연한 조선의 시설이었다.

1885년 8월 21일 경인 간 전신 선로가 가설되고 첫 전신이 발송되었다. 그러나 조약에 따라 조선이 유지비를 보전하는 문제로 청국 전보국 산하기구인 한성전보총국과 조선 정부는 지속적인 갈등을 빚었다. 상업용 전보 이용은 많지 않고 관청 간의 이용이 많았는데, 조약에 따라 조선과 청국의 관보는 무료였기 때문에 적자가 불가피했던 것이다.

---

9) 《기록으로 본 한국의 정보통신 역사》는 홍영식이 전신사업도 추진했다는 근거로 갑신정변 후 외무독판 김윤식이 미국에 공문을 보내 전신기 8좌를 주문했던 것을 취소하면서 "책임자인 홍영식이 소살(所殺)되어 우리 정부가 책임질 수 없다"고 한 사실을 들었다.

〈그림 2-13〉 서로전선 노선

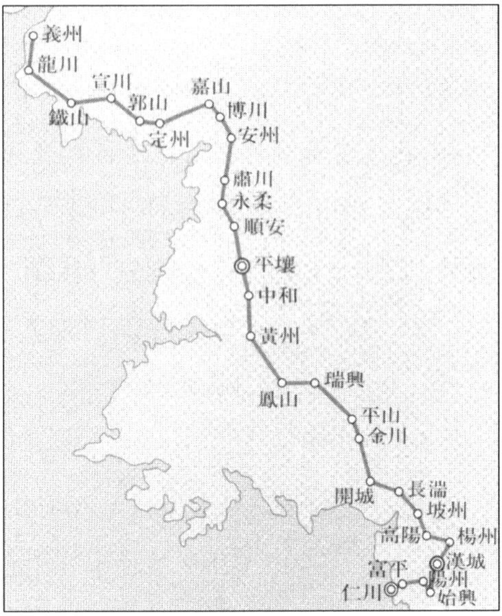

출처: 한국민족문화대백과

이어서 1888년 7월 9일 서울과 부산 간에 가설된 '남로전선'이 첫 전신업무를 시작한다. 남로전선도 서로전선과 마찬가지로 조약에 따라 청국이 권한을 가졌으나 실제로는 조선 정부가 직접 완성한 것이었다. 서로전선이 청국의 '한성전보총국'이라는 기구에 의해 운영된 것과 달리 남로전선은 조선이 설치한 '조선전보총국'에 의해 운영되었다.

조선 정부는 이어서 서울과 원산을 잇는 '북로전선'을 추진하는데, 러시아와의 통신 연결을 꺼리는 청국의 반대가 있었지만 결국 이를 실행에 옮겨 1891년 6월 25일 업무를 시작했다.

1894년 5월 청・일 양군은 동학군 소탕을 명분으로 한반도에 진주하게 된다. 이때 일본은 조선 정부의 반대에도 서울-부산 간 군용선을 무

〈그림 2-14〉 남로전선 노선

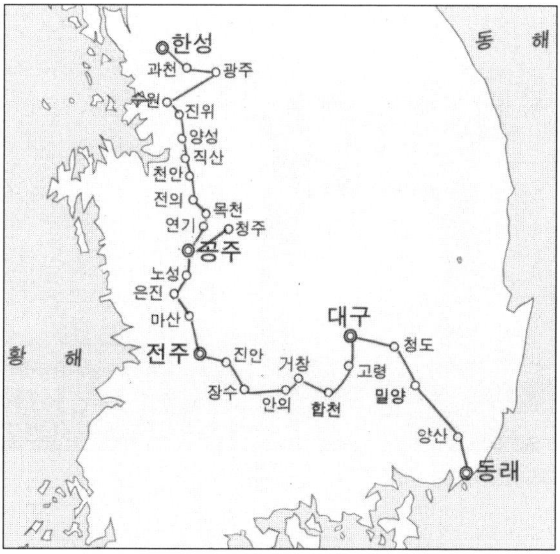

출처: 한국민족문화대백과

〈그림 2-15〉 북로전선 노선

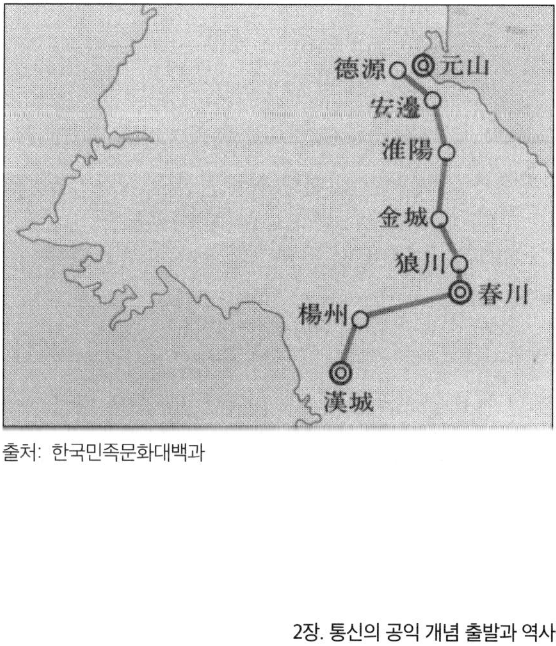

출처: 한국민족문화대백과

〈그림 2-16〉 독립문 옆을 지나 의주로 가는 전신 선로

출처: 〈조선일보〉

단으로 가설하였다(편집부, 2012a: 32). 외무독판 조병직은 "타국 군용선을 가설함은 실로 만국 공례(公例)에도 위배"된다는 사실 등을 적시하며 강하게 항의하였지만 일본군은 이를 강행하였다. 일본군은 이뿐만 아니라 서울-인천 간에도 군용선을 깔았다가 청일전쟁에서 승리한 뒤 청의 한성총국이 관할하던 서로전선을 접수하여 군용선과 통합 운용한다. 일본은 조선 정부가 관할하던 북로전선 관할권 또한 양도받았다.

(2) 담당기구의 변화

1893년 고종은 "전신을 시작한 지 오래됐고 우신도 시작해야 하므로 전우를 합설하고 전보총국을 전우총국(電郵總局)으로 개이(改以)한다"는 전교를 내린다(편집부, 2012a: 23). 전우총국은 이후 대한민국 정부의 체신부, 정보통신부, 방송통신위원회, 미래창조과학부로 이어지는 통

신 담당부서의 원류가 된다. 전신과 우편을 통괄하는 전우총국은 이후 1894년 7월 20일 갑오개혁의 일환으로 군국기무처가 설립되고 아문(衙門) 제도를 시행하면서 공무아문 안의 역체국(驛遞局)과 전신국으로 분리된다. 다시 이 두 부서는 1895년 3월 25일 공무아문이 농상아문에 병합되면서 농상공부의 통신국으로 단일화되었다. 통신국은 우체·전신·전화·전기를 담당하는 체신과와 선박, 해원(海員), 항로표지(航路標識), 표류물·난파선, 항칙(港則), 수운회사·수운사업을 담당하는 관선과로 구성되었다. 통신국은 곧 통신원으로 개명한다.

1896년 아관파천(俄館播遷)으로 일본 세력이 약해지면서 정부는 빼앗겼던 서로전선과 북로전선 관리권을 회복하고 남로전선과 함께 전국 선로망을 관할하게 된다. 정부는 각 지방 전보국이나 전보분국을 전보사(電報司)로 개칭하고 '전보사직원봉급령', '국내전보규칙' 등을 제정하는 등 일련의 법규를 만든다. 청국의 '전보장정'을 근간으로 만든 전문 7장 66조의 '국내정보규칙'은 첫 한글 법령으로서의 의의도 지니고 있다. 요금 변화로 수차례 개정된 이 규칙의 주요 내용은 다음과 같다(편집부, 2012a: 53).

- 전보는 관보, 국보, 사보로 나누고 이를 다시 요급(要急), 통상(通常), 추미(追尾), 동문(同文), 수신, 반신, 비예납, 우체, 별송으로 나눈다.
- 전보 취급시간 및 관보우선은 전보장정과 같고, 풍속을 해칠 우려가 있는 사보나 전쟁 중의 암호전보 등은 취급하지 않는다.
- 통상요금은 관보를 포함하여 거리에 관계없이 같고, 특별전보에도

별도 요금을 가산한다. 한글, 한자, 구문에 따라 차등 요금을 적용하고 수신인의 주소, 성명은 약호로 표시할 수 있다. 다만 수신인의 주소, 성명에는 요금을 부과하지 않는다. 해외전보는 만국전보통례를 따른다.

- 전보상의 제반 기호는 만국전보통례에 따르되 암호와 은어 전보도 가능하다. 한자는 4획을 1자로, 구문은 1단어를 1자로 한다.

1905년 4월 1일 조선 정부는 통신기관(우체사 · 전보사 등)을 일본에 위탁하는 내용의 한일통신기관협정을 강제 체결하게 된다. 일본은 통감부 산하에 통신관리국을 설치하여 통신 업무를 총괄한다. 1910년 한일합방과 함께 통신관리국 업무는 총독부 통신국으로 이관되고, 다시 통신국은 1912년부터 체신국으로 이름을 변경하였다. 일제는 일본열도와 한반도, 중국을 잇는 전신망을 가설하여 내륙진출의 도구로 적극 활용하였다.

(3) 전보의 대중화

전신은 정부기관의 통신수단에서 점차 대중적인 소통매체로 발전해 간다(편집부, 2012a: 102). 앞서 이야기했듯이 초기에는 관청 간의 관보가 대부분이었고, 민간의 소통(사보)도 일본인 간의 상업용 통신이 많았다. 더구나 초기에 전보는 한문만을 사용했기 때문에 일반 시민이 이용하기에는 쉽지 않았다. 1898년 국문 전보가 시작하면서 전보는 대중 연락수단으로 발전하였다. 1898년 7월 17일자 〈독립신문〉은 "서울서 의주까지 전신을 보내려면 통신국으로 가서 국문으로 보내되 한 자에 동전 두 푼이면 천리 사이에 말을 통한다더라"라는 기사를 실어 전보 국문화에 대한 기대를 나타냈다(윤상길, 2012).

그러나 전보는 편지에 비하면 매우 비싼 통신수단이었다. 일제강점기에 우편 한 통이 4전이라면 전신 한 통은 10~15전이나 되었다(윤상길, 2012). 그럼에도 민간의 전보 이용은 점차 늘어났다. 1905년 현재 전체 전보 발신 80여만 통 가운데 조선 국민이 이용한 것은 10분의 1 정도에 불과했다. 그러나 5년 뒤인 1910년에는 23만여 통, 1919년에는 111만여 통으로 늘었고 조선 일반인의 이용률도 전체의 1/5을 넘게 된다. 1937년 중일전쟁이 일어나면서 전보 사용량은 급증하여 1천만 통을 넘어선다. 이는 군인 출정, 소집, 경조 등을 위한 전보가 늘었기 때문이다.

3) 국가사업으로서의 전화

(1) 전화사업의 시작

확증할 수는 없지만 여러 간접적인 기록으로 조선에 전화가 처음 사용된 것은 1882년으로서 청국에서 수입한 전화기를 궁중에 시범 설치하였던 것으로 추정된다. 1890년대까지 전화는 정부부서 간의 소통수단으로 활용되었다. 1902년에는 전화사업이 시작하여 서울-인천, 서울-개성 간 시외전화 서비스를 하였다. 시내전화보다 시외전화를 먼저 시작한 것은 가까운 시내 연락은 굳이 전화를 사용할 필요가 없었기 때문으로 추정된다(편집부, 2012a: 57). 1903년에는 개성-평양, 서울-수원, 서울-평양 간 전화 업무가 개통된다.

〈그림 2-17〉 궁중에 처음 설치한 전화

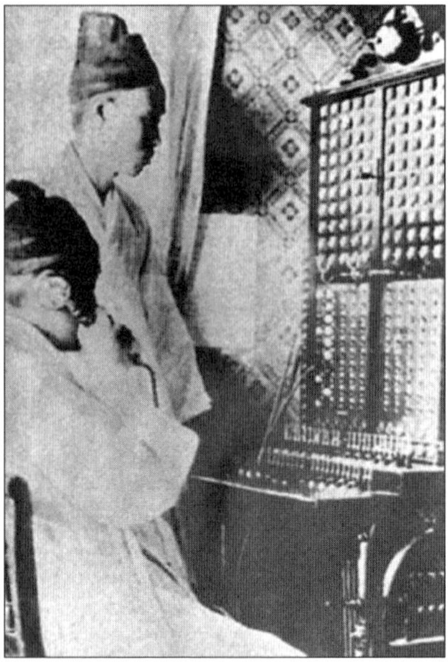

정부의 전화 담당부서는 전신과 마찬가지로 통신사였으며, 전화소는 전보사에 부설되어 전보사의 장이 전화소의 장을 겸직하였다. 1902년 〈전화규칙〉과 〈전화세칙〉이 공표되어 법제화되었다. 주요 내용은 다음과 같다(편집부, 2012a: 58).

- 가설료는 연간 전화기 사용표를 포함하여 연 100원을 2회 분납한다. 전화소에서 30리 이상 떨어진 곳은 10리마다 60원을 더 받는다.
- 가입 등기료는 15원으로 한다.
- 통화업무 취급시간은 오전 7시부터 오후 10시까지로 한다.

• 전화요금은 매 5분마다 50전으로 한다.
• 요금은 통화전에 납부하고 납부한 요금은 환불하지 않는다.
• 통화 중 불온, 저속한 언어를 사용하거나 언쟁을 벌이면 통화를 중지시킨다.

일본은 전신과 마찬가지로 전화시설도 불법적으로 가설하고 자국민 간 통신수단으로 사용하였다. 일본은 자신들의 군용선을 이용했으므로 조선이 관여할 바 아니고, 외국인인 일본인들이 자체적으로 전화를 사설하는 것은 논란할 바 아니라는 주장을 하였다. 일본은 조선 정부의 항의를 묵살하고 1905년 통신업무를 아예 찬탈해 갈 때까지 이를 지속하였다.

(2) 전화 가입자 증가

1905년 서울 50명, 인천 28명, 수원과 시흥 각 1명 등 대부분이 외국인인 80명으로 시작한 가입자 수는 불과 1년 만인 1906년 2,362명으로 늘어난다. 다시 10년 뒤인 1916년에는 가입자 수가 1만 명대를 돌파하였다. 그러나 전화시설은 전신과 마찬가지로 관청, 일본인 주택지, 또는 상가에 편재되어 있었다. 또한 일본인 대비 한국인 가입자 수는 매우 적어서 1906년 101명, 1916년 677명에 불과하였다. 그러나 1938년에 이르러서는 전화 가입자 수가 총 5만 명으로 늘어나고 그중 한국인 가입자도 1만 명을 넘어서게 되었다.

4) 전화 등 공익사업에 대한 공익관의 등장

앞에서 보았듯이 조선에서 전신과 전화는 민간이 아닌 정부의 주도로 시작, 운영되었다. 한국의 국가가 지금까지도 산업발전의 기획자이자 실행자 역할을 하는 전통은 이미 개화기부터 시작된 것이다. 그러나 일반 사영 자본의 축적이 제대로 이루어지지 않은 상태에서 서구와 달리 한국에서의 '공익'은 사적 재산에 국가가 개입하는 명분이 아니라 일반적인 국가의 책임으로 인식되었다. 특히, 선진문물 도입을 통한 국가발전의 임무는 국가에게 맡겨진 것이고, 국가발전에 도움 되는 문물의 기준이 '공익'이었던 것이다.

구한말 조선의 위정자들은 청이나 일본과의 교류를 통해 국도 도로와 철도 등 공익사업에 대해 알게 되면서 국가발전을 위해 이러한 사업이 기반이 되는 것을 깨닫기 시작한다. 〈대한매일신보〉 1910년 1월 11일자 1면은 "공공한 사업이 공익 됨이라"라는 글을 싣고 철도 부설 등의 공익사업("공공한 사업") 이 "공익 됨"을 주장하였다. 이 글은 중국의 만리장성이나 이집트의 피라미드가 그 위용을 자랑하지만, 전자의 것은 위용만 자랑할 뿐 민원만 쌓였고, 후자의 것은 겨우 왕의 묘에 불과하다고 말한다. 그 대신 철도 부설 같은 공공한 사업이 "국민의 장구한 이익"이 된다는 것이다.

공공한 사업이 공익 됨이라

애굽왕의 삼각탑은 구천에 솟아 있고 진시왕의 장성은 만 리를 뻗쳤으니 그 굉장한 기력과 위대한 사업을 후세 사람도 한 번 놀랄 만한 일이나, 애굽은 망한 지가 벌써 오래이고 진나라는 이세도 못 되어서 멸망하였나니 이것이 무슨 까닭이뇨. 가라대, 개인의 혼자 하는 사사 사업은 아무리 위대하여도 나라에 해만 되기 쉽고 이 되기는 어려운지라. 진시황이 만리장성을 쌓을 때에 민원은 얼마나 쌓였으며 애굽의 일은 묘연하여 상고하기 어려우나 역사가가 이것을 평론하여 가라대, 불과시(不過是) 왕의 한 묘갈이라 하였은즉, 이도 또한 나라에 이익 되지 못함은 가히 알 바로다. 국민의 공공한 사업은 그렇지 아니하여 국가에 영원한 행복이 되며 국민의 장구한 이익이 되나니. 그런고로 목하 열강국에서 군함 제도와 철도 부설하는 것이 날마다 증가하건만은 국민에게 행복이 되느니라.

—〈대한매일신보〉, 1910. 1. 11.

당시 조선과 마찬가지로 중국도 서구 문물을 수용하여 국가발전을 꾀하려 하는 목표를 가지고 있었다. 1881년 중국은 전보총국 상해분국의 서기로 있던 전관응을 시켜 1880년 프랑스가 반포한 〈만국전보통례〉를 번역하도록 하여 전보에 대한 규칙으로 차용하였다. 이 번역본에 대한 번역자의 글(후서)에서 전관응은 전보가 나라의 눈과 귀가 되며 국가 간의 정보를 통한 경제 및 문화 교류의 수단임을 밝혔다.

후서

전보는 국가의 이목이다. 사람에게 이목이 있으면 한 몸의 운용이 통창[10](通暢)하고 나라에 이목이 있으면 사해(四海)에 전령(傳令)함이 곧바로

10) 조리가 밝고 환함.

항응(響應) 하는 것이니 전보를 설치하지 않을 수 없음이 명백하다. 또 저 나라의 이목을 취하여 우리의 부족함을 보충하고 우리나라의 이목을 나누어 저들의 궁핍함을 도와주게 되는데 이는 또 편리한 기회를 타서 온 나라가 즐거워하며 태평의 기상과 문명의 제회(際會)가 되니 만국에서 전보를 강구하지 않을 수 없음이 또 명백하다(이하 생략).

— 전관응, 1881; 편집부, 2012b: 11.

전화는 전신과 달리 이용자가 통신 서비스를 서비스 기관에 위탁하는 것이 아니라 전화 단말기를 개인 또는 기관이 소유하는 통신수단이다. 이 때문에 조선에서 전화 업무는 국가가 담당하였더라도 단말기의 소유 여부에 따른 소통의 형평성 문제가 제기되지 않을 수 없었다. 〈동아일보〉는 1940년 7월 17일자 "전화의 공익성"이라는 사설에서 전화가 "공적 사회시설"로서 누구든지 "필요한 경우에 이용되도록 존재되어야 할 만한 성질의 것"이라고 정의하였다. 이는 통신의 보편성을 인식한 것으로서, 해방 전에 이미 전화에 공익의 의무를 부여해야 한다는 인식이 시작되고 있었음을 알 수 있다.

전화의 공익성

우리가 전화기라는 이기를 사용하는 것은 현대생활이 규정지은 부득이한 요구다. 그것은 시간과 거리의 압축이 없이는 고도화하는 공사생활을 잠시라도 영위할 수 없기 때문이니 이 사정이 도시에 한해서 더욱 심각한 것은 당연하다. 그러므로 이 전화기의 설치는 한 도시에 불가무(不可無) 한 공공적 사회시설로서 필요한 사람이라면 특정 누구 할 것 없이 필요한 경

> 우에 이용되도록 존재되어야만 할 성질의 것이다. 그러나 오늘 사회경제 전체계가 거기까지 이르지는 못하였음에 특정된 개인과 일부 기관만이 소유하는 것은 불가피한 현실인데 그렇다고 해서 그 본래의 공익성을 아주 잊어버리고 점점 투기적 매매의 대상으로 상품화하는 것은 경계하지 않으면 안 되게 되었다(이하 생략).
>
> ─〈동아일보〉, 1940. 7. 17.

4. 소결

이상으로 영국과 미국 등 서양 및 한국에서 초기 통신 미디어인 전신과 전화가 등장하고 그에 대해 공익 가치가 부여된 과정을 알아보았다. 각 나라는 당대의 경제, 기술, 정치사조 등에 의해 전신과 전화를 다루는 각기의 방식을 채용함과 동시에 철도 등 앞선 공익사업들의 사례 및 앞선 나라의 사례들을 모방, 계승하였음을 알 수 있다. 이는 커뮤니케이션 기술이 결고 그 자체의 특성에 의해서 관련 규제나 제도화를 자연스럽게 이끌어내지 않는다는 '사회적 구성론'을 다시금 확증해 준다.

서양의 전신과 전화에 대한 규제와 그의 근거가 되는 공익 가치는 이 미디어들 자체가 지니는 독점성에 의한 것이기도 했지만 국가의 지원에 대한 대가를 의미하기도 했다. 각 나라의 상황에 따라 국유화(영국)와 규제(미국)의 길을 선택했지만 그 명분은 모두 독점에서 비롯되는 문제점에 대한 해결이었고, 이들 국가가 파악한 문제는 독점 자체가 아니라 국가가 지원한 혜택에 대한 결과로서 독점의 결과가 만족스럽지 않은 것이었다. 만약 이들 통신수단의 초기 발전과정에서 독점 문제가 발생했더라도 이에 대한 국가 지원이 없었더라면 문제 해결을 사업자들에게 요구하거나 해결에 대한 책임의식을 강하게 느낄 필요가 없었을 것이다. 이러한 '혜택에 따른 의무'의 공식은 후일 등장하는 방송에서 더욱 강하게 드러난다.

한국에서도 전신과 전화 등 공익사업은 국가발전을 위한 중요한 기반임을 인지하고 있었는데, 당시 사회구조상 그 작업은 국가가 온전히 담당해야 하는 것이었다. 영국도 한국처럼 초기부터 오랜 기간(1980년대까지) 전신과 전화를 국영체제로 운영하였지만 영국의 경우 발달 초기에는 민간 주도 사업이었다가 곧이어 국유화된 것이라는 차이가 있다. 전신과 전화의 국가적 중요성을 인식한 것은 3국 모두 마찬가지였지만 한국은 처음부터 국영체제로, 영국은 사영에서 국영으로, 그리고 미국은 처음부터 사영 방식이었지만 곧 규제를 받는 '타협'의 방식으로 각기 다른 길을 선택했다. 이렇게 서로 달리 선택한 길은 후일 통신과 방송 미디어의 발전과정에 다른 영향력을 미치게 되는 '경로의존성'을 따른다.

제3장

방송 미디어 공익 개념의 출발과 역사적 전개

이 장에서는 통신에 대해 다룬 앞 장과 마찬가지로 서유럽, 미국의 사례를 한국과 비교하는 방식으로 방송 미디어 공익 개념의 출발과 역사적 전개과정을 살펴볼 것이다. 초기에 라디오 방송은 유선통신을 대체하거나 확장할 새로운 기술로 받아들여졌다. 이 때문에 방송도 공익설비였던 통신의 규제 명분인 '공익'을 수용하였으며, 이것이 현재까지 내려오는 방송에 대한 공익 담론의 단초이다. 그러나 각 사회는 방송의 경우 통신과 같이 국가가 제공해야 하는 설비사업으로서의 특성뿐만 아니라 신문과 같은 언론으로서의 특성 또한 사회적 고려대상이 된다는 사실을 뒤늦게 깨닫게 된다. 방송의 언론으로서의 특성은 이를 국가 독점사업으로서 완전한 국가통제하에 둘 수 없게 하는 한편, 국가 설비사업으로서의 특성은 사적 영역에 완전히 맡겨 놓을 수 없게 하는 딜레마가 발생한 것이다.

1. 서구 라디오의 등장과 공익의 수용

1) 통신의 공공 서비스 개념 전이

서유럽의 방송은 국가별로 일부 차이가 있지만 대략의 공통점을 가지고 발달하였다. 그 공통점의 핵심은 방송을 일반 시장에서 매매되는 상품이 아니라 사회적 목표를 이루는 중요한 기구로 간주하는 것이었다. 이것은 방송이 사적 목적이 아닌 공적 목적을 위해 사용되어야 함을 의미하였다. 공적 목적으로 방송을 활용하여야 한다는 생각은 통신의 공공 서비스 개념이 전이된 것이다. 원래 방송 미디어는 무선통신을 발전시키려던 시도에서 등장한 것이기 때문에 초기에 이에 대한 사회적 인식은 통신에 대한 것과 다를 수 없었다. 라디오 창안자들은 처음에 유선통신을 대체할 무선통신수단을 상정하여 라디오를 개발했는데, 정작 비밀이 보장되지 않는 라디오 전파의 방사성 때문에 고민했다고 한다. 그러다가 이후 방사성을 이용한 방송이 탄생한 것이다.

영국에서 방송 문제를 최초로 다룬 사이크스 위원회(Sykes Committee)는 방송을 통신과 같은 공공설비(*public utility*)라고 정의하고 이런 이유로 이것이 공익적이어야 한다고 보았다(Sykes, 1923). 영국을 포함해 대부분의 나라에서 방송 규제를 담당한 것은 영국의 우체국(Post Office)과 같이 통신을 담당하던 기구였다. 주무부처가 담당하는 법령 체계에 따라 새로운 현상이 인식되는 것이기 때문에 독일, 프랑스, 네덜란드 등 대부분의 나라에서는 전신에 적용되던 법제가 유선통신으로 이어지고, 이것이 다시 라디오에 전이되었다(Cuilenburg & McQuail,

〈그림 3-1〉 라디오 시범 중인 영국 우체국 직원들(1987)

출처: Cardiff Council Flat Holm Project

2003). 만약 라디오 방송 초기에 이것이 통신과는 다른 영역으로 취급받았다면 이후 공익과 방송은 서로 다른 길을 걸었을지도 모른다(강형철, 2011a). 이 사례는 합리적 선택이 아닌 편의나 자의적 선택이 추후의 미래를 결정하고, 이는 다시 지속적 동인을 갖게 되는 '경로의존성'을 보여 준다. 아울러 방송을 통신으로 이해한 바가 이후의 제도화에 영향을 준 것은 "특정 제도를 객관적·물질적 환경 속에서 이뤄지는 필연적 결과라기보다는 인간이 만들어 낸 아이디어, 사상, 의미 등의 결과물로 파악하는"(Burch, 2002) 구성주의가 설명하는 바이기도 하다.

이에 따라 제 2차 세계대전 이전에 통신의 공공설비 모델이 적용된 유럽의 방송은 보편적 서비스를 위주로 하는 공영 시스템으로 출발하여

제 2차 세계대전 후에 방송의 특성을 반영한 민주사회주의 모델로 이행하기까지 통신 모델의 강한 영향력 아래 놓인 것이다(Picard, 1985). 1980년에 이르러서도 서유럽 17개국은 공영방송 체제가 주도하였으며, 40여 개의 지상파 공영채널이 운영된 데 반해 사영방송 채널은 단 4개에 불과했다(Brants & Bens, 2000: 10). 뒤 이어 1980년대의 이른바 '신질서'(*New Order*)가 도래하기 이전까지 서구의 방송은 다음과 같은 특성을 공유했다(McQuail, 1995: 148~151).

① 공공 서비스
유럽 각국의 미디어 목표에서 공공 서비스(*public service*)는 강력한 구성요소였다. 문화정책의 주요 요소는 다양한 취향과 관심, 다양한 지역 및 소수 언어와 함께 국내 하위문화들을 표현해야 한다는 것이었다. 공공 서비스 철학은 또한 문화적이고 정보적인 프로그램과 어린이와 청소년을 위한 특별한 서비스를 우대해야 한다는 것이었다.

② 공공 책무성
공공 책무성(*public accountability*)은 주로 재원 대부분에 대한 궁극적 통제권을 갖는 규제기관과 의회에 의해 달성된다. 유럽에서 일반적인 방송 재원은 때에 따라 정부가 정하여 우체국이나 유사 기구에 의해 각 가정으로부터 징수하는 수신료였다.

③ 독점
방송은 대부분 독점(*monopoly*)이었다. BBC와 같은 하나의 공공기관만

이 방송하도록 정부가 면허를 주었다. 독점의 특혜는 극소의 채널만이 가능하다는 주장에 기반하였다. 이것은 강력한 커뮤니케이션 미디어가 정부의 통제에서 벗어나게 하지 않으려는 의지를 숨기는 것이었다. 그러나 최종적으로는 공영방송사가 정부와 일반 공중에게 책무성을 지는 것은 사실이지만, 전반적인 편집정책과 일상의 의사결정에서 상당 정도의 독립성을 구가하였다.

④ 정치화 또는 중립화

방송은 항상 고도로 정치화되거나 정치적으로 중립을 유지하는 양자의 방식을 취했다. 방송은 정치적으로 민감한 위치에 있으며, 중요한 정치 시스템 내 엘리트의 전형적인 우려에 대응했다. 방송이 정치화(*politicization*)의 유형을 보이느냐 중립화(*neutralization*)의 유형을 보이느냐는 각국의 정치적 문화와 관습에 따라 다양한 형태로 펼쳐졌다. 이 스펙트럼의 한쪽 끝에는 정당들이 그들의 득표력에 비례해서 방송 분야를 식민화하는 현상이 자리 잡고 있다. 다른 한쪽 끝에서는 정치인이 방송에 직접 관여하는 것은 최소화하고 정당과 거리를 두게 하는 것을 추구하였다. 앞선 패턴은 전형적인 유럽 대륙국가의 방송 패턴이고, 후자는 영국과 스칸디나비아 반도에서 보이는 패턴이다. 이탈리아와 프랑스에서는 정권을 잡은 보수당들이 방송을 자신들의 소유물처럼 운영하였다.

⑤ 국가적 범위(national scope)

유럽의 방송은 보통 애국적인 특성을 보인다. 법적 요구에 의해 방송은 국가의 언어와 문화를 보호해야 하며, 방송국 본사는 수도에 있어야 하고, 국제적 문화 이벤트에서 국가를 대표하는 임무를 해야 한다는 것이다. 물론 예외도 있다. 독일은 이러한 국가적 모델에서 벗어나서 지방정부가 방송국을 조직하고, 네덜란드에서는 지역 및 정치조직들이 방송에 참여하며, 벨기에는 프랑스어권와 플라망어권 공동체를 향해 각각의 방송을 한다.

⑥ 비상업주의(noncommercialism)

비록 '구질서'에서도 상업적인 방법, 특히 광고를 통해 상당한 재원을 충당한 사례들이 있지만, 유럽 방송사들의 주요 재원이 광고라고 볼 수는 없다. 이것은 방송이 이윤에 좌지우지되어서는 안 되고, 전문 방송인과 시청자들에 의해 지배되어야 한다는 정책이 널리 퍼져 있었기 때문이다. 광고를 통해 수익을 얻는 경우에도 프로그램의 목적이 돈을 벌기 위한 것이 되지 않기 위해 강한 조건이 부과되었다. 따라서 이러한 정책은 유럽의 방송 제작자들에게 상당한 재량권을 주었고, 반드시 이윤이 생기지 않더라도 문화적이고 사회적인 목적을 위한 공간을 조성할 수 있게 해주었다.

2) 언론적 속성으로 인한 딜레마와 규제위원회 모델

공익이 공공설비의 보편적 서비스를 의미하는 것으로 받아들여지면서 이를 실행하는 방식도 통신의 그것과 마찬가지로 국가가 독점 서비스를 하는 것이 자연스러웠다. 이는, 뒤에 살펴보겠지만, 국토가 넓어 일원적인 국가기관의 독점 서비스가 불가능했던 미국과는 다르게 나타난 양상이다(Smith, 1998). 그런데 시간이 지나면서 유럽 사회는 방송의 경우 통신처럼 물리적 차원의 보편적 서비스를 실시하면 더 이상 고민할 필요가 없는 것이 아님을 깨닫게 된다. 도로, 항만, 통신 등 물리적 측면의 공공설비에 해당하였던 공익 개념을 방송의 '내용'에 적용할 수는 없었다. 이러한 이유로 방송은 '새로운' 공익 개념 창출을 요구하게 된다. 만약 방송 미디어가 통신 서비스에서 파생된 것이 아니라면 방송에 대해 공익 개념이 적용되지 않았을 수도 있다. 즉, 방송 내용에 대한 규제의 명분을 '공익'이라는 개념에 연결할 필요가 없었으며 그렇다면 '통신과 다른 공익'을 고민할 필요도 없었을지도 모른다.

그런데 방송을 공익과 연결하는 데 새로운 문제점이 발생한다. 공익의 담보는 국가의 역할인데, 방송의 내용적, 즉 언론적 속성은 국가에서 독립되어야 하는 신문의 가치를 담고 있다는 딜레마에 봉착한 것이다. 방송이 개인이나 상업적 이익에 동원되는 것을 막기 위한다면서, 즉 공익을 위해 국가가 개입하면서 민주적 가치를 훼손하는 일이 발생한다(Kasza, 1986). 통신의 공익 가치와 신문에서 비롯된 언론 자유의 가치가 결합한 방송은 "정부에 의해 통제됨과 동시에 통제되지 않아야 하는"(Etziony-Halevy, 1987: 7) 근본적인 불안정성을 지닌 미디어로 존재하게 되었다.

방송이 추구하는 가치는 방송의 등장 이전에 미리 기획되지 못하고 그 이후의 상황에 따라 구성되었다. 그 가치는 방송 관련 이해당사자들이 자신들의 이해를 확대하기 위한 노력의 과정에서 등장한 것으로서, 주어진 기술적 변화, 경제적 상황, 정치적 사조라는 역사적 조건 아래 이해당사자들의 논전(*rhetoric battle*)을 통해 구성된 것이다(Syvertsen, 1992).

'개입'과 '독립'이라는 상반되는 정체성의 딜레마에 빠진 국가가 선택한 것은 직접적으로 관여하지 않고 간접적인 방식을 취하는 것이었다. 즉, 방송이 추구해야 할 사회적 목표는 의회나 정부가 결정하지만 그것의 실행을 규율하는 것은 간접적인 방식인 규제위원회를 통하도록 한 것이다. 또한 일상적인 운영은 방송사가 자율권을 가지고 하되, 규제위원회(예를 들면, 영국의 'Board of Governors', 프랑스의 'Haute Autorité de la Communication Audiovisuelle')는 전반적인 내용과 운영 등에 관해 감독하도록 했다.

그런데 이러한 간접적인 규제위원회 방식에는 정치적 요소가 얼마나 많이 개입되는지에 따라 두 가지 형태가 존재한다. 하나는 영국 및 아일랜드와 스칸디나비아 반도 국가들의 '중립 모델', 다른 하나는 독일, 벨기에, 네덜란드 등의 '사회·정치화 모델'이다. 그리고 프랑스, 스페인, 그리스, 이탈리아 등 라틴 국가들은 이러한 간접적 방식을 취하지 않고 정부기구가 직접 통제에 나서는, 유럽에서는 오히려 이례적인 '정부개입 모델'을 발전시켰다.

'중립 모델'의 대표 격인 영국의 경우, 왕이 교부하는 칙허장(Royal Charter)에 방송사(BBC)가 수행하여야 할 일반적인 의무가 제시되고, 다시 방송 담당 정부부서와 BBC가 맺는 협약서(*agreement*)에 준수사항이 더 자세히 부여된다. 물론 이것을 준수하지 않았을 경우 어떠한 벌칙이나 대가가 필요하다는 내용은 전혀 없다. 이것을 준수하는지 여부를 BBC 경영위원회가 감독하는데, 이 기구는 정부와 BBC 사이에 있

〈그림 3-2〉 BBC에 수여된 칙허장

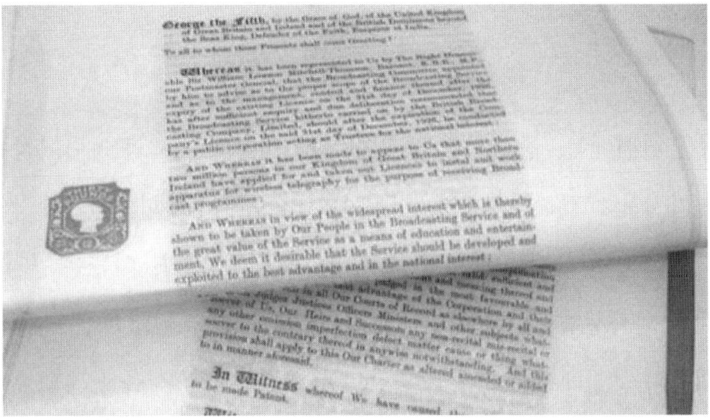

출처: BBC

다기보다는 사실상 BBC 내부 조직으로 보아야 하는 것으로서, 다른 나라에 비해 자율적 규제의 측면이 강하다고 할 수 있다. 만약 BBC가 지속적으로 사회적 역할을 수행하지 못한다고 판단할 경우 정부는 다음번에 계약(10년 단위)을 연장하지 않을 수 있다.

방송이 추구해야 할 가치에 대한 결정도 정부가 직접 하지 않고 외부의 시각을 수렴하는 게 일반적인데, 영국에서는 이것이 의회가 의뢰하여 구성하는 한시적 방송연구위원회(*broadcasting committee*)들에 의해 이루어졌다. 그중 하나인 1923년의 사이크스 위원회는 다음과 같이 방송의 공익성을 천명하였다.

> 어떤 나라이든 가용한 주파수는 중요한 형태의 공공 자산으로 간주되어야 한다. 그리고 어떠한 목적이든 그것의 바른 사용은 충분하고도 주의 깊은 검토 후에 이루어져야 한다. 어떠한 특정 이해에 할당된 것들도 미래의 공

익 보호를 위해 필수적인 안전장치의 통제를 받아야 한다(Sykes, 1923: 11).

다른 한편에는, 중립적인 조직을 통해 방송의 규제와 독립이라는 상충적 가치를 해결하고자 하는 것이 아니라 오히려 사회·정치세력의 참여를 통한 '사회·정치화 모델'을 따르는 나라들이 있다. 이들은 공영방송에 대한 의사결정이나 관련 기구의 정치·사회 집단 간 배분을 통해 방송 내용과 운영에서의 균형을 맞추는 방식으로 공정성을 유지하고자 한다. 예를 들어, 독일 공영방송 ZDF를 감독하는 텔레비전위원회는 각 주 정부, 연방정부, 정당, 종교단체 대표들과 이들이 다시 선발한 일반 위원들로 구성된다. 네덜란드의 경우 각 풀뿌리 사회단체가 방송 내용 구성과 경영에 참여한다.

3) '부정적 연합'으로서의 공공 서비스 제도

유럽에서 방송의 국가 독점이 이루어진 것은 방송의 본질적 특성과는 관계가 없다. 통신이 미국에서 사영 독점으로 이루어진 반면 유럽에서는 국가 독점으로 진행된 것이 각 사회의 독자적 의사결정에 따른 결과인 것과 마찬가지이다. 심지어 방송은 통신과 달리 교차보조에 의한 보편성을 달성할 물리적 특성을 지니고 있지도 않았다. 하나의 송신기로 많은 지역을 커버할 수 있고, 매우 먼 지역이라도 중계기만 설치하면 더 많은 영역으로 넓힐 수 있는 방송의 방사성은 '크림 스키밍'이 큰 문제가 될 수 없는 것이었다. 또한 주파수가 제한적이라고는 해도 라디오 방송에는 다수의 채널 할당이 가능하였다.

그럼에도 방송이 유럽에서 국가 독점으로 시작된 것은 통신의 정례를 따른 것으로 이해해야 한다. 아울러 방송에는 다수의 채널이 가능하므로 국가가 한 채널을 운영하고 다른 채널들은 민간에 줄 수도 있었을 텐데 처음부터 그렇게 하지 않은 것에는 행정 당국의 규제 편의를 위한 목적도 있었다(Scannell, 1990: 14~15). 그런데 이러한 실제적 이유가 아닌, 방송을 독점체제로 운영해야 하는 '명분'은 사후적으로 고안되었다. BBC의 초대 사장인 존 리스(John Reith)의 말처럼 독점은 "전 인구를 위한 기술적 효율성과 경제적인 시스템을 뽑아내는 최선의 수단"(Scannell, 1990: 15)으로 뒤늦게 주장된 것이다.

국가 독점 방송, 즉 공영방송이 공익을 달성하기 위해 지켜야 할 사항들로는 일반적으로 장르별로 균형적인 편성, 논쟁적 사안에 대한 불편부당성(*impartiality*), 자국 제작 프로그램 방송 비중 등이 제시되었다. 더 추상적인 차원에서 공영방송이 추구해야 할 목표는 다음과 같이 BRU(British Research Unit)가 정리한 8가지 가치인 것으로 일반적으로 동의되었다(Broadcasting Research Unit 1986).

① 지리적 보편성: 방송 프로그램은 모든 인구에게 이용 가능해야 한다.
② 소구의 보편성: 방송 프로그램은 모든 취향과 관심에 부응해야 한다.
③ 소수자, 특히 소외계층에 대한 특별한 서비스가 있어야 한다.
④ 방송사는 국가 정체성과 공동체 의식에 대한 자신의 특별한 관계

에 대해 인식해야 한다.

⑤ 방송은 모든 이해(*interest*)에서 유리되어야 하며, 특히 당대 정부의 이해에서 그러해야 한다.

⑥ 재원의 보편성: 방송의 주요 수단을 위한 재원은 사용자 집단에 의해 직접적으로 조달되어야 한다.

⑦ 방송은 수에 대한 경쟁보다는 좋은 프로그램을 위한 경쟁을 독려하도록 구조되어야 한다.

⑧ 방송을 위한 공적 가이드라인은 방송인을 제약하기보다는 자유롭게 해야 한다.

흥미로운 것은 유럽에서 방송이 독점으로 시작한 것은 공통적이지만 애초부터 모두가 '공영' 형태였던 것은 아니라는 사실이다. 영국과 스칸디나비아 반도 국가들에서는 초기에 라디오 수신기 제조사들이 자사 제품을 팔기 위한 목적으로 방송국 허가를 받아 운영하였다. 그러나 민간자본이 취약했던 1920년대에 이 사업자들은 방송국 운영에 버거움을 느꼈다. 자신들은 라디오 수신기만 팔면 되는데 돈만 많이 들고 번거로운 방송국을 더 이상 운영할 필요를 느끼지 못한 것이다. 이에 따라 당시 자본 조달력이 상대적으로 강했던 국가가 이들의 방송국을 흡수해 공영화한다(Syvertsen, 1992).

영국 BBC의 모체는 라디오 수신기 판매업자들이 만든 영국방송주식회사(British Broadcasting Company, Ltd.)이다. 그러나 1927년 주주들과 정부, 정치인들의 합의하에, 그리고 시민들의 동의하에 이 민영방송사는 공사(British Broadcasting Company)로 바뀐다. 프랑스의 경우도

〈그림 3-3〉 BBC 초기 함께 모여 라디오를 듣는 사람들

초기에 'Radio Paris'라는 사영방송사가 수신기 제조업자들에 의해 시작되었으나 수년 뒤 체신부에 의해 병합되었다. 이후 몇몇 정파적 사영방송사들이 운영되고 독일 지배하에 친 독일 비시(Vichy) 정부의 통제를 받았으나 1945년 해방 후 RTF(Radiodiffusion Télévision Française)의 공공기관에 의해 전면 통합된다. 아시아에서도 일본 NHK는 '일본방송협회'가 소유한 민영방송이었던 것을 공영의 의무와 수신료 지원 등을 통해 공영화하였다(Kasza, 1986).

후일 텔레비전 방송이 등장하고 나서 일부 국가에서 사영방송이 허가되는 등(예를 들어 영국의 ITV)의 변화가 있었지만, 유럽의 공영방송은 케이블방송 등 다채널 미디어가 나타나기 이전까지는 기본적으로 독점적 또는 과점적 지위를 공고하게 지켰다. 특히 텔레비전 방송을 시작하기 직전에 방송에 대한 새로운 질서를 폭넓게 논의할 수 있는 기회가

펼쳐졌다. 전후 1940년대는 과거 라디오가 등장했던 1920년대에 비해 민간자본이 많이 축적되어 텔레비전 방송을 하고자 하는 민간사업자들이 많았기 때문이다. 그러나 대부분의 유럽 국가에서 역시 텔레비전 방송도 기존의 공영 시스템을 유지하는 것으로 결론이 났다.

노르웨이 미디어학자 트린 쉬베르트센(Trine Syvertsen)은 이것을 '부정적 연합'(*negative coalition*)의 결과로 해석한다(Syvertsen, 1992). 부정적 연합은 어떠한 선택에 참여하는 주체들이 자신들이 각각 원하는 방향을 추구하기보다는, 특정한 선택지가 자신들에게 덜 불리하다고 생각할 때, 즉 그 선택지 이외의 다른 선택이 자신들에게 더 불리하다고 생각할 때, 그런 주체들이 뜻을 모아(연합하여) 결국에는 차선의 선택지를 택한다는 뜻이다. 텔레비전 채널을 자신이 소유하게 된다면 최선이지만 그렇게 안 되고 다른 주체에 방송의 소유권이 넘어갈 경우 최악의 선택이 되기 때문에 그럴 바에는 차라리 현재의 공영방송이 그대로 텔레비전을 이어받아 운영하는 것이 자신에게 낫다는 판단을 한 것이다.

예를 들어, 특정 신문사의 경우, 자사가 텔레비전 방송 허가권을 따내면 최선이지만 만약 다른 경쟁 신문사가 그것을 가져가거나 자본이 풍부한 대기업에 넘어갈 경우 최악의 상황이 된다. 만약 경쟁 신문사나 대기업이 아닌 제 3의 사적 소유자에 허가권이 넘어간다고 할지라도 그곳은 광고재원에 의존하게 될 것이고, 그렇다면 그 방송사는 해당 신문사의 광고를 빼앗아 갈 우려가 크다. 이에 따라 차라리 광고에 의존하지 않는 기존 공영방송사가 텔레비전도 운영하는 것이 차라리 나은 것이다. 정부의 처지에서도 국가 통제가 쉽지 않은 사영방송사보다는 직

·간접적 통제가 가능한 공영방송 체제가 유리하다. 이에 따라 텔레비전 시대에도 공영방송에 의한 방송 독과점은 지속되었고, 이를 옹호하는 명분에는 역시 '공익' 개념이 동원된 것이다. 방송이 사회에서 수용되는 모습은 "관련 행위자들이 자신들의 선호에 따른 결과를 최대화하기 위해 행동한 결과"(Hall & Taylor, 1996)로서 제도를 바라보는 '합리적 선택 제도주의'의 시각이 잘 들어맞음을 보여 준다.

초기에 방송구조를 어떻게 자리매김할 것인지에 대한 논의 이후에 방송의 공익성에 대한 담론은 1980년대 다채널이 만개하고 신자유주의 사조가 등장하기 이전까지는 유럽에서 그렇게 활발히 전개되지 않았다. 방송제도 자체가 공공 서비스로 안정되어 있는 상황에서 공익의 가치가 논란될 필요가 없었기 때문이다. 공익의 논리는 사영화의 위협이나 존재 정당성에 대한 문제 제기가 있을 때 그에 대한 반론으로 제시되기 시작한 것이다. 앞에 제시한 BRU의 공영방송 원칙도 사실은 1980년대 영국 대처 정부 아래 공영방송 상업화를 추구하려던 움직임에 대응하여 나온 것이다. 이러한 사실은 다음에서 자세히 살펴보게 될 미국 방송에서의 공익 개념 발전과 크게 대비되는 것이다. 초기부터 상업주의 방송을 추구한 미국은 방송의 사회적 영향력을 의식한 규제가 불가피하였고, 그 규제의 명분으로 공익 개념이 동원되었다. 방송 영역에서 공익이라는 용어는 유럽보다 오히려 미국에서 더 자주, 많이 활용되었다.

2. 미국 상업주의 방송과 공익의 조화

1) 희소한 주파수 사용 대가로서의 공익 의무

1917년에 시작된 제 1차 세계대전은 미국 라디오가 발전하는 전기가 된다(Sterling, Bernt & Weis, 2008: 70). 그 이전에는 라디오 관련 기술들의 특허권이 여러 사람에게 분산되어 있었기 때문에 이것을 하나로 모아 상용화하는 것은 쉽지 않았다. 전쟁 당시 영국이 해저 국제전신을 통제함으로써 독일을 고립시키는 것을 목도한 미 해군이 적극적인 라디오 기반 구축에 나서면서 라디오 발전이 이루어진 것이다. 해군은 전쟁기의 긴급 상황을 명분으로 다양한 특허권 소유자들을 설득하여 하나의 풀을 만들어 내는 데 성공한다. GE(General Electric), 웨스팅하우스(Westinghouse), AT&T, 그리고 유나이티드 프루츠(United Fruits)가 참여한 이 풀은 1919년 RCA(Radio Corporation of America)라는 사업체를 만들어 라디오 방송사업을 시작한다. 참여자들은 시장 분할에 합의하여 GE와 웨스팅하우스가 라디오 분야를, AT&T와 웨스턴 일렉트릭(Western Electric)이 전화 분야를 담당하는 일종의 카르텔을 형성하였다.

미국에서도 유럽과 같이 라디오 방송은 유선통신을 발전시킨 기술로 인식되었고, 자연스럽게 공익설비였던 통신 규제의 명분인 '공익'을 수용하게 되었다. 방송 공익의 의미는 통신에 대한 '물리적 차원'의 공익 개념을 적용하면서 시작한 것이다(Sunstein, 2000: 506~508). 구체적으로는 1920년대 중반 라디오 방송이 폭발적으로 늘어남에 따라 라디

〈그림 3-4〉 미국 최초 방송국 KDKA 방송실(1920)

오법(Radio Act)을 급히 개정하는 과정에서 방송의 공익 개념은 통신의 그것을 차용하게 된다(Rowland, 1997: 313~314). 이것은 개별 사용자들이 어떠한 원칙도 없이 마구잡이로 주파수를 원하는 대로 사용함으로써 생긴 극심한 혼선과 혼란에 대응하기 위함이었다. 그 이전에 제정된 1912년의 라디오법에는 방송이 추구해야 할 어떠한 기준도 제시되지 않았기 때문에 규제 담당부서인 통상부(Department of Commerce)는 라디오에 대한 규제를 판단할 근거가 부족하였다. 더구나 통상부는 무선송신기 허가 신청을 거부할 수 있는 권한도 없었기 때문에 개별 방송사들 사이에 벌어지는 주파수 간섭 등 남용 행위를 조정하고 단속하기에는 역부족이었다. 이 때문에 1927년 라디오법 개정을 통해 사회적으로 바람직한 것과 그렇지 못한 것을 판별할 기준을 세울 필요가 있었고, 바로 공익 개념이 기준으로 쓰인 것이다. 이때 미국 방송에 적용된 공

〈그림 3-5〉 1927년 라디오법 개정을 알리는 〈뉴욕타임스〉 기사

e New York Ti

NEW YORK, THURSDAY, FEBRUARY 24, 1927.

IL TANKER, XPLOSION, LES IN BAY

pe, Two Hurt Flames on Bayonne.

S TOWNS

President Signs the Radio Control Bill; Will Name Board of Five to Regulate Air

Special to The New York Times.

WASHINGTON, Feb. 23.—The Radio Control law went into effect this afternoon when President Coolidge signed the compromise bill passed by Congress. Under its terms the measure "shall take effect and be in force upon its passage and approval, except that for a period of sixty days after Presidential approval no holder of a license issued by the Secretary of Commerce shall be subject to the penalties provided in the bill for operating a station without license." This sixty-day period will expire on April 24. President Coolidge

individual stations, make regulations deemed necessary to prevent interference between stations, and make special regulations applicable to stations engaged in chain broadcasting.

The commission is also vested with authority to make general rules and regulations requiring stations to keep such records of programs, transmissions of energy, communications or signals as it may deem proper. Under the new law "pirating of waves" will be unlawful.

Changes in wave lengths

SHARP CALLS TO STC

Chamberl Trade C Sev

익 개념은 당시의 지배적 정책논리였던 공리주의와 기술합리성에 기반을 둔 것이었고, 이것이 상업화의 명분이 되었다(백미숙, 2004).

미국은 라디오법 개정과 함께 연방라디오위원회(FRC: Federal Radio Commission)를 출범시켜 주파수의 공적 소유를 강조하였지만 개별 주의 관할권과 통상부와 ICC 등으로 분산된 규제 기능은 많은 혼선을 초래했다. 이 문제를 해결하기 위해 제 2장에서 살펴본 바와 같이 1934년 커뮤니케이션법(Communication Act)을 제정하고 FCC를 탄생시켰는데 이것은 커뮤니케이션 관련 정책 변화의 상징적 사건이라기보다는 "분산되었던 규제 기능들을 하나의 기구로 통합하는 행정적 차원"(Sterling, Bernt, & Weis, 2008: 105)의 일이었다. 규제 기능이 여러 기구와 법제에 분산되어 있던 것은 비단 무선통신뿐만 아니라 전반적 전자 커뮤니케이션에 해당하는 문젯거리였다. 커뮤니케이션법은 이러한 규제 혼란과 비효율성을 개선하기 위해서 FCC를 만들어 강력한 권한을 부여했

〈그림 3-6〉 FRC 위원(1929)

출처: Radio News

다는 데 의미가 있다. 물론 FCC가 연방 법제에 근거하였기 때문에 그 관할권은 주 간 커뮤니케이션에 한정되었고 당연히 주 정부는 주 내 커뮤니케이션 행위에 대한 관할권을 지니고 있었다. 커뮤니케이션법은 이전의 통신산업에 적용되었던 '편의'(*convenience*)와 '필요'(*necessity*)에 더하여 '공익'(*public interest*)을 면허 기준에 적용할 것을 규정하였다.

그런데 미국에서 말하는 방송의 공익은 방송사가 희소한 방송주파수를 사용하는 데서 나타나는 '반대급부로서의 의무' 개념이라는 특징이 있다. 방송주파수를 이용하여 사회적으로 필요한 목표를 달성하고자 하는 유럽식 사회민주적 시각보다는 한정된 공공의 재산을 특정한 사람이 사용하는 데 대한 명분이 미국에서 공익 개념을 발전시킨 출발점이었다. 앞 장에서 보았듯이 '커먼 콜링'이나 '커먼 캐리어'가 공익의 의무를 지게 된 이유는 독점의 폐해를 막기 위함과 국가가 담당해야 할 서비스를 민간에게 맡긴 것, 즉 사업권의 '혜택'을 준 것에 대한 대가를 보장하기 위함이었다. 이러한 두 가지 이유 중 미국의 방송에서는 '혜택에 대한 대가로서의 공익'이 더욱 강조된 것이다. FRC는 1930년에 방송국은 "공공의 소유인 것처럼 운영되어야 한다"고 명시하였다.

이 관점에서 미국의 공익 개념은 상반되는 두 가지 시각으로 다시 분화한다. 첫 번째 것은 주파수가 사회의 것이므로 그것은 모든 사람들의 의견을 차별 없이 전달하는 '커먼 캐리어'로서의 역할을 해야 한다는 시각이다(Advisory Committee on Public Interest Obligations of Digital Television Broadcasters, 1998). 주로 노농조합이나 시민단체 등 방송기업의 상대적 위치에 있는 역할자들은 방송에 대한 차별 없는 접근을 요구하며 그것이 공익을 위한 주파수의 활용인 동시에 수정헌법이 주장하는 언론의 자유를 보장하는 방안이라고 강조한다.

이와 다른 시각은 이른바 '다원주의적 관점'이다. 방송사들은 자유로운 방송사의 설립과 운영은 외적 다양성을 넓혀 언론 자유를 확대한다고 주장한다. 이에 미국 정부는 '커먼 캐리어'로서의 방송 개념은 인정하지 않는 대신 이 개념이 내포하는 '접근'(*access*)의 문제를 공익의 개념으로 협소화하였다. 방송사가 자유롭게 '배타적으로' 방송을 운영하되 원래 전파의 주인인 공중의 이해와 관심, 즉 공익을 대변하는 것을 의무화한 것이다.

2) 공익 실현을 위한 내용 규제

그러나 정부가 언론행위를 하는 방송사에 공익 실행 여부를 심사하고 강제하는 것은 쉬운 일이 아니다. 자칫 미국의 자유언론 정신이 담겨 있는 수정헌법(First Amendment) 1조를 위반할 소지가 크다. 이로 인해 관계당국이 공익 의무를 점검할 수 있는 거의 유일한 기회는 방송사 운영을 위한 주파수 면허와 재면허 심사 때로 한정되었다. 방송사를 운영하기 위한 사업자는 면허를 받아야 하고, 이때 면허의 조건은 사적 이해가 아닌 공익을 위한 방송을 하는 것이었다. 그리고 특정 방송사가 공익 의무를 지키지 못하였을 경우 면허를 지속할 수 없게 되었다.

평소에 방송 내용에 대한 국가의 관여는 금지되지만 1927년의 '라디오법'과 1934년의 '커뮤니케이션법'은 FCC가 지상파방송사업자를 허가 또는 재허가할 때 경쟁자들을 선별하는 데 있어 '공익, 편의, 필요'의 가치를 기준으로 할 것을 명령하였다. 1927년 '라디오법'에 의해 마련된 재허가 심사 서식에는 방송 내용을 평가하는 다음 사항이 포함되어 있었다.

- 지난 주 방영된 프로그램 인쇄본을 첨부할 것.
- 해당 방송국의 운영이 공공의 편의, 이익, 필요에 부응하게 될 이유는 무엇인가?

  (a) 아래 서비스들에 할애하는 주간 평균 시간

    ① 오락

    ② 종교

    ③ 광고

    ④ 교육

    ⑤ 농업

    ⑥ 상조(*fraternal*)

  (b) 직접 광고가 신청자 또는 타자의 이익을 위해 실행되는가?

미국에서의 방송에 대한 규제가 통신의 그것을 물려받아 아무리 물리적 차원의 공익을 추구하고자 하였지만 방송만이 가지고 있는 고유한 특성은 방송 내용에 따른 공익 개념 발전을 불가피하게 하였다. 이것은 주로 규제기관이 허가과정에서 공익을 점검하는 식으로 균형편성, 지역주의, 공평의 원칙 등의 가치를 추구하면서 공익의 의미를 구성하고 실천하는 것으로 드러났다. 이러한 개념들의 발전과 실행은 다음의 구체적인 과정과 주요 개념의 구성을 통해서 이루어졌다.

(1) 균형편성의 원칙: "블루 북"

공익을 위한 방송 내용 규제 문제가 본격적으로 대두된 것은 1940년대에 이르러서였다. 제2차 세계대전 후에 AM 라디오 방송이 획기적으로 늘어나고 FM과 텔레비전 방송이 곧 성장할 상황에서 이에 대한 효율적 규제 틀을 만들 필요성이 대두된 것이다. 이는 학계에서 방송의 영향에 대한 연구가 활발해진 것과도 맥을 같이하는 움직임이었다. 제2차 세계대전 당시 독일이 행한 선전선동술과 당시의 '뉴미디어'인 라디오에 매료되는 청취자들에 대한 우려가 정치학, 사회학, 심리학 분야 연구자들의 관심을 자극하였다(박천일 · 강형철 · 안민호, 2004). 지난 전쟁 기간인 1938년 오손 웰스가 만든 라디오극 〈세계 전쟁〉(*War of the Worlds*)이 만들어 낸 큰 해프닝도 사람들의 기억에 있었다. 당시 이 라디오극은 중간에 외계인의 침공을 알리는 가상의 긴급뉴스를 전했고, 이것을 진짜로 믿은 사람들이 길거리로 몰려나오는 등의 혼란이 발생한 것이다. 이른바 '탄환이론'이라는 비평적 시각은 방송 내용이 '탄환'처럼 사람들에게 쏘아져서 강력한 효과를 낸다고 생각하였다. '피하주사

〈그림 3-7〉 라디오극 〈세계 전쟁〉이 일으킨 혼란에 대한 신문 보도

이론' 또는 '자극-반응(*Stimulus- Response*) 이론'으로도 불리는 '탄환이론'적 사고는 라디오 방송에 대한 사회적 우려를 반영하는 것이었고, 이는 방송을 규제해야 한다는 명분이 되었다.

결국 FCC는 1946년 "방송 면허 사업자의 공공 서비스 의무"(Public Service Responsibility of Broadcasting Licensees)라는 문건을 배포하고 공익을 위한 방송사 허가 및 재허가 기준을 제시하였다. 겉표지 색깔로 인해 일명 "블루 북"(Blue Book)이라고 불린 이 문건을 작성하는 데는 영국 BBC의 전 임원 찰스 시프만(Charles Siepmann)도 참여하였다(Kahn, 1984: 148~149). 이 사실은 수정헌법 정신에 의해 언론 자유를 최대한으로 보장하던 미국이 이제 방송에서는 영국식 공공 서비스방송 모델의 가치를 수용하고자 한 것을 간접적으로 증명한다. 앞서 보았듯이 커뮤니케이션법은 공익을 기준으로 편성계획을 검토하고, 재면허

심사에서 사업자가 최초 면허 때 약속한 내용에 대한 수행평가를 하도록 명시하였다. 그러나 공익 자체에 대한 특별한 법적 정의가 부족했기 때문에 이를 위한 기준 마련이 필요하였고, "블루 북"이 이 기준으로 제시된 것이다.

"블루 북"은 FCC(1946)가 방송사에 대한 허가나 재허가 시 "공익에 관련한" 다음과 같은 4가지 프로그램 서비스 요소들을 고려할 것을 요구하였다. 첫째, 스폰서가 붙지 않는, 즉 협찬이나 광고에 의하지 않은 자체 프로그램(*sustaining program*)을 방송하여야 한다. 이는 "균형 잡힌"(*well-balanced*) 프로그램 구조를 유지하기 위한 방송사의 노력을 뜻한다. 둘째, 지역 생방송 프로그램(*local live programs*)을 편성하여야 한다. 셋째, 공공 이슈 토론을 위해 할애되는 프로그램(*programs devoted to the discussion of public issues*)을 방송하여야 한다. 넷째, 일정량 수준의 광고를 넘지 않아야 한다. 구체적인 내용은 다음과 같다.

① 자체 프로그램

자체 프로그램 방송은 공익을 위한 방송 운영의 한 측면이다. 특히 자체 프로그램이 중요하다면 이것은 수용자들이 깨어서 실제로 들을 수 있는 시간에 할당되어야 한다. 아울러 자체 프로그램은 전체 방송 시간에 골고루 할당되어야 한다. 자체 프로그램은 가맹사(*affiliate*)[1]의 것과

---

1) 미국 방송 시스템은 지상파방송국 허가를 전국 단위가 아닌 지역 단위로만 내준다. 이에 따라 개별 지역방송사들은 특정 네트워크사(예를 들면 NBC, CBS, ABC)의 가맹사가 되어 네트워크에서 만들어 보내는 네트워크 프로그램과 자체적으로 만들거나 조달한 지역 프로그램으로 방송 편성을 구성한다.

네트워크에서 제공하는 것의 두 가지 형태가 있는데, 이것들 또한 비중면에서 균형을 이루어야 한다. 자체 프로그램은 다음과 같은 다섯 가지 차원의 기능을 하여야 한다.

① 프로그램상의 전체적 균형 유지
② 광고나 협찬을 통해 제공하기에는 부적절한 프로그램 시간 제공
③ 특정한 소수 기호와 소수 이익에 봉사하는 프로그램 시간 제공
④ 종교, 시민, 농업, 노동, 교육 등의 비영리단체를 위한 시간 제공
⑤ 실험 및 제약 없는 예술적 자기표현을 위한 시간 제공

② 지역 생방송 프로그램

FCC는 지역 프로그램 방송을 공익을 위한 기준으로 강하게 강조했다. 네트워크 동시 재전송과 통신사 뉴스 서비스의 발전은 지역 생방송 프로그램의 지속을 어렵게 하고 있으며 이것은 건전한 공익이 등장하기 어렵게 만들었다. 합리적 수준의 지역적 자기표현 제공은 방송국 운영의 핵심적 기능으로 여전히 중요하다. 특히 공익은 이러한 프로그램이 청취율이 높은 시간에서 배제되어서는 안 된다고 요구한다.

③ 공공 이슈 토론 프로그램

토론 프로그램에 대한 결정적인 필요성은 지역적, 전국적, 그리고 국제적 수준에서 보편적이다. 이에 따라 이러한 프로그램들이 좋은 청취시간에 합리적으로 충분한 양이 제공되는 것은 공익에 대한 어떠한 심사에도 중요한 요인이 된다.

④ 광고 과잉

방송사들이 지나친 비중의 광고방송을 하는 것은 공공 책임성과 상치될 뿐 아니라 방송사의 명성 자체를 위협하는 일이다. 공익은 광고물량에 쏟는 시간이 프로그램에 쏟는 시간과 합리적으로 비례할 것을 명백히 요구한다. 이에 따라 FCC에 면허를 신청하는 사업자들은 시간당 얼마 만큼의 광고방송을 행할 것인지를 명시하여야 한다. 그러나 이러한 방법으로 모든 광고 과잉을 없앨 수는 없을 것이다. FCC는 특정 길이, 내용, 또는 특정 광고방송의 부적절한 품질에 대해 관여할 의사가 전혀 없다. 이것은 방송사업자들의 자체 규제가 필요한 영역이기 때문이다. 이러한 방송 장르들에 대한 균형성을 알아보기 위해 방송면허를 원하는 사업자들은 일일 편성에 있어 세부 프로그램 유형들은 얼마나 편성할 것인지를 나타내는 일정한 서식의 표를 채워서 제시하여야 하며, 연간 보고서를 통해 이의 실행상황도 마찬가지로 보고하여야 했다. FCC는 매우 적극적인 방식으로 '균형 잡힌' 편성, 즉 종합편성을 방송의 의무화한 것이다.

종합편성이 의무라는 사실에 비추어 보면 현 시점에 한국에서 종합편성채널이 '특혜'로 인식되는 것이 매우 특이하다고 할 수 있을 것이다. 한국에서는 2008년 신문사가 종합편성채널을 소유할 수 있도록 하는 방송법 개정과정에서 '종합편성'이 의무가 아닌 권리의 문제인 것으로 사회적으로 개념이 구성되었다. 신문사들은 종합편성이라는 '권리'를 달라고 하였고, 이에 반대하는 당시 야당과 여러 시민단체는 그들에게 이러한 '권리'를 주어서는 안 된다며 반대하였다. 결국 주류 신문사들은 종합편성채널 권리를 받아 방송을 하게 되었는데, 대부분의 채널들이 실제로 종합편성을 하지 않고 뉴스와 시사에 집중한다는 점은 종합편성이 '권리'가 아니라 수익성이 낮기 때문에 방송사들은 꺼리고 국가는 공익을 위해 강제하는 '의무'라는 점을 상기해 준다.

"블루 북"이 공개되자 미국의 방송사업자들은 이러한 '의무' 부과에 조직적으로 반발하고 나선다. 결국 FCC가 "블루 북"을 실행에 옮기기 어렵게 된 것이다. 1951년 FCC가 "블루 북"의 공익 원칙을 충분히 이행하지 못한 WBAL 방송사를 위원 4 대 2의 표결로 재허가하기로 결정하면서 이것의 정신은 훼손되었다는 평가를 받는다(Kahn, 1984: 149).

학술적으로도 일단의 학자들이 행한 '탄환이론'에 대한 비평적 차원의 과학적 검증 연구가 예상과는 다른 결과, 즉 제한적 효과만이 있다는 결론을 도출한 것도 "블루 북" 폐기에 일조하였다. 호블랜드(Carl Hovland), 라자스펠트(Paul Lazarsfeld), 라스웰(Harold Lasswell), 클래퍼(Joseph Clapper) 등의 연구 결과, 매스미디어는 특정한 조건 속에서 제한적인 효과를 낸다는 것을 발견하였다. 예를 들어, 호블랜드는 미 육군을 대상으로 실시한 일련의 실험연구에서 매스커뮤니케이션은 정보를 제공하는 데는 효과적이지만 태도를 바꾸는 데는 그렇지 못하다는 것을 발견한다. 라자스펠트는 그의 동료들과 함께 실시한 선거 연구를 통해, 사람들은 자신들이 지지하는 후보자를 결정하는 데 매스미디어보다는 가족, 절친한 친구 등 1차집단의 영향을 크게 받는다는 결과를 내놓는다. 방송 내용에 대한 우려가 실제로 증명되지 않는다면 시장의 힘을 강하게 믿는 미국사회에서 FCC 등 이를 규제하려는 측의 주장은 설득력을 얻기 어려워진 것이다.

결국 "블루 북"은 FCC에 의해 현실에 적용되지는 않았지만, 그렇다고 해서 공식적으로 폐기되지도 않았다. 그러나 공익을 위해 '균형 잡힌' 편성을 해야 하고, '자체 프로그램'을 유지해야 하며, 지나친 광고를 제한해야 한다는 등의 정신만은 그 뒤에 이어진 다음과 같은 각종 정책에 직간접적 영향을 미쳤다.

(2) 공평의 원칙

'공공 이슈 토론 프로그램' 편성 의무와 관련하여 1949년에 FCC는 이른바 '공평의 원칙'(Fairness Doctrine)을 천명하였다. FCC는 그간 일부 방송사업자들의 정치편향적 방송 태도에 대한 문제를 다루기 위해 1948년에 공정방송에 대한 청문회를 개최하였다. 그 결과로 1949년 발표된 "방송 피면허자에 의한 의견 표명 문제에 관하여"(In the Matter of Editorializing By Broadcast Licensees, the Commission)라는 보고서를 통해 '공평의 원칙'은 탄생하게 된다. 공평의 원칙은 "논란이 되는 중요한 이슈에 대해 보도하여야 하며, 이때 대립되는 양자의 견해에 합리적인 기회를 주어야 한다"는 것을 뜻한다. 즉, 공평의 원칙은 '공공 이슈에 대한 보도'와 '대립되는 견해의 균형'이라는 두 가지 요소로 이루어진다.

공평의 원칙 표명에 앞서 1941년에도 FCC는 이른바 '메이플라워 원칙'(Mayflower Doctrine)을 내세워 방송에서 일방적 의견표명을 금지하여야 함을 밝힌 바 있다. 1939년 보스턴 지역의 양키 네트워크(Yankee Network)가 소유한 방송 채널의 면허 기간이 끝났을 때 메이플라워 방송사(Mayflower Broadcasting Corporation)라는 다른 사업체가 이 채널을 새로 허가받겠다고 신청하였다. 신청과정에서 메이플라워 측은 기존의 양키 네트워크가 정치편향적 방송으로 공익을 해쳤다고 주장하였

〈그림 3-8〉 미국 방송의 진보적 편향성을 비판하는 카툰

출처: www.conservapedia.com

다. 결국 FCC는 양키 네트워크가 편향적 방송을 이제는 그만두었다는 이유 등을 들어 재허가를 내주고 만다. 그러나 FCC는 "메이플라워 방송사와 양키 네트워크의 문제에 관하여"(In the Matter of The Mayflower Broadcasting Corporation and the Yankee Network, Inc.) 라는 보고서를 통해 "사익이 아닌 공익이 가장 중요"하기 때문에 "피면허자는 중요한 공공 문제의 모든 측면을 공정하고, 객관적이며, 편견 없이 제공해야 할 의무를 지닌다"고 천명하였다. 이에 더 앞서 FCC의 전신인 FRC는 1929년 노동조합이 주도하려는 한 방송사에 대한 허가를 거부하면서 "공익은 대립된 견해들의 자유롭고 공정한 경쟁을 위해 충분한 역할을 할 것을 요구한다"라고 밝히며 '주창 방송'(*advocacy broadcasting*) 은 용인될 수 없음을 밝힌 바도 있다(FCC, 2011).

그러나 1940년대 이전의 '주창 방송'은 매우 이례적인 경우에 드러날 뿐이었다. 특히 광고 수익에 의존하는 상업방송사업자들이 특정 정파를 옹호하는 방송을 하는 것은 스스로에게 해가 될 뿐이었다. 더구나

미국이 제2차 세계대전에 참전하며 등장한 동원체제 속에서 정파성은 큰 사회적 이슈가 될 수 없었다. 하지만 전쟁 이후 FCC는 이 문제를 더 정교하게 정리해 두어야 할 필요를 인식했다. 이에 FCC는 1949년에 공평의 원칙을 밝히며 더 이상의 혼란을 방지하고자 하였다. FCC는 보고서에서 "공익은 대립하는 견해들이 자유롭고 공정하게 경쟁할 수 있도록 충분한 역할을 해야 한다"고 명시하면서 공평의 원칙이 공익을 위한 것임을 명확히 하였다(FCC, 1949).

공평의 원칙은 방송사들이 상반된 견해를 전달하는 방법에 대해서는 폭넓은 자율권을 가진다고 인정하였다. 예를 들어, 뉴스나 시사 프로그램 중간에 관련 꼭지를 할당하거나 의견들을 따로 방송할 수 있다. 어떤 특정한 당사자도 방송사가 다룬 이유에 대해 반론권을 가지지 않는다. 그 대신 방송사는 방송 당시에 대립되는 견해가 표출되도록 하여야 한다. 만약 이러한 방송사의 의무가 충족되지 않는다면 관련 당사자는 불만을 제기할 수 있고 FCC는 이에 대한 판정을 내릴 수 있다.

이에 관련해 공평성 원칙에 두 가지 부속 규칙이 뒤따르는데, 그것은 '개인 공격 원칙'(Personal Attack Rule)과 '정치적 견해 원칙'(Political Editorial Rule)이다. 개인 공격 원칙은 공적 중요성을 가진 논쟁적 이유에 대한 프로그램 중에 개인의 존엄성에 대한 공격이 이루어졌을 경우 적용된다. 이때 방송사는 공격 받은 당사자에 이 사실을 알리고 그가 방송을 통해 대응할 수 있도록 하여야 한다. 그러나 방송사 스스로가 공격 받은 당사자를 대변해 주거나 그 당사자를 대변하는 제3자를 선전할 수 있는 권한은 없다. 피해 당사자만이 반론권을 갖는 것이다. 정치적 견해 원칙도 개인 공격 원칙과 맥락을 같이하는 것으로서, 공직에 출마한 특정인을 지지하거나 반대하는 내용을 방송한 방송사는 그의 경쟁 후보(지지의 경우)나 당사자(반대의 경우)에게 이 사실을 알려야 하며, 이 사람에게 방송을 통해 대응할 수 있는 기회를 주어야 한다.

'공평의 원칙'은 최초 천명 후 10년 뒤인 1959년 '커뮤니케이션법' 개정에 반영되면서 법적 지위를 확인받았다. 1967년에는 이것이 방송광고에도 일부 적용되기 시작했으며, 20년 후인 1969년에는 대법원에 의해 합헌 판정받았다. 'Red Lion Broadcasting' 사가 FCC를 상대로 제기한 위헌 소송에서 대법원은 수정헌법 1조를 실행하는 데 있어서 인쇄매체와 방송매체는 본질적으로 다른 속성을 갖기 때문에 공평의 원칙은 합헌이라고 결론지은 것이다. 방송 전파가 제한적이기 때문에 이것의 소유권은 방송사가 아닌 청취자에게 있다는 것이 대법원의 논지였다. 이 책 제5장에서 자세히 논의하겠지만, 공평의 원칙은 1980년대에 이르러 규제 완화의 분위기에서 결국 폐기되었다.

(3) 공익적 편성 정책

1950년대 퀴즈쇼의 속임수와 뇌물 사건 등 방송 프로그램 관련 스캔들이 사회적 문제가 된다(Krattenmaker & Powe, 1994). 이에 FCC는 1960년에 19일간 방송 내용에 대한 청문회를 열고 조사한 결과를 "위원회 전원 편성 조사에 관한 정책 보고와 성명"(Report and Statement of Policy re: Commission en banc Programming Inquiry)이라는 보고서를 통해 발표하기에 이른다(FCC, 1960). "편성정책 보고서"(Programming Policy Statement)라고 축약해서 불리는 이 문건은 특히 공익에 필요한 14개의 주요 프로그램 요소들을 다음과 같이 열거하였다.

〈그림 3-9〉 조작으로 문제가 된 퀴즈쇼 〈Twenty One〉(1957)

출처: US Library of Congress

- 지역 자기표현 기회(*opportunity for local self-expression*)
- 지역 탤런트의 발전과 활용(*the development and use of local talent*)
- 어린이 프로그램(*programs for children*)
- 종교 프로그램(*religious programs*)
- 교육 프로그램(*educational programs*)
- 시사 프로그램(*public affairs programs*)
- 피면허자의 의견 표명(*editorialization by licensees*)
- 정치 방송(*political broadcasts*)
- 농업 프로그램(*agricultural programs*)

- 뉴스 프로그램(*news programs*)
- 기상 및 시장 서비스(*weather and market services*)
- 스포츠 프로그램(*sports programs*)
- 소수집단 서비스(*service to minority groups*)
- 오락 프로그램(*entertainment programming*)

그런데 앞에 열거한 '공익 요소'들에는 이른바 현재 '공익 장르'로 간주되는 '뉴스', '어린이', '교육', '시사' 등뿐만 아니라 '오락', '스포츠' 등도 포함되어 있는 것이 흥미롭다. 앞서 "블루 북"이 부정적 접근, 즉 하지 않거나 그렇게 하지 말아야 할 것들에 집중하였다면 이 "편성정책 보고서"는 긍정적 접근, 즉 하고 있는 것들에 더해 해야 할 것들을 이야기하는 방식을 취한 것이다. "블루 북"은 균형 편성의 원칙하에 지나친 광고 배제, 지역 생방송, 공공 이슈 토론 프로그램 등의 중요성을 이야기하면서 상업방송사가 하지 않으려고 하는 것을 강조하였다. 반면에 "편성정책 보고서"는 더 긍정적인 차원에서 다양한 장르와 요소의 균형을 강조한 것이다. 이것은 앞서 논의했듯이 FCC의 내용 규제는 수정헌법 1조가 보장한 표현의 자유를 해친다는 방송사의 반발을 의식한 것으로 해석된다. 이와 관련해 보고서는 다음과 같이 이야기한다.

> 위원회는 헌법과 법률이 프로그램 편성에 대해 어떠한 책임이든지 행사하는 것을 금지한다고 판단하지는 않는다. 그러한 책임을 행사하는 방식과 범위는 헌법적이거나 법률적인 문제를 불러온다는 것도 알고 있다. 이에 위원회는 음란, 모욕, 외설, 폭동 조장, 범죄 조장, 도박 등의 명시적 규

정으로 검열이 적용되는 예외를 제외하고는 취향이나 내용으로 프로그램을 심의할 수 없음을 적극적으로 인정한다(FCC, 1960).

"편성정책 보고서"는 "블루 북"에 표현된 적극적인 공익 실현 의지가 강력한 반발에 부딪힌 상황에서 FCC가 이에 전략적으로 대처해 나가려는 모습을 보여 준다. 이 보고서 이후에 FCC는 뉴스, 시사, 기타 비오락 프로그램 등에 대한 최소한의 편성 의무 등의 조치를 취하게 된다. 특히 앞에 열거된 공익 요소들이 "지역의 필요와 이해"(*community needs and interests*)에 부합하는 것임을 이야기하면서 지역성을 강조한다. 열거한 공익 요소 중 '지역 자기표현 기회'와 '지역 탤런트의 발전과 활용'은 "블루 북"에서 제시한 '지역 생방송 프로그램'의 개념을 더 구체화한 것이다. 특히, '지역의 필요' 개념은 FCC가 추구하는 공익이 상의하달식이 아닌 지역 공동체가 원하는 바를 실현하는 것이라고 정의하면서 규제의 명분을 유지해 나가려는 의도에서 고안된 것으로 해석된다. 이런 지역의 필요 개념은 다음에서 설명할 바와 같이 구체적으로 '지역 문제 확인 지침'과 '프라임타임 접근 규칙'으로 명시화되었다.

(4) 지역 문제 확인

하지만 여전히 방송에 대한 공익 심사는 수정헌법을 위반하여 국가가 언론 내용에 관여하는 행위가 된다는 딜레마는 해결할 수 없었다. 국가 기구인 FCC가 중요하다고 생각하는 것을 강제하는 것은 언론 자유의 침해라는 지적을 피할 수 없다. 만약 FCC는 방송사가 봉사해야 하는 해당 지역의 필요사항에 적극적으로 반응했는지 여부만을 확인하라고 한다면, 이는 공익의 가치를 포기하지 않으면서도 국가의 방송 내용 규제라는 비판을 피할 수 있는 절묘한 방안이었다(Zaragoza, Dodorff, & Emord, 1988: 29). 이에 따라 FCC는 면허 허가 및 재허가 과정에서 방송사가 지역민의 필요를 조사를 통해 '확인'(*ascertainment*) 하는 작업을 요구하게 된다. 이에 대한 명확한 조치는 1971년에 발표한 '지역 문제 확인 지침'(Primer on Ascertainment of Community Problems)[2] 이었다(FCC, 1971).

FCC는 "방송사가 그들의 지역 공동체의 문제에 더 적극적으로 대응"하게 만들기 위해 '지역 문제 확인 지침'을 공표하였다고 밝혔다. 이 지침은 방송사가 지역 프로그램을 개발할 때나 공공 서비스에 대한 정책을 만들 때 지역 지도자와 일반 공중에게 상의할 것을 요구한다. 일부 방송사들은 이 절차가 비용만 들 뿐 쓸데없는 요식행위라고 비판하였지만, 많은 지역 지도자들은 지역 친화적 편성에 도움이 되는 절차라며 환영하였다(Advisory Committee on Public Interest Obligations of Digital Television Broadcasters, 1998). 해당 서비스 지역의 필요성에 대한 방송사의 민감성을 키우려는 이 지침은 소수자 집단 등 조직화된 주요 집단의 상황 개선에는 기여하였지만 조직화되지 못한 극빈층에 대한 효과는 낼 수 없다는 비판을 받기도 하였다(DeLuca, 1976).

2) '지침'(*primer*) 은 FCC가 어떤 정책에 대한 구체적인 실행방식을 설명하는 문건을 뜻한다.

(5) 프라임타임 접근 규칙

FCC는 1971년부터 지역 자체제작 방송을 보장하기 위해 저녁 7시에서 11시까지의 프라임타임에는 네트워크 프로그램을 3시간으로 제한하는 조치를 시행하였다. 프라임타임 접근 규칙(Prime-time Access Rule)이라고 부르는 이 조치에 따라 방송사는 프라임타임 중 한 시간 동안 자체제작하거나 직접 조달한 프로그램을 방송하여야 하는 것이다. FCC는 프라임타임 접근 규칙을 통해 다음과 같은 목표를 이루고자 하였다(한국언론연구원, 1993) : ① 프라임타임에 대한 네트워크 독점을 깨고, ② 독립제작사에 새로운 시장의 활로를 열어 주고, ③ 새로운 프로그램 형식의 창조를 유도하며, ④ 방송국에게 가장 중요한 지방 프로그램 제공 기회를 부여한다.

(6) 기타 지역성 강화 조치들

'지역 문제 확인 지침'과 '프라임타임 접근 규칙' 외에도 지역주의(*localism*)를 강조하는 여러 조치들이 시행되었다. 예를 들어, 1962년 의회는 모든 TV 수상기는 VHF와 UHF 신호를 모두 받을 수 있어야 할 것을 의무화하였는데, 이것은 지역의 자기표현을 위한 채널을 확보해 주기 위함이었다. 또한 'United Church of Christ'가 FCC를 상대로 한 소송 결과, 지역 시민이 FCC의 방송국 면허 갱신과정에 참여할 수 있게 되었다. 이 소송은 1964년 미시시피 주 잭슨 시의 WLBT 방송사가 인종차별을 독려하는 프로그램을 내보내자 인권단체들이 반론 시간을 요청하고 방송사가 이를 거부하면서 시작되었다. 이에 'United Church of Christ' 등은 이 방송사의 재허가를 반대하는 법적 소송에 들어가게 된다. 결국, 순회법원은 1966년에 지역 시민들의 면허 갱신과정 참여를 인정하는 판결을 내리게 된 것이다. 케이블TV의 지상파방송 의무재전송 규정(Must-carry Rule)도 지역방송을 보호하기 위한 조치로 시작되었다. 미국 방송에서 지역주의는 공익을 위한 매우 중요한 가치로 취급되었다.

(7) 공개 규칙

공개 규칙(Disclosure Rules)은 방송사가 프로그램 제작을 위해 광고주 등 스폰서를 이용하는 것은 자유이지만 그 스폰서가 누구인지를 밝혀야 하는 것을 뜻한다. 시청자가 이것을 알아야 정확한 정보를 바탕으로 프로그램을 수용할 수 있기 때문이다. 방송을 통해 그들을 설득하려는 사람이 누구인지 알 권리가 있다는 이야기이다. 이 규칙은 1927년 라디오법이 방송사가 자신들의 스폰서를 명시하도록 하면서 시작되었고 1969년에는 케이블방송에도 적용하기 시작하였다(ACPIODTB, 2011). 이에 따라 방송사는 프로그램이 방송되는 해당 시간에 직간접적으로 프로그램 제작에 도움을 준 스폰서를 밝혀야 한다. 그리고 이 고지는 일반 시청자들이 충분히 읽거나 들을 수 있는 시간 동안 행해야 한다. 방송 제작진도 제작을 위해 선물이나 보상을 받은 것이 있다면 그것을 방송사 측에 알려서 이 사실의 고지 여부를 결정하도록 하여야 할 법적 의무를 지닌다.

3) 공영방송

비록 미국이 지역 상업방송을 위주로 방송산업을 성장시키는 대신 그것들에게 공익의 의무를 부여하는 방식으로 방송 영역에서의 공익 추구 문제를 해결하려는 기조를 가지고 있었지만, 더 적극적인 공익 의무를 수행하는 영역을 별도로 마련해 두었다. 그것은 대학교에서 교육적 차원에서 시작한 공영방송 시스템이다. 1917년에 메디슨에 있는 위스콘신대학교가 최초의 라디오 방송을 시작한 이후 1930년대 중반에 이르러 대학교의 '교육적' 방송은 202개로 늘어난다(FCC, 2011).

그러나 시간이 지날수록 대학교에서 운영하는 방송국은 재원과 인력 문제로 상업방송사만큼의 경쟁력을 지닐 수 없게 되었다. 이에 많은 교육방송들이 상업방송으로 전환되었다. 이에 노동조합과 교회 지도자 등은 상업화의 물결 속에 노동계급과 장애인 등 소수자를 위한 방송이 자리를 잃고 결국은 언론 자유가 위축될 것을 우려하였다. 비상업방송국도 연합을 이루어 FCC가 비상업적 방송을 위해 채널을 의무적으로 할당하라고 요구하게 된다. 상업방송사들은 이에 대응하여 자신들의 방송에서 교육 프로그램 비중을 높이면 될 것이라고 주장하였다.

결국, FCC는 공익을 위해 충분한 양의 교육적 프로그램이 보장되어야 한다며 비상업적 라디오 방송용 주파수를 별도로 할당한다. 이에 따라 늘어난 비상업적 교육 라디오 방송사들은 상호 프로그램 교류 등을 통해 공영방송 네트워크로 성장하게 된다. 같은 논리로 텔레비전의 등장과 함께 1952년 FCC는 242개 채널을 비상업적 교육 텔레비전 방송용으로 할당하였다(FCC, 2011). 여러 비상업방송사들은 심층보도 등

〈그림 3-10〉 공영방송법에 서명하는 린든 존슨 대통령(1967)

전통적인 방송과 다른 여러 실험을 선보이며 특성을 키워 나갔지만 점차 방송사에 대한 스폰서가 방송국 자체보다는 프로그램 단위로 이루어지면서 이들은 다시 재정적으로 어려움에 처하게 된다.

이에 의회는 1967년 공영방송법(Public Broadcasting Act)을 제정하고, 이에 따라 CPB(Corporation for Public Broadcasting)를 설립한다. CPB는 정치적으로 중립적인 조직으로서 방송 프로그램을 제작하거나 조달하는 것이 아니라 의회와의 협상을 통해 연방 재정기금을 확보하고 비영리방송사들의 재원을 보조하는 역할을 한다. 1970년에는 비영리 텔레비전 방송사업자들의 전국 네트워크인 비영리 사기업 PBS(Public Broadcasting Service), 그리고 이것의 라디오 격인 NPR(National Public Radio)이 출범하였다. CPB가 주로 연방정부와 의회를 대상으로 예산을 편성하고 승인된 예산을 집행하는 역할을 하였다면, PBS는 CPB와 마찬가지로 제작은 하지 않고 전국 차원의 프로그램 편성과 프로그램 선정, 배급을 책임지는 네트워크의 역할을 한다(백미숙, 2004).

1967년 제정된 공영방송법은 구체적으로 CPB의 예산 청구, 집행과 관련한 사항을 명시하였다(강형철 · 양승찬, 2005). CPB는 의회에 예산안을 제출하고 의회 의결을 거쳐 예산을 집행한다. 이 과정에서 CPB는 하원 예산배정 위원회와 상원 예산배정 위원회 각각의 노동, 보건, 교육 등 소위원회에 2년 뒤의 회계연도 예산과 관련한 청구와 보고를 한다.

그러나 현실적으로 운영되는 재원의 가장 큰 부분은 일반인들이 내는 기부금이다. 이 재원은 경기에 따른 변동이 심하고 기본적으로 기금 확보 금액을 미리 예상할 수 없기 때문에 장기적 운영계획을 세우기가 쉽지 않다는 단점이 있다. 아울러 연방 재정기금 확보를 위해 정치적 로비에 의존해야 한다는 문제도 있다. 미국의 공영방송사는 교육적이고, 창의적이며, 지역적으로 적합한 미국사회의 공통된 가치와 문화적 다양성을 반영하는 프로그램 서비스에 재원을 투자함으로써 공중에 대한 책무를 수행하는 것을 목표로 설립되었다. 하지만 이러한 목표는 공영방송 프로그램의 성향을 문제 삼는 정당, 정파 간의 갈등 속에 다분히 그 중요성이 퇴색되고 있다. 오히려 미국의 공영방송, 특히 공영 텔레비전인 PBS 네트워크의 재정 확보를 둘러싼 정치권의 갈등은 이데올로기 전쟁으로까지 확산되는 추세이다(Bell, 2005).

더욱 중요한 것은 미디어 융합이 가속화하고 미디어의 상업주의가 폭발적으로 확대되는 과정에서 미국 공영방송사는 취약한 재정과 낮은 시청률로 방송문화에 큰 영향력을 발휘하고 있지 못하다는 점이다. 공영방송 프로그램은 상업방송과 비교한 차별성은 매우 높지만 시청 점유율이 매우 낮기 때문이다. 더구나 품격 높은 미국 공영방송사들의 프로그램은 대중이 아닌, 사실상 공공 서비스에 대한 필요 없이 스스로 품격 높은 정보를 추구하여 소화할 수 있는 사회 엘리트에 의해 더 많이 소화되고 있다는 점도 이중적 평가를 받는다. 품격 높은 정보와 취향은 상업방송에서 얻기 어렵기 때문에 공영방송이 일반 대중을 상대로 이러한 역할을 수행하는 유럽의 공영방송 제도와 대비되는 모습이다. 미국의 공영방송 방식은 공영채널의 역할은 최소한으로 하고, 공익적 방송도 민영채널들이 맡도록 하는 '최소화 방식'을 취하고 있다. 역할이 축소된 공영방송은 영향력은 미약한 채 사회 내에 그러한 영역이 있다는 것만으로 만족해야 하는 "게토화"(*ghettoization*)의 상황이라고 표현되기도 한다(Blumler, 1993: 2).

이 책의 제 5장에서 자세히 살펴보겠지만 신자유주의 사조와 디지털화의 물결 속에 방송에 부과되었던 공익 의무는 점차 약해지고 있다. 이 와중에 미국에서는 앞서 설명한 각종 공익 정책들은 대부분 폐기되거나 흔적만 남게 되었다. 미국의 공영방송 또한 재정적 어려움과 정체성 문제로 방송의 공익성을 담보하기에는 역부족이다. 이는 유럽의 공영방송이 여전히 나름대로 영향력 있는 시장 지배력을 지니고 있는 것과 대비된다.

이상으로 살펴보았듯이 미국은 방송을 사영화하는 대신 이 사영업체들이 각종 의무를 준수하게 하는 방식으로 공익의 가치를 추구하고자 하였다. 이것은 공적 소유로 운영하는 유럽식 공영방송 모델이 그 자체가 공익을 추구하기 위한 것이기 때문에 방송 내용과 운영에 대한 세세한 법적 규정은 필요하지 않았던 것과 대비되는 바이다. '사적 방송사업자'의 '공적 주파수 활용', 그리고 '언론 자유'라는 3가지 충돌하는 개념들을 담아내고자 노력한 것이 미국에서의 방송 관련 제도화의 모습이었다.

3. 한국의 방송공익 개념 발전

방송제도가 도입되고 공익성이 이에 연계되는 과정은 정치적 경험과 문화적 특성이 한데 어우러져 이루어진다. 한국에서도 일본 제국주의 침탈이라는 정치적 요인과 해방 후 길게 이어진 독재정권의 영향력이 공익성 개념의 발전에 중요한 역할을 하였다. 아울러 공익에 대한 유교적 가치는 권위주의적 정치체제와 연계하여 강력한 국가주의적 방송 공익관을 탄생시켰다.[3]

1) 국가주의적 공익관

한국사회에 라디오 방송이 도입된 것이 1927년 일제강점 당시였기 때문에, 한국 방송이 일제의 속성과 한국사회의 문화적 특성이 만난 결과물임을 부정하기 어렵다. 어떠한 제도의 초기 모습이 이에 대한 사회적

---

3) 이하의 내용은 저자(강형철, 2011a) 글의 일부를 바탕으로 한 것이다.

인지를 구성하고, 한번 제도화된 것은 자체의 동력으로 인해 쉽게 변하지 않는다는 신제도주의 이론을 따른다면, 한국 방송의 모습과 이에 대한 공적 기대는 일제강점기 경성방송국과 미군정하 서울중앙방송국의 모습에서 조건 지어질 수밖에 없다는 가설이 도출된다.

실제로 일제는 통신에 대한 공익 개념을 방송에도 부여하고자 했고, 앞서 제 2장에서 보았듯이 한국사회가 공익에 대해 지니고 있는 개념이 '국가'라는 것과 떼어낼 수 없다는 점에서, 공익을 위한 국가의 권위적 결정과 독점이라는 한국 방송의 특성은 불가피한 것이었다. 이 때문에 한국에서 공익은 국가적 가치를 추구하는 것이고 이의 결정자는 국가라는 '국가주의적 공정성' 도식과 국가를 운영하는 당대 정부의 방송 관여가 오히려 방송의 민주성을 해친다는 '공정성' 간의 갈등이 방송 공익과 공영방송을 둘러싼 일관된 담론이다. 물론, '국가 관여 불가피론'과 '공정성론'이 합의하는 영역은 방송이 사적 이해에 의해 활용되어서는 안 된다는 것이었다.

이 같은 생각은 한국에서의 공익이 국가의 주도성을 강조함과 동시에 그 주도성은 '공평함', '공정함'을 전제로 함을 알 수 있게 한다. 물론 해방 이후에는 '한국적' 공익이나 사익과 반대되는 개념으로서의 공익이 아닌 '전체의 이익'으로서의 서구적 공익 개념이 점차 일반화되는 모습을 보이는 것이 사실이다. 예를 들어, 〈조선일보〉는 1960년 8월 27일 "사투국회의 성격과 전도. 공익과 사욕은 절대로 양립 못 한다"라는 칼럼을 실었다. 이 칼럼은 민주당 분파들이 물리적 충돌을 벌인 것을 두고 이를 '사욕'과 '사투'라고 하며 공익이 아니라고 주장했다. 과거에 개인이 아닌 집단을 위한 일은 사익이 아니라 공익이라고 보았던 것과는 다른 시각이다. 그럼에도 불구하고 여전히 한국에서의 공익은 서양과는 달리 개인이 아닌 집단과 전체의 이익으로서의 뜻을 내포하고 있고, 특히 어떠한 이익의 추구가 공평하고 공정한 방법을 통한다면 이것은 공익으로 취급되는 경향이 있다. 또한 공익의 실현주체로서 국가의 주도권을 인정하는 경향 또한 강하게 남아 있다.

2) 방송 공익과 국가방송의 출발

경성방송국이 처음 등장했을 때도 일제에 의해 방송의 공익성이 강조되었고, 이것은 곧 실현 주체인 국가가 추구하는 국가적 가치를 의미하였다. 따라서 이의 제도화도 국가에 의해 이뤄지는 것이 당연하였다. 많은 연구들이 일제가 경성방송국을 조선에 설치한 이유가 그들의 지배 이데올로기를 식민지에 전파하기 위한 것이라는 주장을 한다(예를 들면, Robinson, 1999). 물론 이 명제 자체로 맞는 말이지만, 보다 정확히는 일제가 '식민지만' 지배하기 위해서 방송을 국가선전 수단으로 만든 것은 아니다. 이는 경성방송 초기에 주로 조선 내 일본인을 위해서 일본어 방송을 시작했으며 한국어 방송은 조선인의 반발과 경영압박 속에 청취자 수를 늘리기 위한 방편으로 점차 확대되었다는 사실에서 드러난다(방송협회, 1997). 더 큰 틀에서는 일제가 자국 일본 본토에서도 방송을 강력한 홍보수단으로 활용하고자 하였고 이를 제도화하였다는 점(Eto, 1982; Kasza, 1986; Luther & Boyd, 1997)을 고려한다면, 경성방송국의 제도화는 일제의 국가주의적 속성의 결과물임을 알 수 있다.

1920년대 초 일본의 방송 규제는 통신성 관리들의 사전계획서와 체신부 전파국 전화과장이 이끄는 연구반에서 내놓은 정책안을 바탕으로 하였다고 한다(Kasza, 1986). 이 정책안은 통신성 관료들의 이해를 반영한 것으로서, 이들은 다른 법안을 만들어 다른 부서에 넘겨주기보다는 라디오도 자신들의 관할인 기존의 '무선전신통신법'에 의해 규율되어야 함을 주장하였다. 당시의 무선전신통신법은 유·무선통신을 정부가 관장하는 것으로 규정해 놓았을 뿐 방송에 대해서는 특별한 조항이 없었지만 이를 방송에 그대로 적용하기로 한 것이다.

일본 통신성 공무원들은 라디오가 사회에 절대적으로 필요한 것은 아니며 국가가 이렇게 복잡한 사업을 통괄하는 것은 무리이므로 '공익을 위할 수 있는' 지역 신청사업자들로 컨소시엄을 구성해 미국식 지역방송 형태이면서도 청취료 수입과 수신기 판매자들의 납부금으로만 방송국을 운영하는 것을 제안하였다. 여기서 미국식 지역방송 형태를 제안한 것은 당시 통신성 연구반을 이끌던 고위관료가 미국에 가서 방송시스템 도입 현황을 시찰한 결과였을 것이다(Kasza, 1986). 방송이 "전신전화처럼 일상생활에 꼭 필요한 것으로는 생각되지 못했기 때문에", 그리고 "일반 공중에게 발수(發受)되는 전기통신이 아니고 오히려 선용적 통신"(일본방송협회, 1951; 강현두 외, 1992에서 재인용)으로 간주되었기 때문에, 민영 형태이긴 하였지만 국가의 관여가 높은 규제 시스템으로 시작된 것이다. 즉, 통신성 관리들은 초기에 라디오가 일반 통신과는 다른 요소를 지니고 있다는 점은 이해하였으나 큰 틀에서 기존의 통신체계로 인식하고자 하였고, 기존 관할부서 편의에 따라 통신과 방송에 대한 이른바 '수평적' 규제를 시도한 것이다.

관동대지진 참사 후 일본 정부는 지방방송사 투자자들의 반발에도

〈그림 3-11〉 일본의 첫 방송국인 동경방송국(JOAK) (1925)

불구하고 1925년에 각각 라디오 방송을 시작한 도쿄, 오사카, 나고야 등 3개 방송국을 이듬해인 1926년에 통합해 NHK(일본방송협회) 산하로 단일화하였다. 일제는 또한 추후 지역에 등장하는 모든 방송국도 NHK 산하에 둘 수 있도록 만들었다. 아울러 일본방송협회를 이득을 낼 수 없는 공익(비영리)사단법인으로 만들었는데, 이것은 자본보다는 국가의 이해가 더 반영되게 하기 위함이었다. 일본 정부는 출자자들의 반발을 무시하고 협회 경영진도 자신들이 임명하였다. 이로서 NHK는 형식은 민간 조직이나 실제는 관영처럼 운영하였으며 매우 강력한 내용 심의의 대상이 되었다(Eto, 1982; Kasza, 1986; Luther & Boyd, 1997).

일제는 4번째 방송국을 식민지 조선 땅에서 시작할 때도 일본 본토에서 이뤄진 방식을 답습하였다. 일본 정부는 조선에서도 NHK와 마찬가지로 사업에 참여하기를 원하는 사람들의 방송사업 허가신청을 받은 후 이들을 모아 컨소시엄을 만들었다(Robinson, 1999: 55). 이 컨소시엄은

〈그림 3-12〉 NHK 첫 여성 아나운서(1926)

출처: Wikimedia Commons

일본방송협회의 승낙을 받아 1927년 공익사단법인 경성방송국(JODK)으로 출범했다가 1932년 법인명을 조선방송협회로 개정하였다(한국방송협회, 1997: 75). 이는 장차 일본 본토처럼 조선반도에도 전국방송망을 구성할 것을 예상하여 NHK 모델을 따르게 한 것이다(한국방송협회, 1997: 75). 이후 1935년부터 부산방송국 등 지역방송사들이 출범하고, 경성방송국은 일본식으로 중앙방송국으로 개명한다.[4]

당시 조선에서도 일본 정부의 정의에 따라 방송을 공익성을 지닌 무선전신의 확장 개념으로 이해하였다. 방송은 초기에 '무선전화방송'이나 무전방송이라는 말로 불리기도 하였다. 일례로, 〈조선일보〉 1926년 2월 17일 "신설되는 경성방송국. 20만 원의 재단법인으로 금년 9월부터 방송을 개시" 기사 내용에서는 경성방송국을 "사설무선전화방송

4) 〈조선중앙일보〉 1935년 8월 31일자 "DK명칭 변경, 중앙방송국으로" 기사.

〈그림 3-13〉 일제의 4번째 방송국인 경성방송(JODK)

국"으로 명칭하였다. 다음 〈동아일보〉의 기사에서 보듯이 경성방송은 스스로 "신 시대의 복음"으로서 "보도, 사회교화, 위안기관" 등의 의미를 강조하였다. 당시 방송의 공익이란 일본 파시즘 이데올로기를 전파하는 수단으로서 국민동원 정보를 제공하고 교화하며, 때로는 위무하는 것을 의미하였다.

> 무선방송국에서는 라디오 보급의 목적으로 무선전화의 방송은 신 시대의 복음으로 보도, 사회교화, 위안기관임을 직각케 하는 의미의 표어와 포스타와 동요 등을 모집한다는데, 기일은 일월 삼십 일까지 경성방송국에 도착된 자라야 한다 하며, 발표는 이월 이십 일까지 입선자에게 통지하리라는데, 상금은 포스타는 일등 오십 원 이하 삼등까지, 표어와 동요는 삼십 원 이하라더라.
>
> — 〈동아일보〉, 1926. 12. 14. "완성된 방송국" 기사의 일부

〈그림 3-14〉 방송극 녹음 중인 경성방송국 방송인들(1939)

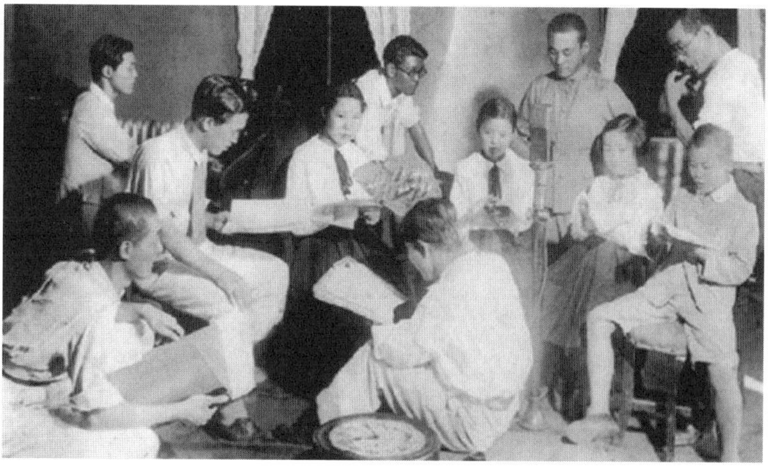

출처: 문화재청

국가주의적 공익을 위해서는 방송 내용에 대한 철저한 사전검열과 차단기를 통한 임의적 방송중단을 실시하는 등 정부의 통제는 일본 본토의 NHK 산하 방송사나 경성방송국이나 다를 바 없었다(Eto, 1982; Kasza, 1986; 한국방송협회, 1997). 그러나 정부는 검열과 경영진 통제만을 하고 현업은 방송 전문인력들이 실시하였기 때문에 NHK와 경성방송국은 방송제작 자체에서는 전문가들의 기술과 문화를 발전시킬 수 있었다(노정팔, 1995; Robinson, 1999; 최창봉·강현두, 2001). 이같이 일제는 식민지 조선에 방송을 도입하면서 일본에 적용하였던 "민영적 속성을 지녔지만 국가주의적 공익관이 적용되는 제도"를 그대로 적용하였다.

3) 공영의 싹에서 국영으로

일제에 이은 미군정 시절부터 한국의 서울중앙방송국(해방과 함께 '경성중앙방송국'에서 개칭)은 일본 NHK와는 다른 길을 걷게 된다. NHK도 서울중앙방송국과 같이 여전히 강력한 정부 통제 아래 있고, 홍보선전 수단으로 기능한 것은 마찬가지였다. 하지만 NHK는 정부와 어느 정도 거리를 두는 사단법인으로 존속하게 되었다. 그러나 38선 이남을 관리하게 된 미군정은 1946년 3월 방송국을 군청청 공보부 소속으로 편입시켜 버렸다. 같은 미군 점령지역이지만 한국에서는 군정을 실시한 반면, 일본에서는 정부를 존속시키는 간접 통치방식을 취하면서 다른 길을 걷게 된 것이다.

일본은 패전하였더라도 '패전 정부'가 있었기 때문에 군정에 반대하고 나설 수 있었다. 반면에 '국제주의'(*internationalism*) 정책에 따라 소련과 함께 한반도 신탁통치를 꾀했던 미국이 대한민국 임시정부를 인정하지 않았기 때문에 식민지였던 조선에는 대표할 만한 정부가 없었다. 미국은 일본에서는 정부를 인정한 채 정부와 방송을 분리하는 정책을 취했으나, 한국에서는 정부를 인정하지 않고 군정을 통한 직접지배에 나선 만큼 방송을 자신들의 조직 안으로 편입하는 것이 더 편했을 것이다. 언론학자 박용규는 미군정의 방송국 편입을 "주로 방송의 선전수단으로서의 가치에 집착하여 가능한 국영체제로 방송을 운영"한 것이라고 분석한다(박용규, 2000: 97).

일본에서도 미군이 방송을 통한 강력한 반공정책을 시도한 것은 사실이다. 그러나 미군정은 일본에서 이보다 더 중요한 목표를 지니고 있었다. 바로 일본 군국주의의 부활을 막는 것이었다. 이에 미군은 일본에서 자신들이 물러나기 전에 정부와 방송의 사이를 떼어 놓으려는 시도를 하였다. 이를 위해 미군은 그들의 철수 후 강력한 국가 리더십을 꾀했던 일본 정부 엘리트의 반대를 무릅쓰고 FCC를 본받은 독립기구 '라디오 규제위원회'(Radio Regulation Commission) 설치를 밀어붙였다(Luther & Boyd, 1997).

반면, 일본과 달리 한국에서 미국의 첫 번째 관심은 '임시관리'와 '반공'에 있었고 이에 따라 방송의 독립성과 같은 문제는 고려하지 않았다. 임시정부 인정 문제는 결국 훗날 한국 공영방송의 미래에도 영향을 미치는 근인이 된 것이다.

미군정이 경성방송국을 접수하면서 한국에서 방송의 공익 개념은 문자로서 처음 등장하게 된다. 물론, 앞 장에서 보았듯이 이미 해방 이전에도 공공설비사업과 공익 개념이 연결되었고, 전화 등 통신설비가 공익적으로 운영되어야 한다는 인식은 있었다. 당시 경성방송국에 근무하였던 노정팔은 직원들이 자신들은 일제에 봉사한 사람들이라며 사의를 표명했으나 미국 고문단은 방송은 전문영역이므로 그대로 남으라고 했다는 사실을 전하였다(노정팔, 1995: 39~40). 일제 홍보에 나섰던 방송종사자들이 그대로 남으면서 한국 공영방송은 전문가주의 문화를 발전시키지 못하고 지금까지도 정권의 향배에 보도 성향이 달라지는 모습을 갖게 되었다. 이는 공무원과 경찰, 군인 등 일제에 부역한 주요 인사들이 해방 후에도 직위에 그대로 머물러 공공부문의 전문가주의를 발전시키지 못한 사실과 궤를 같이하는 것이다.

초기에 한반도를 '일본의 점령지'로 생각한 미국은 이곳에 대해서도 일본 군국주의의 부활을 막고 자유주의 가치를 심으려 했던 정책을 그대로 적용한 것으로 보인다(Tracy, 1988: 127). 초기 미군정 발표문들은 검열을 금지할 것이며, 절대적인 언론의 자유를 보장한다고 밝혔다(〈매일신보〉 1945년 9월 12일자). 일본식 통제에 익숙해 있던 방송국장이 당국의 금지사항을 물었을 때 미 고문관들은 금지사항은 없고 다만 공정하기만 하면 된다고 답했다고 한다(노정팔, 1995: 134).

그러나 이러한 자유주의적 언론관은 미군정에서 매우 빠르게 사라지고 다시 국가주의적 사전검열 체제로 이행한다. 역사학자 브루스 커밍스(Bruce Cumings)는 당시 미국의 한반도 정책(대 소련 정책)이 소련과의 상호협력을 강조하는 '국제주의'에서 시작해 곧바로 1946년 소련 '봉쇄'(*containment*) 전략으로 바뀌었다고 주장하는데(Cumings, 1983), 방송에 대한 검열도 이러한 정책변화의 하나였던 것으로 추정된다(Kang, 2001). 일본에서도 미군의 정책은 초기의 '반일본제국주의'에서 점차 '반공주의'로 바뀌었지만(Eto, 1982), 소련 지배하 이북과의 통일 문제를 앞둔 남한과 미국의 단독 영향하에 있었던 일본에서의 '반공'의 의미는 크게 차이가 있었다. 초기 한국에 주둔한 미군 고문관들의 자유주의적 언론관은 루즈벨트의 국제주의 흐름 속에 있었다. 하지만 시간이 지나면서 공산주의와 대결을 벌이게 된 현지 군부는 강력한 봉쇄정책을 자체적으로 실시하면서 언론에 대한 검열을 강화하게 된다.

'공익'이라는 단어가 한국 방송 규제에 처음 적용된 시점이 바로 이때로서, 1947년 미군정 공보부는 '라디오 방송 규칙'을 제정하였는데, 9개 조항으로 된 이 규칙의 첫 번째가 "공중의 이익과 편의, 그리고 공익이 걸려 있는 성격의 보도와 공중의 필요를 위한 발표이어야 함과 동시에 진리와 공정과 정당한 봉사적 견지에서 허·불허를 결정한다"는 것이었다(한국방송협회, 1997: 197). 이 조항의 "공중의 이익과 편의, 그리고 공익이"라는 표현은 앞서 살펴본 1934년 미국 커뮤니케이션법(Communication Act)의 것을 차용하였을 것이다. 방송국은 이를 토대로 다시 '방송뉴스 편집요강'을 마련하였는데, 그 내용은 거의 뉴스의 객관성, 불편·부당·공평·무사, 사회적 영향성 등을 강조하는 것들이다(한국방송협회, 1997: 197~198). 특히, 이 규칙 5조는 "공공 이익을 해치는 것은 보도할 수 없는데, 이 점은 조금도 완전한 자유를 저해하는 것은 아니다"라고 하며 국가주의적 가치를 내세우고 있다. 한국 방송의 공익 개념은 미군정 시대에 체제 안정을 위해 보도를 제한하는 목적으로 시작된 것이다.

미군정이 같은 점령지역이지만 일본에서는 NHK 소유로 방송을 지속케 하고, 조선에서는 조선방송협회에는 기술과 청취료 징수 등의 업무만 남기고 방송업무는 정부로 편입한 것은 후일 양국 공영방송 제도에 결정적인 영향을 미쳤다. 이러한 차이로 인해 일본에서는 자연스러운 공영방송 모델의 발전이 가능했지만 한국에서는 관영방송이 오랫동안 지속되었고, 이로 인해 공영방송 제도는 큰 굴곡을 걷게 된 것이다.

4) 국영방송 제도 출범과 방송협회 모델 폐기

1948년 6월 1일 대한민국 정부가 수립되기 직전 미군정청은 방송국을 조선방송협회에 돌려주었고, 8월 6일 이 협회는 이름을 대한방송협회로 변경한다. 미군정은 일본에서 그러했듯이 자신들이 운영할 때는 직접 운영이 효율적이었지만 한국 정부가 새로 만들어지면 정부에 방송을 예속시키는 것은 바람직하지 못한 것으로 생각했을 것이다. 그러나 8월 7일 발표된 정부기구표에서 방송국은 정부공보처 산하로 되어 있었다. 방송에 대한 어떠한 목표 설정이나 한국 실정에 맞는 형태에 대한 연구나 사회적 논의가 있었던 것도 아니고 정부조직법 수립의 한 부분으로 일사천리로 처리된 것이다(노정팔, 1995). 심지어 방송협회는 정부조직법안 내용으로 이것이 국회에서 논의되는 것조차 몰랐다고 한다(최창봉 · 강현두, 2001: 78). 이에 대해서 국회 입법과정에서도 이러한 논의는 없었고 이승만 정부가 임의적으로 방송을 국유화한 다음 제도적 절차는 나중에 밟은 것이라는 해석도 가능하다(박용규, 2000). 실제로 신 정부 공보처가 방송협회를 인수한 것은 "행정권 이양에 관한 대통령령 제 3호 제 1조 제 13항"에 의한 것이었고, 1948년 10월 7일에야 이것을 완료하였다("방송협회 공보처서", 1948).

이후 방송협회는 진정서 제출 등 적극적인 국유화 반대운동을 벌였지만 이미 확정된 안을 어찌할 수 없었다(한국방송협회, 1997: 209). '대한방송협회 업무원 일동'의 명의로 된 다음의 건의서 내용을 보면, 이들은 국가가 방송국을 적극 관리하되 소유와 운영은 민간이 하는 독특한 방송제도 모델을 제시하고 있다("방송국 移管", 1948).

① 我國의 방송사업은 국가관리로 한다.
② 방송사업의 운영은 국무원회에서 임명한 이사회로 하여금 此에 當하게 한다.
③ 방송사업 운영에 관한 경비는 청취료 및 기타수입으로 충당한다.

④ 방송내용 기획, 편성 및 실시에 관하여 긴밀한 지도감독이 필요하다면 공보처에 행정적 감독기구를 설치할 것이다(방송감독국 또는 방송감독과).

이 건의서 내용의 골자는 경성방송국의 운영 방식을 그대로 이어 가자는 것인데, 영국이 소유와 관계없이 지상파방송에 대해 공공 서비스 의무를 부여하고 이에 대해 적극적인 국가 규제를 행하는 방식과 큰 틀에서는 유사해 보인다. 아울러 일본 NHK가 운영된 방식과도 차이가 없다. 다른 언론들도 방송 국유화를 반대하였다. 〈조선일보〉는 "방송 관리의 비민주성"이라는 사설을 실어 "서울중앙방송국을 정부 공보처 소관으로 한다는 것은 정부가 언론을 통제한다는 점에서 단호히 반대한다"고 밝혔다. 〈조선일보〉는 심지어 대한방송협회 업무원의 건의서 자체도 정부 관여를 전제로 한다는 점에서 "불철저"하다며 비판을 가한다. 〈조선일보〉는 방송도 신문과 같이 언론의 기능을 한다는 것을 전제로 하면서 이러한 식의 언론통제가 신문으로까지 이어질지도 모른다고 주장하였다("방송사업을 근본적으로", 1948).

그러나 방송의 공익성을 담보하기 위하여 상업자본의 이해에서 유리되고 국가의 개입이 최소한인 방식이라면 '대한방송협회 안(案)'도 하나의 '공영방송 모델'로 진지하게 검토할 필요가 있었을 것이다. 물론 방송사 운영진까지 정부에서 임명한 이사회가 담당하게 하는 것은 이상적 공영방송 모델에서 거리가 먼 듯하지만 차후의 발전 가능성을 생각한다면 이 모델을 채택하는 것이 더 바람직했을 수도 있다. NHK도 같은 형태로 출발했어도 시간이 지나면서 더욱 독립적인 조직으로 발전한 것을 보면 대한방송협회의 안도 받아들일 만했던 것이다.

지금껏 한국사회가 "공영이냐 민영이냐에 초점을 두는 이분법"(조항제, 2003: 54)으로만 방송제도를 바라본 것은 제도의 가능성을 닫는 역기능을 했다. 이는 특히 '공영'의 반대가 '민영'이 아닌 '사영'이며 '민영'의 반대는 '국영'이라는 것을 잊게 되면서 나타난 것이다. 1950~1970년까지만 해도 국영의 반대는 민영이라는 표현을 썼고, 이에 대한 대표사례가 '방송협회' 모델이었다. 민영이지만 '사익'을 추구하지 않고 '공익'을 추구하는 것은 '공영방송'의 범주에 넣을 수도 있을 것이다. 그러나 미군정이 방송국을 자신의 조직으로 편입한 것을 경험한 한국의 제 1 공화국 정부는 한 단계 건너의 지배보다는 직접통제가 편하다는 것을 알았을 것이고, 이로 인해 방송국을 정부조직으로 편입한 것이다.

일제나 미군정 당시 방송국은 총독부와 미군정청의 지배를 받기는 하였지만 방송협회는 어찌하였든 민간기구였고, 나름의 전문가주의 문화를 발전시킬 단초가 있었지만, 방송국이 정부에 흡수되면서 이 싹은 아예 잘려 나간 것으로 보인다. 정부조직의 '국' 단위로 방송국이 흡수되면서 이에 맞추느라 조직이 축소되고 유능한 전문가가 방송을 떠났다. 이어서 비전문가 국장이 권총을 차고 근무하는 등 전문가주의 문화발전의 가능성을 막는 일들이 벌어졌다(노정팔, 1995). 제 1공화국에서 국영방송 제도를 채택한 것은 한국의 방송문화를 권위주의적인 것으로 안착시키는 데 결정적인 역할을 하여 이후 생겨난 민간방송에 대한 국가 관리에도 영향을 주었고, 결국 한국 방송은 "이러한 범주를 벗어난 방송문화로 발전할 수 없었다"(방송문화진흥회, 1991: 301).

국영방송 체제 아래 이승만 정부의 중앙방송국은 반공과 체제수호라는 국가주의적 공익성 개념을 충실히 이행하였다. 국영방송 체제의 출범과 함께 방송의 목적도 더욱 명확해져, 북한 공산주의를 배격하고 남한 체제의 우월성과 총화단결을 위한 홍보매체로서 운영되었다. '반체제, 반국가적 언론을 막기 위한' 방송관은 7개 항으로 구성된 '언론정책요강'에 잘 나타난다(방송협회, 1997: 213). 언론정책요강은 체제안정을 위한 목적으로 국가보안법과 함께 1948년 공표되었다. 이것은 긍정적 측면의 공익을 추구하는 것보다는 부정적 측면의 금지목록을 다음과 같이 나열하는 방식으로 구성되었다.

- 대한민국의 국시 국책을 위반하는 기사
- 정부를 모략하는 기사
- 공산당과 이북 괴뢰를 인정 내지 비호하는 기사
- 허위의 사실을 날조 선동하는 기사
- 우방과의 국교를 저해하고 국위를 손상하는 기사
- 자극적인 논조나 보도로써 민심을 격앙 소란케 하는 외에 민심에 악영향을 끼치는 기사
- 국가의 기밀을 누설하는 기사

대한민국 국시, 국책을 위반하는 기사, 정부를 모략하는 기사, 공산당과 북한('이북 괴뢰')을 인정 내지 비호하는 기사 등의 금지목록은 비단 보도에만 해당되는 것은 아니었고 모든 프로그램에 준용되었다(노정팔, 1995). 한국전쟁을 거치면서 이러한 기조는 더욱 확고해진다. 1958년 1월에는 공보실이 '방송의 일반적 기준에 관한 내규'를 정하였는데,

〈표 3-1〉 방송의 일반적 기준에 관한 내규

1. 모든 방송은 민주주의 발전에 기여하고 민족문화 향상에 공헌하며 국민의 복지 증진에 이바지하는 것이어야 한다.
2. 방송은 교양·오락 등 모든 순서를 통해서 자주적 판단을 기르고 독립정신을 기르는 것이어야 한다.
3. 방송은 국시에 위배되거나 적에게 이로운 것이어서는 안 된다.
4. 방송은 사회의 공기로서 공정성을 잃거나 부정확한 것이어서는 안 된다.
5. 방송은 어떤 순서를 막론하고 가장 과학적이고 합리적이어야 한다. 미신을 조장하거나 긍정하는 내용이어서는 안 된다.
6. 방송은 공공질서를 문란하게 하거나 미풍양속을 해하는 것이어서는 안 된다. 민심을 불안하게 하거나 공포에 빠지게 해도 안 된다.
7. 방송은 종교, 인종, 지방 등에 대해 편견을 가지게 해서는 안 된다.
8. 방송은 어느 개인이나 특정한 단체를 선전하거나 공고해서는 안 된다. 또한 인격을 존중하고 명예를 훼손시켜도 안 된다.
9. 방송은 요행을 바라게 하거나 도박심을 조장해서는 안 된다.
10. 방송은 신체의 불구를 희롱하거나 직업을 멸시하는 내용이어서는 안 된다.
11. 방송은 저속하거나 불건전한 것이어서는 안 된다. 항상 일정한 수준을 확보하고 품위를 잃지 말아야 한다.
12. 방송은 항상 표준말을 쓰되 알기 쉽고 바르게 써야 한다. 오락 방송에 있어서는 사투리를 쓸 수 있으나 그 지방 사람의 반감을 사는 것이어서는 안 된다.
13. 방송은 항상 많은 청취자의 뜻을 반영해야 한다.

출처: 한국방송협회(1997: 257~258).

이 내규는 방송을 '사회의 공기'로 정의하며 공공적 성질을 강조하였다(3항). 13개 항목으로 구성된 내규의 근간은 국가주의였다. 이는 방송이 민주주의, 민족문화, 국민복지 증진에 기여하여야 하며, 국시에 위배되어서는 안 되며, 공정성을 잃어서도 안 되고, 공공질서를 문란하게 하거나 미풍양속을 해하는 것이어서도 안 된다고 선언한 데서 드러난다. 표준말을 사용하라는 것(12항)도 다분히 국가주의적 색채를 드러내는 것이다. 앞의 언론정책요강의 7가지 항목 모두가 부정적 차원의 금지목록이라면, 이 내규는 13개 항목 중 2개 항목을 제외한 11개

항목이 모두 "~해서는 안 된다"로 문장이 끝나는 부정적 차원의 규제 내용이었다.

이 내규가 공표된 때는 이미 CBS 라디오와 HLKZ TV 등 민영방송도 출범한 때로서, 어떠한 사회적 논의 없이 공보실 내부의 판단으로 작성, 공표되어 후일 1960년대 '방송윤리규정'과 '방송법'의 토대가 되었다. 이것은 국영방송에 대한 가치가 한국 방송제도로 이어지는 단초가 되어, "우리 방송사에서 방송의 공공성 개념을 논할 때 자주 등장하던 내용들에는 이러한 국영방송 체제의 특징이 많이 남아 있다"(최창봉 · 강현두, 2001)는 평가의 출발점이 된다. 국가주의적 방송관은 큰 사회적 고민 없이 여러 사영방송사를 허가하는 데 일조하였을 것으로 추정된다. 방송이 국가목표를 위해 사용되는 것이라는 인식이 있는 한 새로운 방송을 도입할 때 그것이 민영이든, 국영이든, 공영이든 별 차이가 없었을 것이기 때문이다. 이상과 같이 대한민국 정부가 수립되면서 미군정 방식을 승계한 국영방송 체제는 차후 한국 방송의 특성을 규정짓는 중요한 계기가 되었다.

5) 정부 수립 후의 민(공)영화 논란

(1) '방송협회 모델'의 부활 시도

이후 방송에 있어서 방송제도에 관한 사회적 담론은 국가목표의 구현이라는 상수(常數)를 전제로 정부의 방송 통제를 최소화하는 것, 즉 공정성에 대한 것이 대부분이었다. 정부가 공익으로 제시하는 내용들은 정책내용이든 법이든 대동소이하게 반공, 국가건설, 국민계도, 미풍양속 보호라는 것으로 요약되는데, 정부와 다른 주장이 있다면 이것을 정부 기구에서 분리하여 공영화하여야 한다는 것이었다. 방송에 대한 국가의 침탈이 큰 만큼 공정성은 항상 한국 방송에서 결핍된 가치로 인식되었다.

1950년대 중반 정부와 국회는 '방송 민영화'의 이름으로 방송을 국가에서 분리하는 안을 추진하였다. '방송민영화추진동지회'라는 단체가 주장하는 바로는 1955년 3대 국회 때 자신들이 의견을 개진해 방송관리 업무를 공보실에서 문교부로 이관하는 한편 방송협회를 설립하기로 의결하였으나 정부가 이를 거부해 실패했다고 한다. 과거 방송국에 근무했던 사람들로 구성되었다는 '방송민영화추진동지회'는 방송민영화 관련 공청회를 주최하고 뒤에 살펴볼 '방송관리법안'의 기초가 되는 주장을 제시하는 등 적극적인 활동을 펼쳤다. 실제로 3대 국회에서 이들이 주장하는 바와 같이 방송협회 설립에 대한 의결이 있었는지는 확증할 수 없으나 당시 정부조직법 개정과정에서 방송관리 업무를 공보실에서 문교부로 이관하기로 결정한 것만은 사실이다. 또한 1956년 8월 19일자 〈동아일보〉 "방송관리 민영화의 움직임" 기사의 "방송관리의 민영화는 지난번 정부조직법이 개정되었을 때도 야당 측에서 적극 추진한 바 있었던 만큼 …"이라는 표현으로 미루어 당시 국회에서 상당 수준의 논의가 있었던 것 역시 사실인 듯하다. 바로 뒤에 살펴볼 1960년 '방송관리법안'의 제안이유서에 "방송의 민영화는 국민의 열렬한 염원이며 또 제 3대 민의원에서도 이 점에 착안하여 그 제도화에 대한 조치를 취한 사실이 있었고"라는 표현이 있는 것은 이 같은 사실을 뒷받침한다.

여당은 1956년 8월 17일에도 당내 정책위원회를 열고 "공보실 소관

방송관리국을 폐지하고 이를 방송협회(가칭)에 이관"한다는 결의를 한 바 있다("방송관리 민영화의", 1956). 당시 오재경 공보실장은 이에 대해 "대환영"이라는 반응을 하였고, 이계원 서울방송국장은 "방송사업이란 민영화되어야 하는 것이 거의 원칙"이라고 말한 것으로 보도되었다("현실에 맞는다", 1956). 같은 해 11월 3일에는 임시국무회의에서 '행정기구 간소화안'을 의결하였는데, 그 가운데는 "조속한 시일 내에 방송협회를 신설하여 이로 하여금 경영토록" 하는 내용도 포함되어 있었다("행정기구간소화안", 1956). 그러나 이러한 정책은 실제 법제화되지는 않았으며, 오재경 공보실장은 2년 뒤인 1958년 여당 편향 방송을 지적하며 민영화를 주장하는 야당의 국회질의에서 "방송국의 민영화는 곤란하다"고 답변한다("여당 편중방송 논란", 1958). 자유당 말기인 1959년 11월에 오 실장 후임인 전성천 공보실장도 방송사업을 민영화하라는 야당 의원의 요구에 "그렇게 하는 것이 좋기는 하나 간첩이 많은 현재로서는 불가능하다"고 답변하였다("신문용지수입 특혜조치", 1959).

(2) 4 · 19 혁명과 '방송관리법안' 논란

이승만 독재체제와 4 · 19 이전의 친정부 편향방송은 방송의 중립성 요구로 이어졌다. 4 · 19 이후 자유스러운 사회 분위기에서 정부의 관여에서 벗어난 방송은 '중립성'이라는 용어로 표현되었다. 아나운서들이 시발한 '방송중립화 운동'은 여론의 지지를 받으며 중립화 방안에 대한 구체적인 사회적 논의로 확산되었다. 법제적 측면에서 방송중립화 운동은 '방송관리법안' 또는 '방송민영화론'이라는 이름의 논란으로 구체화하여 방송제도를 둘러싼 대한민국 최초의 범사회적 논의를 이끌어 냈다는 점에서 큰 의의를 갖는다.

국회는 1960년 5월 방송을 국가기구에서 분리하자는 '방송민영화' 논의를 벌인다. 이 논의는 국회 특별위원회가 정부조직법개정안을 기초하면서 방송관리를 현재처럼 국영으로 할 것인지 아니면 반관반민의 특수법인체로 할 것인지를 놓고 벌인 것이다. 여기서 말하는 반관반민의 특수법인체란 앞서 정부 수립 후 주장되었지만 관철되지 못했던 '방송협회 모델'을 뜻하는 것이다. 당시 방송문화연구실에서 근무한 이상희(1960)는 1960년 6월 〈동아일보〉에 칼럼을 기고, 방송의 중립성과 독자성을 위해 BBC 모델을 참고할 것을 제안하며 영국 방송구조에 대한 자세한 정보를 제시한다. 앞서 언급한 '방송민영화추진동지회'라는 단체는 "방송을 정치적 압력으로부터 벗어나게 하여" "공공성을 발휘하도록 기대"하기 위해 현 관영방송의 모든 기구를 민영체에 이관토록 필요한 조치를 하라고 촉구하는 성명을 발표하였다.[5)]

이와 같이 방송민영화, 방송협회 부활, 공영화 또는 반관반민화 등의 용어로 다양하게 불린 이 구상은 4·19 이전부터 진행된 주요한 정치사회적 담론이었다. 그런데 〈동아일보〉의 "공영 또는 민영화"("공영 또는 민영화", 1960)라는 제목의 기사에서 보듯이 당시에 민영화와 공영화가 같은 내용을 지칭한 점이 흥미롭다. 현재 우리는 일반적으로 '민영'의 반대말로 '공영'을 사용하는데, 앞서도 말했듯이 '민영'의 반대는 '관영'이며 '공영'의 반대는 '사영'이라는 점에서 〈동아일보〉의 '공영 내지 민영화'는 틀린 표현이 아니다. 방송협회 모델은 민영 방식의 공영화

5) 〈경향신문〉 1960년 5월 26일 "방송의 중립화" 기사는 이 성명의 일부를 전재하였다.

라고 할 수 있다.

1960년 5월 31일 이종남 외 11명의 의원들에 의해 '방송관리법안'이 제출되는 것으로 민영화·공영화 논의는 정점을 찍는다. 법안은 첨부한 '제안이유서'에서 "선진국과 같이 방송의 민영화를 기하지 않을 수 없을 것"이라면서 "시급히 방송의 중립과 민주화를 서둘러야 되겠기에" 제출하는 것이라고 명시하였다. 즉, 이 법안의 주요 목적이 그간의 '방송중립화론'이나 '방송협회 모델'을 실현하고자 하는 것임을 다음과 같이 명확히 하였다.

> 사월 민주혁명의 승리로 정치, 경제, 사회 문화 등 각 방면에서 낡은 질서가 사라져 가고 새로운 질서가 숨 가쁘게 그 터전을 마련해 가고 있는 이때 이미 경찰중립법안을 위시하여 신문, 정당 등 및 집회에 관한 민주법안이 제출되어 있고 그 일부는 현재 심의가 진행되어 가고 있음에도 불구하고 지금까지 정부의 예속물로서 제 구실을 못하고 있던 방송만이 유일하게 구체제에서 벗어나지 못하고 있는 것은 불합리하기 짝이 없는 일이라 아니할 수 없습니다. 그러므로 방송을 정치적인 면에서 엄정중립을 지키게 하고 참다운 국민의 '입'과 '귀'가 되도록 하기 위해서는 방송사업에 대한 법적 보장과 더불어 선진제국과 같이 방송의 민영화를 기하지 않을 수 없을 것입니다. 지금 방송의 민영화는 국민의 열렬한 염원이며 또 제 3대 민의원에서도 이 점에 착안하여 그 제도화에 대한 조치를 취한 사실이 있었고 앞으로 다가오는 제 5대 민의원 총선에 대비해서도 다시는 방송이 편당편파적인 예속물이 되지 않게 하기 위해서도 시급히 방송의 중립과 민주화를 서둘러야 되겠기에 본 법안을 제안하는 바입니다.[6]

이 법안 제출 이후 〈조선일보〉가 '지상공청회'라는 이름으로 각계의 의견을 싣는 등 활발한 사회적 논의가 이루어졌다("방송관리법안 지상공청", 1960). 방송관리법안에 대해서는 대부분의 논자들이 반대일변도의 의견을 밝혔고, 민영화 자체는 찬성하더라도 방송관리법안 방식은 반대한다는 것이 대부분이었다.[7] 반대 이유는 협회 회장을 주무장관 제청으로 총리가 임명하고 주무장관이 협회 업무를 지도 감독한다는 데 따른 정부 예속성과 청취료만으로 방송을 경영한다는 비현실성에 대한 것이 주조를 이루었다. 비판의 주요 내용은 방송 업무를 정부에서 분리해 대한방송협회에 넘겨주고 협회장을 주무장관이 임면한다는 내용만 있었을 뿐 기타 구체적인 사안들이 충분히 검토되지 않았다는 사실이다. 또한 이 법안은 '방송민영화추진동지회'가 제출한 주장을 반영한 것으로 이해되었기 때문에 일부 비판자는 이 안이 협회 정관처럼 보인다고 비꼬기도 하였다("방송관리법안 지상공청", 1960). 이 법안의 주요 내용은 현 국회 의안정보시스템에 다음과 같이 기록돼 있다.[8]

① 방송의 편성은 그 종류, 내용, 분량 및 배열에 있어서 법률이 정하는 바에 의하지 아니하고는 여하한 간섭과 제한도 받지 않도록 함(제 2조).

② 방송사업자는 다음 사항을 준수하도록 함(제 3조).

---

6) 제안이유서의 일부 표현을 현재에 맞게 저자가 고쳤다.

7) 이들의 주장을 자세히 확인하려면 조항제 편, 《방송사사료집》, pp. 121~144에 실린 신문과 잡지 기사 원문들을 참조.

8) http://likms.assembly.go.kr/bill/jsp/SummaryPopup.jsp?bill_id=002847.

가. 방송사업자는 상호 간의 동의 없이 타 방송을 수신하여 재방송을 하지 못함.

나. 방송으로 인한 권리의 침해가 있을 때에는 방송사업자는 그 사실을 조사하여 정정 또는 취소 방송을 하여야 함.

다. 우방국가에 대한 국제방송은 국제친선과 국가의 품위를 해치는 내용을 편성하지 못함.

③ 대한방송협회는 무선전신방송사업의 진흥발달을 기하고 공공의 복지를 위하여 공정하고 진실한 표현에 의하여 방송이 국민에게 최대한으로 보급되게 함(제 4조).

④ 협회는 타인의 영업에 관한 광고방송을 하지 못하게 함(제 16조).

⑤ 업무운영에 관한 세칙은 국무총리령으로 정함(제 18조).

⑥ 주무부장관은 협회의 업무를 지도감독하도록 함(제 19조).

⑦ 일반방송업자가 대가를 받고 광고방송을 할 때에는 그 뜻을 방송으로 고시하도록 함(제 32조).

⑧ 협회의 역원이 이 법에 의한 정관의 규정을 위반할 때에는 10만 환 이하의 벌금에 처하도록 함(제 34조).

결국 이 법안은 논란 속에 당시 국회 회기 내에 처리되지 못해 자동 폐기되고, 이종남 의원 등은 그간의 비판들을 수용하여 10월 15일 수정 법안을 제출한다. 이전 안과의 주요 차이는 주무장관이 추천한 방송협회 이사장에 대해 의회 동의절차를 밟는 등의 정부 견제장치를 넣은 것이다. 이에 대해서도 일반적으로 비판적 시각이 여전했으나 "부족하지만 마땅한 대안이 없다"는 시각도 많았다. 〈동아일보〉는 10월 21일 4

면에 "방송 및 문화계는 물론 국민들이 비상한 관심을 기울여 주시하고 있다"며 7단짜리 '지상공청회' 면을 만들어 각계의 의견을 실었다. 방송 극작가, HLKY 총무부 직원, 음악평론가 등으로 구성된 패널들은 방송을 정부에서 유리시키는 것이 바람직하나 완전한 민영 방식은 재원 문제로 인해 운영이 어려울 것을 걱정하면서 보다 구체적인 발전안이 선행되어야 할 것에 동의한 것으로 기록되어 있다. 〈동아일보〉는 협회장을 정부가 임명하고 국회의 동의제청을 받는 방식도 실제로 정부의 방송 장악을 막지는 못할 것이라는 사실을 적시하면서도 전반적으로는 찬성조의 사설을 내기도 했다("방송관리법안의 제출을", 1960).

그러나 이종남 의원의 수정안이 다음해 5·16 군사쿠데타로 인해 자동 폐기되면서 방송협회 모델은 다시금 좌절되고 만다. 방송 중립화 및 민영화에 대한 이러한 다원적인 논의는 4·19 혁명 후의 자유화 분위기에서 약 1년간에 걸쳐서만 이루어진 것으로, 5·16 군사쿠데타와 함께 사라지고 말았다. 중립성이라는 개념은 박정희 독재체제가 굳어지면서 사라졌다가 1980년대 이후 독립성이나 공정성이라는 용어로 다시 나타나게 된다.

결과론이지만, 당시에 이 안을 받아들였다면 다른 것은 몰라도 방송 현업인들의 프로페셔널리즘, 즉 전문가주의 문화는 적어도 수십 년 정도 앞서 발전시킬 수 있었을 것이다. 정부의 같은 통제를 받더라도 정부조직에서 분절되는 것이 방송 제작 자율성에는 그나마 도움이 될 것이기 때문이다. 물론, 당시 4·19 이후의 자유로운 분위기에서 각 논자들이 '방송관리법안'보다 더욱 바람직한 모델을 만들 것을 기대하고 논의한 것은 자연스러운 일이었다. 어찌되었든 5·16 군사쿠데타가 일어나지 않았다면 한국사회의 논의가 국영방송을 지속하는 것으로 결론 나지는 않았을 것이다.

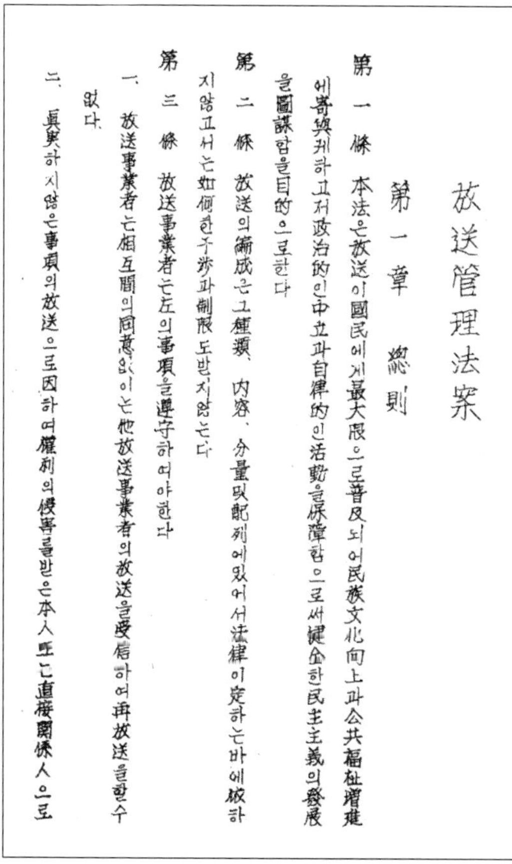

放送管理法案

第一章 總則

第一條 本法은放送이國民에게最大限으로普及되어民族文化向上과公共福祉增進에寄與케하고저政治的인中立과自律的인活動을保障함으로써健全한民主主義의發展을圖謀함을目的으로한다

第二條 放送의編成은그種類、內容、分量및配列에있어서法律이定하는바에依하지않고서는如何한干涉과制限도받지않는다

第三條 放送事業者는左의事項을遵守하여야한다

一、放送事業者는相互間의同意없이는他放送事業者의放送을受信하여再放送을할수없다.

二、眞實하지않은事項의放送으로因하여權利의侵害를받은本人또는直接關係人으로

〈그림 3-15〉 방송관리법안 원문 첫 페이지

6) 5 · 16 군사정권의 방송 규제 제도화

4 · 19 이후 등장한 방송중립화 운동과 반관반민 방송 시스템 검토, 그리고 방송관리법안 파동 등은 한국 방송 공익성 개념의 큰 부분이 공정성 이슈임을 알게 해주었다. 쿠데타로 집권한 박정희 정권 아래 공정성 논란은 다시 잠재적인 이슈가 되지만 지속적인 불씨로는 살아 있었다.

군사정권은 방송윤리위원회 구성(1962)과 방송법 제정(1964) 등 방송 관련 법규 제도화를 통해 속속 등장하는 사영방송도 국가 동원의 대상으로 삼고자 하였다. 국가에 의해 자의적으로 선별되어 탄생한 동아방송과 동양방송 등의 사영방송들은 "코포라티즘-복합기업화"(조항제, 1998)의 모습을 보이며 국가목표에 대한 동원에 적극 나서게 된다. 어찌 보면 박정희 정권 시기에 사영이든 관영이든 상관없이 방송의 1차적인 목표는 국가발전과 체제안정에 동원되는 것이었고 이에 부응할 경우 각종 특혜가 부여된다는 점에서, 목표는 다르지만 영국적 개념으로서의 '공공 서비스방송'(*public service broadcasting*)에 대비될 수 있는 '국가 서비스방송'(*state service broadcasting*)이라고 할 수 있을 것이다.

여기서 공공 서비스란 소유와 관계없이 공공 서비스 의무를 준수하며 그 대신 사회적 특혜를 받는 형태를 말한다. 민간방송에 대한 국가의 특혜는 크게는 새로운 채널 허가권 부여에서 작게는 방송기자재 수입에 대한 특별소비세 면세 등까지 여러 유형이 있을 것이다. 일례로 당시 정부에 대해 비판적인 논조를 보이곤 했던 동아방송은 TV는 물론 지역 라디오국 허가 하나도 받지 못한 채 서울에서만 라디오 방송을 함으로써 당시 경제호황에 따른 사세 확장을 이루지 못하였다(이범경,

〈그림 3-16〉 쿠데타 후 KBS 마이크 앞에서 발표 중인 박정희

1994: 361; 한국방송협회, 1997: 363). 이것은 같은 시기 MBC와 TBC가 라디오와 TV 양 매체에 대해 전국 네트워크화를 얻어 낸 사실과 대비된다.

1964년 제정한 방송법에는 '공익'이라는 말이 등장하지 않는다. 그 대신 제 1조 '법의 목적'에서는 '공공복지'가 가장 중요한 가치임을 밝히면서 "방송의 자유를 보장함으로써 국민문화의 향상과 공공복지의 증진에 기여함"이라고 밝혔다. 이것은 방송의 자유를 강조한 내용이라고 볼 수도 있지만, '국민문화 향상'과 '공공복지 증진'에 기여하지 못하면 자유가 주어지지 않을 수도 있다는 뜻 또한 함축한 것이었다.

방송법에서 강조된 공적 가치는 역시 '공중도덕', '사회윤리' 등 국가적 가치가 주를 이루었는데, 방송순서의 편성에는 대통령이 정하는 기

준에 따라 "보도, 교양, 음악, 오락 등을 포함하여 상호 균형을 유지하도록 노력하여야 한다"(제 11조) 고 하여 처음으로 방송에서 다원적 가치가 수용되기도 하였다. 방송윤리위원회 관련 조항(제 6조) 으로 윤리위원회가 방송윤리에 관한 규정을 제정하여 공포하도록 하였는데, 그에는 다음과 같은 사항을 포함하여야 한다.

① 인권존중에 관한 사항
② 민족문화의 보존과 보급발전에 관한 사항
③ 보도 · 평론의 불편 · 불당과 공평 보장에 관한 사항
④ 학교방송에 관한 사항
⑤ 아동 및 청소년의 선도에 관한 사항
⑥ 결혼 및 가정생활의 순결에 관한 사항
⑦ 광고방송의 기준책정에 관한 사항
⑧ 공중도덕과 사회윤리의 신장에 관한 사항
⑨ 기타 공서양속에 관한 사항

방송윤리위원회는 1964년 방송법 제정에 앞서 2년 전에 이미 출범한 "외피상으로나마"(유일상, 2013) 방송사업자들의 자율 규제기구였다. 그러나 이 기구 출범은 공보부 방송관리국의 주도 아래 이루어졌고, 윤리규정 초안도 이 기구가 작성한 것이다(노정팔, 1995: 380). 이미 주요 회원국인 KBS는 국영방송사였으며, MBC는 5 · 16 군사쿠데타 이후 청와대의 실질적인 지배를 받고 있었다. 방송윤리위원회는 1964년 1월 1일자로 방송법이 제정되면서 이 법이 정한 법정기구로 바로 전환하였

다가 다시 그해 8월 언론윤리위원회법이 공포되고 방송법이 개정되면서 방송법에서 분리해 나갔다. 그러나 신문과 방송을 아울러서 통제하기 위한 목적으로 제정한 언론윤리위원회법은 언론계의 심한 반발로 불과 1개월여 만에 시행이 보류되고 이에 따라 방송윤리위원회는 다시 법적으로는 민간자율기관으로 돌아간다.

유신 선포 후인 1973년 정부는 방송법을 개정하여 방송윤리위원회를 다시 방송법 내로 편입하는데, 이때 윤리규정 개정이나 윤리위원 선임 시 문화공보부장의 승인을 얻도록 하는 등 정부의 개입을 한층 강화하였다. 아울러 위원회가 윤리규정을 위반한 방송국에 대하여 사과·정정·해명 또는 취소 등을 하게 하거나, 관계자의 출연정지, 집필정지 또는 징계 등을 요구할 수 있도록 하였다(1973년 방송법 제6조). 방송국이 이 요구를 이행하지 않으면 정부는 그 방송국의 재허가를 유보할 수 있도록 하는 강한 행정력이 뒷받침되었다.

7) '준 관영' MBC 모델의 탄생

쿠데타 정부는 관영방송인 KBS는 별달리 건드릴 필요가 없었으며, 오히려 사영방송인 MBC를 접수하여 반관반민 형태로 만들었다. 박정희 정권은 MBC 네트워크를 김지태에게 강압적으로 '헌납' 받아 재단법인 '5·16장학회' 소유로 만든 뒤 민영방송이면서도 정부의 지배를 받는 방송 모델을 만들었다(부산문화방송, 1990). '5·16장학회'는 장학 목적에 그치지 않고 "민족문화를 장려하는 본산"이 되게 하기 위해 쿠데타 정부인 국가재건최고회의가 만든 재단이다("5·16 장학회를 설립", 1962). 이에 따라 MBC 네트워크는 사실 '방송협회 모델'과 큰 틀에서는 다르지 않은 반관반민(준관영) 모델이 되었다. 한국 공영방송의 뿌리를 찾는다면 이러한 점에서 MBC가 가장 먼저 공영 모델과 유사한 형태를 갖추었다고 말할 수 있을 것이다.

MBC 강탈의 불법성을 논외로 한다면, 이는 준공영 모델의 공적 가치를 가늠해 볼 수 있는 사례가 된다. 즉, 준공영 모델이 민간단체가 방송국의 소유권을 가지고 경영진 임명이나 주요 정책 결정은 국가가 하는 방식이라고 할 때, 이는 '방송협회 모델'과 큰 차이가 없다고 할 수 있을 것이다. 이 준공영 모델이 국가로부터의 개입을 축소하고 사회적 차원의 공익을 추구한다면 '공영방송'으로 발전('민영 → 공영' 모델) 할 수 있는 것이다. 1970년대 MBC TV와 라디오의 시청률과 청취율이 경쟁사인 국영 KBS와 사영 TBC를 압도한 사실로 비추어(이환의, 1992), 관영도 아니고 민영도 아닌 준공영 모델이 적어도 방송 전문가주의(*professionalism*) 양성 면에서는 우위를 점한 방식이었다고 말할 수 있을 것이다.

더구나 훗날 1987년 민주화 이후 국가의 지배력에서 어느 정도 자유로워진 상태에서 MBC가 "과거 상쇄의 노력과 정치적 다원주의에 대한 의지는 한국 방송사에 큰 의의를 지니는 것"(조항제, 2003: 55)이라는 평가를 듣게 된 것도 이러한 전문가주의의 성과라고 볼 수 있을 것이다. 공무원 신분이 지닌 상명하복의 전통으로 인해 경직성이 두드러진 관영방송 KBS나 자본가의 단일한 지휘체계 아래 효율성이 강조된 사영방송 TBC에 비해 MBC는 실무인력의 자율성이 강한 전문직 문화를 만들어 냈다(강형철, 2002). 이는 "국가 및 자본의 통제가 타사에 비해 상대적으로 약한 상태에서 계발될 수 있었던 것”(김지일, 2001; 강형철, 2002에서 재인용)이다.

8) KBS 공사화

한국의 현실에서 정부 관여로부터 방송을 떼어 내자는 오래된 주장의 1차적 목적은 전문가주의의 확립보다는 ‘방송중립화’의 맥락, 즉 공정성에 관련한 것이다. 박정희 쿠데타 정부는 초기에 KBS를 행정부에서 독립시키려는 구상을 하였던 것으로 보이는데, 그것은 정치적 독립 때문이 아니라 TV 방송으로 인한 재정부담 때문이었다. 1962년 7월 27일 이원우 공보부장관은 국가최고회의에서 “TV 방송국을 민영화할 용의가 없는가”라는 질문에 “국영방송을 연내에 독립회계제도로 넘겨 국고보조 없이 운영할 수 있도록 준상업방송화할 계획”이라고 밝혔다(“국영방송 독립회계”, 1962). 여기서 준상업방송화란 민영화를 의미하는 것이 아니라, 광고방송과 시청료 징수제도를 도입하는 것을 의미했다. 국무회의는 1962년 ‘국영 텔레비전 방송사업 운영에 관한 임시소지법안’과 ‘국영 텔레비전 방송사업 특별회계법안’을 통과시켜 1963년 1월 1일부터 시청료와 광고 수입을 동시에 가능케 하였다(“텔리비 광고”, 1962).

방송 공영화 이슈는 박정희 정권 내내 잠재되었다가 드러나곤 했는데, 특히 선거 때의 정부여당 편파방송으로 인하여 당시 야당이 선거공약으로 내세우곤 했다. 〈조선일보〉는 “국영방송의 공영화 문제”라는 사설에서(“국영방송의 공영화 문제”, 1964) 당시 김성진 공보부장관의 “방송을 정치적으로 독립시키겠다”는 발언을 전하며 ‘공영화’라는 표현과 함께 이는 독립성 문제와 재정 문제로 집약된다고 설명한다. 그러나 공보부장관의 발언 이후 정부의 행동은 '방송법 제정'으로 끝나고 말았다. 이것은 정치적 독립이 공 ·민영 가릴 것 없이 방송에 대한 통제를 강화하는 것을 의미하는 수사에 불과함을 알게 해주었다.

당시 언론은 지속적으로 방송 민영화(또는 공사화)를 주장하였다. 예를 들어, 〈동아일보〉는 "국유공영의 방송제도"(1967. 3. 8.)와 "국영방송의 편파보도 정부업적 선전 일색"(1971. 4. 30.)이라는 사설과 기사를 각각 실었다. 〈동아일보〉는 또한 "문화공보부와 방송청"이라는 제목의 사설에서 "방송협회를 제정하여 영국의 BBC나 일본의 NHK 같은 합리적인 기구로 발전"시키자고 주장하였다("문화공보부와 방송청", 1968). 1968년 5월 신범식 문공부장관은 그의 신임공약으로 방송공사 설치안을 구상하겠다고 밝힌 바 있는데, 1969년 12월 6일 〈조선일보〉는 이 공약이 좌절된 것 아니냐는 사설("방송공사의 유산은 유감")을 실었고, 2일 뒤인 12월 8일 〈중앙일보〉는 사설("방송공사")에서 장관이 국정감사 증언에서 "국영방송의 민영화를 위한 방송공사 설치안이 계속 검토 중에 있다"고 밝혔다는 사실을 알렸다. 〈동아일보〉는 "실효 있는 민영화를 위해서는" 일반에 주식을 공모하고 이들 일반 주주들이 공사 경영에 참여할 수 있는 운영위원회가 구성되어야 한다는 방안을 제시하기도 하였다("관영방송의 방송공사화", 1969). 〈중앙일보〉와 〈동아일보〉의 표현들을 보면 여기서도 당시 국영방송의 반대 개념은 민영방송이었으며, 민영화와 공사화(또는 공영화)를 배치되는 것으로 생각하지 않았음을 알 수 있다.

결국, 정부는 1973년에 KBS를 한국방송공사로 전환하게 된다. 그

〈그림 3-17〉 박정희 대통령이 KBS 공사화를 기념해 써주었다는 휘호

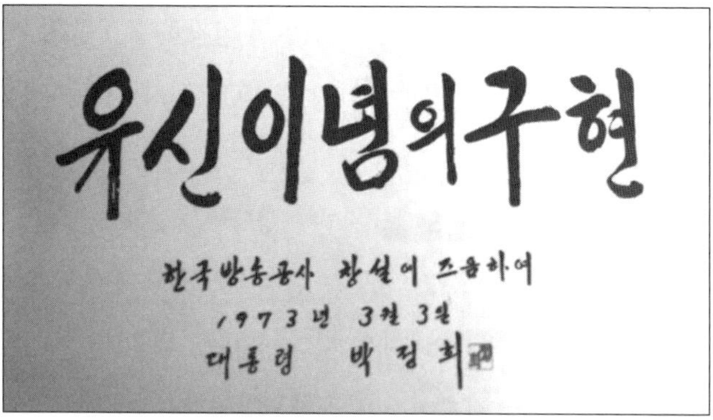

런데 국가의 목적은 일반 여론과 달리 방송의 독립성을 위해서라기보다는 정부 직영으로 인해 생기는 방송 제작과 운영의 경직성을 해결하기 위해서였다("새로 발족될 한국방송공사", 1972). 국영방송 구조 아래에서는 문공부 관료들이 방송 실무에 관여하고, 예산 활용이 경직되며, 급여가 공무원 수준으로 다른 방송사에 비해 낮으므로 인해 방송인력이 유출되는 등 방송의 전문성을 해하는 요소가 많았다. 정부 입장에서도 경쟁력이 떨어지는 KBS를 홍보매체로 활용하기에는 부족함이 있었을 것이다(노정팔, 1995).

KBS 공영화 이후 독립성 면에서는 이전과 거의 다름없이 국가 통제 아래 있었지만 방송제작 능력 등 전문가주의의 성장 가능성은 높아진 것만은 사실이었다. 그러나 최종적으로 채택한 '공영화' 모델이 민간 소유의 '방송협회 모델'이 아니라 국가가 소유하는 '공사 모델'이었다는 점에서 아쉬움이 남는다. 관영에서 출발한 '공사 모델'은 '방송협회 모델'에 비해 정부 개입의 명분이 더 많기 때문에 공영방송으로 전이되는 과

정에서 '독립성'은 물론 '전문가주의'를 발전시키는 데는 아무래도 취약점이 많았을 것이다. 실제로 MBC와 KBS가 성장한 궤적을 보면 MBC의 경우 전문가주의가 두드러지는 데 반해, KBS는 관료주의적 색채가 강했다는 점에서 이러한 명제를 추정해 볼 수 있다.

1973년 한국에서 '공사화 모델'('관영 → 공영' 모델)이 시행된 지 40년 이상 지났지만, 공영방송 KBS의 공정성과 차별화된 서비스 부재 현상은 2016년 현재도 해소되지 않고 있다. 그 이유로는 여러 가지가 있겠지만, 정부통제가 쉽게 이루어지는 공식·비공식적 제도와 관료적 문화, 제작진의 전문가주의 의식 미약 등이 주요 원인이고, 이는 방송 초기부터 오랜 기간 지속된 관영방송이 남긴 유산일 것이다(Kang, 2000).

이상의 검토를 통해 공익과 공영방송은 한국사회에 어느 변수보다도 강한 정치적 조건 아래, 이전의 결정이 뒤의 결정에 영향을 주는 방식으로 수용되었음을 알 수 있었다. 한국의 방송 공익 개념과 공영방송 제도 수용 사례는 일반적인 제도가 구성되는 과정들과 크게 다르지 않았다. 이는 새로운 현상에 대한 기존 인식의 적용과 우연적 또는 순간적 선택에 의한 경로의존성으로 드러난다. 무선전신을 기존 유선전신의 확장으로 이해하고, 라디오를 무선전신의 확장으로 이해하거나 무선전신을 담당했던 규제기관과 관련 규제법을 그대로 적용하는 등의 현상은 비단 한국뿐만 아니라 유럽과 미국에서도 동일하게 일어난 것이다.

한편, 공익의 담지자가 국가이며, 공익의 뜻은 국가의 이익이라는 해석을 지닌 일본 군국주의는 방송 공익 개념에 있어서 자국은 물론 식민지였던 한국에도 강력한 국가주의적 공익관을 주입하였다. 한국의 국가는 해방 후에도 이를 지속하였으며, 실체로서의 '공'이란 곧 개인이 아닌 국가를 의미하고, 역할로서의 '공'을 국가로 인식하였던 동양적 사고를 이용하여 국가주의 공익 개념을 오랫동안 유지할 수 있었다. 그러나 국가주의적 공익 인식도 신문에 대한 인식을 이어받은 방송에 대한 언론으로서의 기대를 완전히 제압할 수는 없었다. 이로 인해 독립성(또는 공정성) 문제가 줄기차게 드러났고, 이를 해결하는 방안으로 이미 일제강점기에 경험해 본 '방송협회 모델'이 꾸준히 제기된 것이다. 그러나 국가 또한 미군정기에 경험한 정부기구로서의 방송을 포기할 수 없었기 때문에 결국 유신시대에 '방송협회 모델'보다는 '공사 모델'을 적용하게 된 것이다. 이러한 과정은 제도화에 대한 사회적 인지의 영향력과 경로의존성을 잘 보여 준다.

4. 소결

이상에서 방송이 태동하고 그것이 추구해야 하는 가치로서 공익 개념이 부과되는 과정을 한국, 미국, 유럽을 비교하여 살펴보았다. 각 사례들은 이전에 발달한 전신과 전화에 부여되었던 공익 개념이 그대로 방송에도 적용되었고, 이전의 차이가 방송 공익에 대한 차이를 불렀으며, 방송의 미디어적 특성이 결국에는 통신 규제방식에서 떨어져 나가는 이유가 된 것을 보여 준다. 한편으로, 각 사례들은 방송 공익 개념은 일원적인 것이 아니며, 방송의 기술적 특성에서 자연스럽게 도출되기보다는 당대의 이해당사자들의 이해확대 과정에서 구성되는 사회적 고안물

임도 드러낸다.

한국의 경우, 일제강점기 동안 국가의 이익을 위해 동원되어야 하는 문물로서 방송의 공익 개념이 등장하였다. 그리고 해방 후 오랜 기간 발전국가(*developmental state*) 체제 아래 동원 모델의 유형을 띠게 되었다. 발전국가란 제 2차 세계대전 이후 국가 주도 산업화에 성공한 일본 등 동아시아 국가의 특성을 설명하는 개념이다. 발전국가는 "사유재산과 시장경제를 기본 원칙으로 하면서도 부국강병이란 목표를 위해 국가가 시장에 대해 장기적이면서도 전략적인 개입을 하는 국가"(김일영, 2001: 89)를 말한다. 발전국가는 부국강병의 목표를 이루기 위해 선발국가를 추격하고 선발국가로부터 자국을 보호하는 특성을 갖는다. 발전국가 체제 아래 한국의 방송은 국가목표 실현을 위한 선전수단으로 동원되었고, 방송이 국가목표에 동원되는 만큼 수입 방송장비에 대한 특별소비세 면제 등 각종 혜택도 부여되었다. 이렇게 방송은 정치적 차원에서 당대 정부를 옹호하는 홍보 기구로 전락하였고, 그에 대한 반작용으로 한국에서의 방송 공익 개념과 관련하여 정부로부터의 독립이라는 가치는 가장 중요한 것으로 고착된다.

유럽의 경우, 제 2차 세계대전 이전에 방송에 공공설비 모델을 적용하여, 관련 규제제도는 보편적 서비스를 위주로 하는 공영 시스템이었다가, 전후에 민주사회주의 모델로 이행한다(Picard, 1985). 미국 또한 공공설비 모델을 적용한 것은 마찬가지였지만, 통신에 대해 그러했던 것처럼 방송에도 이른바 '시장 공익주의'(안정민, 2006)에 따라 민영화 모델을 채택하여 유럽과 다른 모습을 보였다. 제 2차 세계대전 후 미국은 여전히 민영방송 시스템을 유지하였으나 언론의 사회적 책임을 강화하는 정책에 따라 방송에 대한 의무를 더욱 강화하는 기조를 보였다(Cuilenburg & McQuail, 2003).

이제 다음 장부터 신자유주의 사조와 기술발전에 따른 기존 공익 개념에 대한 도전과 규제 완화에 대해 논의할 것이다.

제 4 장

통신 독점의 문제 제기와 민영화, 자유화

초기부터 독점산업으로 자리매김한 통신 서비스는 기술발전과 네트워크 외부성의 특성대로 급성장하게 된다. 유럽식 공영이나 미국식 사영 모두 교차보조를 통한 보편적 서비스라는 명분 아래 독점체제 속의 공급자 잉여를 유지할 수 있었다. 그러나 급격한 사회변화는 이러한 체제의 안정성을 그대로 내버려 두지 않았다. 특히, 관련 산업의 기술발전은 독점 모델에 대한 꾸준한 도전자들을 속속 만들어 내고 정치경제 사조의 변화 또한 기존 질서를 흔드는 요인이 된다.

이 장에서는 기존 독점체제 속에 지속적인 혜택을 누리려고 하는 규제기관, 통신사업자, 유관 산업 사업자 등과 이를 해체하려는 도전자들의 길항과정을 살펴보고자 한다. 이 과정에서 통신에게 부여되었던 공익 개념이 어떻게 변화하는지를 알아보게 될 것이다. 통신 발전 초기에는 그것에 대한 사회적 의미 부여가 유럽에서 먼저 시작하여 미국으로 건너갔는데, 세월이 흘러 나타난 민영화와 자유화의 움직임은 미국이 선도하였다. 이에 따라 여기에서는 앞 장까지 설명했던 순서와 달리 미국의 사례를 먼저 보고 그 다음에 유럽을 살펴보게 될 것이다.

1. 미국 사영 독점의 해체

1) 미국 AT&T 독점에 대한 문제 제기와 방어

국영 독점체제를 유지한 유럽과 달리 미국은 초기부터 AT&T라는 '규제된 사영 독점체제'를 인정하였다. 이는 독점을 인정하되 가격과 기술 표준 등 매우 자세한 영역까지 정부가 규제를 통해 공익 실현을 보장하는 방식이다. 통신사업의 소유구조가 국영이냐 민영이냐에 따라 매우 큰 차이가 있는 것 같지만, 양자 모두 독점이라는 점에서 미국은 유럽과 유사한 길을 걸었다고 할 수 있다. 우선, 시장 지배력에서 AT&T는 지역전화선 시장의 90% 가량과 장거리전화 수익의 90%를 보유하며 절대적 위치를 차지했다. 뒤에 살펴보겠지만, 규제된 사영 독점 시스템은 유럽의 국가 독점 시스템에 비해 더 큰 성과를 낸 것으로 주장되었다. 그럼에도 자유경쟁 이념을 중시하는 미국에서 경쟁사업자의 등장을 영원히 배척할 수는 없었다. 또한 AT&T의 독점이 가져온 폐해로 인해 많은 불만이 누적되었다.

이후 미국 통신의 역사는 독점에 대한 도전과 이를 막으려는 AT&T의 노력, FCC의 비호 또는 포박, 그리고 그것에 따른 논란으로 요약된

〈그림 4-1〉 허시어폰 잡지 광고

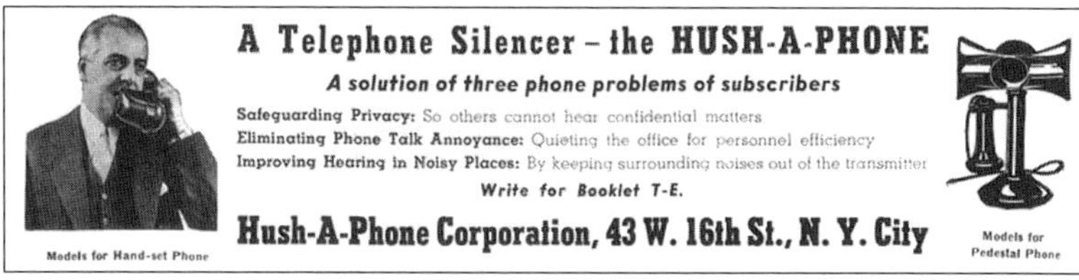

다. 상식적으로 생각하자면, 규제당국의 보호 아래 통신산업 전 영역에 걸쳐 독점을 유지하려던 AT&T의 욕심은 기술발전에 따라 조금씩 허물어지는 것이 당연한 것이었다. 그러나 현실은 합리적으로 진행되지 않는 듯하였다.

대표적인 것이 '허시어폰'(Hush-a-Phone)과 '카터폰'(Carterfone) 사례이다(Sterling et al., 2006: 124~127). 허시어폰은 비합리적 현실을 보여 주는 첫 번째 사례였다. 1950년대에 한 사업자가 플라스틱 컵처럼 생긴 단순한 장치인 '허시어폰'을 팔기 시작했다. 이것을 전화 송화기에 붙이면 통화자는 다른 사람들에게 자기의 목소리가 들리지 않게 전화기에 대고 말을 할 수 있었다. 우리가 다른 사람들이 자신의 전화 소리를 듣지 못하도록 전화기 송화 부분에 한쪽 손을 가리는 것과 마찬가지 원리였다. 그러나 AT&T는 자사 가입자들이 이것을 부착하는 것은 계약 위반이며 불법이라고 주장하고 나섰다. 이에 FCC는 허시어폰이 통화자 목소리를 왜곡할 뿐 아니라 네트워크의 기술적 생존성을 위협한다며 AT&T의 손을 들어 주었다.

그러나 허시어폰 측의 항소를 받은 법원은 1956년 FCC의 판정을 뒤집는다. 법원은 판결문에서 AT&T가 그 장치를 막으려는 것은 "정당하

〈그림 4-2〉 전화 송수화기에 연결한 카터폰 장비

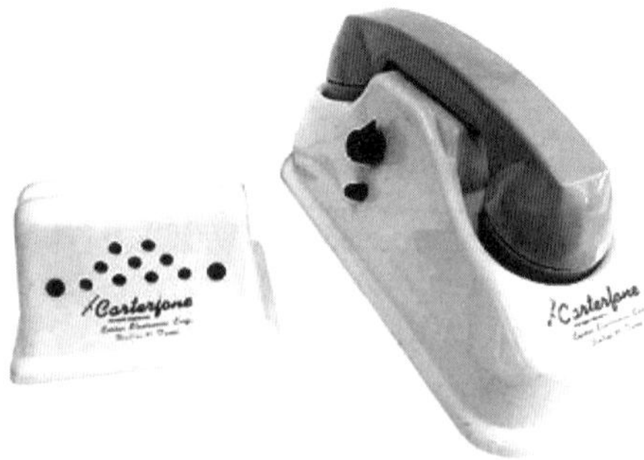

지도, 공정하지도, 합리적이지도 않다"며 "공공에 해가 되지 않는 가입자의 사적 활용 권리를 막는 약관은 보호될 수 없다"고 밝혔다. 논리적으로 생각하면 매우 자명한 것에 대해 엉뚱한 결정을 내리고는 결국 법원까지 가서 패소하고 마는 FCC의 행태는 규제의 비합리성을 보여 주는 유명한 사례가 되고 말았다. 지금으로 말하면 스마트폰 제조사가 휴대전화에 부착할 액정보호필름을 파는 다른 사업자를 정부 규제로 막으려고 하는 것에 비유할 수 있을 것이다.

이로부터 10여 년 후인 1960년대 말에는 토마스 카터(Tomas Carter)라는 발명가가 유선전화기에 다는 무선장치를 판 것이 문제가 되었다. '카터폰'(Carterfone)이라는 이 장치는 유선전화기의 신호를 자체 무선 중계기에 연결해 유선전화 가입자가 집안이나 사업장 내에서 전화선 길이에 구애받지 않고 자유롭게 전화를 받게 하는 수단이었다. AT&T는 이번에도 이것이 공공 전화 네트워크에 대한 불법적인 연결이라고 주장하였다. 허시어폰의 법원 판결 전례에 따라 FCC는 이번에는 이것이 가입자의 계약 위반이 아니라고 판정하였다. FCC도 이제 독점이 아니라 경쟁을 통해 기술발전이 이루어짐을 인정할 수밖에 없었던 것이다. 그러나 FCC는 이후 가입자 장비와 공중전화망을 연결하는 인터페이스 장치를 반드시 AT&T의 것을 쓰도록 하는 조치를 내린다(Sterling et al., 2006). 이 조치에 맞추기 위해 새로운 장비는 기능적 제한을 갖게 되고, 이것은 혁신을 막는 결과를 낳았다.

이후에도 지속적인 기술발전은 경쟁자들의 시장 진입 압력을 높였다. 그동안 FCC는 AT&T에 대한 규제된 독점을 허가해 주고 이것이 제공하는 공공 네트워크에 다른 사업자가 접속하는 것을 금지하는 것이 공익을 위한 것이라고 지속적으로 주장하였다. 그러나 싼 값에 같은 서비스, 또는 AT&T가 제공하지 않는 서비스를 공중에게 제공하는 것이 "공익에 도움이 되지 않는다"라고 주장하기는 점차 어려워졌다(Melody, 1989: 666~667).

그동안 전기나 철도사업 등에서도 자체적으로 마이크로웨이브 통신망을 활용했는데, 전송기술이 발전하면서 이 망들에 여유가 생겼다. 이것들을 보유한 사업체는 1960년대에 이르러 이 여유분을 활용하고자 하는 동인을 갖게 되었다. 이에 철도사업자들은 사세 통신을 위해 보유한 마이크로웨이브망의 유휴 용량을 활용하여 제3자들에게 통신 서비스를 제공하겠다고 나선다. 아울러 지상파 네트워크의 신호를 외진 농촌지역으로 중계하던 마이크로웨이브 전송사업자들도 자신들의 서비스 범위를 대도시 지역으로의 확장을 요구한다. 이들은 AT&T에 비해 훨씬 낮은 가격으로 지상파 네트워크 신호 중계 서비스를 제공할 수 있다고 주장하였다. 또한 다른 새로운 사업자들은 디지털 데이터 서비스와 같이 AT&T가 제공하지 않는 신규 서비스를 제공하기 위해 주파수를 신청하기도 하였다. 이러한 새로운 사업자들의 통신사업 진출 의지가 폭발한 것은 마이크로웨이브 전송방식이 발전하여 탄탄한 유선 네트워크 없이도 장거리 서비스가 가능해졌기 때문이다(Economides, 2004: 15). 이어서 개발된 위성과 광섬유 또한 경쟁을 더욱 촉발하였다.

이러한 발전에 대응해 AT&T는 자체 연구와 로비를 통해 기존의 독점 형태가 가장 바람직함을 끊임없이 설파한다. 정계와 학계를 망라한 AT&T의 각종 차원의 로비와 지원은 통신 관련 담론에 대한 지배력을 공고화하였다(Melody, 1989: 661). 예를 들어, 당시 워싱턴 정계에서는 AT&T가 스스로 원하는 법률을 반드시 통과시킬 수는 없을지라도 적어도 자신들이 원하지 않는 법의 통과는 거의 막을 수 있다고 알려졌다고 한다. 이 거대 독점 통신사는 주요 규제기관 피임명자에 대한 사실상의 비토권을 가지고 있었다고도 이야기될 정도이다. 주요 대학의 많은 학자들이 AT&T의 지원으로 연구하면서 학계 또한 이에 포박되었다는 비판을 받는다. 자사 이해에 관련한 박사학위논문 주제들이 감시되었으며, 비판적 학자들은 활동봉쇄 전략의 대상이 되었다고 한다.

아무리 규제되고 있다고 하여도 사영 독점은 규제자의 포박과 독점업체의 과잉 권력화로 인해 결국은 공익은 물론 경제적 효율성마저 해친다는 것이 AT&T 사례가 보여 주는 교훈이다. 관련 산업이 확장하면서 AT&T는 특정 기술이나 경영 효율성, 그리고 수용자 수요에 대한 민감성 등에서 뒤처지게 되었다. AT&T는 이러한 문제점을 개선하는 것보다는 다른 사업자가 이 문제를 해결하는 것을 막는 데 힘을 썼다(Melody, 1997: 15).

2) 사영 독점의 공과

"독점은 좋은 품질을 유지하고 보편적으로 서비스할 수 있는 길"이라는 명제는 유럽과 미국에서 동일하게 활용되었다. 그러나 같은 독점이라도 지표적 측면에서 사영 독점의 성과가 더 높았던 것은 사실이다. 1930년대부터 1981년까지 미국 통신의 전 영역을 지배한 AT&T가 보여 준 사회경제적, 과학적 성취는 지금 돌아보아도 놀라운 것으로 평가되곤 한다(Economides, 2004: 12~15). 우선, 사회경제적 성취 면에서 AT&T는 90%가 넘는 미국 가정에 전화를 보급시켜 1970년대에 이미 보편적 서비스를 이루어 낸 것으로 평가되곤 한다. 이 같은 높은 전화 보급률이 가져온 사회경제적 파급효과는 막대한 것이었다. 이러한 위상과 성취의 배경에는 장비 공급을 위한 자회사로서 '웨스턴 일렉트릭'을, 그리고 기술개발을 위한 R&D 기관으로서 '벨 연구소'를 둔 강력한 기술공급 체계가 있었다. 예를 들어, 벨 연구소가 트랜지스터를 발명하면 웨스턴 일렉트릭이 이것을 상용화하였다.

벨 연구소는 파급효과가 통신기술에 국한되지 않는 트랜지스터와 집적회로, 컴퓨터 언어 C++ 등 수많은 과학적 성취를 이루어 낸 것이 사실이다. 이것에는 7번의 노벨물리학상 수상 실적이 포함된다. 이러한 성과에 따라 FCC가 기본적으로 AT&T의 독점에 우호적인 태도를 견지한 것은 어찌 보면 당연한 일인지도 모른다.

그러나 한편으로 높은 전화보급률로 제시되는 보편적 서비스 의무의 수행성과는 시민들의 희생을 바탕으로 한 것이며, 사실상 AT&T는 독점의 명분인 크림 스키밍을 없앤 것이 아니라 오히려 이용했다는 비판

<그림 4-3> 통신위성을 발사용 로켓에 탑재하는 벨 연구소 연구원들(1962)

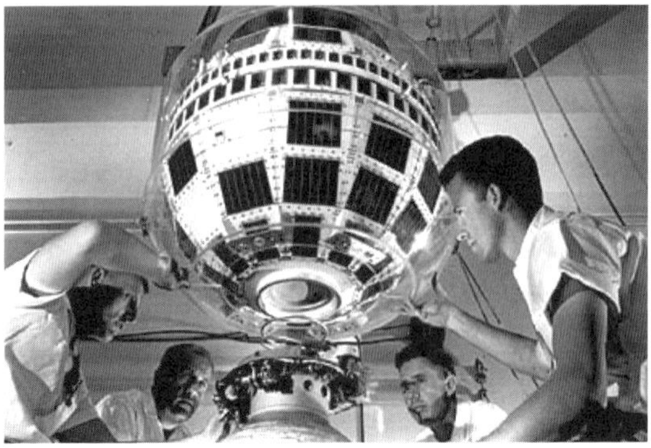

출처: Bell Labs

을 받기도 한다. 전화의 보편적 서비스 측면에서 규제된 독점은 결코 인상적이지 못했다는 것이다(Melody, 1989). AT&T는 주요 도시에 대한 전화망 확장에 집중하는 한편 장거리 서비스를 독점하려는 노력만을 기울였을 뿐 소외지역에 대한 망 가설에는 미온적이었다. 이것은 크림 스키밍을 없애겠다는 독점의 명분을 자가당착으로 만드는 것이었다. 1920년에서 1940년 사이에 AT&T는 대규모 독립 전화사업체들을 흡수해 시장점유율을 80% 가까이 올렸다. 그러나 이 회사가 커버하는 네트워크 총 면적은 미국 영토의 20%에도 미치지 못했다(Melody, 1989: 662). 즉, 시장점유율만 높았을 뿐 실제 전화망을 깔아 서비스하는 지역은 돈이 되는 곳에 국한되었다는 이야기이다.

규제된 독점이 시작된 1920년대에 농촌지역 전화보급률은 지역 가구의 39%에 해당하는 250만 회선으로서, 이는 AT&T가 아니라 1만 개 이상의 소규모 독립 전화 서비스 회사나 지방자치단체 또는 협동조합이 만들어 낸 것이었다. 그러나 20년 뒤 농촌지역 커버리지는 40%가 줄어

〈그림 4-4〉 전화기를 생산 중인 웨스턴 일렉트릭 호손(Hawthorn) 공장(1945)

출처: www.beatriceco.com

보급률은 25%로 오히려 하락하고 소규모 전화 서비스 회사는 6천 개로 줄어든다(Melody, 1989: 662). 이것은 경기침체 탓도 있었겠지만 더 중요한 것은 벨 시스템이 농촌지역 중에서도 다운타운이나 그 외곽에 위치한 사업체들만을 병합하였기 때문이다. 다운타운에서 멀리 떨어진 지역에서는 더 이상 작은 시스템끼리의 상호연결을 통한 광역 네트워크 시스템 구축이 불가능해져 영세 사업체들은 점점 문을 닫고 농부들은 전화망에서 배제되었다. 보편적 서비스를 유지한 작은 독립사업체들의 네트워크를 해체하고 들어선 AT&T의 벨 시스템이 오히려 현상을 악화한 셈이다.

정작 농촌지역에 보편적 서비스를 확대한 것은 규제된 독점이 아니라 국가 기금이었다. 1949년 미국 의회는 관련 법 제정을 통해 REA(Rural Electrification Administration: 농촌지역 전화 관리) 프로그램을 가동하였다. 이것은 국가가 농촌지역 전화 가설을 위해 장리저리 대출을 하거나 기술적 자문을 하는 보조 프로그램으로서, 협동조합이나 영세사영사업자들은 이 프로그램을 이용해 네트워크를 확장할 수 있었다. 이를 통해 농촌지역 전화망 보급률은 90% 이상까지 상승할 수 있었다. 이 프로그램이 과당 경쟁을 일으킨다며 반대한 AT&T는 네트워크 보급 확산으로 이들 지역에서의 수익성이 예상되자 다시 군소사업체들을 하나씩 병합하기 시작한다(Melody, 1989: 663~664). 지상파방송 신호전송에서도 1950~1960년대에 이 서비스를 담당한 AT&T는 주요 도심을 중심으로만 전송망을 깔고 작은 동네나 농촌지역 등은 외면하였다. 이에 FCC는 군소사업체들에게 별도로 주파수를 배정하여 이러한 소외지역에서 서비스하도록 하기도 하였다.

새로운 경쟁자 진입에 대한 AT&T의 반대 논거는 역시 또 '크림 스키밍'이었다. 자신들은 전국 단일요금제를 실시하여 소외지역에서의 손실을 대도시 등 인구밀집 및 통신활성화 지역에서의 이익으로 메우고 있는 반면, 새로운 사업자들은 대도시에만 몰릴 것이라는 것이 AT&T의 주장이었다. 그러나 이러한 주장은 현실에서 나타난 바와 달랐다(Melody, 1989: 669~670).

첫째, AT&T는 농촌지역을 제대로 서비스하지 않고 있었다. 이것은 소외지역에 대해 보조하지 않는 행위, 즉 크림 스키밍을 행하고 있다는 증거였다. 둘째, AT&T의 고비용 루트는 주로 고트래픽 루트였다. 즉, 이 통신사는 도심 등 통화량이 많은 지역에만 투자하고 있었다는 것이다. 셋째, 새로운 장거리 경쟁자는 궁극적으로 전국 단일요금제를 실시하게 될 것이었다. 이들 경쟁자도 빠른 속도로 AT&T처럼 전국망을 형성할 것이며, 전체 시스템의 마케팅 및 운영 효율성을 위해서도 단일요금제는 불가피했다. 끝으로, 겉으로 보기에는 AT&T가 단일 요금제를 실시하는 것 같지만 실제로는 실질적인 요금 차별을 초래하는 수많은 요금방식을 시행하고 있었다. 오히려 일부 경쟁자가 진입하면서 요금차별은 과거 독점상황에 비해 약화하였다.

AT&T는 아울러 수직계열화된 전화장비회사 웨스턴 일렉트릭과 가맹 지역전화사업자들(BOCs: Bell Operating Companies) 사이에서 부당 내부거래를 통하여 부당한 요금을 유지하고 있다는 비판을 받았다(Horwitz, 1989: 136~137). 독점인 전화 서비스 요금은 정부 규제를 받게 되어 있었는데, AT&T는 비용(원가)을 부풀려 높은 요금을 유지했다는 것이다. BOC들은 AT&T에게 부풀려진 장비와 서비스 요금을 내므로 이들의 전화 서비스 가격은 올라간다는 논리였다. 아울러 BOC들이 비용을 올리기 위해 쓸데없는 시설에 투자한다는 주장도 제기되었다. 결론적으로, 규제된 독점은 경제적 측면에서의 효율성 및 보편적 서비스라는 공익적 가치 실현에 실패한 정도가 아니라 이러한 가치들의 실현을 오히려 막는 지경에 이른 것이다.

3) 민영 독점 해체의 길

(1) "워커 보고서"의 실패

FCC는 1934년 출범과 함께 이미 전화산업 독점현상에 대한 집중적인 조사를 벌이기 시작했다. 그동안 '혐의'는 있었지만 충분한 증거가 없었기 때문에 AT&T의 초과 이득을 규제하는 것은 쉽지 않은 일이었다.

예를 들어, 초과 이득의 혐의가 있어도 별 정보가 없는 국가기관이 AT&T의 다양한 번들 서비스에 대한 가격을 분해해서 정당 가격을 산출하는 것은 쉬운 일이 아니다. 이에 의회는 1935년 AT&T에 대한 조사기금으로 FCC에 75만 달러를 확보해 준다.

이 돈을 활용, 폴 워커(Paul Walker) 위원이 주도하여 1939년 의회에 제출한 보고서(FCC, 1939. Investigations of the Telephone Industry in the United States)〔일명 "워커 보고서"(Walker Report)〕는 전화기 사업에 대한 독점 등 수직계열화된 AT&T 전화사업의 문제점을 적시하였다. 규제된 사영 독점 시스템이 공익을 위해서는 물론 경제적으로도 효율적이지 못하다는 것이 보고서의 핵심 내용이었다. FCC는 특히 AT&T와 웨스턴 일렉트릭 간의 반경쟁적 관계에 대해 우려하였다. FCC는 웨스턴 일렉트릭이 AT&T와 BOC들에게 비상식적으로 높은 가격으로 장비를 납품하고 있다는 사실을 밝혀냈다. 앞서 이야기했듯이 높은 가격의 장비 구입은 높은 요금의 명분이 된다. 사실 전화 서비스 자체는 자연독점산업이고 상호보조를 위해 국가가 선택한 바이기도 하지만 전화장비사업은 자연독점사업이 아니다. 그럼에도 전화장비사업이 독점을 유지하며 전화 서비스 요금을 올리는 역할을 하고 있었던 것이다. FCC는 보고서에서 웨스턴 일렉트릭의 장비 가격은 제조비용과 합리적 연관성 없이 자의적으로 정해진 것이라고 밝혔다. 보고서는 웨스턴 일렉트릭이 현재의 가격을 37% 낮출 수 있으며, 그 이후에도 6%의 자본 이윤율을 올릴 수 있을 것으로 추산했다. 보고서는 또한 AT&T가 회계상으로 자산의 감가상각을 과하게 상계하여 그 결과 서비스 가격을 높이는 관행도 자행했음을 밝혔다. 전화 이용자들이 이미 지불한 바를 다시

〈그림 4-5〉 FCC 위원들(1937)

앞줄 오른쪽 끝이 벨 시스템 독점을 조사한 폴 워커 위원이다.
출처: Library of Congress, USA

가격에 청구한 셈이었다.

"워커 보고서"는 공익을 보장하기 위한 3가지 방안이 있다고 주장하였다(Horwitz, 1989: 138). 그중 첫 번째 방안은 효과적인 경쟁체제이다. 그러나 그것은 현실적으로 불가능하고, 이상적으로 바람직하지 않다. 왜냐하면 미국은 하나의 국가적으로 통일된 유선 커뮤니케이션 시스템이 필요하기 때문이라는 것이 FCC의 주장이었다. 둘째는 현재의 규제된 독점 방식이다. 현 규제 방식으로 필요한 목표들을 달성하는 것이 더 바람직하다. 마지막은 국유화이다. 만약 규제가 실패한다면 이는 낮은 가격으로 전화 서비스를 할 수 있는 유일한 수단이다.

보고서는 결론적으로 FCC가 현재보다 더 적극적으로 벨 시스템을 규제해야 한다고 제안하였다. 그것은 감가상각 계상, 계열사 간 내부 거래 등을 포함한 주요 정책을 사전에 검토하고 승인하는 것을 의미했다. 보고서는 또한 장비 분야에서도 두 가지 방안 중 하나를 선택해야 할 것이라고 주장하였다. 그 하나는 BOC들이 경매를 통해 웨스턴 일렉트릭과 다른 제조사 제품 중 하나를 선택할 수 있도록 하는 것이다. 다른 하나는 웨스턴 일렉트릭을 공공 설비로 간주하여 가격 결정 등을 규제에 맡기는 것이다.

AT&T는 "Brief on the Proposed Report" 등을 발표하여 "워커 보고서" 내용에 일일이 반박하는 등 여러 수단을 통해 대응하였다(Horwitz, 1989: 139). 품질 보장을 위해서는 현 구조가 불가피하다는 것이 AT&T의 주장이었다. 이 저항으로 FCC의 최종 보고서에는 "워커 보고서"가 제언한 것들은 다 빠졌고, FCC의 결론은 전화산업에 대한 규제가 필요하다는 명제에 그쳤다. 결국 FCC의 AT&T 조사 결과는 이후 제2차 세계대전이라는 위기상황에서 힘을 받지 못해 독점산업 구조의 불합리성을 해소하는 결과를 바로 이끌어 낼 수 없었다(Sterling et al., 2006: 108~113).

(2) 벨 시스템의 분할

제2차 세계대전으로 독점 문제는 잠시 정부 의제에서 뒤로 밀려나는 듯했으나 전후에 트루먼 정부는 적극적으로 이 문제를 해결하고자 나선다. AT&T가 트랜지스터와 마이크로웨이브 등 기술개발에 공헌하였고 수익률이 다른 주요 대기업에 비해 많이 낮은 편이었지만 앞으로 독점이 가져올 문제의 '가능성'이 있다는 것이 정부가 내세운 개입 명분이었다. 1949년 법무부는 웨스턴 일렉트릭을 독점 행위로 제소하면서 포문을 연다. 법무부는 BOC들이 벨 시스템 내의 웨스턴 일렉트릭으로부터 생산장비 및 고객 구내장비(CPE)를 독점적으로 구매함으로써 경쟁자를 배제하는 불법행위를 저질렀다고 주장했다. 법무부는 이 소송을 통해 웨스턴 일렉트릭을 AT&T에서 독립시켜 3개 사로 분할하고, 벨 연구소도 떼어낼 것을 추진하였다.

그러나 1950년 한국전쟁이 발발하면서 AT&T는 제2차 세계대전 때와 마찬가지의 명분, 즉 전쟁 상황에서 통신체계의 안정화 필요성을 내세워 공격을 피해 간다(Sterling et al., 2006: 108~113). 전쟁 중에 범사회적으로 안보의식이 고취되었고, 통신기술에 크게 의존하던 국방부는 AT&T를 적극 비호하였으며, 1952년 새로 정권을 잡은 공화당 정부가 독점문제 해결에 미온적 태도를 보이면서 이 통신업체는 반독점 조치에 저항할 수 있는 결정적 배경을 얻은 것이다. 이후 1956년 민주당이 재집권한 뒤 의회 청문회가 열렸는데, 이 과정에서 국방부와 AT&T의 유착에 의한 규제 회피행위가 폭로되기도 하였다.

결국 법원은 1956년에 일종의 다협책이라고 할 수 있는 합의명령(*consent decree*)을 통해 이 문제를 종료한다. 법무부의 공격에 격렬히 저항하던 AT&T도 여론 분위기가 좋지 않게 돌아가는 것을 판단하고 조정을 요구하였고, 법무부가 이에 동의한 것이다. 이 합의명령은 AT&T의 독점구조를 바꾸는 것을 포기하는 대신 이 통신업체가 전화요금을 산정하는 데 정부 허가를 받아야 한다고 규정하였다. 아울러 AT&T가 웨스턴 일렉트릭을 계속 보유하는 조건으로 당시 초기 성장산업인 컴퓨터 등 전화와 관계없는 영역에 진출하지 않을 것도 명시하였다. 또한 AT&T가 지닌 전화기 관련 특허권을 다른 사업자들이 합리적이고 비차별적인 면허료만 내면 사용할 수 있도록 공개하라는 내용도 추가되었다.

1969년에는 별정통신회사 MCI(Microwave Communications, Inc.)[1]의 장거리전화사업 진입이 허용되었다. 1963년에 설립된 MCI는 시카고, 일리노이, 세인트루이스, 미주리 사이에 마이크로웨이브 중계국을 구축하고 트럭과 선박들 간의 통신 중계 서비스로 사업을 시작한 뒤 이를 전국망으로 확대하였다. MCI는 1967년에는 한 걸음 더 나아가 FCC로부터 기업 사용자를 대상으로 음성과 정보 통신 서비스를 할 수 있는 허가를 얻어 낸 바 있었다. MCI는 장거리전화 서비스 허가 취득에 성공함으로써 1990년대에 AT&T에 이어 미국에서 두 번째로 큰 통신업체로 성장할 수 있게 된 것이다. 물론 이 과정에서 AT&T는 재의신청과 법원 소송 등으로 FCC 허가 결정을 번복하고자 하였지만 이러한 노력은 실패로 돌아갔다.

이후에도 AT&T의 반독점 행위가 지속되는 것을 주목한 법무부는 20년 가까이 지난 1974년 '미국 대 AT&T 소송'을 시작한다. 법무부는 이 소송에서 AT&T의 반독점 행위 6가지를 지적하였다(Economides, 2004: 12~15).

① AT&T가 웨스턴 일렉트릭과 배타적 관계를 맺은 것은 불법이다.

1) MCI는 1998년 미국 장거리전화 4위 업체인 월드컴 사에 인수된 뒤, 2006년 다시 버라이즌 커뮤니케이션즈에 병합되었다.

② AT&T는 장거리 서비스 시장을 독점하고 있다.

③ AT&T는 통신 경쟁자들 및 고객 구내장비와의 상호접속을 거부하여 거래거절(*refusal to deal*)의 혐의가 있다.

④ AT&T는 경쟁자들의 비용을 올리는 다양한 차별적 행위들을 사용하였다.

⑤ AT&T는 규제절차를 남용하고 규제기관에 완전한 정보를 제공하지 않았다.

⑥ AT&T는 약탈 가격 등 경쟁자들을 배제하는 가격을 설정하였다.

이러한 문제점을 교정하기 위해 법무부는 제조부문 및 장거리 서비스 모두를 지역전화 서비스에서 떼어 내는 것을 추진하였다. 그러나 다시금 AT&T의 격렬한 저항에 직면한 법무부는 한발 후퇴하여 카터 행정부 말 제조부문만 분할할 것을 제안하였으나 그마저도 거절당한다. 하지만 논란이 지속되면서 AT&T의 독점이 가져오는 이득에 대한 논리가 설득력이 없다는 사실이 점차 확산되었다.

이에 AT&T는 1956년과 마찬가지로 저항을 멈추고 소송을 수용하는 전술을 택한다. 결과론적으로 앞서 제조부문만을 떼어 내라는 법무부의 제안을 수용했더라면 이러한 더 큰 분할은 피할 수 있었을 것이다. 1982년 '최종수정판결'(MFJ: Modified of Final Judgment)에 의한 조정으로 AT&T는 장비와 R&D, 그리고 장거리전화 네트워크는 유지할 수 있었지만 지역전화는 7개의 '지역 벨 운영회사들'(RBOCs: Regional Bell Operating Companies)[2)]의 관할로 분할되었다. 즉, 기존의 AT&T 산하 전국 22개 BOC들이 신설된 지역별 지주회사인 RBOC들로 이관

〈그림 4-6〉 RBOC 분할 구역(1984)

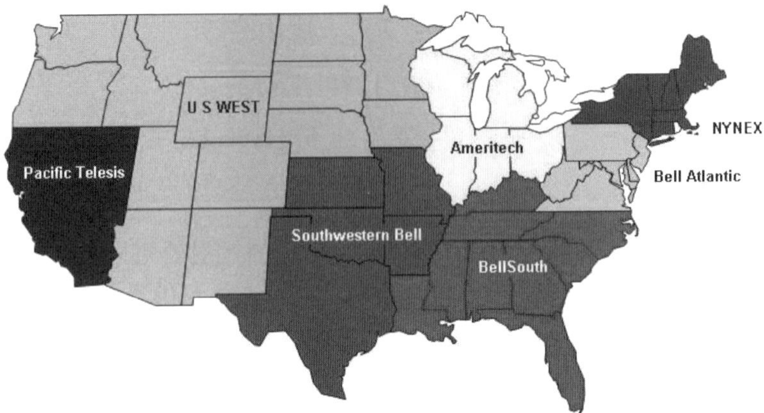

출처: Hill Associates Wiki

된 것이다. 이로써 미국 최대의 전기통신사업체인 AT&T 사는 장거리 전화회사 AT&T와 미국 전역을 7개로 분할하여 영업하는 지역전화사업자 RBOC들로 분할되었다.

RBOC들은 AT&T 체제의 별칭인 벨 시스템의 축소판이라는 의미에서 베이비 벨(Baby Bell)이라고도 부른다(한국정보통신기술협회, 《IT용어사전》). 이들 7개 RBOC는 아메리텍(Ameritech), 벨 애틀랜틱(Bell Atlantic), 벨 사우스(Bell South), 나이넥스(NYNEX), 퍼시픽 텔레시스(Pacific Telesis), 사우스웨스턴 벨(Southwestern Bell), 유에스웨스트(US West) 등이다. 이제 각 RBOC 산하로 분할된 BOC들은 지역 교

---

2) RBOC는 1984년 AT&T 기업분할에 따라 AT&T 산하의 전국 22개 벨 전화회사(Bell Telephone Co.)를 지역별로 몇 개씩 분할 소유하도록 신설된 지주회사로, RHC(Regional Holding Co.)라고도 한다(한국정보통신기술협회, 《IT용어사전》).

환통신사업자(LEC: Local Exchange Carrier)라는 새로운 이름으로 특정 지역 내(LATA)에서 시내전화, 시외전화 서비스를 독점적으로 제공하게 되었다. LEC는 규제된 독점권, 즉 LATA의 독점적 프랜차이즈를 가졌지만 장거리 서비스(LATA 간 서비스)와 장비 제조는 제한되었다.

4) 1996년 통신법 개정

1996년 2월 미국은 통신법 개정을 통해 통신 서비스 간 진입장벽을 없애는 획기적인 전환점을 마련했다. 1982년의 최종수정판결(MFJ)으로는 감당할 수 없는 디지털화와 융합화 상황 속에서 새로운 질서를 마련하는 것은 불가피했다. 광통신 등 새로운 통신기술 발전으로 장거리전화시장에서 경쟁이 확대되었고, 지역전화시장에서 새로운 사업자들의 진출 의지가 확대되었다. 기술발전은 시내전화 서비스와 장거리 서비스 간에 차이를 두어 규제할 필요가 없게 만들고 이동통신 서비스를 급속히 확산하였으며, 장거리 통신시장이 3대 업자들의 80% 과점 상황에 처하여 지역전화회사의 경쟁참여가 필요해졌다(김진기, 1997: 34). 아울러 1992년 케이블TV 소비자법(Cable Television Consumer Protection and Competition Act of 1992)의 발효로 요금 규제에 직면한 케이블방송사업자들은 신규 수입원으로 전화 서비스 진출을 꾀하였다(정현준, 2005).

시내전화시장에서 경쟁 압력이 높아지자 다시 RBOC들은 MFJ에 의해 금지된 장거리전화시장으로 눈을 돌리게 된다. 이들은 최소한 자사 산하의 LATA 간 통신 서비스 제공만은 허가해야 한다고 주장하기 시작하였다. 또한 케이블방송회사들이 전화사업에 진출한다면 자신들도 자사 망을 이용해 비디오 서비스를 할 수 있을 것이라고 나섰다. 장거리 전화사업자들은 개별 지역망으로 연결할 때마다 지불해야 하는 높은 접속료 부담을 완화하기 위해 아예 전용 지역전화망을 보유하고자 하였다. 이것은 MFJ 이전 상황으로 돌아가는 것을 의미하였다. 기술발전과 디지털화, 그리고 융합상황에서 벌어지는 복잡한 문제를 1934년에 제정된 통신법과 FCC의 자율권, 그리고 MFJ로 해결하기에는 역부족이었던 것이다. 결국 규제 완화와 경쟁 활성화를 주요 내용으로 하는 통신법 개정만이 해결책이었다.

1993년 말부터 1994년에 걸쳐 민주당의 주도로 상·하원에 제출된 3개 법안은 새로운 강자인 RBOC들 등의 반발로 심의가 중지되고 말았다. 이 법은 RBOC들에게 특정 업무 분야에 대한 진입규제를 풀어 주고 지역 LEC들이 영업지역 내에서 케이블방송을 겸업하도록 허가하는 내용을 담고 있었다. 1995년에 공화당 주도로 만들어진 법안 2개가 각각 상·하원을 통과하고 이어서 두 법안을 하나로 만들기 위한 양원협의회가 가동되어 1996년 2월에 통일 법안이 통과하였다.

이 법이 기초한 논리는 네트워크를 그것을 구성하는 요소별로 나누고 각 부분이 경쟁하도록 하는 것, 즉 수평적 경쟁을 하는 것이다(Economides, 2004: 22). 이를 위해 법은 상호접속, 망세분화(*unbundling*),[3] 그리고 차별 금지를 명시하였다. 아울러 기존 사업자는 자신에

3) 이용자에게 일괄로 제공될 수 있는 상품이나 서비스 또는 설비를 부분적으로 분해해서 제공하는 형태. 주로 전화 통신망에서 기존 통신망의 여유 부문을 사업자 간에 공

게 유리하지 않도록 세분화한 망을 적절한 가격에 경쟁자에게 임차하여야 하며, 번호 이동이 가능하도록 하였다. 특히, 개별 주 정부에 따른 자의적 의사결정이 불가능하도록 전국적인 경쟁 표준화를 시도하였다. 개정된 내용은 구체적으로 다음 5가지로 요약된다(김진기, 1997: 35).

① 시내 망을 경쟁에 개방한다는 조건으로 RBOC를 포함한 지역전화회사가 MFJ에 의해 금지된 장거리 통신시장에 진출하는 것을 허용한다.

② 지역전화회사는 시설 보유 사업자 간 망 상호접속, 개별화된 망요소의 제공, 시내전화 서비스의 도매요금 제공, 시내전화사업자 간 통화착신의 상호보상 등 공정하고도 합리적이며 무차별적인 상호접속 조건 및 요금으로 자사와 동등한 조건을 경쟁자에게 제공해야 한다.

③ 지역전화회사와 케이블TV업체 간의 상호진입을 허가하며, 전력회사의 통신시장 진입도 허가한다.

④ 인터넷 등에 의한 외설 통신의 규제를 강화하여, TV 수상기 제조업체는 폭력 프로그램 수신을 방지할 수 있는 V-chip 내장이 의무화된다.

⑤ FCC는 소비자 보호, 공공 이익 등의 차원에서 불필요하다고 판단되는 경우 특정한 사업자나 서비스에 대해 통신법 및 FCC 규칙

농으로 활용하도록 유도하고 서비스 기반 경쟁을 독려하기 위한 통신망 개방정책의 하나이다(한국정보통신기술협회, 《IT용어사전》).

적용을 배제하며, 2년마다 규제를 재검토하여 공공의 이익에 불필요한 것은 폐지 또는 수정한다.

1996년의 통신법은 기술발전과 함께 경쟁이 심화하고, 방송과 통신 각각의 영역 내에서 사업영역 경계가 붕괴하며, 나아가 방송과 통신의 구분 자체가 모호해지는 현상을 담아낸 결과이다. 미국사회는 통신과 방송의 서비스 현상을 구성요소별로 수평적으로 분해하여 보려는 인식을 도출했고, 이것은 추후의 규제 방식을 결정하였다.

그러나 모든 사업자들을 수평적 규제체계에서 바라보면서, 그간 특정 사업자들에게 요구하던 공익 의무를 더 이상 부여하기가 어려워졌다. 특정 사업자의 특정 층위(예를 들면 콘텐츠, 플랫폼, 네트워크, 단말기 중 한 부분)에게만 공익 의무를 요구하면 다른 사업자들과의 형평성이 문제가 된다. 이럴 때 형평성을 맞추는 방법은 두 가지가 있다. 하나는 다른 사업자들도 같은 의무를 지게 하는 것이고, 다른 하나는 그 사업자에게 부여된 의무를 없애는 것이다. 그런데 과거에 없던 의무를 새로 부과하는 것은 현실적으로 거의 불가능하다. 그러므로 기존 공익 의무 사업자의 의무를 점차 줄이는 것이 최종 결과이다. 미국 통신법의 시각으로는 경쟁을 활성화하는 이면에 공익의 가치를 축소하는 것이 당연한 귀결이다.

2. 유럽 국가 독점 통신산업의 해체

1) 독점적 지위의 힘

개별 국가마다 어느 정도의 차이는 있으나 덴마크와 이탈리아를 제외한 서유럽 국가 대부분의 우편, 전신, 전화 서비스는 국가 독점의 길을 걸었다(Millward, 2005: 245). 초기에 잠시 동안 민간 독점사업자에 대한 특혜나 민간사업자 간 경쟁이 있기도 하였지만 종국에는 20세기에 다 다를 시점에 국가가 이를 모두 흡수하였다. 이때 가장 표면적인 독점의 명분은 품질이 보장되는 보편적 서비스를 제공하기 위함이었다.

20세기 들어서 우편을 포함한 통신산업의 독점은 공고화하여 1980년대 신자유주의 사조 아래 민영화 바람이 불기까지 안정된 시스템을 유지하였다. 특히 제 2차 세계대전 이후 더욱 공고해진 서유럽의 정치경제 사조는 "국가가 경제적, 사회적 재화 공급에 강력하게 개입해야 한다는 것"으로서, 이후 "기업국가(*corporate state*)의 시대가 만개"하였다(Simpson, 2010: 48). 독일의 분데스포스트(Bundespost), 프랑스 및 벨기에와 네덜란드의 PTT, 스웨덴의 텔레베르켓(Televerket), 스페인의 텔레포니카(Telefonica), 영국의 중앙우체국(General Post Office) 등이 대표적인 국영 통신사업자들이었다.

통신이 독점이 되는 이유는 통신 서비스가 지닌 고유의 특성 때문이라고 분석되었다. 특히 경제학적 시각에서 통신산업은 비경합적 시장에 가깝다고 보았다. 그 이유는 네트워크 설비를 구축하는 데 비용과 시간이 많이 들고, 사업자가 이윤을 내기까지 막대한 비용 지출을 견뎌

낼 수 있어야 하기 때문이다(Simpson, 2010: 47). 이런 상황에서 같은 영역에 경쟁적 네트워크를 구축하는 것은 비효율적이다.

통신 서비스가 지닌 고유한 특성은 두 가지 결과를 만들어 낸다(Millward, 2005: 244). 첫째는 독점이다. 통신 서비스의 핵심적 특성은 교환기에 의해 분배되는 선들로 구성된 네트워크를 통해 음성이나 영상 이미지를 낮은 유지관리 비용으로 전송하는 것이다. 이에 따라 통신망은 유선전화든 위성이든 자연독점의 특성을 지니게 된다. 예를 들어, 새로운 전화 가입자라는 연결이 일어나면 그것은 그 새 진입자만이 아니라 그의 연결 가능대상이 되는 기존 이용자들에게도 이득이 된다. 이러한 특성은 한 개의 전송회사, 즉 단일 공중통신사업자(PTO)가 독점성을 갖고 국가에 의해 가격 등이 엄격히 규제되는 결과를 가져온다.

둘째는 기술표준화이다. 통신 네트워크에서 전송되는 정보는 전화, 컴퓨터, 팩스 등 단말에 전송되고 그곳에서 처리된다. 그런데 이러한 장비들의 복잡한 속성으로 인해 국내적 또는 국제적 기술표준화는 경제적 이득을 가져다준다. 단말장비는 주로 경쟁 산업에 의해 제조되고 공급되는데, 이것은 전기와 가스는 보통 독점산업이지만 전기난로와 가스스토브 같은 이용자 장비는 경쟁 공급되는 것과 마찬가지이다. 공중통신사업자가 사용하는 교환장비도 경쟁 산업에 의해 공급될 수 있다. 그런데 단말기나 전송장비 등은 정부가 설정한 기술표준에 의해 제도되어야 한다. 이 두 가지 결과의 종착점은 국가 규제이다.

그러나 통신이 독점이 되어야 한다고 해서 반드시 '국가' 독점이 되어야 하는 것은 아니다. 이것은 앞에서 보았듯이 미국에서 국가가 아닌 AT&T라는 민간 독점체제가 오랫동안 유지된 것으로 입증된다. 유럽에서 통신의 국가 독점은 왕가의 수입원이 필요하다거나, 사영업사들은 선로 가설을 위한 도로 사용에 제한이 있다는 현실적 이유 때문이었다. 물론, 국가개입주의라는 시대사조의 영향도 중요한 원인이었으며, 국가안보도 주요한 목적이었다.

이데올로기적 이유와 현실적 명분, 그리고 과거의 제도가 현재에 영향을 주는 역사적 제도주의 요인 등 많은 이유가 통신의 국가 독점을 설명한다. 경제학자 엘리 노엄(Eli Noam)은 국가 독점 시스템이 당시 유럽 사회 내 주요 구성체 간의 정치경제적 동맹으로 공고화되었다고 해석한다(Noam, 1992: 22~25). 유럽 국가 대부분에서 우편과 전신, 전화산업 종사자들 수는 매우 큰 비중을 차지하였는데, 이 중 저숙련 고임금의 우편사업 종사자들이 국가 독점체제의 혜택을 가장 크게 볼 수 있었다. 전신전화 부문 종사자들은 상대적으로 화이트칼라 비중이 컸기 때문에 통신 분야의 노동운동은 국유화로 인해 혜택을 보는 우편 노동자들의 주도하에 이루어졌다는 것이다. 물론 영역별 구분 없이도 노동자들의 입장에서 민간 경쟁체제는 고용안정성 등의 여러 면에서 유리할 것이 없다. 독점체제 아래 신문사업자들도 우편과 전신 요금에 큰 규모의 보조를 받는다. 정부기관 입장에서도 정보산업으로서의 통신은 국가발전의 중요한 도구로 인식되었다. 또한 정보자원의 평등한 재분배 등을 위해서라도 국가가 이를 관장하는 것이 바람직하다고 여겼다. PTT는 CPE(Customer Premises Equipment: 고객 댁내 장치)[4]의 독점

4) 고객의 집안에 설치되어 전화기나 각종 데이터 단말장치(DTE), 컴퓨터, 다중화 장치(MUX), 사설 교환기(PBX) 등의 사용자 장치 및 기기를 공중통신사업자의 전송

적 공급자임과 동시에 관련 장비의 독점적 수요자라는 이중의 독점적 지위를 가지고 있었다.

각국의 장비 제조업체들도 국가 내 독점 또는 과점 상태에서 독점 수요자를 상대로 협조적 관계를 유지하는 것이 경쟁시장을 상대로 하는 것보다 효율적이었다. 독일의 지멘스(Siemens), 프랑스의 CGE 및 톰슨(Thomson), 영국의 CEC 및 플레시(Plessey), 벨기에의 BTMC, 네덜란드의 필립스(Philips), 스웨덴의 에릭슨(Ericsson) 등은 기술표준설정 등의 영역에서 PTT와의 협력관계를 통해 타국 경쟁자들을 배제하고 독점적 공급권을 유지할 수 있었다. 통신산업은 전자산업의 발전과 협력관계 속에서 국가발전에 이바지하며 독점체제의 유지가 가능했던 것이다. 그러나 독점적 지위는 경제학 기본 원리가 지적하듯이 경쟁이 제대로 이뤄지지 않게 하여 소비자 및 생산자 모두의 후생을 축소시킨다. 통신 독점이 작동하는 방식은 다음과 같이 요약된다(조신 · 김홍도, 1991).

① 비경쟁적인 부문에서 경쟁적인 부문으로의 상호보조를 통해 불공정한 경쟁을 할 수 있다.
② 기기시장의 독점적인 수요자로서의 위치를 이용하여 기기사업자

로에 접속하여 이용할 수 있게 하는 장치. 모뎀이나 데이터 서비스 장치(DSU), 데이터 회선 종단장치(DCE), 종합정보통신망(ISDN)의 망 종단장치(NT1, NT2, NT1, 2), 고속 디지털 전용 회선의 회선 종단장치인 채널 서비스 장치(CSU) 등이 대표적인 CPE이다. CPE는 통신사업자가 설치, 대여하거나 고객이 구입, 설치한다(고객 자급 장치)(한국정보통신기술협회, 《정보통신용어사전》).

나 서비스 시장에서의 경쟁자에게 불리한 계약을 강요할 수 있다.

③ BT의 설비를 임차하여 BT와 경쟁적인 서비스를 제공하는 사업자에게는 자신의 수직적 결합상태를 이용하여 경쟁자에게 불리한 설비 임차조건이나 접속조건을 제시할 수 있다.

④ 당분간 복점상태를 유지하겠다는 정책으로 말미암아 BT와 '머큐리'(Mercury)는 서로 담합하여 독점적 이윤을 나누어 가지는 방향으로 움직일 수 있다.

독점에 비판적인 노엄은 통신 독점의 비효율성이 컴퓨터를 통한 기술발전으로 인한 효율성에 의해 가려졌다고 주장한다(Noam, 1992). 기존 PTT는 새로운 사업자의 진입을 제한하고 기술발전을 저해하면서 기존 방식을 고수하는 복잡한 기술표준을 채택하기도 하였다. 비효율성의 한 예로서, 1980년대 초에 무선전화 한 대 값이 미국에서는 75달러였으나 스위스에서는 800달러에 육박하였다.

2) 독점 해체의 압력

(1) 기술발전

오랜 기간 통신산업의 국가 독점에 대한 문제가 제기된 가운데 1970년대 들어서 자유화의 압력은 커졌다. 그 1차적 원인은 기술발전이었다. 전자통신기술과 컴퓨터의 발전, 그리고 위성통신 및 광섬유 등 네트워크 기술의 발전으로 장비와 네트워크 포설 비용이 크게 줄어들었다. 이에 따라 장거리전화요금은 비싸게 하고 지역 내 전화요금은 싸게 함으로써 상호보조를 통해 크림 스키밍 문제를 해결하여 보편적 서비스를 달성하려던 과거 방식이 더 이상의 정당성을 갖지 못하게 되었다. 기술 발전에 따라 전송 거리와 요금의 상관관계가 약해진 것이다. 그러나 독점사업자는 여전히 기존의 요금제도를 통해 이윤율을 올릴 수 있었다. 하지만 이러한 이윤 가능성은 민간 경쟁자들의 사업 진입 욕구를 고양하는 동인이 되었다.

장비 면에서도 1가구에 전화기 1대만이 필요하던 때까지는 국가가 직접 단말기 사업을 하든 단일 사업자에게 독점을 주든 큰 문제가 될 것은 없었다. 그러나 단말기 숫자가 점차 늘어나면서, 아울러 교환기의 수요가 늘면서 이 영역에서의 독점은 문제 제기의 대상이 되었다. 단순기술이 되어 버린 전화기를 공급할 수 있는 능력을 지닌 사업자는 무수하였으며 교환장비 제조기술을 지닌 사업자들도 여럿이 되었다. 담당 정부기구와 공중통신사업자들이 정해 놓은 기술표준도 더 이상 진입장벽 역할을 할 수 없을 정도로 단말기는 단순한 도구가 되었다.

한편으로는 무선전화 등 고도의 기술발전에 국가 소유의 공중통신사업자가 우위를 지닐 수도 없는 딜레마에 빠지게 된다. 각국의 공중통신사업자들은 지멘스, 이탈텔(Italtel), 필립스, 에릭슨 등 자국 공장에서 생산한 제품을 사용하라는 요구를 받았는데, 이것은 역으로 이 분야에서 경쟁력 있는 국내외 사업자들이 늘어날 것임을 예고하는 것이었다(Millward, 2005: 246). 전기통신은 전화기와 같은 기계적 기술만이 필요한 수준을 넘어 컴퓨터와 결합되고 팩스와 텔레텍스트 등 복잡한 양태로 발전하고 있었다. 이러한 산업은 더 이상 국가 독점으로는 해결할 수 없는 규모와 수준으로 성장하였다.

(2) 정치경제 사조의 변화

기술만으로는 사회 변화를 설명할 수 없다. 정치경제 사조의 변화 또한 통신 영역 자유화의 원인이었다(Goodman, 2006: 27~30). 1970년대 중반까지 유럽의 정치경제 사조는 '케인즈주의'라고 할 수 있었다. 각국 정부는 적극적인 시장 개입을 통해 경제발전을 이루려고 했고, 국영 통신은 다른 영역의 임금 및 고용 정책을 선도하는 주요 수단으로 활용되었다. 그러나 1970년대 중후반에 시작된 '오일 쇼크'와 그것이 가져온 불황은 케인즈주의에 대한 회의를 불러왔다. 그간 정부 주도로 추진된 경제발전 정책이 성공적이지 못했다는 반성이 일었고, 통신 영역에서는 미국과 일본에 뒤처진 유럽의 기술발전이 비판 대상이 되었다. 전자제품은 일본제가 유럽을 석권한 상태였으며, 앞서 치고 나온 미국의 통신장비산업은 유럽 시장 개방을 요구하였다.

유럽의 각국 정부는 결국 케인즈주의를 포기하고 신자유주의 기치 아래 탈규제와 자유화의 길로 들어선다. 신자유주의가 시장효율을 신봉하는 것은 단일 국가 차원이 아니라 '글로벌화'라는 슬로건과 함께 국가 간 자유무역 옹호의 차원으로 확장되었다. 국내 차원에서는 두 가지 중요한 개념, 즉 국가 소유를 해체하는 민영화와 독점이 아닌 경쟁을 강조하는 자유화가 강조되었는데, 이 중 자유화는 다른 나라의 사업자도 국내 산업에서 자유 경쟁할 수 있음을 의미했다. 신자유주의적 시각은 효율적으로 기능하는 시장이 상호 연결된 3가지 폭넓고도 장기적인 이득, 즉 "낮은 시장가격, 더 나은 재화와 서비스 품질, 그리고 더 빠르고 더 역동적인 기술 진보"(Sipmson, 2010: 48)를 가져다 줄 것이라고 주장하였다. 통신은 이러한 신자유주의 시나리오에 가장 잘 맞는 영역이었다. 정부와 산업계에 넓게 포진한 옹호자들은 이 사조가 통신에 대한 "세계관"으로 널리 채택될 수 있도록 하였다(Sipmson, 2010: 47). 아울러 인터넷과 모바일 통신 등 다양한 통신수단의 발전으로 유사시 국방이 위협받는 상황을 통제하기 위해 국가가 통신을 독점적으로 운영하여야 한다는 명분도 유지하기 어려워졌다.

(3) 유럽 통합을 위한 개방 압력

유럽연합의 이상이 기본적으로 개별국가의 자율성보다는 각종 규제 및 산업 조직의 표준화와 개방을 원하는 것은 당연한 일이었다. 1957년 3월 로마 조약을 통해 ECC(Europe Economic Community: 유럽경제공동체)가 결성되고, 이것은 1967년 7월 EC(European Community: 유럽공동체)로 확대된다. EC는 최종적으로 EU(European Union: 유럽연합)를 꿈꾸면서 각국의 경제 시스템을 상호 개방 가능한 방식으로 재구조화하고자 하였다.

EC에 앞선 ECC는 이미 통신 분야의 역내 개방 주도에 실패한 상황이었다. 모든 조직이 그러하듯이 국가 간 기구인 ECC는 자신의 권한 확대를 꾀하고자 노력하였고, 이를 실현하기에 가장 어려운, 개별 국가의 폐쇄적 속성이 강한 영역이 통신 분야였다. ECC는 통신 영역에 대한 통제 강화를 원하였지만 개별 국가의 통신산업은 이에 강하게 저항하였다. 대표적으로 지난 1959년에 9개 서유럽 우편통신 관련 정부 부서들이 ECC와 관계없이 CEPT(Comite European de Poste et Telegraph: 유럽 우편통신관리이사회)라는 정부 간 조율기구를 별개로 결성한 바 있다. 이것은 합리적 선택 제도주의가 설명하는 것과 같이 특정 사안의 이해당사자들이 자신들의 이익을 극대화하려고 그에 맞는 제도를 구성한 사례였다(Goodman, 2006: 52). 개방과 자유화의 압력 속에서도 기존 통신 질서 속의 역할자들은 CEPT의 우산 아래 ECC는 물론, 추후 EC가 추구하는 프로그램에서 독립되어 자유롭고 부드러운 현실 대응을 추구하고자 하였다.

1970년대 말까지 지속된 CEPT의 주도권은 1980년대 들어서 EC의 새로운 전략으로 약화되었다. EU의 새로운 캠페인 전략이 미국과 일본으로부터의 유럽 통신시장 보호라는 개념에 맞추어졌기 때문이다(Goodman, 2006: 60). 이런 변화는 기술상으로, 그리고 현실적 이용 수준으로 유럽에 비해 '통신 선진국'인 미국과 일본의 위협에 적절히 대응하기에 개별 국가 차원의 노력은 무용지물이라는 생각에서 비롯되었다. 이러한 논리는 결국 유럽 내의 자유로운 통신자원 교역과 조화를 꾀해야 한다는 것으로 연결된다.

앞에서 살펴본 정치경제 사조의 변화, 즉 신자유주의로의 이행은 EC의 논리를 뒷받침하는 것으로 해석되었고, 대처 정부하에 공공부문 개혁, 특히 통신 개혁에 박차를 가한 영국은 EC 프로세스의 적극적 옹호자가 되었다. 이미 민영화 프로그램의 진도가 많이 나가 통신사 및 장비 제조사의 경쟁력이 앞서 나갔다고 판단하는 영국의 입장에서는 유럽 시장의 개방을 누구보다 원했기 때문이다.

독일과 프랑스 등 통신 개방과 자유화에 미온적인 나라들에게 '외세의 공세' 패러다임은 의사결정 과정에서 결정적 역할을 한다. 미국과 일본뿐만 아니라 가까이에 있는 '개방화', '자유화'된 영국의 발전 속도는 자신들도 이에 따라가지 않는다면 낭패를 볼 것이라는 불안감을 가져온 것이다.

아울러 개별 국가 내의 개방을 원하는 의사결정자들(예를 들면, 경제 활성화를 담당하는 정부부서)이 국내에서 논전을 벌일 때 EC의 드라이브는 그들에게 좋은 명분이 되었다. 즉, 'EC가 이렇게 요구하니 우리는 이렇게나마 해야 하는 것 아니냐'는 식의 논리는 개방론자들이 사용할 수 있는 전가의 보도와 같은 것이었다. 이들은 기존 통신산업 구조에서 이해를 유지하거나 더 나아가 그 이해의 확대가 가능한 의사결정자들(예를 들면, 우체국)의 미온적이거나 혹은 저항적인 태도와 갈등을 벌일 때 범국가적 차원의 명분으로 우위를 차지할 수 있었다.

(4) 보편적 서비스 정책에 대한 불만

크림 스키밍을 방지하여 네트워크의 효율성을 확보하기 위한 도심과 지방의 상호보조가 보편적 서비스를 가져온 것이 사실이다. 그런데 유럽에서는 이에 더하여 지역 내 전화 활성화를 위한 저가격 정책 또한 보편적 서비스 강화에 도움이 됐다. 이것은 지역 내 전화요금을 운영비보다 낮게, 그리고 장거리전화요금을 운영비보다 높게 책정하여 지역 내 전화에서 발생하는 손실을 장거리전화에서 메우게 하는 것이었다. 지역 내 전화를 주로 사용하는 측이 일반 시민이고 장거리전화를 많이 사용하는 측이 기업이라면, 기업활동이 시민 대상 보편적 전화 서비스를 보조하는 역할을 한 셈이다. 이것은 미국에서 벌어진 장거리 우대 현상과 반대이기도 하였다. 프랑스를 예로 들면, 1987년에 지역전화는 전체 시스템 트래픽의 67%를 차지하고도 전체의 15%의 수익만을 올렸다(Millward, 2005: 251).

〈표 4-1〉 유럽 각국 전화요금(1986년 현재)

- 3분 통화당 ECU* 금액

	영국	덴마크	프랑스	독일(서독)	이탈리아	벨기에	네덜란드	스페인
지역 내 통화	0.21	0.10	0.11	0.11	0.20	0.14	0.06	0.03
100km 이내 장거리 통화	0.56	0.36	0.15	1.0	1.62	0.69	0.26	0.60
기타 장거리 통화(국내)	0.56	n. a.	1.59	1.66	1.72	0.69	n. a.	1.07
국제통화(다른 EC 국가에 대한 최고요금)	1.94	0.37	1.85	1.67	2.92	2.22	1.75	3.17

* ECU(European Currency Units): 유럽 통화단위[5)]
출처: Millward(2005: 251).

그러나 이러한 시민 중심의 보편적 서비스는 국영 전화사업자의 이익을 낮은 수준으로 유지하게 하였으며 망 투자 비용이나 유인을 약화시켰다. 대표적으로 1960년대 말 프랑스 전체의 네트워크 사이즈는 미국 뉴욕이나 시카고의 그것들보다 크지 않았다(Millward, 2005: 251). 새로운 장비와 서비스를 확장하기 위해서는 기업 사용자의 수요에 의존할 수밖에 없는데, 그만큼 이들은 자기들에게 불합리한 현재의 요금 구조를 개선하라고 압력을 넣었다. 일부에서는 기업의 장거리 통신을 담당하는 불법적인 사영 네트워크가 등장하기도 하였다.

장거리전화 수익으로 지역 내 전화요금을 보전(또는 보조)하는 것은 미국과는 거꾸로 된 상황이었다. 앞서 보았듯이 미국은 상대적으로 지

5) 유럽통화제도(EMS)를 형성하는 중요 단위 중 하나. 또 다른 통화단위인 EUA와 함께 EU 통화의 바스켓으로 되어 있으며, 그 구성비율은 각국의 경제력에 의해 정해져 있다. 계산단위, 결제수단으로 사용되고 있으나 구체적으로 ECU라는 통화가 별도로 발행되는 것은 아니다(출처: 《한경경제용어사전》).

역 내 요금이 비싸고 장거리 요금이 싼 정책을 취했기 때문에 친기업적 정책이라고 비판받았다. 그런데 흥미로운 것은 지역 가입자, 즉 일반 시민에게 불리한 요금제를 택한 미국이 보급률이 더 높고, 기업에게 불리한 요금제를 택한 유럽의 그것이 더 낮았다는 사실이다. 보편적 서비스라는 명분을 바탕으로 한 유럽의 국가통신 서비스가 각국의 전화보급률을 30~70% 선에 머물게 했다는 것은 어찌되었든 문제 제기의 대상이 되기에 충분하였다. 일부 북유럽 국가를 제외하고는 국가 독점 통신 서비스는 일반적으로 보편적 서비스 실현을 제대로 달성하지 못하였다. 국가 독점사업체의 비효율성, 관료주의, 소비자 민감성 부족 등은 시간이 갈수록 개선되기는커녕 점점 더 악화하고 있다는 비판에 직면했다. 공공 서비스라는 이상적 이론은 현실에서 극적으로 실패하였다(Melody, 1997a)는 것이 국가 독점 서비스에 대한 최종 평가였다.

(5) 미국의 통상 압력

미국은 국제 통신 트래픽의 시발점으로서, 그리고 종착점으로서 가장 많은 트래픽 양을 차지한 나라가 되었다. 그러나 기술발전과 민영화 및 자유화로 통신 가격이 낮아지면서 미국은 자국발 해외통화가 급격히 늘어났고 이에 따라 만성적인 통신 적자상태에 놓이게 된다. 자국 이용자가 건 통화가 타국으로 연결될 때 미국 통신사업자(예를 들면 AT&T)는 이용자에게 받은 통화료를 타국 통신사업자(예를 들면, 영국의 BT)에게 나누어 주어야 한다. 그런데 미국으로 오는 통화량보다 미국에서 외국으로 거는 국제통화가 훨씬 많기 때문에 미국은 외국 통신사에게 받는 돈보다 지불하는 금액이 훨씬 많게 된다. 1985년에서 2000년 사이에 미국의 국제 간 통신요금 적자는 530억 달러에 달하였다(Sterling et al., 2006: 216).

미국이 적자를 줄이기 위해서는 두 가지 방법이 필요한데, 하나는 타국 통신사와의 국제통화 배분율을 조정하는 것이고, 다른 하나는 타국발 국제통화량을 늘리는 것이다. 그런데 이 두 가지를 동시에 해결하는 좋은 방법은 타국에 민영화와 자유화를 요구하는 것이다. 우선, 타국 내에서 통신사 간 경쟁이 일어나면 미국 통신사가 배분율 협상을 할 때 유리한 위치를 차지한다. 반대로 타국 통신사가 독점 상황이라면 미국 통신사의 협상력은 당연히 낮아지는 것이다. 아울러 타국 통신사 간 경쟁은 그 나라에서 통신요금의 인하를 가져올 것이고, 그렇게 된다면 타국발 통신량도 자연히 늘어날 것이다. 이러한 이유로 미국은 타국의 통신산업 민영화와 자유화를 독려, 또는 강요하기 시작하였다.

아울러 세계적 통신기술을 보유한 미국 통신사업체들은 해외 진출을 통한 이익 확대를 시도했다. 일로 확장하는 통신 글로벌기업(TNC)들은 각국 통신산업의 개방과 표준화를 추구하였다. 가속화되는 국제무역 협상은 이러한 개방과 자유화의 압력으로 작용하였다. 이에 과거에는 교역 대상으로 여기지 않던 통신도 서비스 산업으로서 GATS(General Agreement on Trade in Services)의 중요한 품목이 된다.

이제 유럽 선진국들은 기본통신과 부가통신 서비스 양 영역에서 외국에 문호를 개방하게 되었다. 유럽 정부들은 사영화와 민영화 과정에서 미국 자본과 기술의 도움을 빌릴 수도 있었다. 1990년대에 미국 기업들은 정보, 컴퓨팅, 통신 서비스와 장비 사업에서 1,100개의 국가 간 병합이나 조인트 벤처에 참여하였다(Sterling et al., 2006: 218). 미국의 민영 국제위성인 팬암셋(PanAmSat)은 미국 정부의 지원 아래 영국 시장 개방 압력을 넣어 결국 영국 내 기지국 설치에 성공했으며, 케이블 사업자들도 영국의 지역 통신사업에 진출하였다. 미국의 AT&T와 IBM 등은 독일에도 압력을 넣어 부가통신 네트워크(VANS), CPE, 위성통신 등의 사업에 진입하였다. 또한 미국 및 선진 유럽 국가들은 공급의 글로벌화를 위해 타국 사업자와 파트너십을 추진하기도 하였다(Pisciotta, 1997).

AT&T는 다른 주요 국가의 통신사들과 함께 월드 파트너스(World Partners)를 구성하였으며, 영국의 BT는 미국 MCI에 투자하는 한편 양자는 최초의 국제통신 전문 서비스인 콘서트 커뮤니케이션 서비스(Concert Communication Service)라는 벤처를 만들었다. 스위스, 스웨덴, 네덜란드는 유니오소스(Uniosource)를 구성하였다. 또한 프랑스와 독일의 전화회사인 도이치 텔레콤(Deutsche Telekom)과 프랑스 텔레콤(France Telecom)은 미국 통신회사인 스프린트(Sprint)에 투자하는 한편, 글로벌 원(Global One)이라는 벤처를 만들었다. 이들 연합은 기업 사용자들에게 국제 간 끊김 없는 통신 서비스를 제공하였지만 큰 성공을 거두지는 못하였다.

3) 민영화의 길

(1) '페이스메이커' 영국

유럽 각국은 국가 독점을 벗어나 민영화와 복점의 길로 들어서게 된다. 이 과정은 무엇보다도 영국이 선도하고 다른 나라들이 이 변화에 뒤쫓는 모습을 보였다. 그런데 영국의 제도적 특성이 독일 및 프랑스보다 빠른 개혁을 가능하게 했다고 해도 기본적으로 유럽식 정치문화의 공통점, 즉 현재 방식을 고수하려는 동인은 여전하였다. 정치제도와 정치문화의 특성 때문에 유럽 국가에서는 기본적으로 새로운 현상에 대한 규제체제의 변화가 쉽지 않은 것이다(Spitter & Vogelsang, 1996: 79~120).

삼권분립이 잘 되어 권력기관들이 상호 견제하는 미국과 달리 영국에서는 의회를 장악한 정당이 정부를 장악하고, 심지어 법원이 정부의 정책에 반하는 판결을 내리면 아예 법을 바꾸어 버릴 수 있을 정도의 힘을 갖는다. 그러나 영국에서 실제로 나타나는 현상은 이렇게 권력을 가진 당대 수권정당이 규제재량권을 남용하는 것이 아니라 오히려 제한하는 모습이다. 이것은 총선으로 인한 정권교체가 쉽기 때문에 비공식적인 제도를 유지하여 안정체제를 보장할 필요에 의한 것이다. 특정 정당이 집권한 기간에 큰 변화를 만든다면 다음에 권력을 쥔 정당이 또 다시 큰 변화를 만들거나 앞선 정권이 한 일을 되돌릴 수 있다. 이렇게 된다면 효율보다는 혼란의 피해가 더 클 수 있기 때문에 정권 변화에 의해서도 제도 변화가 쉽게 이루어지지 못하는 문화를 만들어 놓은 것이다. 영국은 정부 고위직에서 정치적 인물이 차지하는 비율이 미국 등 주요

국에 비해 극히 낮으며, 이로 인해 정부가 바뀌어도 정책은 쉽게 바뀌지 않는다. 어떠한 정책을 바꾸기 위해서는 규제기관이 백서를 만들고 관련 보고서를 작성하면서 이해당사자들의 폭넓은 의견을 청취하고 규제의 방향성을 시민에게 충분히 알리는 절차를 취하게 된다.

영국은 정부기관이 직접 운영하던 통신사업을 분리하여 1969년 우체국(Post Office)을 공사화하였다. 그러나 이것을 그대로 내버려 두는 것이 아니라 '우체국법'(Post Office Act)을 만들어 정부가 엄격하게 통제하였다. 이 법에 따라 주무장관은 우체국 이사 임명권을 가졌으며, 우체국은 보편적 서비스 의무를 부여받았다. 우체국은 여전히 공급독점권을 유지했으며 CEC나 플레시 등 장비회사들에 대한 수요독점을 유지하고 이들을 통제하는 한편, 이들에게 과점적 납품권이라는 특혜를 주었다(Goodman, 2006: 31). 결과적으로 국가의 지배력은 변하지 않았다.

1977년 통신 문제를 점검한 "카터 보고서"(Carter Report)는 우체국의 시장 지배력을 비판하였다. 주요 내용은 현재의 법규가 가격 인하의 인센티브를 제공하지 못하고 있다는 것이었다. 이 밖에도 보고서는 우체국의 회계 시스템 및 책무성 구조가 비효율적임을 지적하였다. 이러한 비판의 결론은 우편과 통신 업무를 각각 공사화하여 분리하라는 것이었다. 그 이듬해(1978년) 발표된 백서(White Paper on the State of the Post Office)는 같은 문제점을 지적하였지만 우편과 통신의 분리를 제안하지는 않았다. 다만 의사결정 구조의 분권화를 제안하였을 뿐이다.

그러나 1979년 개혁을 강조하는 대처 정부가 들어서면서 전 공공부문의 자유화 드라이브가 시작되었고, 통신 영역도 예외가 될 수 없었

〈표 4-2〉 영국 통신정책(1960~1980)

1969 Post Office Act
- 주무장관에게 투자와 차입을 통제할 이사회 멤버 선임권을 부여함. - 우체국이 보편적 서비스를 제공하도록 의무화함. - 우체국 이용자 전국 연맹(Post Office Users' National Council)에 소비자의 시각에서 우체국을 감시하고 우체국 정책에 대해 주무장관에게 권고하도록 요청함. - 우체국장은 어떠한 주요 정책을 실행하기 전에 이 연맹의 자문을 받을 것을 의무화함. - 우체국을 공사로 전환함.
The Carter Report of July 1977
- 우체국의 시장 지배력 실행을 비판함. - 1979년 법이 가격 인하를 위한 인센티브를 거의 부여하지 못했음을 지적함. - 회계 시스템과 자료 활용성을 비판함. - 경영진과 정부 관료 간의 갈등을 부각함. - 책무성과 의사결정 및 프로젝트 평가를 위한 적절한 틀이 없음을 부각함. - 우체국 경영이 지나치게 경직되어 있으며 경영진 급여가 너무 낮음을 비판함. - 우편과 통신 부문을 두 개의 별도 공사로 분리할 것을 권고함.
The 1978 White Paper on the State of the Post Office
- 통신과 우편 서비스의 분리를 권고하지 않음. - 의사결정의 대거 탈집중화를 촉구함.

출처: Spitter & Vogelsang(1996: 84).

다. 1981년 발표된 "비즐리 보고서"(Beesley Report)는 네트워크 신규 진입 촉진 등의 규제 완화를 제안하였다. 이어서 정부는 BT법(British Telecommunications Act)을 제정, "비즐리 보고서" 내용대로 신규 네트워크 진입을 허가하고, "카터 보고서" 내용대로 BT를 별도 공사로 떼어 낸다.

개혁의 속도는 더욱 빨라져서 1982년 백서(White Paper)가 BT 민영화와 통신 규제기관 Oftel(Office of Telecommunication) 설립을 제안하고, 1984년에 백서 내용을 반영하여 전기통신법(Telecommunications Act)을 제정한다. 법에 따라 BT는 민영화하고 Oftel을 설립하였다. 동시에 BT와 경쟁하기 위한 머큐리 커뮤니케이션즈(Mercury Communi-

<표 4-3> BT 민영화 이전의 규제 변화

1981 Beesley Report
- 전용선(사용 회선)의 제한 없는 재판매를 권고함. - BT가 사용 회선 가격을 자유롭게 정할 수 있게 허가하는 것을 권고함. - 네트워크 진입을 촉진할 것을 권고함.
The British Telecommunications Act of 1981
- 부가가치통신망에 일부 진입을 허가하고 1987년에 이를 더욱 완화함. - 이니셜 폰(initial phone)을 제외한 CPE(고객 댁내 장치)에 대한 BT의 독점을 종식함 (이니셜 폰은 1985년까지 종식). - 면허를 통한 네트워크 진입을 허가함. - BT를 우체국에서 분리함.
The 1982 White Paper
- BT 지분 51%를 매각할 것을 제안함. - 청장(Director General)이 운영하는 Oftel의 창설을 제안함.
과점정책(1983. 11.)
- 7년 동안 BT와 머큐리에 경쟁하여 고정 링크(fixed-link) 음성전화 공급을 하려는 전국 규모 사업자를 허가하지 않을 것을 명시함.
The 1984 Telecommunications Act
- Oftel을 창설하고 텔레커뮤니케이션 청장(Director General of Telecommunications) 직위를 신설함. - 모든 사영 통신사업자들에게 면허를 요구함. - 면허 수정과정을 명시함. - 피면허자 규제에 '독점 및 병합 위원회'(Monopolies and Mergers Commission)를 활용함. - 가격 설정이 면허증에 정해져야 한다고만 할 뿐 이에 대해서는 언급이 없음.

cations Ltd.)에 통신사업자 면허를 부여하였다. 머큐리는 주로 기업 사용자를 대상으로 서비스를 시작하였고, 접속료를 올리는 대신에 사용료를 낮추는 방식으로 이들을 우대하였다. 이러한 빠른 탈규제 및 자유화 추세는 다른 유럽 국가에 영향을 주었고, 이로 인해 영국은 텔레컴 개혁의 "페이스메이커"(*pacemaker*) (Spitter & Vogelsang, 1996: 79~120)가 되었다.

민영화한 BT는 여전히 강한 지배력을 지니고 있었다. 1990년 당시 시내전화 서비스 시장은 기본적으로는 BT와 머큐리의 복점적 시장이었지만 BT는 1990년 현재 시내전화 99%, 장거리전화 96%, 국제전화 88%의 시장을 점유하여, 미국이나 일본의 지배적 사업자에 비해 아직도 확고한 위치를 지키고 있었다(조신 · 김홍도, 1991).

(2) 다른 유럽 국가의 민영화 · 자유화

탈규제와 자유화의 기조는 각국의 제도적 특성과 정치적 영향에 따라 영국에서는 빨리 진행된 반면 프랑스와 독일 등에서는 큰 저항에 의해 지체되었다. 1984년에 이루어진 공영 BT의 해체는 1980년대에 유럽에서 이루어진 거의 유일한 주요 공공 통신사업체의 민영화였다. 그럼에도 민영화의 길은 결국 피할 수 없었다. 특히 영국의 빠른 탈규제 속도는 다른 나라들의 변화에 큰 압력으로 작용하였다.

통신정책학자 조셉 굿맨(Joseph Goodman)은 역사적 제도주의가 설명하듯이, 각국이 지닌 기존의 제도적 특성은 탈규제와 자유화의 길을 결정하는 요인이 되었다고 분석한다(Goodman, 2006: 30). 예를 들어, 권력이 분화된 독일과 프랑스 시스템에 비해 집행권이 중앙화되어 있는 영국 의회제도는 대처 정부로 하여금 더 빠른 변화 주도를 가능하게 하였다는 것이다. 아울러 영국의 노동조합은 독일과 프랑스에 비해 힘이 약했기 때문에 이 과정에 큰 힘을 발휘하기 어려웠다. 이에 반해 독일의 경우 개혁 추진을 위해서는 연합정권 파트너와 연방의회의 지지를 얻어 내고 헌법을 개정해야 한다. 헌법 개정을 위해서는 의회에서 2/3의 찬성이 필요하다. 프랑스는 집행권이 대통령과 총리에게 분점되어 있으며 엄격한 통신산업 구조가 관련 법에 명문화되어 있다. 1980년대 말 이루어진 불안정한 연정 또한 개혁 지체요인이었다.

나머지 유럽 각국의 민영화 및 자유화의 길은 영국이 선도한 과정을 따라가는 모습으로 진행되었다. 영국의 민영화·자유화 프로젝트는 범유럽적으로 나타난 '규율적 신자유주의'(*disciplinary neo-liberalism*)의 대표적 영역이었다고 평가되기도 한다(Simpson, 2010). '규율적 신자유주의'란 개인과 조직이 특별한 통제 없이도 시장경쟁의 가치를 내면화하고 실천하게 하는 신자유주의의 특성을 말하는 것이다(Gill, 2001). 막스 베버(Max Weber)의 설명에 따르면, 규율(*discipline*)이란 어떠한 집단이나 계급 구성원들이 순종적이거나 충성심을 발휘하는 것이 아니라 합리적으로 균일함을 유지하는 것을 뜻한다. 에밀 뒤르켕(Emile Durkheim)은 개인적 차원에서, 규율은 감성적 요구를 절제하는 것으로서 이것은 합리적 행동을 유발하고 종국에는 건강한 인격의 성장을 돕는 것이라고 주장하였다. 신자유주의는 막스 베버와 에밀 뒤르켕이 설명한 바와 같은 규율이 사회구조적으로 내재화되는 모습을 보이는 것이다(Gill, 2009).

유럽에서 이뤄진 통신 영역의 규율적 신자유주의 양상은 다음과 같이 요약된다(Simpson, 2010: 49). 첫째, 정부의 PTT 직접 소유를 대폭 축소하였다. 둘째, 기술 변화로 가능해진 모바일 및 부가가치 서비스 등 새로운 통신사업은 경쟁시장 구조에 의해 공급되었다. 셋째, 음성전화사업 등 전통 통신시장에 경쟁이 도입되었고, 부분적으로 민영화된 기존 사업자도 새로운 경쟁자들과 함께 면허를 받도록 하였다. 아울러 음성전화의 하위시장들이 경쟁적 차원에서 조성되었다. 넷째, 기업국가가 행하던 통신시장에 대한 감독을 새로운 규제기구들에 이양하였다. 이 기구들은 규율적 신자유주의가 통신에서 잘 이행되도록 하는 역할을 맡았다.

1982년 영국의 Oftel을 시작으로, 1987년에 프랑스에서 CNIL(Commission Nationale de l'Informatique et des Libertés)이 설치되었고, 스웨덴에서도 1993년에 유사한 기구가 등장했다. 이에 더해 통신과 우편의 분리를 빼놓을 수 없다. 앞에서 보았듯이 1981년에 영국이 이를 선도하였으며, 덴마크에서는 1987년 덴마크 통신(Statens Teletjeneste, Telecom Denmark)이 우편 서비스와 분리되어 트렁크 선로를 운영하게 되었다. 1990년대에 들어서는 프랑스와 스웨덴에서 각각 프랑스 텔레콤과 텔리아 AB(Telia AB)가 등장하면서 통신이 분리되었다. 예산은 분리되어 쓰지만 여전히 우편통신부 및 국방부의 통제 아래 도이체 분데스포스트(Deutsche Bundespost)의 하부인 독일을 예외로 한다면 우편과 통신의 분리는 일반적인 과정이었다. 우편에서 통신을 분리하는 것은 유럽 국가의 통신이 더욱 상업화하고 정부에서 독립하는 것을 의미하였다.

4) EU 텔레콤 정책과 개방화: '텔레콤 패키지'

EC는 1980년대 후반 들어서 새로운 규제체계를 제시하며 유럽 통신시장 개혁의 시동을 걸었다. 이것은 EU의 통신 서비스 및 장비 시장을 완전히 개방하는 것을 의미하였다. 1999년 발표된 보고서 "Towards a New Framework for Electronic Communications Infrastructure and Associated Services"(European Commission, 1999)는 통신 인프라와 관련 서비스에 대한 새로운 틀을 제시함과 동시에 그에 관한 규제 방향을 예고하는 것이었다.

EC는 이어서 2002년에는 여러 규제 지침들로 이루어진 이른바 '텔레콤 패키지'(*telecom package*)를 발표하며 그동안 유럽 통합의 장애로 여겨진 통신 분야의 국가 간 단절과 분화를 극복하고자 하였다. 원제목을 요약하여 편의상 각기 '프레임워크 지침'(Framework Directive), '허가 지침'(Authorisation Directive), '접근과 상호접속 지침'(Access and Interconnection Directive), '보편적 서비스 지침'(Universal Service Directive), 'e-프라이버시 또는 데이터 보호 지침'(e-Privacy or Data Protection), '경쟁 지침'(Directive on Competition), '가입자 선로 공동 활용 규정'(Regulation on Local Loop Unbundling)으로 불리는 지침들을 일괄하여 '텔레콤 패키지'라고 하는 것이다. 그간 CEPT의 주도로 개별 국가 환경에 따라 각자 추구하고자 하였던 개혁과 개방이 별 효용이 없다는 것이 증명된 이상 일원적인 법제화가 불가피하다는 EC의 주장이 이 패키지로 받아들여진 것이다.

이 패키지의 핵심은 통신 분야에서 경쟁적 환경을 만들고, 단일 유럽 시장에 힘을 실어 주며, 소비자의 이익을 보호하자는 것이었으며, 보다 본질적으로는 "관료주의를 버리는 것"이었다(Tsatsou, 2011). 이것은 통신사업자들이 새로운 시장에 진입하는 일반적 절차를 만들고 더 빠른 움직임을 독려하는 것을 의미하였다. 경쟁 원리의 확대, 규제 축소, 기술 중립성 원칙 등은 새롭게 등장하는 각종 기술과 융합 미디어의 발전, 그리고 최종적으로는 하나의 유럽 시장을 위한 필수적 조건으로 이해되었다. 2002년의 텔레콤 패키지는 이후 지속적인 수정과 보완을 통해 새로운 지침들로 제시되었지만 기본적인 정신과 질서는 변함없이 지속되었다. 텔레콤 패키지에 포함된 지침들은 네트워크와 플랫폼 수준에서 '시장 경쟁을 촉진'하고 보편적 서비스와 프라이버시 규정을 통해 '소비자의 이익을 확대'한다는 두 개의 큰 목표를 지니고 있었다 (Tsatsou, 2011).

〈표 4-4〉 EU의 2002년 텔레콤 패키지

- '프레임워크 지침'(EC, 2002a)은 모든 영역에 공히 적용되는 일반적인 원칙과 목표 그리고 절차들을 개관하는 것이었다. 이것은 특히 이 규제 패키지들에 관한 EU 소속국 규제기관들의 책임과 권한, 그리고 의무를 규정하였다.
- '허가 지침'(EC, 2002b)은 커뮤니케이션 서비스를 위한 개별적 면허를 일반적 허가로 대체하는 것이었다. 이 지침은 시장 접근에 대한 규제 부담을 약화하여 서비스 사업자들에 대한 일관된 대응을 가능하도록 하기 위함이었다.
- '접근과 상호접속 지침'(EC, 2002c)은 다중 전송(multi-carrier) 시장에 대한 규칙을 통해 개방과 상호이용을 보장하고자 하는 것이었다. 프레임워크 지침이 추구하는 바를 시장이 충족할 수 없을 경우, 개별 국가 규제기관은 이에 개입할 수 있도록 하였다.
- '보편적 서비스 지침'(EC, 2002d)은 소비자들에게 전자 커뮤니케이션 서비스에 대한 최소한 수준의 이용 가능성을 보장하기 위한 것이었다. 이 지침은 보편적 서비스의 가능성, 장애인 이용자에 대한 동등 접근 제공, 요금의 적절성(affordability), 그리고 서비스 품질 등에 대한 의무를 제시하였다.
- 'e-프라이버시 또는 데이터 보호 지침'(EC, 2002e)은 이용자의 프라이버시와 공중 네트워크에서 전송되는 개인 데이터의 보호를 위한 것이다. 이것이 다루는 주요 이슈들은 트래픽 데이터 보유(6조), '이용자 동의에 따른 지역 데이터 처리'(9조), 보안(4조), 커뮤니케이션 비밀보호(5조) 등이다.
- '경쟁 지침'(EC, 2002f)은 전자 커뮤니케이션 네트워크와 서비스와 관련한 특별하거나 배타적인 권리를 철폐하기 위한 것이었다. 이 지침은 또한 개별 국가 소속 사업체에 적용되는 기준에 따른 객관성, 비차별성, 그리고 투명성의 보장을 요구하였다.
- '가입자 선로 공동활용 규정'(EC, 2000)은 기존 사업자들은 경쟁 사업자들이 공정하고 합리적이며 비차별적인 조건으로 그들의 가입자 선로에 충분히 접근하고 그것을 공유할 수 있도록 할 것을 의무화하였다. 그러나 이 규정은 개별국의 정책, 경제, 문화 및 여러 측면을 고려하고 다양한 이용자들의 이해의 균형을 맞출 것을 주문하여 경쟁적 통신시장에서 개방도가 약하다는 비판을 받았다.

출처: Tsatsou(2011).

5) 민영화와 자유화 유형

EC 내의 민영화 및 자유화 방식은 각 나라마다 다른 모습을 띠었다. 각국에서 벌어진 개혁의 방식은 '완전 경쟁 민영화', '단계적 경쟁 민영화', '민영화 없는 자유화', '민영화 및 자유화 없는 민간 참여' 등 4가지로 나눌 수 있는데(Pisciotta, 1997), 이 중 유럽에서 주로 발견되는 것은 '단계적 경쟁 민영화'와 '민영화 없는 자유화' 유형이다. '완전 경쟁 민영화'나 '민영화 및 자유화 없는 민간 참여'는 주로 유럽 사례의 영향을 받거나 선진국 통신회사의 진출로 인해 1990년대 이후에 개발도상국가에서 이루어졌다.

이것들 가운데 '단계적 경쟁 민영화'는 국영 통신사를 민영화하지만 특정 기간 동안은 기본적인 전화 서비스들에 대해 독점권을 주거나 제한된 경쟁을 보장하는 것이다. 초기에는 주변적인 서비스들에만 경쟁이 도입되고, 차츰 기본 서비스로 이를 확대한다. 이 방식은 민영화를 통한 재정 수입 등의 목적을 이루되 보편적 서비스의 명분으로 민영사업자들에 대해 일정 기간 강력한 규제를 실시한다. 영국과 일본이 국영 통신사를 민영화했지만 경쟁 도입은 순차적인 방식으로 한 대표적인 나라들이다. 앞에서 보았듯이 영국은 1981년 BT의 공사화와 함께 제 2통신사인 민영 머큐리를 출범시켜 1990년까지 복점 상태에 있게 하였다. 아울러 영국은 1984년부터 BT 주식의 공개를 시작하여 1993년에 완전 민영화를 달성하였다. 일본은 1986년에 NTT 주식 35%를 공개 매각한 것을 시작으로 점진적 민영화 및 자유화의 길에 들어섰다. 1989년에 정부 소유 국제통신회사인 KDD와 경쟁하기 위해 두 개의 민영사업자를 허가하였으며 추후에 모바일 및 위성통신사업에도 경쟁을 도입하였다. 한국도 영국과 일본의 점진적 민영화, 자유화 모델을 따르게 된다. 1995년에 한국통신 주식 20%를 민영화한 것을 시작으로 장거리 서비스에 대한 경쟁을 먼저 도입하고 차츰 지역 서비스에도 경쟁을 허용하였다.

'민영화 없는 자유화' 모델은 국영 통신사의 실질적 민영화 없이 경쟁 방식을 도입하는 것이다. 이것은 당대 정부의 정치적 부담이나 민영화로 인한 경제적 영향에 대한 우려 없이 효율화를 꾀하기 위한 의도로 채택된다. 국영 통신사의 민영화는 통신사 노조 및 그것이 속한 노동단체의 큰 반발을 불러일으키며, 이를 추진한 정치 세력은 선거에서 실패할 위험성이 있다. 아울러 정부 재산의 민영화는 주식시장을 흔들어 경제적 부담으로 작용할 가능성도 있다. 이 때문에 핀란드의 경우, 국영 통신사 텔레콤 핀란드(Telecom Finland)를 100% 정부 소유로 유지한 상태에서 지역, 장거리, 국제, 부가 통신 등 전 영역에서 민영 경쟁자의 진입을 허가하였다. 자유화 정책 도입 후 1년이 채 안 되는 시간에 민영 ATC 컨소시엄은 장거리와 국제 서비스 시장에서 텔레콤 핀란드로부터 상당 부분의 점유율을 빼앗아 갔다. 스웨덴의 경우도 국영 통신사인 텔리아(Telia)의 지분은 전혀 공개하지 않고 민영 경쟁자를 허가하였다. 민영사업자인 텔리아2(Telia2)는 핀란드와 마찬가지로 급속히 시장지분을 확대하였다.

6) 민영화와 자유화의 성과

유럽 각국에서 이루어진 민영화와 자유화의 성과에 대해서는 시각에 따라 평가가 다르게 나타난다. 효율성을 중요하게 생각하는 시각에서 이루어진 사례연구들은 일반적으로 "경쟁 정책의 도입과 공기업 민영화는 통신산업에 긍정적인 효과를 준다"(이상우 · 김창환, 2006: 96) 고 평가한다. 이 분석들은 주로 자유화와 민영화 이후 생산성과 품질 향상, 그리고 통화료 인하의 효과를 이야기한다. 실제로 기본적인 통신 서비스 가격이 내려갔으며 서비스 품질이 향상되었다. 예를 들어 2006년 현재 유럽 15개국 소비자들은 같은 통신 서비스에 대해 지난 10년 전에 비해 40% 낮은 비용을 지출하게 되었다(Simpson, 2010: 10).

그러나 효율성이 아닌 사회적 형평성 등 외부성(*externalities*) 을 중요하게 생각하는 시각에서는 이것을 달리 평가한다. 우선, 대부분의 유럽 국가에서 유선전화시장은 기존 사업자들이 강한 지배력을 행사하고 있으며, 무선전화시장도 과점으로 향하고 있다(European Commission, 2007; Reding, 2007). 새로운 차세대통신망(NGN: Next Generation Network)의 경우 사업자들이 투자를 꺼리는 가운데 지역 정부들의 사회정책에 의해 주도되고 있을 뿐이다(Simpson, 2010: 10). 신기술의 활용 자체가 새로운 시장을 의미하지 않는다는 사실에 대해 폭넓은 동의가 이루어지고 있다(European Commission, 2007: 5). 아울러 통신기술의 발달과 접근성의 확대가 곧 그것의 효율적 활용을 보장하지는 못한다는 사실이 지속적으로 보고된다. 제 7장에서 살펴보게 되겠지만 교육 및 연령 등의 요인이 정보격차를 줄이지 못하고 있는 것이다.

3. 일본 선진국 추격형 국가 독점의 해체

한국 통신산업의 독점 해체 과정을 보기 위해서는 유사한 국가주도적 발전전략을 채택한 일본의 사례를 살펴보는 것이 도움이 될 것 같다. 이에 따라 이 절에서는 일본의 사례를 일별하고자 한다. 일본도 어느 나라보다 강한 국가 독점 통신체제를 유지했다. 메이지유신 때부터 전신은 선진국을 추격하고 국가발전을 이루는 기관차와 같은 역할을 할 것으로 기대되었다. 이 때문에 통신은 국가정책 차원에서 국가 주도로 발전할 수밖에 없었다. 일본에서 통신이 국가 독점화하고 1980년대에 들어서서 그것이 해체된 과정은 다음과 같이 요약된다.[6)]

1) 전신과 전화 도입과 복제

1854년 미국의 페리 제독이 군함을 끌고 일본을 두 번째로 방문해 개항을 강요했을 때 그는 전보기계를 일본인들에게 시연했다. 신비한 기기에 감명을 받은 일본 엘리트들은 일본이 서양 열강의 식민시가 되지 않으려면 군사적으로도 강해야 하겠지만 기술적으로도 발전해야 할 것을 깨달았다. 이에 메이지 정부는 '선진국 추격'을 목표로 '기술 국가주의' 기치 아래 산업혁명을 꾀한다. 일본 정부는 산업영역 전반을 민영화하며 자율적 발전을 꾀하였지만 통신 분야만큼은 국가안보와 경제발전의 견인차가 되게 한다는 목표로 보호와 보조 등 강한 개입정책을 펼친다.

---

6) 이하의 내용은 주로 Anchordoguy, 2001: 508~524를 요약하여 기술하였다.

일본 정부는 구매력을 내세워 기술 이전을 요구하는 방식으로 선진기술을 얻고자 하였으며, 막대한 대가를 치르고 통신 분야 외국 전문인력을 자문역으로 고용해 자국 인력이 이들에게 기술을 배우도록 했다. 그리고 일정 시간이 지나 기술 이전이 이루어지면 외국인 전문가들과의 계약을 해지하는 방식을 취했다.

이런 노력의 결과로 1868년부터 일본은 전신 서비스가 가능해졌다. 물론 영국 장비와 인력을 수입해 시작한 것이지만 이 기술을 복제하는 방식으로 능력을 키워 간 것이다. 일본 정부는 미국의 웨스턴 일렉트릭이 자국 기업과 조인트 벤처를 만드는 것을 허가하였으며 나중에는 이것을 흡수하여 NEC(Nippon Electric Company)를 만든다. 보스턴에서 벨의 전화 시연이 있었던 이듬해인 1877년에 일본은 웨스턴 일렉트릭의 전화기를 수입 후 바로 복제하여 자국 제품을 생산하여 1888년 정부 부처 간 전화망을 연결한다. 1889년 일본 정부는 전신과 마찬가지로 국가의 전화독점을 결정하고 도쿄에 200명의 가입자를 바탕으로 전화 서비스를 개시하였다. 이렇게 축적한 통신기술은 1894년 중일전쟁, 1904년 러일전쟁에서 일본이 모두 승리하는 데 일조한다. 1935년에는 독일 지멘스의 기술을 이용하여 통신회사 '후지쯔'를 만든다. 그러나 군국주의가 강해지면서 통신영역에서의 수익은 군비로 전용되었으며, 제 2차 세계대전으로 외국 기술을 더 이상 수입할 수 없게 되면서 선진국과의 기술 격차는 커졌고, 이것은 패전의 주요 원인이 되었다.

2) 패전 후 통신정책: NTT 독점체제

전쟁으로 기술 수입이 막힌 상태에서 서양 선진국이 기술 도약을 하는 바람에 다시금 서구에 뒤진 일본은 패전 후 메이지유신 때와 같은 방법으로 선진국 추격을 재개한다. 그것은 외국 기술 전문가를 영입하고, 외국 투자를 끌어들이되 그 기술을 습득하고 복제하는 것이다. 전후 일본을 관할한 연합군 사령관 맥아더는 미국 AT&T를 본떠서 사영 독점업체를 구상하였으나 뉴딜 정책의 영향을 받은 미국 본토 관리들은 TVA(Tennessee Valley Authority: 테네시 강 유역 개발공사)와 같은 공공사업체 모델을 선호하였다고 한다.

그런데 일본 정부 엘리트들이 원하던 바가 바로 공공 모델이었고, 결국 국가 통신 서비스를 담당하던 통신성은 사영화되지는 않고 일본전신전화공사(NTT: Nippon Telegraph and Telephone Corporation)가 되었다. 전신과 전화업무를 담당하던 통신성이 연합군 사령부의 뜻에 따라 분리된 우정성에 우편 업무를 넘겨주고 공사화한 것이다. 새로 생겨 정부에 남은 우정성이 NTT를 관리, 감독하는 주무부서가 된 셈이다. 그런데 정부 내에서 우편 업무를 맡던 사람들은 엘리트가 아니었다. 전신과 전화 전문가들이 NTT로 넘어간 상태에서 우정성 관리들이 NTT를 관리하는 것은 역부족이었다. 이로 인해 NTT 전문가들이 오히려 우정성에 파견되어 NTT를 관리하는 아이러니한 일이 벌여졌다. NTT는 정부 기업인 셈이 되었다. NTT의 사장과 부사장도 총리가 임명하였다.

연합군이 물러간 뒤 일본 관리들이 생각한 NTT의 역할은 낮은 가격의 편리한 서비스가 아니라 일본 경제를 부흥시킬 하부구조가 되는 것

〈그림 4-7〉 NTT 공사화(1953)

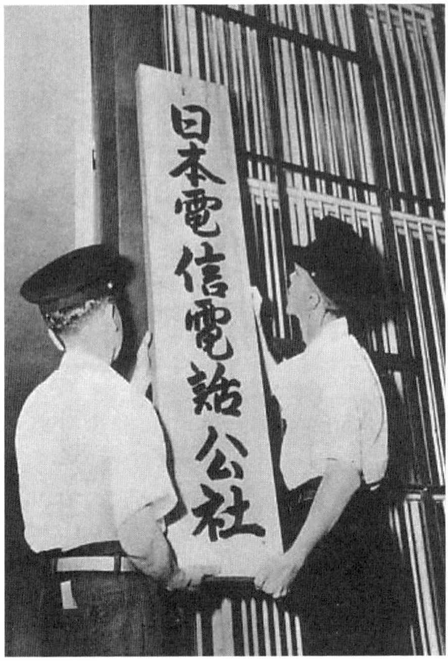

이었다. 이에 따라 NTT는 전화 가입자에게 10년 상환 채권을 구입하도록 하였고, 이렇게 모은 자금은 장비 구입과 R&D에 활용하였다. 또한 NEC, 후지쯔, 히타치와 같은 장비 제조업체와 밀접한 동반관계를 형성하여 장비산업 발전을 지원하였다. NTT는 일본 사회의 자본 조달과 고용을 동시에 담당하여 전체 경제에 기여하는 것이 목표인 조직이었던 것이다. 결국 이러한 정책은 성공을 거두어 일본은 1970년대 말에 1가구 1전화와 전국 직접 다이얼 서비스를 달성하게 된다.

독점을 활용하여 고가격(채권 구매 등)을 유지한 뒤 그것에서 자본을 조달하여 해당 산업기술을 발전시키는 방식은 국가 독점이 지닌 이점을 보여 준다. 일반 시장경제에서는 초과 이윤이 발생할 경우 그것이 자본가에게 들어가 재투자되기 어렵지만 국가 독점경제에서는 초과 이윤 전체의 재투자가 일어나 해당 산업을 발전시키고 종국에는 최종 소비자들에게 이득이 된다. 물론 이러한 국가 독점은 도덕적 해이로 인하여 효율성이 떨어지는 문제가 있지만 국가 독점 종사자나 관리기관의 투명성을 전제한다면 바람직할 수도 있다. 이는 마치 투자자에게 이윤을 돌려주지 않아도 되는 공영방송사가 일종의 국가보조금이라고 할 수 있는 수신료를 과감히 투자하여 해당 사회의 방송 품질과 수준을 올리는 효과가 있다고 주장되는 바와 같다. 이렇게 된다면 다른 사영방송사들이 공영방송사의 품질과 수준을 따라할 수 있게 유도할 뿐 아니라 이들이 공영방송사와 경쟁하기 위하여 부득불 이윤율을 낮추고 투자비를 늘림으로써 다시금 전 사회의 방송 품질이 향상된다. 이러한 현상을 공영방송의 '증식기 효과'(*multiplier effect*) 라고 부른다(Oliver, 2005).

3) 일본 통신 자유화, 민영화

일본은 국가 독점의 긍정적 측면을 최대한 발휘하여 급속하게 통신 선진국으로 성장하였다. 국가 독점사업체인 NTT는 일본의 정보화를 주도하였다. 이뿐만 아니라 공조와 경쟁을 통해 장비업체 등 유관산업 발전을 유도했으며 이들이 교환장비나 집적회로, 컴퓨터 분야 등에서 국제적 경쟁력을 갖춘 브랜드가 되도록 만들었다.

그러나 국제환경과 기술발전은 일본에서도 통신산업 구조에 새로운 패러다임을 요구하였다. 미국은 일본에게 자국 시장 개방을 요구하기 시작했으며, 미국과 영국의 자유화, 민영화 과정을 주목한 일본도 개혁이 필요함을 자각하였다. 높은 통신비에 대한 불만 등이 점차 고조된 것도 이유일 수 있지만 새로운 개혁 또한 정부 주도로 이루어지는 것이 '일본 주식회사'다운 것이었다.

그러나 신제도주의가 주장하듯이 제도의 변화는 그에 관련한 이해당사자들이 자신들의 지분을 확대하려는 경쟁 속에서 이루어진다. 일단 개혁으로 방침은 정해진 상태에서 일본의 통신 개혁도 이해당사자들의 경쟁 방식으로 진행되었다(Anchordoguy, 2001). 이러한 논전은 주로 NTT의 분할을 두고 벌어졌는데, 우선 재무를 담당하는 대장성(大藏省)은 NTT의 민영화를 통해 국채를 갚기를 원했지만 주식시장에 대한 악영향을 이유로 NTT의 해체를 원하지는 않았다. 재계 입장도 대장성과 같았다. 이것은 통신 관련 전자산업에 대한 관할권을 우정성에서 분리해 자신들이 담당하기를 원하는 통상산업성 관리들의 입장과 상반되는 것이었다. 우정성도 민영화와 해체를 원하였지만 이것은 자기 관할하에 여러 산업부문을 거느리고자 하는 동기 때문이었다. NTT는 민영화를 통한 독립을 원하였지만 해체를 통한 조직 축소에는 반대하였다.

결국 1985년 4월 1일 전신전화개혁 3법이 시행되어 전기통신 서비스의 독점 제도는 폐기되고 민영 경쟁이 가능하게 되었다. 이 법들에 따라 NTT는 정부가 1/3 지분을 지니는 방식으로 부분 민영화된다. NTT는 민영화 이후에도 영문 약자는 그대로 쓰되 일본어 명칭은 '日本電信電話株式會社'(일본전신전화주식회사)로 변경하였다.

그러나 NTT 해체 문제는 합의가 되지 않아 계속 지연되다가 완전 민영화와 함께 1999년에 3개 회사로 분할되었다. 그것은 각각 일본의 동쪽과 서쪽을 담당하는 '동일본 전신전화'(NTT 동일본)와 '서일본 전신전화'(NTT 서일본), 그리고 장거리 통신을 담당하는 'NTT 커뮤니케이션즈'(NTT 컴)였다. 그러나 NTT는 여전히 이들 회사들의 지주회사가 되어 실제로는 거대 통신사의 지위를 지속하였다. 국가 재정을 다루는 강력한 부서 대장성과 NTT의 분할불가론과 실제 산업부문을 다루는 우정성과 통상산업성의 대결 결과 대장성과 NTT 측이 판정승을 거둔 셈이다.

4. 한국의 통신 민영화와 자유화

1) 한국 통신산업의 발전

한국도 일본과 유사하게 선진국 추격의 목표 아래 국가 주도적 경제발전을 꾀하였고, 이 흐름에서 통신영역은 전형적인 국가사업으로 발전하였다. 특히 통신 서비스를 국가 독점으로 한 점은 유럽과 흐름을 같이하는 것이었다. 1980년대 이전까지 통신은 공공기관이 아닌 정부기구(체신부)가 직접 제공하는 서비스였다. 일제강점기에 이어 미군정하에서도 통신은 정부 서비스로 공급되었으며, 대한민국 정부 수립 후에도 이 기능을 정부가 담당하는 것이 당연하다는 인식이 있었다. 미군정기에 국제 간 통신을 위한 민간사업자로서 미국 RCA의 사업을 허가하였지만 한국 정부는 정부 수립 후 이 허가권을 환수하였다. 정부는 '당연한 국가 서비스'인 통신 인프라 건설을 위해 해외차관 등의 재원조달을 하였으며 한국전쟁으로 유실된 통신시설 재건을 위해 UN과 미국의 원조를 받기도 하였다(체신부, 1985).

(1) 전기통신법의 공익 가치

기간산업으로서 통신 서비스의 중요성을 인식하고 이에 대해 체계적인 관리와 발전 방식을 도입한 것은 5·16 군사쿠데타로 집권한 박정희 군사정권이었다. 군사정부는 쿠데타 직후인 1961년 12월 30일에 비상통치기구인 '국가재건최고회의'에서 전기통신법을 제정하고 전기통신이 국가가 제공하는 기본 서비스임을 명확히 하였다. 이 법은 전기통신사업은 "체신부장관이 이를 관장한다"(제3조)라고 명시하였다. 이전에도 전기통신이 정부의 직접 관할하에 있던 것은 맞지만 그것은 일제강점기의 전신법에 의존한 것이었다. 특히 이 법은 전기통신이 "공공의 복지", 즉 공익 증진을 위한 것임을 천명하였다는 데 의의가 있다(제1조).

> **제1조**(목적) 본 법은 공중전기통신사업의 운영 및 사설유선전기통신설비의 설치와 이용에 관한 사항을 정하여 그 이용의 공평과 역무의 적정 및 합리화를 기함으로써 공공의 복지를 증진함을 목적으로 한다.
>
> —1961년 〈전기통신법〉

특히, 이 법은 공공의 복지를 이루는 방법으로서 '이용의 공평'과 '역무의 적정 및 합리화'라는 개념을 제시하여 이전까지 한국사회에서 부각되지 못했던 통신의 공익성에 대한 인식을 드러냈다. 여기서 '이용의 공평'과 '역무의 적정 및 합리화'는 현재의 개념으로 '보편적 서비스'를 뜻하는 것으로서 의미가 크다. 현재의 보편적 서비스 정의는 주로 보편적 접근(*universal access*), 평등(*equality*), 연속성(*continuity*), 그리고 적정 가격(*affordability*)을 의미하는데(Eliassen & From, 2009: 239), 이 법의 '이용의 공평'은 '보편적 접근'과 '평등'을 내포하며 '역무의 적정 및 합리화'는 '연속성'과 '적정 가격'을 포함하였다고 해석된다.

이러한 국가 서비스를 효율적으로 수행하기 위해 이 법은 사유재산을 임의로 활용할 수 있는 등의 강력한 힘을 정부(체신부장관)에게 위탁하였다. 정부는 선로 및 부속 설비 설치를 위해 필요할 때는 사유의 토지, 수면, 수저, 건물 등을 단순 통보만으로 사용할 수 있게 된 것이다(제 50조). 또한 정부는 선로 등에 관한 측량, 통신설비의 설치 또는 보수공사를 하기 위하여 필요한 때에도 사유의 건물, 전기통신 설비나 토지 등을 일시 사용할 수 있도록 하였다(제 51조). 이 같은 일시 사용 대상에는 국가 소유물도 포함함으로써 국가 기반시설로서 전기통신을 담당하는 체신부에 강력한 힘을 실어 주었다. 아울러 가스관, 수도관, 하수도관 등의 설비나 선로 및 식물이 통신설비에 장해를 주거나 그렇게 할 염려가 있는 경우에도 그 소유자나 점유자에게 이전이나 수리, 또는 제거 등을 명령할 수 있었다(제 53조).

특이한 것은 1961년의 전기통신법은 통신 내용에도 관여하여 '허위통신'에 대해 형사처분을 할 수 있도록 한 점이다. 서양에서는 전기통신의 내용 문제에는 국가가 개입하지 않는 것이 초기부터의 원칙이었으나 한국에서는 통신 내용에도 국가가 개입하려는 시도를 하였다. 이것은 바로 앞에서 살펴본 사유재산 사용 권한의 예와 함께 통신 분야에도 적용된 강력한 국가주의의 모습을 극명하게 보여 주는 사례이다. 이 법을 보면, 허위통신은 공익을 해할 때뿐만 아니라 자신 및 타인에게 이익을 주거나 해를 끼치고자 할 때도 적용된다.

> **제 89조** ① 공익을 해할 목적으로 전기통신설비에 의하여 허위의 통신을 발한 자는 5년 이하의 징역 또는 50만 환 이하의 벌금에 처한다. ② 자기 또는 타인에게 이익을 주거나 타인에게 손해를 가할 목적으로 전기통신설비에 의하여 허위의 통신을 발한 자는 3년 이하의 징역 또는 30만 환 이하의 벌금에 처한다. ③ 전항의 경우에 그 허위의 통신이 전신환에 관한 것인 때에는 5년 이하의 징역 또는 50만 환 이하의 벌금에 처한다. ④ 전기통신업무에 종사하는 자가 제 1항의 행위를 한 때에는 10년 이하의 징역 또는 백만 환 이하의 벌금에 처하고 제 2항의 행위를 한 때에는 5년 이하의 징역 또는 50만 환 이하의 벌금에 처하며 전항의 행위를 한 때에는 10년 이하의 징역 또는 백만 환 이하의 벌금에 처한다.
>
> — 1961년 〈전기통신법〉

이 조항은 후일 '전기통신기본법'에 이전되어 존속되었다가 2010년 헌법재판소에 의해 위헌 판결을 받게 된다. 이전까지는 실제로 적용되지 않아 사문화되다시피 하였으나(김경호, 2013), 2008년 인터넷상에 표명된 의견에 대해 검찰이 기소하는 사건 두 개가 연이어 벌어지고, 이에 대해 헌법재판소가 위헌 결정을 내린 것이다. 첫 번째 사건에서 A 씨는 미국산 쇠고기 수입 반대 시위 때 경찰이 시위대 여성을 강간했다는 글과 조작한 합성사진을 진보신당 홈페이지와 인터넷 포털 다음(Daum) 카페에 올려 전기통신기본법 위반 혐의로 기소되어 1심에서

유죄 판결을 받았다. A 씨는 이에 '허위의 통신' 조항의 위헌 확인을 구하는 헌법소원심판을 청구했다.

이른바 '미네르바' 사건이라고 알려진 두 번째 사건에서 B 씨는 한국의 외환보유고가 고갈되어 외화예산 환전업무가 중단되는 것처럼 다음 '아고라' 토론방에 글을 올리고, 정부가 주요 금융기관 및 수출입 관련 기업에 달러 매수를 금지하는 긴급 공문을 발송한 것처럼 허위 글을 올려 기소되었다. 1심 재판부는 무죄 판결을 내렸지만 검사가 항소하자 B 씨는 헌법소원심판을 청구했다. 이때 헌법소원심판을 제기한 측은 '공익을 해할 목적'이나 '허위의 통신'이라는 개념이 명확하지 않으며, '통신'에 대한 내용 규제는 표현의 자유에 대한 지나친 제한이며, 허위인 표현도 표현의 자유가 보호하는 것으로서, 옳고 그름은 '사상의 공개시장'에서 판단하면 된다고 주장하였다. 이에 대해 헌법재판소는 통신 내용 규제 자체에 대한 판단은 하지 않고 다만 이 조항에서 '공익'의 개념이 명확하지 않다는 이유로 위헌이라고 결정하였다.

(2) 정부 주도 통신산업의 급성장

군사정부는 강력한 국가주의적 접근으로, 시장경제가 아닌 이른바 개발독재 방식으로 통신을 포함한 기간산업 부분의 발전을 추진하였다. 경제개발 5개년 계획에 맞춰 통신도 '통신사업 5개년 계획' 시리즈를 지속하며 인프라 구축에 적극 나섰다. 통신 서비스 발전을 위한 자금은 주로 차관을 통해 해결하였다. 1959년부터 1984년 사이에 총 33건에 14억 달러 규모의 차관이 독일과 미국, UN 등에서 도입되었으며 이것들은 마이크로웨이브 시스템을 통한 시외통화망 확장과 교환시설 근대

〈표 4-5〉 통신 관련 차관 도입 현황

도입국	내역
미국	- 1959년 마이크로웨이브와 위성통신지구국 설치를 위한 통신 기자재 도입 - 1980년 No.1-ESS 및 N0.4-ESS 전자교환기 시설 확충
벨기에	- 1977년 ITT/BTM의 M10CN 시내전자교환기 도입
일본	- 1967년 ECOP 및 OECF 차관 자금으로 각종 반송시설 도입
서독	- 1960~1975년까지 EMD, DDD, 텔렉스 시설 도입을 위한 9건의 KFW 차관
캐나다	- 1970년대부터 1980년대까지 DE-4 PCM 시설 및 관련 용역 구매
기타	- 1980년 영국의 LBI 차관 450만 달러 도입 - 1382년 스페인의 SEB 차관 22만 3천 달러 도입(AXE-10 전화교환시설 확충)

출처: 정보통신부(2001: 404).

화 등에 활용되었다(정보통신부, 2001).

1961년에서 1981년 사이에 전화 가입자 수는 꾸준히 증가하여 34배가 되었고(〈표 4-6〉), 이에 따라 인구 100인당 가입전화 보급은 1961년의 0.48대에서 1981년에는 9.3대로 늘어났다(정보통신부, 2001). 전화 사용량도 당연히 증가하여 시외전화 사용 도수는 1961년 890만에서 1981년 3억 4,380만으로 40배가량 늘어났다(체신부, 1985). 전화기는 1962년에는 재래식 자석식 교환기를 일부 생산하며 수입품에 의존하였지만 1966년 이후에는 공전식 교환기를 자체 생산할 수 있게 되었다. 1972년에는 당산과 영동전화국에 반전자 교환기를 설치하는 등 한국의 전기통신산업은 비약적으로 발전하였다(정보통신부, 2001).

1981년 말까지 체신부는 통신사업 종사자가 6만 7,217명에 예산 1조 4천억 원을 쓰는 방대한 조직으로 성장한다(정보통신부, 2001: 411). 전반적인 시장 통제력을 행사하는 정부가 통신 서비스를 직접 공급할 정도였으니 민간 통신장비산업 영역에 대한 정부 주도력이 얼마나 강력했는지는 충분히 짐작할 수 있다. 정부는 금성사와 동양정밀이라는 민간

〈그림 4-8〉 체신부 주도로 만든 자동전화기(1974)

〈표 4-6〉 전화 가입 증가율

연도	가입자 수	증가 수	전년대비 증가율(%)
1961	97,016	10,412	12.0
1962	127,686	30,670	31.6
1963	157,327	29,641	23.2
1964	193,075	35,748	22.7
1965	220,635	27,560	14.3
1966	277,756	57,121	25.9
1967	339,280	61,524	22.2
1968	384,514	43,234	13.3
1969	442,452	57,938	15.1
1970	481,207	38,755	8.8
1971	563,129	81,922	17.0
1972	654,339	91,210	16.2
1973	778,854	119,555	18.3
1974	876,702	102,808	20.7
1975	1,058,075	181,373	20.7
1976	1,270,837	212,762	20.1
1977	1,537,139	266,302	21.0
1978	1,879,263	342,124	22.3
1979	2,292,686	413,423	22.0
1980	2,704,504	411,818	18.0
1981	3,263,322	558,818	20.7

출처: 정보통신부(2001).

사업자에게 독점적으로 통신장비를 공급하는 특혜를 주기도 하였다. 강력한 리더십을 행사한 군사정권 아래 정부 엘리트들은 통신 분야에서 일방적인 의사결정으로 효율성을 달성할 수 있었다(Mok, 1990). 변화에 대한 저항이나 개별 이익 확대를 위한 갈등에 시간을 소모할 필요 없이 선진국 추격을 위해 일원적으로 달려가기만 하면 되었던 것이다.

2) 자유화 · 민영화의 길

1980년대에 들어서 한국도 민영화와 자유화의 길에 들어선다. 통신산업 자유화는 정부 주도의 성장정책에 대한 반작용이자 신자유주의로 돌아선 선진국을 추격하려는 또 다른 움직임이었다. 1970년대 박정희 정권은 과거의 노동집약적 산업을 탈피하고 강력한 중화학공업 육성정책을 실시하였는데, 이 과정에서 인플레이션과 경제 집중 등 경제 불안정을 가져오게 된다. 이에 따라 경제자유화와 안정화라는 새로운 정책사고가 불가하였으며, 이것은 통신산업 정책에도 영향을 미쳤다. 박정희 사망 후 집권한 신군부는 경제를 안정시킴과 동시에 이전 정권과의 차별성을 보여야 하였는데, 그 방식이 바로 경제자유화와 산업구조 고도화를 위한 첨단산업 육성이었고, 통신은 이런 흐름에 잘 들어맞는 영역이었다(김시윤, 1997).

통신산업의 자유화 정책으로 1982년 데이콤, 1984년 한국이동통신, 1985년 한국항만전화 등 국가 독점과 경쟁하는 민간사업자들이 속속 시장에 진입하였다. 한국은 앞의 유럽의 자유화 과정에 대한 설명에서 잠시 언급하였듯이 점진적 민영화 및 자유화 정책 방식을 채택하여 처

〈표 4-7〉 1980년대 한국 전화 서비스 성장

구분	1981	1985	1989
공중통신사업자	1	2	5
가입 전화			
시설 수(천)	3,491	7,538	13,353
적체 수(천)	497	279	1
100인당 보급	8.4	15.8	27.8
통신기기 생산규모	6억 달러	10.7억 달러	22.2억 달러
통신기기 무역흑자	-7.9억 달러	0.7억 달러	5억 달러

출처: 정신량(1997: 3).

음에는 통신사업의 공사화를 채택하였다가 후일 완전 민영화를 시키고, 세부 통신 영역별로 독점을 부여하고, 다시 점차 각 영역에서 경쟁을 허용하는 순서를 거쳤다. 세부 사업별로 처음에는 한국전기통신공사, 한국데이타통신(주), 한국이동통신(주), 한국항만전화(주), 한국여행정보(주) 등 5개 통신사업자에 의해 서비스 영역별로 독점사업의 형태를 갖추게 하였다(조신 · 김홍보, 1991: 175). 그 이후 1980년대에 몇 차례에 걸친 자유화 조치를 통해 각 영역은 경쟁에 개방된다.

체신부가 직접 운영하던 통신사업을 민영화하여야 한다는 주장은 지배적인 담론이 되어 1981년 '한국전기통신공사법'을 제정하게 만들었다. 이 법에 의해 통신은 '전신전화'에서 '전기통신'으로 개념을 발전시키게 된다. 공무원 직원들의 동요를 막기 위해 종사원의 신분과 정년을 법으로 보장하는 등 민영화에 대한 저항을 완화하는 조치도 취하였다. 체신부에서 한국전기통신공사로 이관된 통신부문의 기관은 직할기관 5개, 전신국 · 전화국 · 전신전화건설국 등 현업기관 148개 등 모두 153개였다(정보통신부, 2001).

1982년 1월 1일부터 한국전기통신공사는 공무원에서 국영기업체 직원으로 신분이 바뀐 3만 5,225명과 함께 업무를 시작했다. 한국전기통신공사법 제 1조에 공사의 설립 목적이 "합리적이고 책임 있는 경영체제하에 공중전기통신사업을 수행함으로써 국민의 편익을 증진하고 공공복지 향상에 기여함"이라고 되어 있는데, 이것은 앞서 살펴본 전기통신법 조항처럼 '공공복지', 즉 공익을 강조하는 것은 맞으나, "합리적이고 책임 있는 경영체제하에"라는 표현은 이전과 달리 공공 서비스의 책무성(*accountability*)을 강조하기 위한 것이었다.

이러한 민영화와 자유화 조치는 전화 서비스 공급의 안전화와 기술발전을 촉진하였다. 1980년대 초까지만 하여도 만성적인 전화공급 부족과 조악한 통화품질이 고질적 문제였으나 1980년대 말에 이르러 전화 적체는 거의 해소되었다. 100인당 보급률도 8.5에서 27.8로 급성장하여 '1가구 1전화 시대'를 열었으며, 기술력 발전으로 전자교환기를 자체 생산할 수 있게 되었다. 1989년에는 기기시장 규모가 74억 달러에 달해 세계 시장의 2.2%를 차지하게 되었다(정신량, 1997: 4).

1980년대 말이 되면서 미국의 개방 압력은 커져 갔다. 이에 개방은 불가피하다는 인식과 동시에 이에 대응하기 위해서는 한국 통신시장의 경쟁력을 키워야 한다는 위기감이 대두된다. 앞서 유럽의 사례에서 살펴보았듯이 미국은 자국 통신산업의 해외 진출을 적극 지원하고 있었다. 미국을 주요 교역국으로 하는 한국의 경우도 통신개방 압력 대상의 예외가 될 수 없었고, 이것이 한국 "정보통신시장 자유화에 관한 정책 변화의 가장 직접적인 동인"(정신량, 1997: 5)이었다.

미국은 1987년 한미 무역실무회의부터 구체적 분야들의 개방을 주장하고, 1989년 한국을 통신 분야 우선협상대상국으로 지정한다. 당시 한국은 아시아에서 일본 다음으로 잠재력이 큰 정보통신시장이었다. 한국은 대미 무역 의존도가 클 뿐 아니라 막대한 대미 무역흑자를 기록하고 있었다. 미국이 원하는 것은 부가가치통신망(VAN) 시장의 개방과 전산망 관련 장비의 미국 규격 허용, 미국 통신기기의 국내 동등 경쟁 허용, 미국 위성통신지국의 국내 설치 허용, 광통신 및 전자교환기에 대한 합작투자 제안 완화, 관세 인하, 그리고 구매정책 폐지 등이었다(지은주, 1995: 40). 미국은 음성전화 서비스 이외의 모든 통신 서비스를 개방할 것을 요구했으며, 특히 부가가치통신망에 대한 개방 요구가 가장 강력하였다(편집부, 2102: 21). 무역 보복의 위협 아래 한국은 결국 미국이 원하는 바들을 대부분 수용하였다.

공기업민영화추진위원회는 1987년 5월 한국전기통신공사(KT)를 포함한 17개 정부 투자 및 출자 기관을 민영화 대상으로 선정한다. 이 당시의 민영화 계획은 한국전기통신공사의 주식 지분 49%를 연차적으로 매각하고 정부가 경영권 행사에 필요한 지분을 남긴다는 것이었다. 그러나 1997년 말에 IMF 구제금융 여파 속에 출범한 김대중 정부는 공공부문 민영화 기조 아래 더 빠른 속도로 완전 민영화를 추진하였다. 1998년 12월 KT는 증권거래소에 상장되었으며 다음 해인 1999년에는 1인 소유 지분 한도를 15%로 확대하였고, 이어서 2001년에는 외국인 소유 한도를 49%로 늘리고 해외 DR(주식예탁증서) 발행 등을 통해 외국인 투자 지분을 끌어들였다. 정부 지분의 국내 소화를 위해 정부는 전환사채(EB) 등의 여러 유인책을 써서 완전 민영화를 달성하였다.

미국의 요구에 부응하고 국내 경쟁력을 높이기 위하여 정부는 1990

년 7월 국제전화와 이동통신 분야에 경쟁을 도입하는 '통신사업구조조정계획'을 발표하고, 이어서 8월에는 '전기통신기본법'과 '전기통신사업법'을 개정하였다. 한국은 1994년부터 WTO 기본통신협상에 참여하고, 이 협상이 타결되는 1998년 이전에 이를 대비한 자유화 조치를 실시하게 된다. 일단, '통신사업구조조정계획'에 따라 대규모 설비가 소요되는 시내전화사업은 한국통신공사가 독점을 유지하되 투자 규모가 작고 기술 변화가 빠른 장거리 · 국제 · 이동통신 분야는 점진적으로 경쟁을 허용하였다. 아울러 다양한 서비스 개발이 필요한 부가통신 분야는 서둘러서 경쟁체제를 도입하도록 하였다.

이에 따라 통신사업자는 기간통신사업자와 부가통신사업자로 나뉘게 되었고, 기간통신사업자는 다시 일반통신사업자과 특정통신사업자로 분류되어 규제되었다. 여기서 일반통신사업자(전화 · 전신 등)는 정부가 '지정'하며, 특정통신사업자(이동통신 서비스)는 '허가'하지만, 부가통신사업자(데이터베이스 제공 등)는 '등록'만 하면 사업이 가능하게 되었다. 1992년에 무선호출사업자가 선정되었고, 1993년에는 선경그룹이 한국이동통신(주)을 인수하였다. 이어서 1994년에는 제2이동통신사업자로 신세기가 선정된다.

그런데 기간통신사업자 중 일반통신사업자와 특정통신사업자를 구분하는 것은 사업자 스스로의 서비스 다각화를 통한 경쟁력 강화를 제한한다는 문제가 지적되어 바로 폐지된다. 아울러 기간통신사업자의 이용약관을 허가제에서 신고제로 바꾸고 부가통신사업자의 신고제도도 폐지하였다. 특히, 1991년에는 데이콤이 국제전화사업에 진입하고 1995년에는 제2시외전화사업자로 지정되어 국제 및 시외전화의 실질

〈표 4-8〉 1990년대 말 통신사업자 분류체계 및 규제

구분	기간통신사업자	별정통신사업자	부가통신사업자
설비 유무	보유	임차/자가설비	임차
제공 역무	기간통신 역무	음성 재판매, 인터넷 전화, 국제 콜백, 구내통신사업	기간통신 역무 이외의 전기통신 역무
진입 조건	허가	등록	신고
지분 제한	- 유・무선 33% (단, KT는 20%) - 2001년부터 유・무선 49% 허용(단, KT는 33%) - 동일인 제한: 33% (단, KT는 3%)	전화역무제 공시 - 1999년부터 49% 허용 - 2001년부터 제한 없음	없음

출처: 정신량(1997).

적 경쟁체제를 갖추었다.

1995년에는 정보통신부가 '통신사업 경쟁력 강화를 위한 기본정책방향'을 제시하고 시내전화를 제외한 모든 정보통신 분야에서 전면적인 경쟁체제 구축에 나서게 된다. 이에 1997년에 하나로통신이 시내전화 사업을, 온세통신이 시외전화사업 등을 할 수 있게 되어 통신산업은 본격적인 경쟁시대를 맞게 되었다. 1998년에는 인터넷 전화, 음성 재판매 등 신규 통신 서비스에 대한 진입규제를 완화하고 이들을 별정통신 사업자로 지정하여 등록만으로 사업을 할 수 있게 하였다. 1997년 2월에는 WTO 통신협상이 타결되어 그 결과로 전기통신사업법을 개정하고 1999년부터 기간통신사업자의 외국인 지분을 49%로 확대하였다.

3) 민영화 성과 평가

통신산업 민영화는 통신산업적 차원과 기업적 차원은 물론 더 넓게는 국민경제적 차원에서도 성과를 거둔 것으로 평가된다(이경석 · 신용희 · 박명철, 2005). 우선 국민경제적 차원에서는 65억 달러의 외화 수입을 포함하여 김대중 정부하에서만 13조 원에 가까운 매각 수입을 확보하여 당시의 경제위기를 극복하는 재원으로 활용하였다. 통신산업적 차원에서는 민영화 이후 통신산업 각 영역의 시장집중도(HHI)가 낮아져 경쟁적으로 변하였다. 기업적 차원에서는 노동생산성과 자본생산성도 증가한 것으로 분석된다.

그러나 한편으로 민영화에 대한 비판적 평가도 제기된다. KT가 민영화되기 시작한 1998년부터 2002년까지 1만 4천여 명의 정규직이 감축되고, 완전 민영화가 이루어진 다음에는 1년 만에 6천여 명이 더 감축되었다. 이와 별도로 비정규직 1만여 명도 해고되었다(나상윤, 2005). 해고를 통한 노동생산성 증가는 고용 축소라는 사회적 비용의 대가일 뿐이었다. 증대된 이윤에 대한 해외 투자자를 비롯한 주주 배당이 크고 기술투자나 R&D 규모가 감소하는 것은 민영화의 목표에 배치되는 것으로 드러난다. 특히 국내 투자를 줄이고 배당을 많이 하는 것이 49%에 달하는 외국인 투자자들이 국내 통신산업의 이득을 국외로 유출하도록 하는 기능을 하는 것도 지적된다. 아울러 소외지역에 대한 서비스 부실은 민영 회사가 보편적 서비스 의무를 제대로 행하고 있지 못함을 증명한다. 한편으로, KT가 전직 고위관료나 정권과 연계된 인사들을 임원으로 대거 영입해 고액 연봉을 지급하는 것이 비판의 대상이 되기

〈표 4-9〉 국민경제적 관점에서 KT의 민영화 성과 관련 요소에 대한 평가

구성요소	세부 구성요소	민영화의 효과
효율성	1. 소비자 후생	(+)
	2. 생산자 이윤 및 생산성	유사 혹은 (+)
	3. 종업원에 대한 영향	모호함
	4. 경쟁기업에 미치는 효과	모호함
형평성	1. 농어촌 초고속통신망 구축	(-)
기타 고려요소	1. 환경 문제	NA
	2. 전략산업	NA
	3. 위험관리 및 장기투자(서비스 안정성)	(-)
	4. 불공정행위	NA 혹은 (-)

'+'는 긍정적 효과, '-'는 부정적 효과, 'NA'는 해당 없음, '유사'는 민영화 전후 유사함을 의미한다.
출처: 김현숙・민희철・박기백(2007).

도 했다.

2007년에 행한 조세연구원의 분석을 보면 KT의 민영화 성과는 매우 제한적임을 알 수 있다(김현숙・민희철・박기백, 2007). 이 보고서에 따르면 소비자 후생은 요금 인하 및 소비자 만족도 증가로 살펴볼 때 상승하였다고 판단할 수 있고 생산자 이윤 및 생산성은 약간 개선되었다. 그러나 종업원 수 감소로 인한 효과는 수익의 증대보다는 감소로 이어졌다. 고용을 유지한 종업원의 경우 후생수준이 개선되었지만 해고가 많은 것은 종업원 후생이 감소하였다는 것을 의미한다. 시장점유율 면에서 시내, 시외, 국제전화 부문에서는 민영화 이후 시장점유율이 감소하였으나 초고속인터넷 시장에서는 오히려 시장점유율이 확대되었다. 특히 농어촌 초고속통신망 구축으로 나타나는 형평성 문제는 KT가 정보통신부 고시에 의한 당초의 약속을 지키지 못하였으므로 부정적인 효과로 드러났다.

5. 소결

이상에서 우리는 세계 각국의 경제성장과 기술발전으로 정보통신산업이 매우 급격한 성장을 이루고, 독점에서 경쟁의 단계로 변화하는 것을 살펴보았다. 1980년대 이전까지 유럽과 한국 등 대부분의 나라들은 정보통신산업을 국가 독점사업으로, 예외적으로 미국은 사영 독점사업으로 유지하였다. 그러나 기술발전과 정치경제 사조의 변화는 이러한 독점 모델 폐기를 가져왔다. 이전까지 통신은 국가가 보편적으로 제공하는 공공 서비스로서의 의미가 중요하였지만 이제는 경쟁을 통한 기술발전과 효율성 증대라는 산업적 가치가 더욱 중요해진 것이다.

그러나 여전히 통신은 경제적 효용만을 목표로 하는 것이 아니라 사회 커뮤니케이션을 활성화하는 신경망으로서의 가치를 우선으로 한다. 이제 추후의 과제는 경제적 효율성을 위한 노력이 사회 커뮤니케이션망으로서의 통신 개념에 배치되지 않도록 하는 것이다. 이 과정에서 국가의 개입은 전통적 탈규제론이 말하듯 비효율성을 초래할 가능성이 많지만, 그렇다고 해서 자유방임이 바람직한 사회 커뮤니케이션을 가져온다는 증거도 희박하다.

결국 통신을 둘러싼 논의는 경제적 효용을 추구함과 동시에 사회문화적 가치를 추구하는 방법을 찾기 위한 것이 되었고, 통신을 둘러싼 논전(論戰)은 오히려 과거에 비해 더 치열하고 격렬해졌다. 디지털 기술과 인터넷의 발전으로 방송과 통신이 융합되면서 상황은 더 복잡해졌다. 통신의 사회적 목표가 명확하게 정의되지 않은 상황에서, 발생 초기에 이와 분리되어 또 다른 목표를 설정하여 발전한 방송과의 융합은 풀기 어려운 목표 혼란을 초래하고 있다.

이제 다음 장에서 방송 영역에서 이루어진 독점와해 현상을 살펴본 뒤, 현 시점에서 통신과 방송의 가치를 조화하는 새로운 사회적 목표, 즉 융합시대의 공익에 대해 논의할 것이다.

제 5 장

방송 독점의 해체와 민영화, 자유화

통신과 마찬가지로 방송의 독과점 제도도 1980년대 이전까지 공고한 지위를 지니고 있었다. 전파의 희소성 개념을 바탕으로 한 공익 추구의 원칙은 대부분의 서구 국가에서 지상파방송의 공영 제도를 유지하는 명분이 되었다. 앞 장에서 보았듯이 1980년대의 신자유주의 정치경제 사조가 통신 민영화에 큰 영향을 끼쳤지만 지상파방송은 이 대풍 아래서도 쉽사리 민영화 대상이 되지 않았다. 이는 신제도주의가 설명하듯이 기존 질서를 지키려는 이해세력의 균형이 팽팽한 상태였기 때문이며, 한편으로는 당대 정부의 민영화 정책이 자칫 언론을 탄압하려는 불순한 의도로 읽힐 수도 있었기 때문이다. 방송은 통신과 같은 경제적 재화임과 동시에 그것과 다른 언론이라는 이중적 지위를 갖고 있다는 점이 이러한 차이를 불렀다.

1920년대 국가개입주의 시대에 시작한 지상파방송은 공영 제도를 굳

건히 지킬 수 있었던 반면, 케이블방송과 위성방송이라는 새로운 방송 미디어는 신자유주의 시절에 출발하여 민영의 길을 걷게 되었다. 그리고 이들 다채널 방송들은 공영 지상파방송의 독과점을 해체하며 자연스럽게 방송시장을 경쟁상황으로 이끌게 된다. 그리고 이어서 디지털화가 가속되고 통신과의 융합이 이루어지면서 여전히 과점적인 통신과 달리 방송은 거의 무한경쟁의 시대에 들어선다. 국가 독점에서 해체된 통신이 과점적 시장을 형성한 것과 달리 공영방송이라는 지상파 시장에서의 국가 독점을 해결하지 못한 방송이 오히려 다매체·디지털 영역에서 자유경쟁시장을 형성한 것은 아이러니한 일이다.

그러나 방송 영역에서 제기되는 질문은 이 영역이 어떻게 경쟁시장이 되었느냐에 대한 것이 아니다. 그것은 어떻게 대부분의 나라에서 지상파 시장의 국가 독점, 즉 공영방송이 해체되지 않고 여전히 공고한 지위를 형성하고 있는지에 대한 것이 될 것이다.

1. 미국 공익 모델의 변화: 수탁자 모델에서 시장 모델로

앞서 제3장에서 보았듯이 1980년대 이전까지 '수탁자 모델'(*trusteeship mode*)이 적용된 미국의 방송은 다른 산업과 구분해 규제되었다. "블루북"으로 상징되는 균형편성의 원칙(Well-rounded Programming), 공평의 원칙(Fairness Doctrine), 지역 문제 확인(Ascertainment of Community Problems), 프라임타임 접근 규칙(Prime-time Access Rule) 등은 모두가 미국의 자유시장 정치경제 사조 속에서도 방송 전파의 희소성에 기반을 둔 수탁자 모델을 추구한 결과였다. 그러나 1970년대 말에 이르러 미국의 방송정책은 공익 원칙을 시장 원리에서 해석하려는 움직임을 보이기 시작한다(Krasnow, 1997). 케이블방송이 등장하면서 수탁자 모델의 근거가 되는 전파의 희소성 원칙이 더 이상 '원칙'이 아닌 것으로 인식되기 시작한 것이 변화의 시초였다.

이러한 기조는 공익을 해칠 염려 때문만으로는 방송을 규제할 수 없고, 명확한 사실이 드러날 때만 국가 개입이 가능하다는 것을 뜻하는 것이었다. 즉, 과거에는 방송 규제가 시장 상황을 전제하지 않고 사회적 목표, 즉 공익을 위해서라면 가능하다고 여겼지만 이제 규제의 조건은 방송이라는 '재화'가 '시장실패'에 해당될 경우로 한정된다는 것이다.

1) 1980년대 시장주의와 내용 규제 패러다임 변화

(1) 라디오 탈규제

1979년 FCC는 먼저 라디오 방송규제를 완화하기 위한 청문회를 시작한다. 한때 주요 매체였던 라디오는 그 지위를 텔레비전에 넘겨준 상태로서, 사실 이 규제 완화는 전파의 희소성이 줄었다기보다는 사회적 중요성이 상대적으로 줄어든 것에 기인하였다. 그럼에도 방송매체에 대해 그동안의 수탁 모델을 버리고 시장 모델을 적용하기 시작한 것은 큰 패러다임 전환이었으며, 이는 차후 텔레비전에도 이 모델이 적용되는 계기가 된다. 만약 텔레비전에 대한 시장주의 적용과 그에 따른 규제 완화를 먼저 시작했으면 아마도 이 패러다임 전환은 쉽게 성공하지 못했을 것이다. 신제도주의가 말하는 규범으로서의 제도는 급격한 환경 변화 상황이 아니면 쉽게 변하기 어렵지만, 작은 사례에 대한 사회적 인식의 변화는 추후 다른 더 큰 사례에 적용되면서 확산될 수 있다는 사실을 라디오에서 시작한 미국 규제 패러다임 변화를 통해 알 수 있다.

FCC는 1977년 청문회와 관련해 "라디오 탈규제 문제에 관한 청문과 제도안 공지"(Notice of Inquiry and Proposed Rulemaking in the Matter of Deregulation of Radio)를 통해 수탁 모델에서 시장 모델로의 전환이 공익을 위한 길임을 자세히 논증하였다. 이 문건은 라디오 미디어에 있어 중요한 3가지 변화가 진행되고 있다고 주장하였다. 그것은 첫째, 특히 큰 시장에서 경쟁이 매우 증가하여 활력적으로 경쟁하는 방송국들이 이득을 보고 있고, 둘째, 다양한 매체들 가운데 라디오는 주요 대중매체에서 부차적 또는 특수한 매체로 역할이 변화하고 있으며, 셋째, 미국 사회의 다양화를 고려할 때 공동체의 개념이 변하였으며 라디오도 이 변화에 부응하여야 한다는 것이다. 시장에서의 바람직한 성과는 재화나 서비스가 공중이 원하는 것에 제대로 부응하는 것이며, 이러한 재화나 서비스는 가능한 낮은 금액으로 제공되어야 한다는 것이 FCC가 강조한 시장 모델의 기본 전제였다.

그런데 미국의 공중은 매우 다원적이고 그들이 원하는 바 또한 다양하므로, 정부가 각 개인들의 바람을 일일이 측정하여 규제할 수는 없다. 반면에 시장에서 경쟁하는 방송사들은 공중이 원하는 바를 잘 알아서 공급할 때 성공하고 그렇지 못하면 실패한다. 그러므로 결국 방송에 대한 정부 규제는 최소화하고 시장에 맞길 때 공중이 원하는 바, 즉 공익이 더 잘 달성될 수 있다는 것이 FCC의 결론, 즉 시장주의 공익론이었다.

1981년에 신자유주의 정치경제 사조와 함께 등장한 레이건 행정부는 방송의 시장주의 모델을 적극적으로 가시화하기 시작하였다. FCC는 로널드 레이건 대통령이 임명한 마크 파울러 의장의 주도 아래 전임 위원장 찰스 페리스가 시작한 시장주의를 더 과감하게 추진하였다. 파울러는 "나는 우리가 수탁 모델에 의해 방송을 규제했던 바의 끝에 와 있음을 믿는다"라고 말하며 "우리가 '가부장주의'(*paternalism*)로 부르든, 아니면 '보모주의'(*nannyism*)로 부르든 그것은 사실상 '빅 브라더'이며 이제 종말을 고해야 하는 것"이라고 말했다(Fowler, 1982: 52). 이에 따라 그는 상업방송에 대한 규제는 철폐하고 혹시나 필요한 새로운 형태의 콘텐츠가 있다면 그것은 비상업 공공방송에 맡기면 될 것이라고 선언한다(Fowler & Brenner, 1982). 그는 "공중의 관심(*interest*)이 곧 공중의 이익(*interest*)"이라는 유명한 말과 함께 시장주의 모델 아래 방송사업자가 시청자를 위해 경합하는 것이 공익을 위한 길이라는 신념을 설파하고 실행하였다.

1979년에 시작한 라디오 규제 개혁을 위한 청문과정의 결과로 FCC는 1981년에 프로그램 자료 보관, 광고 시간 제약, 지역 문제 확인, 비오락 프로그램 편성 요구 등에 대한 규정을 폐기하였다. FCC는 "상세한 계량적 가이드라인이 주는 환상적 안락함"을 제거하고 급격히 변화하는 현실에 대응하여 공익을 추구하라는 방송법에 따라 "최대한의 융통성"을 발휘할 것이라고 밝혔다(Krasnow, 1998).

법원 또한 시장주의 원칙을 적극 지지하였다. 통신 소비자 단체인 TRAC(Telecommunications Research and Action Center)가 탈규제 조치에 대해 반대해 FCC를 상대로 제소한 사건에서 법원은 새로운 탈규제 조치가 공익에 부응하는 것이라고 판결하였다(Krasnow, 1998). 법원은 판결문에서 공익 원칙을 관리하는 일을 FCC의 재량에 맡기는 것은 이 기관이 시장의 힘에 의존하는 시장주의 시각에서 방송의 남용을 통제하는 것을 전제로 하는 것이라고 밝혔다. 서류를 우편으로 제출하는 재허가 과정의 간략화로 이른바 '우편 재허가'라는 비난을 받은 규제 완화 조치에 대해서도 법원은 지지를 표했다. 커뮤니케이션법은 FCC가 재허가 과정에서 방송사에게 프로그램 관련 질문을 하라고 요구하지 않았기 때문에 간단한 절차만으로도 공익 심사를 수행할 수 있다는 것이었다.

(2) 텔레비전 탈규제

규제 완화 조치는 텔레비전에도 바로 확산하였다. FCC는 1984년 '텔레비전 탈규제 명령'(Television Deregulation Order)을 통해 방송사의 각종 의무를 폐지하기 시작했다. 이 규제 완화 조치는 편성, 광고, 지역문제 확인, 그리고 프로그램 자료 보관 등 4가지 영역에서 이루어졌다(Uscinski, 1984).

첫째로, FCC는 방송면허 소지자에게 종합편성 가이드라인을 준수하도록 더 이상 요구하지 않기로 하였다. 방송 편성은 지역 공동체 관련 이슈에 대해 민감하기면 하면 된다는 것이었다. 방송사업자는 그 대신 시장수요에 맞춰 스스로 알맞은 프로그램 믹스를 하면 된다. 모든 방송사가 비오락적인 편성 의무를 다 채울 필요는 없는데, 이것은 비디오 시장이 성장하면서 정보, 지역, 비오락적 편성은 저절로 시장에서 충족될 것이기 때문이라는 것이다. 이것은 다원적인 미디어 환경에서

한 방송사가 다루지 못한 이슈나 장르는 다른 방송사가 다룰 것이고, 그렇게 된다면 사회가 원하는 이슈나 장르는 시장에서 충분히 공급될 것이라는 논리를 바탕으로 하였다.

둘째, FCC는 광고방송 시간에 대한 제한 가이드라인을 폐기하기로 하였다. 이에 따라 방송사업자는 매 시간 광고 시간과 숫자를 스스로 결정하고, 이것은 시장에 의해 저절로 규제된다.

셋째, FCC는 방송사업자가 스스로 지역 문제를 조사해야 하는 의무를 완전히 폐지하고, 그 대신 시장조건에 따라 지역방송 편성의 필요성을 결정하도록 하였다. 지역 문제 확인 의무를 없앰으로써 사업자는 그만큼 비용 지출을 줄일 수 있다.

끝으로, FCC는 프로그램 및 방송 편성 결과를 보여 주는 자료를 유지하도록 했던 의무도 폐지하였다. 방송사는 그 대신 스스로가 지역의 이익에 민감한 것들이라고 믿는 예시 프로그램 리스트만 구비하면 된다. 이것은 분기별로 방송된 '이슈 및 프로그램 리스트'(*Issues · Programs list*)만 밝히는 방식이다. 방송된 이슈와 프로그램 리스트만으로 두 방송사들의 성과를 평가할 수 있으며, 이것을 바탕으로 한 시민들의 항의나 청원은 재허가 과정에서 중요한 역할을 할 것이라는 게 FCC의 판단이었다.

그러나 이러한 탈규제 정책이 기대한 효과를 발생시켰는지 여부는 다른 문제이다. 예를 들어, '이슈 및 프로그램 리스트' 작성은 요식적인 것이 되었다는 평가를 받는다. 모든 방송사는 뉴스 프로그램을 편성하든 안 하든 지난 3개월 동안 지역 공동체 관련 이슈에 대해 충실히 다루었음을 증명하는 '이슈 및 프로그램 리스트'를 분기별로 작성하여야 한다. 이렇게 하면 방송사들은 오락만이 아니라 지역 뉴스와 시사 프로그램들을 많이 방송할 것으로 FCC는 기대하였다. 그러나 몇 가지 이유로 이 기대는 충족되지 못하였다(FCC, 2011).

첫째, FCC가 실제로 이 리스트를 열람하는 경우는 거의 없었다. 방송사가 이것을 FCC에 제출하지 않기 때문이다. 법적으로 방송사는 어느 시민이라도 그것을 볼 수 있도록 어떻게든 비치하기만 하면 된다. 방송사는 재허가 신청 때 '이슈 및 프로그램 리스트' 파일이 제때 업데이트되고 시민에게서 이 방송사의 공익 의무 수행에 대한 어떠한 이의 제기도 없었다는 사실을 체크박스에 표기만 하면 이 의무는 달성되는 셈이다. FCC가 실제로 열람하는 것은 '이슈 및 프로그램 리스트'가 아니라 이러한 리스트가 있다는 사실을 적시한 문서일 뿐이다. 심지어 체크박스에 체크가 안 되어 있거나 사실상 관련 파일이 준비되어 있지 않다는 사실이 밝혀져도 방송사는 명목상의 과징금을 내고 재허가를 받으면 그만이다.

둘째로, FCC가 이 파일을 실제로 열람하지 않기 때문에 구체적으로 어떠한 방식으로 이것을 작성해야 하는지 방송사들은 알 수 없고, 이 때문에 이것은 요식적인 행위가 되고 말았다. 뉴스를 방송하지 않는 어떤 방송사는 시사와 전혀 상관없는 방송을 이 리스트에 올려놓기도 하며, 다른 방송사는 공익광고를 이 리스트에 넣기도 하였다.

셋째로, 이 리스트를 온라인상에 게시할 의무가 없기 때문에 이것을 보기 위해서는 방송국을 직접 방문해야만 한다. 이런 이유로 실 거주지에서 멀리 떨어진 방송사 사무실로 이것을 보러 가려는 사람들은 거의 없다.

(3) 공평의 원칙 폐기

규제 완화의 일환으로 공평의 원칙도 폐기하였다. FCC는 공평의 원칙이 제 1수정헌법을 위반하여 결국에는 공익에 도움이 되지 않는다고 보았다. FCC는 1987년 이와 관련한 조사보고서에서 방송사들에게 모든 논쟁적 공공 이슈들에 대해 균형을 지키라고 하는 것은 오히려 그들이 이러한 이슈들에 소극적이게 만들어 결국에는 이 규정이 원하는 바와 반대의 결과를 가져온다고 판정하였다(FCC, 1987). "논란이 되는 중요한 이슈에 대해 보도"하되 "대립되는 양자의 견해에 합리적인 기회"를 주어야 한다는 형평의 원칙의 두 가지 요소 모두 전파의 희소성에 근거하였지만 더 이상 그러한 논리가 성립되지 않는다는 것이었다.

2000년에 FCC는 공평의 원칙의 부속 규칙인 '개인 공격 원칙'(Personal Attack Rule)과 '정치적 견해 원칙'(Political Editorial Rule)도 폐기한다. 앞서 3장에서 보았듯이, 개인 공격 원칙은 공적 중요성을 가진 논쟁적 이슈에 대한 프로그램 중에 개인의 존엄성에 대한 공격이 이루어졌을 때 방송사는 공격 받은 당사자에 이 사실을 알리고 그가 방송을 통해 대응할 수 있도록 하여야 하는 것을 뜻한다. 정치적 견해 원칙은 공직에 출마한 특정인을 지지하거나 반대하는 내용을 방송한 방송사는 그의 경쟁 후보나 당사자에게 이 사실을 알리고 그가 방송으로 대응할 수 있는 기회를 주어야 한다는 것이다.

공평의 원칙을 폐기한 후 이것을 부활시키려는 시도가 오랫동안 지속되었지만 성공하지는 못하였다. 이것은 방송사에 대한 어떠한 내용 간섭도 제 1수정헌법을 위반하게 된다는 문제를 해결하기 어렵기 때문이다.

〈그림 5-1〉 공평의 원칙을 조롱하는 카툰

출처: http://www.commlawblog.com

흥미로운 사실은 공평의 원칙이 폐기되었지만 그 용어는 법제에 남아 있다는 것이다. FCC의 규칙(Section 73. 1910)에는 "1935년에 수정된 커뮤니케이션법의 315(a)조에 공평의 원칙이 포함되어 있으며 따라서 방송사는 공공의 중요 이슈에 대한 갈등적 견해를 논의하는 데 있어 합리적 기회를 주어야 하는 특정한 의무가 있다"는 표현이 아직도 살아 있다. 위원회가 이 조항을 아직 삭제하지 않은 이유는 확실치 않고, 이것을 실행할 조항도 남아 있지 않지만, 적어도 공평의 원칙이 여전히 규칙에 남아 있는 것만은 사실이다. 이 때문에 일부에서는 이 조항이 언제든 다시 살아날 가능성이 있음을 우려하기도 한다. 사실, 공평의 원칙을 다시 살리려는 움직임은 실제로 미국 정치권에서 간간히 추진되었다가 실패로 돌아가곤 한다.

(4) 사실상의 자동 재허가

FCC는 재허가를 거의 유일한 규제 수단으로 삼고 있다. 그러나 1980년 이후 실제로 방송사가 재허가 획득에 실패하는 사례는 사라졌다. 그 동안 FCC가 10만 건의 재허가 심사를 하였지만 그중 단지 4건만이 공익 의무 위반으로 거부되었는데, 그 마지막 사례는 1980년이었다(FCC, 2011).

재허가 획득 실패 사례들을 보면, 1965년에 미시시피 주 잭슨 시의 한 방송사가 아프리카계 미국인에 대한 커버리지가 부족하다는 법원의 판단에 따라 재허가를 받지 못한 적이 있었다. 이후 1970년에 펜실베이니아 주 미디어 시의 한 방송사는 인종관계, 종교화합, 해외보조 등의 공공 이슈와 관련해 사실을 호도하고 왜곡하는 프로그램을 방영했다는 이유로 FCC에 의해 재허가가 거부되었다. 1972년에는 앨라배마 주의 공공 TV방송국들이 아프리카계 미국인을 편성결정 과정에서 제외하고 지역 공동체 관련 프로그램 편성을 회피했다는 이유로 재허가에 실패하였다. 마지막으로 1980년에 샌디에이고의 한 라디오 방송사가 공공사안, 뉴스, 그리고 다른 공공 서비스 편성을 거의 하지 않았다는 이유로 재허가를 못 받았다.

1980년대 탈규제 이후 시민단체들이 특정 방송사가 공익 의무를 위반했다는 이유로 재허가하지 말 것을 청원하는 경우가 많았지만 FCC는 매번 이들의 청원이 이유 없다며 받아들이지 않았다. FCC가 재허가 취소를 꺼린 이유는 이를 위해서는 방송 내용에 대해 판단하여야 하고, 이것이 헌법정신에 맞는지에 대한 확신이 없었기 때문이다. 허가 취소 후 발생할 다툼과 논란을 피하고 싶은 것이 FCC의 처지일 것이다.

(5) 프라임타임 접근 규칙 폐지

제 3장에서 보았듯이 FCC는 1971년부터 지역 자체제작 방송을 보장하기 위해 저녁 7시에서 11시까지의 프라임타임에는 네트워크 프로그램을 3시간으로 제한하는 조치를 시행하였다. 그러나 이 규칙 또한 차츰 적용 대상이 완화되어 50대 상위 텔레비전 시장 네트워크 가맹사나 직영사(O&O)에만 적용되었다가 결국 폐기되고 만다.

프라임타임 접근 규칙으로 인해 가맹사나 네트워크 직영방송국들은 4시간의 프라임타임이 시작되는 첫 한 시간(동부 및 서부 오후 7:00~8:00, 중부 오후 6:00~7:00) 동안은 '프라임 액세스 시간'(*prime access hour*)으로 유지했다. 이 시간에 방송사는 네트워크가 제공하는 프로그램이 아닌 자체제작이나 자체조달 프로그램을 편성하여야 했지만 전 시간에서 이어진 스포츠 이벤트나 특별 뉴스, 다큐멘터리, 그리고 어린이 프로그램 등은 이 규정에 제한되지 않았다. 그러나 방송사들은 규정을 악용하여 편법으로 네트워크 프로그램을 지속한 것이다. 그것은 방송사들 대부분이 이 시간대에 신디케이터(*syndicator*)[1]가 제공하는 게임쇼를 방영하는 방식을 통해서였다. 그런데 이 프로그램들은 네트워크 사가 만든 게임쇼의 연장 시리즈였고, 네트워크 자회사들이 만든 것들이기도 했다. 결국, 1996년에 FCC는 독립 제작사를 육성하고 가맹

---

1) 콘텐츠를 수집하여 패키지로 묶거나, 부가적 서비스와 연결하여 다양한 채널에 유통하는 콘텐츠 유통 전문 사업자. 콘텐츠를 직접 생산하거나 서비스하지는 않지만, 필요한 콘텐츠를 모으고 조합하며, 서비스에 맞게 패키지화하여 방송이나 정보 서비스에 조달하고 연결한다. 주로 콘텐츠 제공자(CP)를 대상으로 하는 B2B 사업 모델을 취한다(출처: 한국정보통신기술협회, 《IT용어사전》).

사의 자율권을 확대하려는 목적의 프라임타임 접근 규칙이 더 이상 필요 없다며 이를 폐기하였다.

(6) 공개 규칙의 무용화

제3장에서 보았듯이 방송사는 프로그램 제작을 위해 광고주 등 스폰서를 이용하는 것은 자유이지만, 그 스폰서가 누구인지를 밝혀야 하는 의무를 갖는다. 이 규칙은 1927년 라디오법에서 시작한 오래된 의무 사항이다. 그런데 미디어 경쟁이 치열해지면서 방송사들이 수익을 올리기 위해 이른바 스폰서 뉴스 기사를 방송하는 경우가 생겨나기 시작했다. 이런 뉴스들은 협찬 고지도 없이 스폰서와 방송사가 은밀하게 거래하는 방식으로 이루어짐으로써, 시청자들은 이 사실을 모른 채 상업적 목적으로 만들어진 기사를 보게 되는 것이다. 또한 홍보를 위해 기업이 만든 뉴스 자료를 고지 없이 사용하는 것도 공개 규칙 의무 위반이다.

그러나 이에 대한 폭로가 이루어지기 쉽지 않으며, 심지어 이런 행위를 발견하더라도 처벌 수위는 매우 낮다. 스폰서 고지 의무 위반에 대한 벌금은 건당 기본 4천 달러에 불과하다(FCC, 2011). 또한 대부분의 케이블방송은 협찬 고지 의무 대상에서 제외된다. 그러나 이러한 행위에 대한 제재도 제1수정헌법을 위배한다는 주장이 제기되기도 한다. 특히 홍보용 비디오 자료 활용은 스폰서에게 돈을 받지 않기 때문에 공개 규칙 위반이 아니라는 것이다.

심지어 PPL, 즉 간접광고가 뉴스 프로그램에 들어오기도 한다. 앵커 데스크에 스타벅스 커피가 놓이기도 하며 맥도널드 로고가 뉴스매거진 세트 배경에 자리 잡기도 한다. 공개 규칙에 따라 간접광고에 대해 협찬 고지를 하면 된다고는 하지만 뉴스 프로그램에까지 간접광고가 들어오는 것은 공익을 침해하는 것이라는 주장이 제기되고 있다. 그러나 공개 규칙 자체가 언론 자유 침해라는 비판을 받을 정도인 상황에서 뉴스에 대한 간접광고 금지는 거의 불가능한 기대일 것이다.

2) 1996년 텔레커뮤니케이션법과 소유 규제 완화

앞에서 본 것들이 방송 내용상의 규제 완화라면 다음에서 살펴볼 것들은 구조적 규제에 대한 것들이다. 이 방송구조 규제 변화는 1996년 텔레커뮤니케이션법에 의해 시작되었다.

(1) 소유 규제 완화

1996년의 텔레커뮤니케이션법은 통신뿐만 아니라 방송 영역에서의 전향적인 규제 완화 패러다임을 제시하였다(Meyerson, 1997). 이것은 앞에서 주로 논의한 바 있는 내용 규제 완화가 아니라 소유 규제 차원의 변화를 의미하였다. 복수 면허 소유에 대한 규제도 대폭 완화되었다. 우선, 전국 차원에서 한 사업자가 소유할 수 있는 텔레비전과 AM 라디오, 또는 FM 라디오 방송국의 숫자 제한이 철폐되었다. 단 텔레비전의 경우, 한 사업자의 커버리지가 전국 가구의 35%를 넘는 것은 제한된다. 지역 차원에서도 복수 소유는 완화되어 라디오의 경우 한 시장 내 가능한 경쟁방송사 수와 경쟁상황에 따라, 그리고 서비스 종류(AM 또는 FM)에 따라 제한이 달라졌다. 텔레비전의 경우, 구체적인 제한 완화를 명시하지는 않았으나 추후 완화 가능성을 열어 놓았다.

〈표 5-1〉 1996년 텔레커뮤니케이션법에 따른 라디오 방송국 소유 제한

한 시장 내 상업방송국 수	해당 시장 내 모든 방송국 최다 소유	같은 종류의 서비스방송국 최다 소유
45개 이상	8	5
30~44개	7	4
15~29개	6	4
14개 이하	5	3

출처: Meyerson(1997: 279).

텔레비전과 라디오 방송국의 교차소유 제한도 완화되었다. 이전에는 한 시장 내 방송국 소유자가 30개에 달하고 그 시장 규모가 상위 25개에 해당될 때 텔레비전과 라디오 교차소유가 허용되었지만 1996년 법에 따라 상위 50개 시장에서는 양 매체 교차소유가 가능하게 된 것이다.

네트워크 텔레비전 결합 규제도 다소 완화되었다. 과거에는 모든 네트워크는 공동 소유가 금지되었으나 이제 신생 WB와 UPN 간의 병합 및 기존 네트워크와 법 시행 이후 등장한 신생 네트워크 간의 병합은 허용되었다. 그러나 4대 네트워크인 ABC, CBS, NBC, Fox 상호 간 병합은 여전히 제한된다.

(2) 재허가 제도 개선

FCC는 그동안 복수의 지원자들이 면허를 원할 때 '비교 재허가' 시스템을 적용했다. 이것은 말 그대로 지원자가 복수일 때 위원회는 어떤 지원자가 가장 공익과 편의와 필요를 잘 충족시킬 수 있을 것인지를 상대적으로 평가하여 결정하는 것이다. 이때 개별 사업자들은 각각 별도의 청문과정을 거쳐야 한다. 이론적으로 이 시스템은 건전한 경쟁을 촉발하는 것처럼 보이지만 실제로는 현재 방송을 운영하며 재허가를 바라는

사업자에게는 불리한 방식이다(FCC, 2011). 현 방송사업자는 자신이 그간 실제로 행한 실적을 도전자의 미래 약속과 대비해 평가받아야 하기 때문이다. 경쟁에 나선 도전자가 이 시스템을 기존 방송사업자로부터 합의금을 얻어내기 위한 수단인 '그린 메일'로 사용하려던 경우도 발생하였다고 한다. 그린 메일이란 초록색인 달러화를 요구하는 편지를 보내는 것이라는 의미에서 붙은 이름이다.[2)]

1996년의 텔레커뮤니케이션법은 이 문제를 두 가지 중요한 차원에서 해결하고자 하였다(FCC, 2011). 그중 첫째는 라디오와 텔레비전 모두 허가 기간을 각각 7년과 5년에서 8년으로 연장하는 것이다. 이러한 변화는 기존 방송사업자에게 안전 및 안정을 제공하게 된다. 둘째로, 비교 재허가 시스템을 폐지하고, 재허가 심사 때 FCC가 기존 사업자가 재허가를 받지 못할 것이라고 먼저 판단한 경우에만 새로운 경쟁 지원자들을 고려하는 것이다. 이것을 통해 성과 기록을 가진 기존 사업자와 미래의 약속만이 있는 신규 희망 사업자가 부당하게 경합하는 것을 방지할 수 있게 되었다. 즉, FCC는 신규 방송 신청자의 제안서를 검토하지 않은 상태에서 기존 방송사업자가 FCC의 규칙을 '심각하게' 위반했는지 여부와 이 방송사가 공익에 이바지했는지 여부만을 고려하게 된 것이다. 이렇게 새로 만든 이른바 '2단계 재허가 절차'(*new two-step*

---

2) 경영권이 취약한 대주주에게 보유 주식을 높은 가격에 팔아 프리미엄을 챙기는 투자자들을 그린메일러(*green mailer*)라고 한다. 이들은 주식을 매집한 후 기회가 오면 대주주에게 편지를 보내 주식을 매수하도록 유도한다. 편지에는 경영권이 취약한 점을 이용, 임시 주총을 요구하는 등 대주주를 코너로 몰아세우는 내용이 주로 담긴다(출처: 대한민국 정부, 2010, 《시사경제용어사전》).

renewal procedure)에서 기존 방송사는 지난 허가 기간에 공익, 편의, 그리고 필요 의무에 봉사했고, 텔레커뮤니케이션법 또는 위원회의 규정이나 규칙을 심각하게 위반한 적이 없다면 기본적으로 방송을 지속할 수 있고, 그렇지 않은 경우에만 신규 희망자와 비교 평가에 들어가게 되었다.

(3) 새로운 내용 규제방식, V칩: 폭력과 음란 방지책

1996년 텔레커뮤니케이션법이 통신은 물론 방송에도 경쟁체제를 도입하여 사상의 자유시장 원리를 적용하려고 하였지만 자유시장이 가져올 폐해에 대해서도 고려하지 않을 수 없었다. 그 폐해는 주로 청소년이 폭력과 음란적 내용에 노출될 가능성이 높아지는 것을 뜻하였다. 그러나 텔레커뮤니케이션법은 이 문제 해결에서도 규제기관의 직접적 내용 규제보다는 기술적 방법과 수용자 스스로의 판단에 의한 방식을 추구하였다.

이것은 구체적으로 V칩(V-Chip)이라는 시스템으로 요약된다. 이 시스템은 방송사가 시청자에게 프로그램을 전송할 때 전송신호에 각 프로그램의 시청등급 정보를 담아 보내면 시청자는 TV 수상기를 조작하여 원하는 등급의 프로그램만을 받아 볼 수 있게 하는 것을 말한다. 부모는 자신의 자녀에게 적합하지 않은 수준의 폭력물과 음란물 등급을 정하여 TV 수상기의 V칩을 세팅해 놓으면 해당 등급의 프로그램은 시청이 불가능하도록 화면에서 '블랙아웃', 즉 흑백이 되어 나타난다. 법에 의해 방송국의 등급 신호 전송 및 TV 수상기 제조사의 V칩 탑재가 의무화하였다. 방송등급 아이콘은 해당 프로그램 시작 때, 그리고 매 중간

〈그림 5-2〉 V칩 사용에 대한 미국 학부모 조사결과

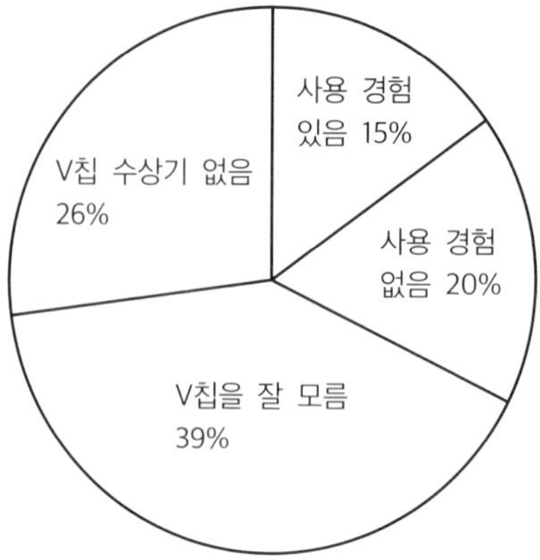

출처: Kaiser Family Foundation(2004).

광고 이후에 TV 수상기 구석에 노출된다. 다만, 방송등급은 FCC가 가이드라인을 제시할 수는 있지만 제 1수정헌법을 위반하지 않기 위해서 방송사 스스로 등급 기준을 만들어 운영하도록 하였다.

그러나 이 V칩 방식은 청소년을 보호한다는 명분일 뿐, 실질적으로는 방송사들이 이 제도를 빌미로 과거보다 더 강도가 센 폭력적, 선정적 내용을 방송할 수 있게 되었다는 비판도 많다. 실제로 미국 비영리 단체인 카이저 패밀리재단(Kaiser Family Foundation)이 시청자를 대상으로 조사한 바를 보면, 대부분의 부모들은 V칩 내장 TV 수상기가 없거나 이를 사용하지 않고 있었다. 26%에 해당하는 부모들이 V칩 내장 TV 수상기를 보유하고 있지 않으며, 39%는 실제로 이런 수상기를 가지고 있으나 V칩이 내장되어 있는지를 몰랐다(Kaiser Family Foundation, 2004). V칩 내장 TV 수상기를 가지고 있는데도 그것을 사용하지 않는 부모는 20%에 달했고, 15%만이 그것을 사용해 본 적이 있다고

응답했다. 실제로 활용되기 어려운 시스템의 도입은 단지 규제 완화를 위한 수단일 뿐인 경우가 많은데, 이런 경우 한번 완화된 규제는 되돌리기 어렵다는 데 문제가 있다.

(4) 케이블TV 소유 규제 완화

앞 장에서 보았듯이 1996년의 텔레커뮤니케이션법은 기존 통신사업자의 케이블방송 및 비디오 서비스 시장 진출과 거꾸로 케이블방송사업자의 통신시장 진출을 상호 허가하였다. 이에 따라 케이블방송국은 자사 케이블 네트워크를 이용하여 전화사업에 진입할 수 있게 되었다. 한편으로 케이블방송사업자가 자신의 시스템을 판매하는 행위에 대한 제한도 완화하였다. 이전에는 케이블방송국은 시스템을 최초에 매입하거나 건설한 뒤 3년 이내에는 제3자에게 재판매하는 것이 금지되어 있었지만 새 법에서 이 제한은 폐지되었다. 아울러 케이블방송사업자가 지상파방송 네트워크를 소유하는 것도 허용하였다. 이러한 병합에 따른 비경쟁적 행위를 방지하기 위하여 지상파방송 네트워크와 결합된 케이블방송국은 채널 라인업에서 해당 지상파방송 채널을 우대하지 않는 등의 공정성을 유지하도록 하였다.

3) 상업방송사의 공익 의무

이상의 탈규제 과정을 통해 방송사들은 최소한의 의무만을 갖게 되었다. 그것은 특정 장르를 어느 정도 분량으로 편성하라는 식의 국가의 적극적인 내용 개입이 아니라 지역 주민들이 그것을 평가하게 하는 간접적인 방법을 사용하는 것과, 청소년 보호에 대해서도 등급제를 통해 부모의 판단에 의존하는 방식 등을 뜻한다(USDC, 1997).

(1) 지역 공동의 필요에 부응하는 프로그램

개별 방송사들은 면허를 받은 지역 공동체의 필요에 부응하는 편성을 할 의무를 지닌다. 이를 위해서 FCC는 피면허 방송사들이 매 분기마다 직전 3개월 동안 지역 공동체 이슈에 대해 중요하게 다룬 프로그램 리스트 보고서를 작성하도록 요구한다. 이 리스트는 간략한 서술을 덧붙여 어떤 프로그램이 어떤 이슈를 중요하게 다루었는지를 설명하여야 한다. 보고서는 방송 일자, 방송 시각, 방송 시간, 제목도 포함해야 한다.

(2) TV 방송사의 교육 및 정보 편성 의무

① 상업방송사의 경우

방송사가 어린이 프로그램 편성 의무와 관련해 신속한 재허가 승인을 원할 경우 해당 사는 주당 최소한 3시간 이상 16세 이하 어린이들의 '긍정적 발전을 촉진하는' 교육 및 정보 프로그램을 방송하여야 한다. 해당 프로그램들은 다음과 같은 의무를 수행하여야 한다.

ⓐ 오전 7시에서 오후 10시 사이에 방영
ⓑ 주간 정규 편성
ⓒ 각 편의 방송 분량은 30분 이상
ⓓ 각 편마다 시작할 때 교육 또는 정보 프로그램임을 명시

ⓔ 텔레비전 프로그램 가이드 출판사에게 추후 방송될 어린이용 교육 또는 정보 프로그램에 대한 목표 연령층 정보를 제공

피면허방송사는 또한 분기마다 "어린이 텔레비전 편성 보고서"(Children's Television Programming Report)를 통해 어린이용 교육 및 정보 프로그램 편성 의무를 달성하기 위해 지난 분기에 어떠한 노력을 하였고 다음 분기에 어떠한 계획을 가지고 있는지 밝혀야 한다.

② 비상업방송사의 경우

비상업방송 면허 소지 방송사는 어린이의 정보 및 교육적 고양을 위해 특별히 기획된 것들을 포함하여 전체 프로그램 편성 시 16세 이하 어린이들의 교육적 · 정보적 필요성에 부응하여야 한다. 이 의무는 부분적으로 방송 외적 노력이나 다른 텔레비전 방송사들에 대한 해당 프로그램들을 지원하는 것을 포함한다.

(3) 텔레비전 방송 프로그램 등급에 대한 학부모의 선택

앞에서 보았듯이 자녀들에 대한 부모들의 통제력을 높이기 위해 1996년 텔레커뮤니케이션법은 등급제와 관련한 구체적 조항을 신설하였다. 그것은 등급 시스템이 이후로 제작될 TV 수상기에 삽입되는 기술과 연계하여야 한다는 것이다. 이 기술을 이용하면 부모들은 성적, 폭력적, 또는 다른 저속한 소재를 담은 프로그램들을 텔레비전으로 볼 수 없도록 할 수 있다. 해당 법의 '텔레비전 프로그램에 대한 부모의 선택' 조항(551조)은 텔레비전 콘텐츠 공급자와 배급자들이 자발적인 등급 시스템

을 개발할 것을 독려하고 있다. 동 조항은 또한 FCC가 TV 수상기 제조산업의 차단 기술표준 발전을 감독하라고 명령하고 있다. 이 기술은 등급 시스템과 연동하여 기능하여야 의미가 있기 때문이다.

① 텔레비전 프로그램 등급

방송면허 소지자를 포함한 영상 프로그램 공급업자와 배급업자는 법에 의해 자발적으로 등급 시스템을 개발할 것이 독려되는데, 이들이 만든 시스템은 반드시 FCC의 승인을 받아야 한다. 만약 이들이 개발한 시스템이 부적절하다고 판단되면 FCC는 독자적인 개발을 할 권한을 지닌다. 그러나 법은 FCC가 독자 개발에 나설 경우 반드시 산업계 및 시민 대표들이 참여하는 자문위원회의 자문을 받도록 조치하였다. 이에

〈표 5-2〉 미국 영상물 등급 시스템

어린이 전용 프로그램	
TV-Y	전 연령 어린이용
TV-Y7	7세 이상 어린이용
일반 프로그램	
TV-G: (일반 시청자)	모든 연령에 적절하다고 대부분의 부모가 판단하는 것으로서, 폭력이 거의 없고 험한 말이나 성적 대화 또는 상황이 전혀 없음.
TV-PG: (부모 지도하 시청 권유)	부모들의 판단으로 어린 아이들에게 적절치 않은 내용을 포함하는 프로그램. 주제 자체가 이 등급으로 분류되는 이유가 될 수도 있음. 보통 수준의 폭력(V), 성적 상황(S), 잦지 않은 거친 언어(L), 약간의 외설적 대화 중 하나 이상을 포함하는 프로그램.
TV-14: (부모 주의 강력 요망)	14세 이하 어린이에게는 적절치 않다고 부모들이 판단하는 내용이 포함된 프로그램. 심한 폭력(V), 심한 성적 상황(S), 심한 거친 언어(L), 심한 외설적 대화(D) 중 하나 이상을 포함하는 것.
TV-MA: (성인 수용자 전용)	성인 시청용으로 특별히 기획된 프로그램으로서 17세 이하의 어린이가 보기에 적절치 않은 것. 생생한 폭력(V), 명백한 성행위(S), 거칠고 추잡한 언어(L) 중 하나 이상을 포함하는 것.

FCC는 미국방송협회(NAB: National Association of Broadcasters)와 미국영화협회(MPAA: Motion Picture Association of America), 그리고 미국케이블협회(NCTA: National Cable Television Association)와 공동으로 연령과 내용을 바탕으로 한 등급 시스템을 만들었다.

② V칩

프로그램 신호 차단 기능인 V칩은 기본적으로 방송사가 아닌 TV 수상기 제조사의 의무이다. 13인치 이상의 수상기 및 텔레비전 수신이 가능한 컴퓨터에는 FCC가 승인한 등급 시스템을 통해 신호 차단이 가능한 V칩을 달아야 하는 것이다. 방송사는 이들이 개발해 내놓은 V칩에 자신들의 등급 시스템이 연동되도록 방송 전파에 등급 신호를 실어서 보내야 한다. V칩은 부모들이 사용하기는 쉬우나 아이들이 조작할 수는 없어야 한다는 FCC의 기준은 사실상 달성하기 어려운 요구이다.

(4) 음란과 외설(indecency and obscenity)

방송사는 오전 6시부터 오후 10시 사이에 음란, 외설, 또는 모독 언어를 방송해서는 안 된다. FCC의 정의로 음란이란 "성적 또는 배설 관련 행위나 신체기관에 대해 명백하게 암시하거나, 적시하거나, 묘사하는 말이나 물체로서, 방송매체에 대한 당대 공동체의 기준에 의해 측정되는 것"이다. 음란성 발언은 기본적으로는 제1수정헌법에 의해 보호되지만, 그것은 어린이들이 수용자에 포함될 가능성이 약한 시간대로 제한될 수 있다. 외설적 발언은 미 대법원의 정의로 "ⓐ 당대 공동체 기준을 적용하였을 때, 평균적 사람들이 전체적으로 보았을 때 호색적 관심에 호소하는 것이거나, ⓑ 적용 가능한 주법에 의해 규정될 수 있는 성적 행위에 대해 명백하게 공격적인 방식으로 적시하거나 묘사하는 것이거나, ⓒ 전체적으로 보았을 때 진지한 문학적, 예술적, 정치적, 또는 과학적 가치를 결여한 것"이다.

(5) 텔레비전 광고

방송매체 초기부터 연방정부는 스폰서에 대한 방송 프로그램 시간 판매나 광고 시간 구매에 대해 규제했다. 공익을 위한 광고 규제는 시청자에게 스폰서를 고지하도록 하고, 연방 선출직 공직 후보자에 대한 것을 제외하고는 방송 시간 판매를 거절할 자유를 부여하며, 어린이를 주 대상으로 하는 프로그램에서 광고 분량을 제한하고, 담배 광고를 금지하며, 주류 광고에 대한 제한을 두는 내용들로 이루어진다.

① 스폰서 고지

방송사는 특정 콘텐츠의 방송을 대가로 직·간접적으로 그것의 비용을 부담하거나, 일부 또는 부분적으로 금전, 용역, 또는 다른 가치를 제공한 사람이 있다면 방송을 통해 이를 밝혀야 한다. 이것은 상업방송은 물론 비상업방송에도 적용되는 의무이다. 그러나 비상업방송은 스폰서나 협찬자 고지를 위해 방송을 잘라서는 안 되며, 방송면허 소지자나 그의 대행자, 또는 피고용인에게 보수를 제공한 대가로 영리추구자를 위한 프로모션 방송을 할 수 없다.

② 방송 광고 거절

피면허자는 어느 누구든 방송 시간 판매를 거절할 권리를 갖는다. 그러나 방송 전파에 대한 합리적 접근의 기회가 주어져야 하는 자격 있는 연방 선출직 공직 후보자에 대해서는 이 권한이 적용되지 않는다.

③ 담배 광고 금지

FCC에 의해 규제되는 어떤 전자 커뮤니케이션 미디어에서도 흡연 또는 비흡연 방식의 담배 상품은 광고할 수 없다.

④ 어린이 프로그램의 광고방송 제한

어린이를 위한 프로그램에서 광고 시간은 주중에 시간당 10.5분, 주말에는 12분을 넘을 수 없다.

⑤ 술 광고

지상파방송을 통한 주류 광고는 기본적으로 제한이 없다. 그러나 주류 산업계가 자체적으로 방송을 통해 소비자에 호소하는 것은 금지한다.

(6) 선출직 공직 후보자의 방송 시설 접근

FCC의 법과 규제를 통해 방송사업자는 연방 선출직 공직 후보자의 접근권을 수용하여야 하며, 그 방송사업자가 그의 경쟁자를 지지하거나 그 경쟁자에게 차별적으로 방송사 설비에 대한 접근을 제공하였을 경우 그에게 반론권을 제공할 의무가 있다.

① 합리적 접근

방송사업자는 법규에 의해 자격을 갖춘 연방 공직 후보자의 자신의 설비에 대한 합리적 접근(*reasonable access*)을 가능하게 하여야 하며, 합리적 분량의 시간을 구매할 수 있도록 하여야 한다. 그러나 지역 공직 후보자는 방송 설비에 대한 합리적 접근 권리가 없다. 그것은 후보자가 접근을 대가로 대금이나 기타의 대가를 지급하는 경우에도 그러하다. FCC는 '합리적 접근'을 방송사업자의 "합리적인 선의적 신의 판단"(*reasonable good faith*)에 의존한다. 방송사업자는 법적으로 자격을 갖춘 연방 공직 후보자에게 반드시 폭넓은 시간대의 선택지를 제공하여야 하지만 뉴스 프로그램에 광고 시간을 배정할 필요는 없다.

② 동등 기회 제공

방송사업자가 법적 자격이 있는 어떠한 공직 후보자에게 자신의 방송국을 '사용'하도록 허가하였다면 그 방송국은 다른 경쟁 후보자에게도 반드시 동등한 기회를 제공하여야 한다. 그러나 연방 공직 후보자에게만 적용되는 합리적 접근 규정을 원하는 후보자를 제외한 다른 후보자들에게는 방송 시간을 판매하여야 할 의무가 없다. 방송사업자는 이 의무를 방기함으로써 후보자를 차별해서는 안 되며, 동등 기회가 주어진 후보자의 방송 물량에 대해 어떠한 검열 권한도 없다.

③ 정치적 사설과 반론권

방송사업자가 법적 자격을 지닌 후보자를 지지하거나 반대하는 사설을 방송할 때, 그 사업자는 반드시 방송 후 24시간 내에 지지 받은 후보자의 경쟁자들이나 반대 받은 후보자에게 다음의 조치를 취하여야 한다: ⓐ 해당 사설의 방송 일시 공지, ⓑ 해당 사설의 대본이나 테이프 제공, ⓒ 해당 방송사 설비를 활용한 대응 기회 제공.

④ 정치 자료

모든 면허 소지자는 공직 후보자 방송 관련 정보를 순서대로 정리하여 공중의 열람이 가능하도록 2년 동안 보관하여야 한다.

(7) 개인 공격 규칙(Personal Attack Rule)

공적 중요성이 있는 논쟁적 사안에 대한 견해를 표현하는 와중에 특정 가능한 사람이나 집단의 진실성, 성격, 성실성 등에 공격이 가해졌을 경우 그 사람이나 집단이 이에 대응할 수 있는 기회를 주어야 한다. 그러나 이 규칙은 법적 자격을 지닌 후보자가 방송사 설비를 이용하여 외국 집단이나 외국 공적 인물에 대해 공격을 가했을 경우에는 해당되지 않는다. 또한 사실을 전달하는 뉴스 방송이나 뉴스 인터뷰, 현장 뉴스 중계 등의 경우도 이 규칙의 예외가 된다.

(8) 공평 시간 할당 원칙(Fair Break Doctrine)

방송사와 다른 견해를 가진 집단에게 공정한 방송 시간을 할당해야 한다는 것으로, 1987년에 폐기된 '공평 원칙'과는 다른 것이다.

(9) 비디오 프로그램 장애인 접근권

1998년부터 제작되는 모든 비디오 프로그램에 대해 폐쇄 자막을 삽입

〈표 5-3〉 미국 상업방송사의 공익 의무 요약

공익 의무 항목	내용
지역 공동체 필요에 부응하는 프로그램	방송사는 뉴스 프로그램을 편성하든 안 하든 지난 3개월 동안 지역 공동체 관련 이슈에 대해 충실히 다루었음을 증명하는 '이슈/프로그램 리스트'를 분기별로 작성하여야 함.
교육 및 정보 프로그램	신속히 재면허를 받고자 하는 방송사는 16세 이하 어린이들을 위한 교육 및 정보 프로그램을 주당 최소 3시간 편성하여야 함. 이것들은 교육 및 정보 프로그램으로 인식되며, 오전 7시에서 오후 10시 사이에 정규 편성되어야 하고, 30분 이상의 분량으로 이루어져야 함.
음란 및 외설	오전 7시에서 오후 10시 사이에 외설, 음란, 모독적 언어가 방송되어서는 안 됨.
텔레비전 광고	방송 콘텐츠 내용에 스폰서한 어떠한 주체에 대해서도 해당 시간을 통해 방송해야 함. 주말에 방영되는 어린이 프로그램에는 시간당 10.5분 이내의 광고만 허용되고, 주중에는 12분 이내만 허용됨.
정치 후보자들의 방송 시간 접근	적법한 자격의 연방 선출직 공직 후보자에게는 '합리적인 수준의 접근'을 제공하거나 '합리적인 분량의 시간'을 구매할 수 있도록 하여야 함. 적법한 자격의 정치 후보자에게 접근을 제공할 때에는 그 직위를 놓고 경합하는 다른 경쟁 후보자에게도 동등한 기회를 주어야 함. 정치 후보자에게 방송 시간을 판매할 때는 광고주에게 판매하는 최저 금액 기준을 적용하여야 함.
공평 시간 할당 원칙	방송사와 다른 견해를 가진 집단에게 공정한 시간을 할당하여야 함.
비디오 프로그램 장애인 접근권	최소한 분량의 폐쇄 자막 프로그램을 제공하여야 함.
메인 스튜디오 위치 및 공공 사찰용 파일 보관 의무	방송사 메인 스튜디오를 해당 방송사 핵심 전파 도달지역 내에 두어야 함. 공중이 편리하게 접근할 수 있도록 각종 기록을 유지하여야 함

출처: Napoli(2001: 92).

하도록 하는 것으로, 그 분량은 연차별로 늘어나도록 규정되었다. 아울러 방송 중 대화 사이의 빈 부분에 중요한 화면 내용을 설명하는 내레이션을 넣도록 권장된다.

(10) 메인 스튜디오 위치 및 공공 사찰용 파일 보관 의무

방송사는 메인 스튜디오를 해당 방송 핵심 전파 도달지역 내에 두어야 한다. 아울러 방송사는 공중이 편리하게 접근할 수 있도록 각종 기록을 유지하여야 한다. 이것은 지역민이 방송사업자에게 쉽게 접근함으로써 이 사업자가 지역의 방송 편성 요구에 민감하도록 하고 지역민이 관련 정보에 쉽게 접근할 수 있도록 하기 위함이다.

2. 유럽 방송 시스템의 변화: 공영에서 공민영 모델로

제3장에서 보았듯이 서유럽 대부분의 나라에서 방송 미디어는 초기부터 공공 서비스로 자리매김했다. 이 지역에서 방송은 통신과 마찬가지로 공공 독점을 통해 공익의 가치를 실현할 수 있다고 여겼다. 각국은 각자의 정치적·역사적 배경 아래 서로 다른 공영방송 모델을 추구했지만 그것들이 추구하는 최종 목표는 공익이라는 점에서 차이가 없었다.

방송에 대한 국가 개입이 강했던 프랑스, 나치즘의 재등장을 막기 위해 중앙주의를 지양하고 개별 주의 자치권을 강조한 독일, 풀뿌리 시민사회 공영방송 모델을 발전시킨 네덜란드, 공영방송사와 민영방송사의 복점 체제를 일찍이 도입한 영국 등 모든 국가들은 자국의 문화적 정체성을 지키고, 교육과 정보 제공에 강조점을 두려 했다. 심지어 영국이 제2차 세계대전 이후 다른 나라들보다 앞서 민영방송 ITV를 출범시키며 복점 체제를 도입했지만, 이 민영방송사도 역시 기존의 공영방송 규제 프레임을 차용하여 규제되며, 공공 서비스를 통해 공익 목표를 달성하도록 의무화하였다.

공영방송 제도는 법이나 규제 차원을 뛰어넘어 공익을 담보할 수 있는 특별한 제도였다. 예를 들어, 영국의 BBC는 이를 규제하는 법이 아니라 왕이 교부하는 칙허장과 주무장관과 BBC가 체결하는 협약서에 의해 운영되었다. 칙허장은 BBC의 존재 목적이 공익을 위함이라고 명시하였으며, 이 방송사의 독립성을 강조하였다. 이 공영방송사를 규제하는 힘은 법이나 외부의 정치권력이 아니라 자체의 조직문화, 즉 프로페셔널리즘이었다(Küng-Shankeleman, 2000).

그러나 1980년대에 들어서 서구의 방송환경은 급격하게 변화한다. 이것은 통신 영역에서와 마찬가지로 관련 기술 발전과 정치지형 변화의 영향이었다. 여러 가지 차원에서 이루어진 환경변화들은 상호작용하며 방송 영역의 탈규제화를 가속하는 요인들이 되었다. 사실 유럽에서의 변화는 미국과 달리 탈규제라기보다는 민영화라고 하는 것이 더 적절할 것이다. 방송 영역은 그간 규제되었기보다는 그 자체가 국가사업으로서, 민간에는 '금지'되었던 것이기 때문이다.

1) 유럽 방송 민영화 · 자유화의 동인들

(1) 기술 변화

기술적으로는 동축케이블 및 광케이블망의 발전으로 케이블TV가 채널 수와 서비스 품질 면에서 급격한 발전을 보였다. 이것은 전파의 희소성에 기대던 방송의 공익성 추구 원리와 그에 따른 규제의 명분이 약해지는 것을 의미하였다. 실제로 1980년대까지만 해도 유럽 대부분의 방송 채널은 공영 지상파였지만, 1990년대에 이르러 90%에 이르는 서유럽 시청자들은 영국의 Sky나 독일의 SAT1 등 케이블이나 위성방송을 통한 상업 다채널 서비스를 향유하게 된다. 이러한 새로운 기술은 역으로 그간 활용되지 않은 지상파 유휴채널 개방을 유도하였으며, 이에 따라 이탈리아의 지역민방, 프랑스의 Canal Plus와 M6 등 민영 지상파방송이 속속 등장하였다. 이에 따라 공영방송은 시청률이 급격히 떨어지며 사회에 대한 영향력은 물론이고 존재 정당성마저 위협받게 되었다.

(2) 신자유주의 정치사조

정치적으로는 신자유주의 사조가 공공 서비스보다는 시장경제를 강조하기 시작하였다. 정치 이데올로기 변화에 따른 새로운 모델 도입의 압력에는 방송 영역도 예외가 될 수 없었다. 이것은 구체적으로 공영방송의 독점이 해체되는 한편, 상업 미디어의 확산이 이루어지는 것을 의미하였다. 신자유주의 사조는 빠르게 변화하는 상황에서 국가 개입이나 규제의 비효율성을 지적하면서 자유로운 시장만이 이에 대응하는 효율적 방편임을 강조한다.

미국에서 시작한 신자유주의 정치사조와 그에 따른 탈규제 물결은 이것을 원하는 유럽 국가 내부의 자본들에게 큰 명분이 되었다. 개혁을 통한 경제발전을 가시화하여야 하는 당대 정부들도 공공 체제에 결합되어 있는 이해당사자들의 반발을 제압하는 명분으로 미국의 사례를 강조하였다. 한편으로 정부는 경쟁력 있는 미국 콘텐츠에서 자국 시장을 보호하기 위해서라도 탈규제를 통해 경쟁력을 키워야 한다고 주장할 수 있게 되었다.

(3) 상업방송 모델의 확산과 탈국경화

특히, 상업방송은 광고 모델을 넘어 유료 모델이 가능하게 되었다. 공영방송 시스템에서는 수신료를 주 재원으로 하되 일정 정도의 광고 수익만을 방송 재원으로 썼지만 상업방송에는 광고가 주 수익원이 되었다. 또한 상업방송은 케이블과 위성처럼 가입비를 받는 방송 모델도 가능하게 되었다. 프랑스의 경우, 민영 지상파방송인 Canal Plus는 지상파 신호에 암호를 걸어 유료 가입자만이 이 신호를 받을 수 있는 방식을 도입하기도 하였다. 심지어 개별 프로그램을 볼 때마다 따로 돈을 받는 PPV(Pay Per View) 모델까지 등장하면서 방송은 '문화' 영역에서 '산업' 영역으로 급격히 이행해 간다. 방송 프로그램 제작사, 장비 제조사, 광고주 등 상업적 이해당사자들은 방송 영역에서의 새로운 이윤 창출 기회를 최대한 활용하고자 하였고, 이것은 탈규제 또는 민영화의 요구로 이어졌다.

더구나 국가주의적 공영 시스템하에서 국내 시청자만을 대상으로 하던 방송은 시장 모델하에서 국경을 넘나드는 서비스 교역 상품이 되었다. 이것은 방송 콘텐츠가 소비 면에서의 비경합성에서 비롯되는 낮은 한계비용의 특성을 지니기 때문이다. 방송 프로그램은 일반 재화와 달리 한 사람이 소비하여도 그것이 없어지지 않고 다른 사람도 동시에 또는 차후에 소비할 수 있는 비경합성을 갖는다. 그리고 한 지역에서 방송한 프로그램을 다른 지역에서도 방송할 때 필요한 추가비용, 즉 한계비용이 낮다. 특히, 여러 국가가 한 대륙에 몰려 있는 서유럽에서 방송 콘텐츠의 이동 비용은 상대적으로 매우 낮다.

더구나 위성 및 디지털 기술의 발전은 방송 프로그램의 국가 간 이동에 드는 비용을 더욱 낮춰 놓았다. 이에 더해 인터넷은 국경을 넘나드는 시청 비용을 낮추었을 뿐 아니라 이것을 매우 용이하게 만들었다. 전에는 방송 프로그램을 타국에 수출하기 위해서는 원본 테이프를 복사하여 우편 시스템으로 보내야 했다. 10분 단위로 과금하는 값비싼 위성 사용료를 물어 가면서 해외로 보내는 것은 국가적 이벤트의 생중계가 아니면 상상조차 할 수 없는 일이었다. 그러나 전송수단이 값싸지면서 상업적 이해가 방송 콘텐츠를 국경을 넘어 타국으로 진출시키려는 강력한 동인을 갖게 된 것이다.

이제 많은 자본들이 아예 자국을 넘어 타국 방송산업에 진출하여 영역을 넓히고자 한다. 서유럽에서 유일하게 상업방송 체제를 유지한 룩셈부르크는 이러한 탈국경화의 허브가 되었다. 예를 들어, 프랑스와 벨기에 자본은 룩셈부르크의 CTL 방송에 투자하였고, 독일 자본은 룩셈부르크 위성방송 RTL plus에 참여하였다. 이러한 상황에서 각국은 현실적으로 방송시장을 닫고만 있을 수 없었고, 민영화와 자유화를 채택할 수밖에 없게 되었다.

개방된 시장에서 독일과 벨기에 자본은 룩셈부르크의 Astra 위성에 투자하였으며, 여기에는 영국 ITV 운영방송의 하나인 Thames TV도 참여하였다. 룩셈부르크에서 운영하는 위성방송 채널들의 신호는 국경을 넘어 유럽 각국의 가정에 도달한다. RTL plus는 독일인이 출자한 독일어 방송으로서 룩셈부르크에서 운영하지만 사실상 독일에 거주하는 시청자를 상대로 하는 것이었다. 출판 자본들도 타국 방송 진출에 적극적이었다. 예를 들어, 영국 출판재벌 로버트 맥스웰(Robert Maxwell)은 공영에서 민영화된 프랑스의 TF1에 출자하였으며, 독일의 베르텔스만(Bertelsmann)은 룩셈부르크의 RTL plus와 스위스 유로 TV 채널 텔레클럽(Teleclub)에 참여하였다.

(4) EU의 통합 정책

통신 영역과 마찬가지로 EU의 지역 통합 드라이브는 방송 영역에도 동일하게 적용되었다. 이것은 구체적으로 '국경 없는 텔레비전'(*Television without Frontiers*)이라는 슬로건으로 추진되었다. EU 집행위원회는 개별 회원국들의 방송법을 표준화하기 위해 노력하였다(Hoffmann-Riem, 1992). 1984년에 녹서(Green Paper) "국경 없는 텔레비전"(Television without Frontiers)이 발표되고 이것을 바탕으로 같은 이름의 'TV Without Frontiers(TVWF) Directive'(이하 'TVWF 지침')이 1989년에 공표된다. 각 회원국은 1991년 10월 3일까지 이 지침에 맞추어 방송 관련 법들을 수정하도록 되어 있었다.

이 지침은 텔레비전 제작 지원, 광고 규제, 청소년 보호, 반론권 등에 관련한 수단들을 표준화하는 것을 목표로 한 것이다. 이 목표를 달성하기 위해서는 방송 서비스가 회원국 간에 제한되지 않고 국경을 넘나드는 것이 최소한의 필수조건으로 인식되었다. 이 지침은 각국 정부가 방송에 대한 지원 정책을 펼칠 수 있다고 하였지만, 그것은 타국 사업자에게도 동등한 기회가 주어질 경우에 한정되는 것이었다.

상업방송 영역에서의 국가 간 자유로운 경쟁을 강조한 TVWF 지침으로 인해 각국의 방송정책과 규제는 과거의 공공 서비스에서 시장주의로 전환할 수밖에 없었다. EU의 TVWF 지침은 가맹 시장 내에서 방송 서비스의 자유로운 유통을 강조하였지만 한편으로는 특정한 공익 목표

보존을 동시에 추구하는 것을 목표로 하였다. 이 공익 목표는 문화적 다양성, 반론권, 소비자 보호 및 미성년자 보호를 위한 것임과 동시에 가맹국에서 제작한 프로그램을 '외부'로부터 보호하는 것을 의미하였다. 방송의 문화적 중요성이 강조되고 비상업적인 공공 서비스방송에 대한 제한이 시도되지도 않았지만 TVWF 지침의 이러한 공익 목표는 이른바 '립서비스'에 불과하다는 평가를 받기도 한다(Hoffmann-Riem, 1992: 156). 기본적으로 EC에게 이 영역은 경제적 재화였다.

2) 방송 탈규제 과정

서유럽에서 1980년대에 들어서 공영 독점 모델이 해체되고 탈규제로 급격히 이행한 것은 공통적인 현상이지만 이것은 기존의 방송제도 모델에 따라 다소 차이를 보였다. 서유럽의 방송제도는 5개로 구분할 수 있는데(Dysen & Humphreys, 1989: 143~147), 각 모델들은 탈규제에 대해서도 독특한 모습을 보였다.

(1) 민영 모델 — 룩셈부르크

앞서 보았듯이 룩셈부르크의 경우 사영업자들의 방송 서비스 진출이 이미 오래전부터 이루어졌다. 특히, 이 나라는 국토가 매우 작고 인구가 40만여 명에 불과하기 때문에 자체제작에 의존하는 국가적 공영방송 시스템을 유지하는 것은 어려운 일이었다. 그런데 오히려 이 점이 서유럽 방송 지형에서 상업적 방송 모델의 장점을 극대화한 결과를 낳았다. 룩셈부르크의 상업방송사인 CLT(Compagnie Luxembourgeois De Telediffusion)는 방송신호가 자국 영토를 넘는 점을 활용해 독일과 프랑스 등의 인접국가 시청자를 대상으로 한 방송을 실시하고 그 나라의 광고주를 유치할 수 있었다. 위성방송 기술이 등장하면서 CLT는 유럽에서 더욱 중요한 역할을 하게 되었고, 외국 자본을 유치하려는 룩셈부르크 정부의 지원과 함께 성장하였다. CLT는 결국 나중에 독일 자본인 베르텔스만에게 넘어가 RTL(Radio-Tele Luxembourg) 그룹 산하가 되었다.

(2) 공 · 민영 혼합 시스템 — 영국과 이탈리아

유럽에서 공영 없는 민영 모델인 룩셈부르크도 이례적이지만 공 · 민형 혼합 모델을 일찍이 선택한 영국도 이례적이었다. 영국은 1954년 지역 민방 연합체인 ITV를 허가하고 공영방송의 자율 규제를 준용하면서도 이윤을 추구하도록 하였다. ITV는 주요 시스템인 공영 BBC를 '보완'하는 기능을 하였는데, 다른 서유럽 국가에서는 이것이 탈규제를 정당화하는 사례로 거론되기도 했다.

1982년에 이루어진 케이블 시스템에 대한 ITAP(Information Technology Advisory Panel) 리포트가 케이블방송 도입을 주장하면서 민영화 논의는 급진전한다. ITAP는 정부가 전자산업계 인사들을 위주로 만든 자문위원회로서, 미디어에 관련한 그간의 정책 네트워크를 우회하려는 보수당 대처 정부의 전략으로 이해되었다(Dyson & Humphreys, 1988: 101). 결국, 1984년 '케이블 · 방송법'(Cable and Broadcasting Act)이 제정되고 '케이블국'(Cable Authority)이 설립되어 규제보다는 진흥을 위한 정책이 강조되기 시작한다. 이어서 1985년에 위성수신 규제가 완화되고 1987년에 위성방송이 시작되었다.

1987년에는 '피콕 위원회'(Peacock Committee)가 방송을 전자출판의 한 영역으로 간주하는 보고서를 발표하며 영국의 방송은 문화 모델에서 시장 모델로 급격히 이행하기 시작하였다. Sky, Music Box, Super Channel, Screen Sport 등 서유럽 국가 시장을 노리는 채널들이 확산하기 시작하면서 영국도 룩셈부르크처럼 위성방송을 이용한 해외방송 기지로 성장하였다.

영국에 이어 공·민영 모델을 도입한 나라는 이탈리아였다. 그러나 이탈리아의 그것은 영국에 비해 사업적 가치 추구에 방점을 더 두었다. 이탈리아는 유럽에서 가장 먼저 급격한 탈규제 정책을 실행하여 이미 1970년대에 규제화·상업화의 논의를 시작하였으며, 이것을 1990년의 방송법에 담아 완성하였다.

(3) 국가 개입형 공영 모델 — 프랑스

프랑스의 공영방송은 상업적 이해에서 자유로운 반면 정부의 관여에 종속되었다는 평가를 받았다. 1980년대 초 사회당 정부는 방송의 자유를 보장하라는 정치적 압력에 민감하게 반응하였다. 아울러 좌파 정부도 새로운 기술을 발전시키고, 소비자 선택권을 늘리고, 방송 프로그램 시장을 성장시키며, 탈중앙화를 할 수 있다는 것을 증명해 보이고자 하였다. 그 결과가 공영방송 TF1의 민영화였다. 보수당이 공영방송 제도에 비판적이고 진보당이 이에 우호적이라는 통념과 상치되게 프랑스가 서유럽에서 유일하게 기존 공영방송을 민영화한 것이다.

1982년 사회당 정부는 '시청각 커뮤니케이션 최고 독립청'(HAICA: Haute Autorité Indépendante de la Communication Audiovisuelle)을 설치

하고 규제 개혁에 나섰다. 이 개혁은 양 방향으로 진행되어 자국 미디어 산업에서는 새로운 매체의 성장을 촉진하였지만, 미국 등 외국 방송에 대해서는 자국 진입을 막으려는 방식으로 이루어졌다. 우선, 1984년 지상파 유료채널인 Canal Plus가 개국하고, 1986년에는 민영 지상파방송 La Cinq, TV6가 출범하였다. 반면에, 외국 채널과 프로그램, 그리고 광고에 대한 제한 조치가 실시되어, 방송국에 자국 프로그램 쿼터를 두어야 하며 케이블방송국은 수익의 1/3을 프로그램 제작에 투입하여야 한다는 등의 의무를 부과하였다. 1986년 사회당이 총선에서 패배하여 대통령은 사회당 미테랑이 지속하고 총리는 우파인 자크 시라크가 맡는 동거정부가 구성되면서 탈규제 조치는 더욱 강화되고 공영방송이었던 TF1은 1987년 4월에 민영화되었다.

(4) 자율형 공영 모델 — 독일

서유럽에서 자율 규제에 의한 공영방송 모델을 대표하는 나라는 독일이다. 독일은 개별 주의 독립 공영방송들이 연합체를 이루어 전국 방송을 실시하는 시스템이다. 전후 독일을 점령한 연합군 국가들은 군국주의적 나치즘의 부활을 막기 위한 조치의 하나로 단일 조직의 전국 방송 시스템 대신 분권화된 주별 방송 시스템을 고안하였다. 이에 따라 방송정책 또한 개별 주 정부들이 담당한다. 그러나 통신정책의 권한은 연방정부에 있기 때문에 방송과 통신 현상이 병합되어 가기 시작한 1980년대 이후에 이 시스템은 변화가 필요하게 되었다.

이에 우파 기독교민주동맹(CDU)과 기독교사회주의동맹(CSU)이 집권한 지역은 방송 민영화와 자유화를, 전국 통신사업자인 분데스포스

〈표 5-4〉 유럽 방송 시스템 변화

시스템	1980	1990	1999
공영 독점	벨기에, 덴마크, 노르웨이, 스웨덴		
공영 독점/혼영 재원	오스트리아, 핀란드, 프랑스, 독일, 그리스, 아이슬란드, 아일랜드, 네덜란드, 포르투갈, 스위스	오스트리아, 덴마크, 아이슬란드, 아일랜드, 네덜란드, 포르투갈, 스위스	오스트리아, 아일랜드, 스위스
민영 독점/광고 재원	룩셈부르크	룩셈부르크	룩셈부르크
공·민영 시스템	이탈리아, 영국	벨기에, 핀란드, 프랑스, 독일, 그리스, 이탈리아, 노르웨이, 스페인, 스웨덴, 영국	벨기에, 덴마크, 핀란드, 프랑스, 독일, 그리스, 아이슬란드, 이탈리아, 네덜란드, 노르웨이, 포르투갈, 스페인, 스웨덴, 영국

출처: Siune & Hulten(1998: 27).

트는 연방정부로부터의 탈규제를 원하였다. 반면에 좌파 사회민주당(SPD)이 집권한 주들은 현 공영방송 시스템을 고수하고자 하였다. 우파 기독교동맹 지역의 주들은 실제로 탈규제 법을 제정하기도 하였다.

갈등의 결론은 1986년 연방헌법재판소가 내린 판결인데, 이는 현 공영방송 시스템은 합헌적이며, 새로운 민영 상업영역 또한 합법적이라는 것이었다. 요약하자면 공·민영 혼합 시스템을 지지하는 것이었다. 헌법재판소는 각 주들이 서로 조화되는 법체계를 만들 것을 요구하였고, 이에 따라 1987년 전체 주들이 모여 '국가협약'을 맺고 관련 법체계를 정비하였다(Erk, 2008: 57~72). 이제 개별 주마다 공영방송 시스템과 별도로 민영방송 규제기관을 설치하고 이것들의 전국단위 협의체를 구성하였다. 이로 인해 독일도 공·민영 혼합 모델로 이행한 것이다.

(5) 벨기에 등 작은 나라들

벨기에, 네덜란드, 스위스, 덴마크, 아일랜드, 오스트리아 등 규모가 작은 나라들은 사회민주주의와 기독교민주주의가 결합되어 탈규제에 대한 문화적·정치적 저항이 큰 곳들이었다. 이곳들은 현실적인 탈규제 사조를 거부할 수 없었지만 강국들 사이에서 자국의 문화적 정체성을 보호하기 위한 욕구로 인해 그 과정은 순탄하지 않았다. 〈표 5-4〉에서 보듯이 벨기에를 제외한 대부분의 나라들은 1980년대에 공영방송 모델을 포기하지도, 민영방송을 도입하지도 않았다. 그러나 1990년에 가서 결국은 대부분 혼영 모델을 수용하였는데, 오스트리아와 아일랜드, 그리고 스위스는 끝까지 공영 독점 모델을 고수하였다.

3) 국경 없는 텔레비전 지침을 통한 규제 일원화

(1) 국경 없는 텔레비전 지침

앞에서 살펴본 바와 같이 EU 통합을 위한 노력은 방송영상 분야에서 '국경 없는 텔레비전 지침'(TVWF 지침)으로 구체화되었다. TVWF 지침이 제시하는 규제는 다음과 같이 EU 가맹국 간 자유로운 방송영상 서비스의 거래와 이를 위해 각국의 규제를 동일한 수준으로 맞추는 것, 그리고 외부로부터의 EU 방송영상산업 보호에 그 목적이 있다. 이제 각국의 텔레비전 규제는 이 지침에 위배되지 않는 한도 내에서 독자적 권한을 갖게 된 것이다.

① 원칙

TVWF 지침은 EU 가맹국은 수신의 자유를 보장하여 다른 가맹국이 자국 영토 밖으로 전송하는 신호의 수신을 제한하지 않아야 한다고 명시하였다(2조). 이 원칙은 미성년자 보호를 위한 조항에 저촉되는 경우일 경우에만 예외가 인정된다.

② 방송 및 제작 쿼터

EU 프로그램의 제작과 배급을 독려하기 위해 두 가지 조항을 열거하였다. 첫째, 방송사들은 전체 시간의 가장 많은 부분을 EU에서 제작한 프로그램으로 편성하여야 한다(4조). 이때 전체 시간 계산에는 뉴스, 스포츠 이벤트 및 게임, 광고, 텔레텍스트, 텔레쇼핑 서비스는 제외한다. 둘째, 방송사는 전체 방송 시간의 10%나 프로그램 조달비용의 10%를 EU 독립제작사가 제작한 것으로 하여야 한다(5조). EC는 이 두 조항이 제대로 이행되도록 관리할 책임이 있으며 가맹국은 4조와 5조에 명시한 쿼터 이행 실적에 대한 자료를 매 2년마다 제출하여야 한다. 특정 조건하에 가맹국은 자국의 언어 정책을 위해 필요한 경우 더 강한 규칙을 정할 수 있다.

③ 텔레비전 광고와 스폰서십

매일 전체 방송 시간 중 최대 15%, 매 시간당 최대 20%의 광고방송만이 가능하다. 광고는 미성년자를 보호하여야 하며 술 광고에 대한 특정 기준을 준수하여야 한다. 담배나 처방약품에 대한 광고는 금지된다. 텔레비전 프로그램에 대한 스폰서십은 허용되지만 이것은 특정 규칙에 따르는 것을 전제로 한다. 스폰서십은 방송사의 편집 독립성에 영향을 주어서는 안 되며, 해당 방송 프로그램이 스폰서의 상품이나 서비스의 구매를 독려하여서도 안 된다. 뉴스와 시사보도 프로그램은 스폰서를 둘 수 없다.

④ 미성년자 보호

포르노그래피나 극단적 폭력을 포함한 프로그램은 금지된다. 이것은 미성년자에게 해를 끼칠 가능성이 있는 모든 프로그램에 해당된다. 다만, 미성년자가 일반적으로 시청하지 않는 시간이나 기술적 조치가 취해졌을 경우에는 예외로 한다.

⑤ 반론권

텔레비전에서 부정확한 사실의 주장으로 인해 정당한 이익이 침해된 사람은 누구나 반론권을 지닌다. 이 권리는 가맹국의 법적 권한하에 있는 모든 방송사와 관련해 유효하다.

유럽 의회와 유럽 이사회는 1997년에 TVWF 지침의 개정을 통해 법적 명확성을 보장하고 구체적 조항들을 보완하였다. 이를 통해 변화한 중요 사항들은 다음과 같다.

① 방송사 관할권 정의

텔레비전 채널에 책임이 있는 가맹국은 주 사무소의 위치와 편성 관련 의사결정이 내려지는 곳에 의해 정해진다.

② 사회적 주요 이벤트(스포츠 이벤트 등) 무료 방송

개정 지침은 사회에 중요성을 갖는다고 간주되는 주요 이벤트들이 공중에게 무료로 방송될 수 있는 조건을 제시하였다. 각 가맹국은 암호화하지 않고 방송하여야 하는 이벤트 리스트를 만들어 유료 채널들이 독점권을 가진 경우에도 이를 시행하여야 한다.

③ 텔레쇼핑

TV 쇼핑에는 텔레비전 광고에 관한 모든 규정이 적용된다. 일반 채널에서 방송되는 텔레쇼핑 프로그램 윈도우는 최소한 15분 이상 지속되어야 하며, 명확하게 인식 가능하여야 한다. 1일 가능한 최대 윈도우 수는 8개이며, 총 방송 시간은 3시간을 넘을 수 없다.

④ 미성년자 보호

개정 지침은 미성년자 보호 조항을 더욱 강조하고 구체화하였다. 예를 들어, 미성년자의 발달에 해를 끼칠 가능성이 있는 프로그램이 암호화하지 않은 형태로 방송될 때 사전에 음성 경고 또는 시각 심벌로 경고를 발하도록 하여야 한다.

(2) 국경 없는 음성영상 미디어 서비스 지침

TVWF 지침이 발표되고 개정된 이후에도 이에 대한 재개정 논의가 끊임없이 진행되었다. 특히, TVWF 지침이 급격히 진행하는 미디어 환경 변화를 담아 내지 못한다는 시각이 고조되었다. 이런 논의는 관련 보고서 발표[3] 와 의견 청취 작업들을 통해 이루어졌는데, 이것들의 결론은 쌍방형·융합형 방송 서비스, 새로운 광고 기술, 온라인 환경 아래 미성년자 보호 문제 등 방송환경 변화에 대한 대응이 현실적으로 절실해졌다는 것이다. 이에 EU 집행위원회와 의회는 2007년 TVWF 지침을 개정하였고, 이 새 버전을 '음성영상 미디어 서비스 지침'(Audio-visual Media Services Directive)이라고 명명하였다. 때로는 앞 버전의 이름을 살려서 이것을 '국경 없는 음성영상 미디어 서비스 지침'(Audio-visual Media Services Without Frontiers Directive)이라고도 부른다.

2007년의 음성영상 미디어 서비스 지침(이하 AV 지침 또는 AVMSD)은 이전 버전의 TVWF 지침 조항들을 일부 개정해 광고 규제를 완화하고 선형(*linear*) 서비스와 비선형(*non-linear*) 서비스를 구분한 것에 특징이 있다. 선형 서비스는 전통적인 텔레비전, 인터넷, 모바일 통신 등으로서, 이용자에게 콘텐츠를 '밀어 넣어'(*push*) 수동적으로 수용하게 하는 것들을 말한다. 반면에 비선형 서비스는 주문형 텔레비전 콘텐츠와 정보로서, 이용자가 네트워크에서 콘텐츠를 능동적으로 '뽑아내는'(*pull*) 것들이다. 새 버전은 기술발전에 따른 변화를 수용하고 규제를 완화하되 유럽 AV 콘텐츠를 보호하고 지원하겠다는 이전 버전의 목표는 그대로 유지하였다.

새로운 AV 지침은 비선형 서비스에 대한 미성년자 보호 등 기본적인 규칙과 인종적 증오 방지와 은밀한 광고의 금지를 정하였다. 은밀한 광고(*surreptitious advertising*)란 방송사가 광고 목적으로 의도적으로 행하

3) 예를 들면, 2003년 12월의 "The Future of European Regulatory Audiovisual Policy" 보고서.

는 것으로서, 시청자는 이것이 광고인지를 모른 채 자연스러운 내용으로 받아들이는 표현을 말한다. 이것은 상품, 서비스, 이름, 상표, 또는 상품 생산자나 서비스 제공자의 활동에 대한 것을 의미한다. 특히, 이 표현이 금전이나 그에 상응하는 대가를 전제로 한 것이라면 의도적인 것으로 간주된다. 또한 비선형 서비스에 대한 규제는 그것이 최초 생산되고 배포된 나라의 법규에 따를 것도 명시하였다. 이 규정은 비선형 서비스가 타국에서도 별다른 혼란 없이 수용되도록 하는 목적을 지니고 있었다.

방송사가 자국보다 엄격한 다른 국가의 규제를 피하기 위한 절차는 2단계로 이루어진다. 그것은 첫째, 문제가 되는 양국이 협의를 하는 것이고, 둘째, 만약 이것이 실패할 경우, EU 집행위원회가 가맹국이 제안한 조치들이 유럽공동체 법규에 일치하는지를 평가하기 위해 개입하는 것이다.

① 광고 규제 완화

새 지침은 광고 삽입방식 규정을 단순화, 완화하였으며, 자율 및 공동 규제를 독려하였다. 또한 1일 3시간 이내로 광고방송 총량을 허용하는 규정을 폐지하였다. 그러나 모든 광고유형을 포함하여 시간당 12분 제한을 유지하였다. 또한 광고 브레이크 이후에 최소한 20분이 지나야 다른 브레이크를 시작할 수 있는 규정을 폐지하고 방송사가 프로그램 중간에 적절한 시간을 선택해 광고를 넣을 수 있게 했다. 그러나 영화, 어린이, 뉴스 프로그램들은 35분에 한 번의 광고 브레이크를 가질 수 있도록 했다. 아울러 새 지침은 화면분할 광고, 가상 광고, 쌍방형 광고

등 새로운 기술에 의한 방식들도 수용하였다.

② PPL 규정 명확화

새 지침은 PPL(Product Placement), 즉 간접광고에 대해 정의하고 이에 대한 규제를 명확히 하였다. 이 지침에 의해 PPL은 음성영상 미디어 서비스 내에서 금전이나 그에 상응하는 대가를 받고 제공하는 제품, 서비스, 또는 상표의 출현과 그에 대한 언급을 의미한다. PPL은 방송 시작과 함께 명확하게 이 사실을 공지할 경우에 가능하지만, 뉴스, 다큐멘터리, 어린이 프로그램에서는 금지된다.

③ 다원성

미디어의 다원성을 보장하기 위해 기존의 독립제작사 제작 콘텐츠 수용 규정에 두 가지 사항이 추가되었다. 첫째, 이 지침 실현에 책임이 있는 각국의 규제기관은 독립성을 보장받아야 한다. 둘째, 중요 이벤트 등 다른 나라 방송 프로그램의 짧은 발췌(*short extract*)를 정보 프로그램에서 사용할 수 있는 권리가 회원국 방송사들에게 비차별적으로 제공되어야 한다.

4) 공영방송 제도의 정당화

(1) 공영방송 정당성 문제

탈규제의 큰 관심사는 국가 독점체제인 공영방송을 어떻게 하느냐의 문제였다. 이에는 공영방송을 민영화하고 방송 영역에 상업경쟁을 확대하는 것이 가장 급진적인 방법일 것이다. 그러나 앞서 보았듯이 서유럽에서 프랑스의 TF1을 제외하고는 민영화한 공영방송사는 없다.[4] 민영 지상파방송들이 추가로 허가된 경우가 대부분이고 그것도 완만한 속도로 진행되었다. 물론 지상파를 제외한 뉴미디어 영역에 대해서는 EC가 원하는 단일시장 조성 원칙에 따른 상업화가 가속화하였다. 사회적·문화적 기구로만 여겨진 방송이 여러 가지 이유로 경제적 재화로 취급되기 시작하였지만 각국에서 공영방송은 존재 정당성에 대한 회의론이 지속되는 가운데서도 상대적으로 굳건한 자리를 지키고 있다. 이것은 급격하게 디지털화, 융합화, 그리고 상업화하는 미디어 환경에서 오히려 훼손되기 쉬운 방송의 사회문화적 목표를 보전해야 한다는 인식이 더 확대되고 있기 때문이다. 그러나 한편으로는, 공영방송이 민영화했을 때 광고 수익을 빼앗기는 등 자신들에게 미칠 부정적 영향을 두려워하는 신문, 뉴미디어 방송 등 다른 경쟁 미디어의 우려가 부정적인 연합 상태를 이루었기 때문이기도 하다(Syvertsen, 1992).

EU 차원에서도 EC 조약의 경쟁 규정과 법규 내에서 공영방송을 필요한 것으로서 수용하고 있다(Ward, 2003). EU는 일반 상업방송들에 대해서는 공통된 규정을 적용하여 방송 서비스 교역을 활성화하려고 하지만 공영방송에 대해서는 전반적으로 개별 국가의 자율에 맡기고 있

4) 2013년 6월 그리스 보수당 정부는 공영방송 ERT를 폐쇄하였다. 정부는 재정난을 이유로 들고 있으나 직원들은 현 정권에 반대하는 방송 보도에 대한 탄압이라고 주장하며 EBU(European Broadcasting Union)의 지원하에 위성과 인터넷 등을 통해 TV와 라디오 채널들을 운영하였다. 2015년 보수당 정권이 물러난 뒤 ERT는 재개국하였다.

다. 유럽 재판소는 이미 1974년에 공영방송의 독점이 비상업적이고 공익적 목적을 위한 것이라면 정당화될 수 있다고 판결하였다(European Court of Justice, 1974). 당시 이탈리아는 공영방송사 RAI에만 방송사업을 허가하고 이에 따라 방송광고도 독점하게 하였는데, 지역 케이블 사업자가 이것이 경쟁 법규에 위반된다며 제소한 바에 따른 판결이었다. 유럽 재판소는 이 독점이 가맹국 간 교역에 차별적 영향을 주지 않으며 유럽 조약 86조(구 90조)에 명시된 경쟁규정에 위배되지 않는 한 문제가 없다고 결론지었다. 각국에서 유사한 여러 건의 제소가 이루어졌지만 유럽 재판소는 같은 맥락으로 공영방송 독점과 서비스의 정당성을 인정하였다.

공영방송의 정당성을 규정화한 것은 1997년에 체결되고 1999년에 발효한 암스테르담 협약(Treaty of Amsterdam)이다. 유럽 국가의 기본 방송제도 모델이었던 공영방송의 필요성을 정당화한 암스테르담 협약은 '공영방송 재확인 헌장'이라고 부르기도 한다(Price & Ravoy, 2003: 37). 유럽 단일시장을 기획한 1957년의 로마 협약(Treaty of Rome)은 공정한 경쟁을 강조하였고, 이 기조에 따르자면 수신료를 바탕으로 '불공정'한 경쟁을 하는 공영방송은 유럽 통일 운동에서 배치되는 것으로 평가되어 버리는 문제가 발생한다. 이에 암스테르담 협약은 개별 국가의 문화적 정체성을 인정하고 공영방송의 필요성을 천명함으로써 더 이상의 논란을 종식시키고자 한 것이다. 암스테르담 협약을 이루는 '공영방송 협정서'(Protocol on the System of Public Broadcasting)[5]는 "가맹

5) 암스테르담 협약은 13개 협정서(Protocol)과 59개 선언문(Declaration)으로 구성되

국의 공영방송 시스템은 각 사회의 민주적, 사회적, 문화적 필요 및 미디어 다원성을 보존하기 위한 필요에 직접적으로 관련"되어 있다고 선언하였다.

> 가맹국들은 역내의 공영방송 시스템이 각 사회의 민주적, 사회적, 문화적 필요 및 미디어 다원성을 보존하기 위한 필요에 직접적으로 관련되어 있는 것을 고려하여, 유럽공동체 수립 협약에 부속될 다음과 같은 해석조항들에 합의하였다: 유럽공동체 수립 협약의 조항들은 공영방송 자금이 각 가맹국이 정의하고 구성한 공공 서비스 의무를 충족하기 위한 방송 조직에 제공되는 경우에 한하고, 그 자금이 공동 이해(*common interest*)에 반하는 범위로 공동체 내 교역 조건과 경쟁에 영향을 주지 않는 한, 그 공공서비스 의무의 현실화를 고려하여 공영방송에 자금을 제공하는 가맹국의 권한을 침해하지 않는다.
>
> — 공영방송 협정서

(2) 공영방송 서비스 확장 문제

1990년대에 들어서도 공영방송 제도에 대한 문제 제기가 지속되었는데, 그것은 지상파 채널에 한정하지 않고 뉴미디어 영역으로 공영방송이 확장하는 것에 대한 위기감의 표출이었다. 한편으로는 수신료와 광고 재원을 복합적으로 이용하는 공영방송사에 대한 불만도 표출되었다. 우선, 상업방송사들은 공영방송사들이 종합편성이 아닌 전문편성

어 있다.

채널을 통해 보편적 서비스가 아닌 특정 시청자 대상 서비스를 행하는 것이 공영방송의 목표에 맞지 않는다고 EC에 제소하였다.

대표적으로 독일에서 어린이 채널인 'Kinderkanal'과 정보채널인 'Phoenix' 채널이 각각 ARD와 ZDF에 의해 운영되고, 영국에서는 뉴스채널인 'BBC News 24'가 BBC에 의해 운영되는 것이 제소되었다(Ward, 2003). EC 조약(European Community Treaty) 86조 2항(구 90조 2항)에 의하면 '경제적 일반 이익 서비스'(*service of general economic interest*)의 경우에만 경쟁규칙의 예외가 될 수 있는데, 일반 공중을 상대로 하는 전문채널들은 경제적 일반 이익과는 관계없으므로 국가보조금이라고 할 수 있는 수신료로 운영하는 것이 부당하다는 것이다.

> 경제적 일반 이익 서비스의 운영을 수탁하거나 수익을 창출하는 독점(*revenue-producing monopoly*)의 성격을 가지고 있는 사업은 이 규칙들이 그것들에게 부여된 특정한 임무들의 수행을 법률상 또는 사실상으로 방해하지 않는 한 이 조약에 포함된 규칙, 특히 경쟁 규칙에 따른다. 교역의 발전은 유럽공동체의 이익에 반할 정도로 영향을 받지 않아야 한다.
>
> — EC 조약 제 86조 2항

여기서 말하는 '경제적 일반 이익 서비스'란 1957년의 로마 협약에서 처음 등장한 것이지만, 명확한 정의가 내려진 바는 없다. 그러나 이것은 기본적으로 경제적 성질을 지닌 공공 서비스로서 일반 이익의 기준에 의해 특정한 공공 서비스 의무에 해당하는 것을 뜻한다(EC, 2004). 공공 서비스는 일반적으로 수도, 전기, 전화, 우편, 운송 등과 같이 보편성과 접근성의 의무를 갖는 것들이다(Van de Wallea, 2008). 이와 유사한 개념으로 '일반 이익 서비스'(*service of general interest*)라는 것이 있는데, 이것은 사회안전이나 사법 등과 같이 비시장적 특성을 지닌 공공서비스를 말한다. 일반 이익 서비스와 경제적 일반 이익 서비스 모두가 공공재라고 할 수 있고, 보편성과 접근성의 목적을 갖는다. 그러나 경제적 일반 이익 서비스는 일반 이익 서비스와 달리 시장에서 거래될 수 있는 성격을 갖는다는 점에서 차이가 있다. 공영방송은 시장에서도 조달되고 거래될 수 있는 서비스이기 때문에 EC의 정책 차원에서 일반 이익 서비스라기보다는 경제적 일반 서비스로 간주된다.

유럽 위원회는 국가 보조로 전문채널이 운영되는 것은 사실이지만 EC 조약 86조 2항의 경제적 일반 이익 서비스 사업에 해당된다고 판결하였다. 항의를 제기한 상업방송사들은 방송 전송수단을 문제 삼았지만 암스테르담 조약의 공영방송 협정에 따라 전문채널의 기본 서비스 여부를 결정하는 것은 개별 국가의 임무라는 것이었다(CEC, 1999; 2000). 특히, BBC 뉴스 채널에 대한 결정에서 위원회는 프로그램 개념과 재원 방식이 변함없는 한, 전달을 위한 플랫폼은 공공 서비스 여부를 결정하는 것과 상관없다고 밝혔다(CEC, 2000).

(3) 공영방송 혼합재정 문제

위와 같은 공영방송의 뉴미디어 진출과 별도로 문제가 되는 것은 수신료와 광고라는 혼합재원을 활용하는 공영방송사의 불공정성이다. 상업방송사들인 포르투갈의 SIC, 프랑스의 TF1, 이탈리아의 Mediaset 등은 1990년대 중반에 각각 자국 공영방송사인 RAI, F2와 F3, RTP가 수신료와 세금 면제, 채무 지불 유예 등 국가보조금의 지원 아래 자신들과 광고시장에서 불공정 경쟁을 하고 있다고 주장하였다. 공영방송사들은 이러한 보조금을 바탕으로 상업방송과 프로그램 구매 경쟁 때 높은 가격을 제시하여 부당한 승리를 취하며, 반대로 광고 유치 때는 광고주에게 낮은 가격을 제시하여 불공정한 행위를 하게 된다는 것이 상업방송사들의 주장이었다.

이에 대해 EC는 처음에 공영방송사들이 각 국가로부터 부여받은 공적 임무를 수행하기 위해 그러한 자금이 필요한 것일 뿐이라며 문제가 없다는 결론을 내렸다. 그러나 방송사들은 다시 법원에 항소했고, 1심 법원(CFI)은 EC의 결정이 충분한 관찰을 근거로 하지 않아 절차상의 문제가 있다고 판결했다. 결국, 이 문제는 EC가 정당한 국가보조금 여부를 판단하는 판정기준을 만들고 이 기준에 맞추어 2006년 EC에 의해 최종 판정하면서 종결되었다. 이 결정에서 EC는 혼합재정 공영방송사들의 수신료 등 국가보조는 판정기준에 비추어 볼 때 EC 조약 86조 2항에 위배되지 않는다고 밝혔다(Ward, 2013). 이때 사용된 판정기준은 2001년에 EC가 제시한 바에 따른 것들로서 다음과 같다(EC, 2001).

① 가맹국에 의해 경제적 일반 이익 서비스에 대한 명확한 정의가 반드시 있어야 한다.
② 공공 서비스 활동은 반드시 국가 행위에 의해 위임되어야 한다.
③ 공공 기금은 공공 서비스 의무를 수행하는 사업에 비례적(*proportional*)이어야 하며, 그것을 위한 순 비용(*net cost*)을 넘어서는 안 된다.

④ 공공 서비스와 상업 행위를 제공하는 사업에 대한 명확하고 구분된 회계가 있어야 한다.

EC는 부가적으로, 각국이 공영방송에 대한 국가보조가 정당화될 수 있는 조건이 지켜지는지를 감시하는 독립기관을 만들 것을 주문하였다. 이에 해당국들은 공영방송의 투명한 회계와 과잉 보조가 일어나지 않는지 여부를 모니터하는 시스템을 도입하게 된다. 뉴미디어 상황에서 공영방송의 존재와 수신료 등 그에 대한 국가보조가 인정되었다는 점에서 공영방송은 본질적인 존재에 대한 위협에서 벗어나게 되었다. 그러나 그것은 과거보다 더 명확한 공익 수행 의무에 대한 정의와 그에 부응하는 명확한 책무성(*accountability*)을 조건으로 하는 것이다.

이러한 제약에도 불구하고 서유럽에서 공영방송은 주변화되지 않고 주요 방송 제공자로 건재하다. 여전히 공영방송 정체성의 주요 부분인 수신료 제도가 대부분의 국가에서 유지되고 있으며, 시청 점유율도 높을 뿐 아니라, 인터넷 등을 통한 플랫폼 확장으로 공영방송에서 공영미디어(*public service media*)로 재창조되고 있다(강형철, 2012). 이것은 공영방송사가 새 시대에 적응을 잘한 덕분이기도 하지만 공영방송을 지원하는 측의 강력한 보호 캠페인 덕분이기도 하다(Storsul & Syvertsen, 2007). 각국 정부의 처지에서도 점차 규제의 범위에서 이탈하는 상업미디어보다는 어떠한 방식이든 관여가 가능하고 미디어 발전을 위한 정책 수단으로 활용할 수 있는 공영방송의 필요성을 뒤늦게 깨닫는 듯도 하다. 서유럽 공영방송의 건재는 기술발전이나 정치적 변화에도 기존 질서를 유지하려고 하는 동인이 작동한다는 신제도주의의 주장을 뒷받침하는 사례라고 말할 수 있다.

신자유주의 사조와 EU 통합이라는 정치적 환경 변화 속에 서유럽의 방송영상 분야는 급격한 탈규제 모델로 이행하였다. 단일시장을 조성하기 위한 EC의 노력은 단일규제 모델 추구로 나타났으며, 이를 위해서는 높은 수준이 아닌 최소한의 규제로 하향화하는 것이 가장 현실적인 방안이었다. 아울러 이에 대한 반작용으로 공영방송은 상대적으로 확고한 법적 지위를 확보하게 된 것도 흥미로운 사실이다.

3. 한국 방송의 탈규제

1) 국내 기업과 외국 자본의 방송 진출

한국의 방송 자유화와 민영화 논의는 서양에 비해 10여 년 늦게 시작되었다. 이것은 이념적 측면에서는 강력한 국가주의적 속성 때문이었고, 정치적으로는 방송을 통제하여 정당성 없는 권력을 유지하려고 하는 집권세력의 기능적 목적 때문이기도 하였다. 특히 1980년에 쿠데타로 집권한 신군부는 서구의 추세와 상반되게 방송의 공영화를 꾀하였다. 그러나 1987년 시민 저항으로 갑작스레 얻어낸 민주화와 함께 서구의 시장주의 패러다임이 한국에 상륙하기 시작한다.

우선, 대기업들은 급팽창 가능성이 높은 방송시장의 민영화와 방송광고 기회 확대를 원하였다(정연우, 1990). 이에 노태우 정부는 1991년에 서울 지역 민영방송 SBS를 허가하여 공·민영 혼합 방송제도 모델을 도입한다. 정부는 이를 위해 1년 전에 '방송제도연구위원회'를 발족시킨 뒤, 이 위원회의 보고서(방송제도발전위원회, 1990) 내용 중 민영방송 허가를 제언하는 것을 근거로 2개월 만에 새로운 방송법 안을 만들었다. 국가 주도적 전통을 지닌 정부의 추진력은 매우 강력하여서, 이 법안은 공고된 지 1개월 뒤 국회에서 야당의 물리적 저지를 뚫고 통과되고, 다시 3달 내에 새로운 민영방송 운영주체를 선정하였다. 이 운영주체로 특정 업체를 '허가'하는 것이 아니라 신청자 가운데 최대 주주(태영건설)를 '선정'하고, 동시에 나머지 지분을 담당할 주주를 선발하여 정부가 나서서 컨소시엄을 만드는 극단의 개입주의적 방식이었다(강형철, 2004). 당시 태영건설은 대기업군에 분류되지 않은 사업자였다, 대기업의 지상파 진출은 사회적 저항이 강했기 때문에 불가능하였다. 그러나 뒤를 이은 김영삼 정부가 1995년에 케이블방송을 도입하면서 대기업들은 케이블방송사업에 진출할 수 있게 되었다. 이후에도 대기업의 지상파방송이나 보도채널과 종합편성채널 진출 등은 금지되었지만 그 외의 모든 채널 진출은 가능해졌다. 후일인 2008년에는 SK와 LG가 자회사 통신사들을 통해 IPTV에 진입해 방송 플랫폼도 소유하게 되었다.

1990년대에 이르러 외국 자본은 한국 시장에 적극 진출하기 시작했다. 앞에서 간략히 설명했듯이 한국에서 지상파방송 민영화와 뉴미디어 영역 자유화는 기본적으로 외국 자본의 압력으로 이루어진 것이 아니라 정부 주도적 발전 전략의 하나로 시작되었다. 그런데 한국 스스로 민영화와 자유화를 선택한 마당에 외국 자본은 더 쉽게 이 분야 진출을 요구할 수 있게 되었다. 방송 분야는 시장 개방의 강력한 요구 대상으로서, GATT(관세무역 일반 협정)는 한국이 케이블방송시장을 포함한 정보통신 분야를 개방할 것을 주장하였다("An unexpected invitation", 1995). 1973년부터 1993년까지 광고산업 성장률이 연 평균 23%에 달한다는 놀라운 수치는(*Business Korea*, 1994) 한국 방송시장이 매우 매력적인 분야임을 방증해 주었다. 김영삼 정부 스스로가 세계화를 목표로 하였고, OECD에도 가입하면서 개방 압력은 더욱 강해졌다(Na, 1995). 김영삼 정부는 1994년 우루과이라운드 협상에서 "영상 및 비디오 제작·배급 서비스 분야를 케이블TV를 제외하고 전면 개방한다"고 합의하였으며(윤지영, 2003), 1995년 2월에 세계화 프로젝트를 출범하면서 언론 매체가 세계화 우선대상 분야라고 밝히기도 하였다(Korean Overseas Information Service, 1996).

이후 한국 방송시장은 무역협상을 통한 지속적인 외국 자본의 압력에 수세적으로 대응하며 점차 개방하는 길을 걸었다. 일례로, 1993년 미국은 케이블 채널에 대한 외국인 투자금지 제한과 외국 프로그램 편성비율 제한을 문제 삼았다("CATV도 개방을 먼저?", 1993). 이에 대해 한국 정부는 케이블 채널에 대해 15%까지 외국인 투자를 허용하고, 외국 프로그램 한도도 50%까지 허용하기로 양보했다. 2011년에는 한미 FTA 비준안이 국회에서 통과하면서 한국의 방송분야는 획기적으로 개방되었다. 이것은 지상파, 보도, 종합편성, 홈쇼핑 채널을 제외하고는 어떠한 채널도 미국인이 100% 소유할 수 있다는 것과 국내 제작물 편성 의무는 줄이고, 한 개 나라에서 수입한 프로그램 편성 비율은 늘리는 것으로 요약된다.

2) 국가의 역할

한국에서 방송은 일제강점, 미군정, 이승만 독재, 군사정권 등의 변화를 거치며 1980년대까지 국가목표 달성에 동원되는 사회기구로 기능하였다.[6] 이승만 정부의 '언론정책요강'(한국방송협회, 1997: 21)과 '방송의 일반적 기준에 관한 내규'(노정팔, 1995), 박정희 정부의 방송윤리위원회 구성과 방송법, 전두환 정권의 언론기본법 등은 모두 방송 규제의 틀을 '국가발전' 목표를 달성하는 것에 맞추었다. 1980년대부터 서양에서는 신자유주의 사조의 등장으로 방송제도의 경쟁 시스템 확대가 급격히 가속화된 데 반해, 앞서 보았듯이 한국에서는 1980년의 군사쿠데타라는 비정상적인 정체 변화로 인해 오히려 독점체제가 안착되는 결과를 빚었다. 군사쿠데타가 공영방송 제도 확대의 근인을 만들었다는 점에서 아이러니한 일이다.

그러나 글로벌화라는 세계사조에서 벗어날 수 없었던 한국에서도 1990년 이후 시장주의의 확대가 명확히 나타난다. 과거에 방송을 국가목표를 지원하는 이른바 '이데올로기적 국가기구'(ISA: Ideological State Apparatus)로서 간주하고 규제하였다면 이제는 산업의 한 영역으로서 규제하여야 하는 시점에 도달한 것이다. 민주화 이후 정부의 방송정책 기조를 설정하고자 하였던 각종 연구위원회(방송제도연구위원회, 2000년 방송정책연구위원회, 공영방송발전연구위원회, 선진방송연구위원회, 방

6) 이하 한국 방송 규제의 특성에 대한 설명은 저자(강형철, 2011b)의 글 내용을 바탕으로 한 것이다.

송개혁위원회 등)의 결과들은 공익성의 강조에 따른 차이는 있을지 몰라도 예외 없이 시장주의적 접근의 확대를 제시한다(정용준, 2000). 이러한 '미래지향적' 발전이 함의된 각종 위원회의 논의 결과는 겉으로는 '공익과 시장'의 조화를 말하지만 결론적으로는 항상 대기업이나 신문의 방송 참여 확대, 방송사 지배주주의 지분 확대, 외국인 투자 지분의 확대 등 상업화의 노정을 걷고 있다.

1987년 제6공화국 이후 모든 정부는 방송(또는 미디어 전반)에 대해서 겉으로는 자유화를 표방하지만 실제로는 '신기술'에 대한 국가의 선택과 혜택 부여 등을 통한 발전 모델을 지향하고 있다. 국가동원 모델의 유산이 남아 있는 상태에서 한국 방송정책은 시장주의를 표방하면서도 국가의 개입이 이루어지는 이중적 양태를 보이고 있는 것이다. 이것은 "권위주의적 시장주의"라고 명명되기도 하며(김성재, 2008), "탈규제 명의의 실질적 규제"(강상현, 1993: 42)라고 표현되기도 한다. 민주화와 함께 '국가통제'에서 민주적 특성을 갖춘 '규제'로 이행하려는 순간 시장주의 사조를 맞으면서 발전국가 유산 속의 시장주의라는 독특한 유형을 지니게 된 것이다.

특히, 이러한 특성으로 인해 과거 경제발전 프로젝트에서 홍보와 선전 등의 '외곽 지원'만 하던 공보처나 문화부가 '미디어 산업 육성'에 나서게 될 때 이들도 과거 경제기획원이나 상공부가 수행하였던 선택과 지원의 방식을 그대로 답습하게 되며, 이는 곧 특혜 시비로 이어지기도 한다. 예를 들어, 앞서 설명한 1991년 민영방송 설립 문제에서도 선진국 모델을 지향하고자 하는 당시 공보처의 매우 적극적인 의지로 정부 입법이 이루어지고, 특정 건설사가 방송사로 선정되며 방송권역 등에 대한 여러 특혜적 지원이 부가되었다. 케이블방송(종합유선방송)의 도입과정 또한 관주도적으로 이루어졌다. 심지어 공보처는 케이블방송 도입정책이 성공적이라는 것을 과시하기 위해 부풀려진 가입자 수치를 자랑하곤 하였다(강형철, 1997). 케이블방송은 현재에도 사업자 허가나 지정은 물론 채널 배분과 프로그램 공급 분야 및 비율 지정 등 매우 세부적인 사항도 정부가 일일이 개입하고 있으며, 위성방송의 경우 정부 투자기관(한국통신)의 전액 출자에 의한 사업에 기초하고 있다.

같은 논리는 신기술이 아닌 종합편성채널 선정과 혜택 지원에도 그대로 정례적으로 적용된다. 우여곡절 끝에 미디어법이 통과된 후 방송통신위원회는 2010년 보수 신문사들을 종합편성채널 사업자로 선정하고 이들에게 유리한 채널번호를 부여하도록 종합유선방송사(SO)들에게 행정지도를 하는 등의 혜택을 주었다. 국가발전을 위해 관 주도로 특정사업을 도입하여야 하고, 이를 성공시키는 것이 해당 부처의 임무라는 인식은 그 자체로 자유시장경제 원리에 배치되는 것으로서, 이는 시장주의 정부를 자처하는 이명박 정부도 어찌할 수 없는 정례였던 것이다.

이에 앞서, 1961년 5·16 군사쿠데타 직후 쿠데타 정부의 약속에 따라 서둘러 개국한 KBS TV 방송, 1980년 신군부 쿠데타 직후 실시한 컬러 방송, 1987년 대통령 선거에서 노태우 후보의 케이블방송 실시 공약, 1992년 대선에서 김영삼 후보의 지역민방 공약, 김대중 정부의 인터넷 확산 정책, 노무현 정부의 IPTV 정책 등은 모두 국가발전을 위한 신기술로서의 방송 미디어라는 개념이 내재된 의사결정이었다. 그동안 방송정책 기조를 설정하거나 관련 법을 개정하기 위해 가동되었던 사회적 논의기구나 연구위원회에 대부분 '선진방송', '미래방송', '미디어발전' 등의 이름을 붙인 것만 보아도 방송에 대한 사회적 의미부여는 '신기술 도입으로 인한 국가발전'이라는 것임을 알 수 있다.

발전 명분의 미디어 도입을 정권의 권한이나 업적으로 스스로 여기는 분위기에서, 관련된 의사결정은 그야말로 속전속결로 이루어지고 실행되는 경향을 보이기도 한다. 예를 들어, 1990년 이루어진 민방 허가는 공보처 발의안에서 국회 통과까지 불과 12일이 걸렸으며, 사업자 선정은 이후 3개월 만에, 그리고 방송국 개국은 이후 2개월 만이라는 경이로운 속도로 진행되었다(박선미, 2011: 102). 이외에도 정부의 기본계획 발표에서 사업자 선정까지 소요된 기간이 케이블 채널사용사업자(PP)는 3개월, 지역민방은 4개월, 신규 홈쇼핑사업자는 4개월, 케이블방송사업자는 6.5개월, 위성사업자는 7개월에 불과하였다(정인숙, 2002).

3) 변함없는 규범적 가치로서의 공익관

이상에서 살펴본 바와 같이 한국의 방송은 국가적 공익 가치 실현을 목표로 발전하였다. 방송에 있어서 국가적 공익 가치는 '국가이익', '국가발전', '국민계도', '질서유지' 등을 그 목표로 하는 것이다. 이와 반대되는 것은 사회적 공익 가치로서 '형평성', '다양성', '접근성', '독립성' 등을 포괄하는 것이다. 또한, 앞에서 이 공익 가치를 실현하기 위한 방식이 권위주의적으로 이루어졌다는 것도 알 수 있었다. 공익 실현이 결정되는 방식에 따라 그것을 '권위적' 또는 '참여적'으로 나눌 수 있는데, 권위적 공익성은 권력을 가진 주체가 일부 집단의 이해를 반영하는 개념이며, 참여적 공익성은 다수의 이익을 반영하는 여러 주체의 합의를 상정하는 개념이다(김동진, 1986).

한편으로, 한국에서 방송 규제에 대한 생각은 방송의 공익성을 독과점 방식에 의존해 이루어야 한다는 것에서 복합경쟁적으로 이루어야 한다는 것으로 점차 이행해 가고 있다. 여기서 '독과점적'이란 방송 유형을 특정 방송사(주로 공영방송사)를 위주로 하는 것으로, 공영방송만 유지하거나 일부 민영방송을 허가하되 공영방송과 민영방송이 '안락한 복점' 상태를 유지토록 하는 것을 말한다. '복합경쟁적'이란 특정 공영방송사에게 우월권을 주지 않고 많은 민영방송사들 가운데 경쟁하도록 하거나 아예 공영방송사를 인정하지 않는 것이다.

이같이 '공익목표', '결정과정', '시장지향성'이라는 3가지 주요 규범적 특성이 접합되는 방식에 따라 몇 가지 방송정책 결정 유형을 구분해 보았을 때 한국에서 시기별로 방송에게 부여된 공익이 발현된 방식을 알 수 있다.[7] 〈표 5-5〉를 보면 공익목표, 결정과정, 시장/비시장 지향성이 만나는 유형에 따라 몇 가지 정책 유형이 설명되어 있다. 가능성으로는 8가지가 있겠으나, 현실적으로 가능하거나 드러나는 것은 6가지이다. 다양성, 형평성, 독립성을 공익목표로 하면서 이를 국가가 권위적으로 결정하는 것은 현실적으로 불가능하기 때문이다. 많은 이해당사자들이 결정과정에 참여하되 이들이 추구하는 공익목표는 주로

---

7) 이하 한국 방송 규제와 공익의 관계에 대한 설명은 저자(강형철, 2011b)의 글 내용을 바탕으로 한 것이다.

〈표 5-5〉 규범적 특성에 따른 방송 규제 방식

유형	공익목표	결정과정	시장지향성	사례
①	국가적 가치	권위적	독과점적	1·5·6공화국
②	국가적 가치	권위적	복합경쟁적	3·4공화국, 2010년 방송법
③	국가적 가치	참여적	독과점적	노무현 정부 방송정책(?)
④	국가적 가치	참여적	복합경쟁적	2000년 방송법
⑤	사회적 가치	참여적	독과점적	구 체제 BBC
⑥	사회적 가치	참여적	복합경쟁적	현 체제 BBC

출처: 강형철(2011b).

국가주의적인 것이며, 공영방송에 독과점적 지위를 부여하는 경우는 가능성은 있으나 아직 실례를 발견하지 못했다. 한국에서의 2000년대 방송법은 여러 주체들이 참여하였지만 다분히 국가적 목표를 추구하고 있고 어떻게 보면 공영방송에게 독과점적 지위를 주는 듯도 하지만 기본적으로 '매체 균형발전'을 추구하였다는 점에서 이의 사례로 보기는 어려울 듯하다.

유형 ①은 공익목표를 국가중심적 가치인 국가발전, 국가이익, 체제수호 등에 두고 사회구성원의 토론과 합의보다는 국가의 권위적 결정으로 방송정책을 만들되 민영방송의 확대를 자제하고 공영방송에 독과점적 지위를 주려고 하는 것이다. 유형 ②는 유형 ①과 마찬가지로 국가적 가치를 권위적으로 결정하되 공영방송이 다수의 민영 미디어 사이에서 '방송사 중 하나'로서 기능하게 하는 것이다. 국가적 가치를 추구하되 의사결정은 토론과 합의를 통해 하면서 공영방송에 독과점적 지위를 주려고 하는 것이 유형 ③이다. 이러한 방식으로 나머지 유형 ④~⑥이 구분된다.

경성방송국을 한국 방송의 기원으로 잡는다면 한국의 방송은 총독부의 권위적 결정으로 특정 방송사에 독과점적 지위를 부여하면서 국가적 가치를 추구하는 유형 ①로 시작하였다. 이는 대한민국 정부 수립 후 지속적으로 이어지다가 박정희 정부에 들어서면서 관영방송 외에 다른 방송들도 경쟁하게 하되 여전히 권위적 결정 아래 독과점적 지위에서 국가적 목표를 추구하게 하는 유형 ②의 모습을 띠게 된다. 신군부의 등장으로 일원 독점과 공영방송 제도가 강압적으로 실시되면서 다시 유형 ①의 모습을 지녔던 한국의 방송은 1980년대 말에서 1990년대에 걸친 민주화운동의 결과로 유형 ④의 모습으로 변모하였다.

특히, 2000년 방송법 제정과정에서는 과거와 달리 시민단체, 방송사 등 여러 이해세력들이 함께 공익의 가치를 해석하였지만 공익의 추구목표가 여전히 국가주의적이라는 점에서 유형 ④라고 할 수 있는 것이다. 국가적 가치를 추구하면서 민주적 의사결정과 공영방송에 대한 독점적 특혜를 유지하고자 하는 방식(유형 ③)은 실제로 민족주의적 진보진영에서 추구되기도 하는데, 노무현 정부의 정책기조도 그러한 측면이 있었던 것은 사실이지만, 이 정부도 기본적으로는 경쟁 확대라는 추세에 그리 저항적이지 않았으며, 한미 FTA 추진 등으로 이러한 특성이 희석되었다. 이명박 정부에 들어서는 종합편성채널 허가 등에서 볼 수 있듯이 정책 결정방식이 다시 유형 ②의 모습을 띠었다.

한국에서도 세계적 추세를 수용하여 개인의 이익을 추구하는 과정에서 공익이 실현된다는 애덤 스미스의 모델에 대한 신뢰가 더욱 커져 가면서(Collins, Finn, McFadyen, & Hoskins, 2001), 방송 분야에서도 경쟁을 확대하는 정책으로 매우 적극적으로 이행해 가고 있다.

이상의 분석에서 알 수 있는 중요한 사실은 한국에서 방송 가치 규범의 변화가 거의 없다는 점이다. 즉, 사회적 가치보다는 국가적 가치가 변하지 않는, 한국 방송정책을 결정하는 지향점이라는 것이다. 이는 외세 침략에 의한 국가 시스템 궤멸과 이후 국가 건설과 발전 과정에서 국가적 가치가 사회적 가치에 우선할 수밖에 없었던 역사적 조건에서 비롯되었을 것이다. 2000년 방송법 개정에서 보듯 수용자 참여가 눈에 띄게 확대되고 여러 사회적 가치에 대한 요구가 늘어났지만 제도화나 정책을 결정할 때 동원되는 주요 가치는 여전히 국가적인 것이다. 이러한 이유로 어떠한 새로운 정책도 '국가발전'이라는 상위 규범에 맞도록 포장되어야 한다. 예를 들어, 종합편성채널 도입에 관련해 그간의 '재벌과 신문의 진입 금지'라는 규범이 있는 상황에서 새로운 허가정책을 내놓기 위해서는 '고용창출'이라는 '국가발전' 목표에 맞춘 규범을 내세워야 했던 것이다. 아울러 국가적 가치가 중요하다면 이를 수행할 주체로서는 정부여당이 당연한 것으로 내세워지고, 이로 인해 방송정책의 결정은 권위적으로 이루어진다. 결론적으로, 한국 방송제도의 '변하지 않는' 규범적 특성은 '국가주의'와 '권위주의'라고 할 수 있을 것이며, 독점과 경쟁의 정책은 '국가주의적 공익 가치'를 이루는 방편으로 각 이해당사자들에 의해 주장되는 결과물이라고 볼 수 있을 것이다.

4. 소결

이상의 민영화 · 자유화 과정을 돌아보면 한국의 방송 규제는 서구와 다른 특성 속에서 발전했음을 알 수 있다. 한국의 방송은 오랜 기간 발전국가 체제 아래에서 동원 모델[8]의 유형을 띠다가 1990년 이후에는 시장 모델로 급속히 이행했다. 한국과 달리 유럽의 방송 관련 규제제도는 보편적 서비스를 위주로 하는 공영 시스템이었다가 전후에 민주사회주의 모델로 이행하였다. 미국은 통신과 방송 모두에서 '시장 공익주의'에 따른 민영화 모델을 채택하였다. 그러나 양 대륙의 방송은 모두 1980년대 말 냉전 종식에 따른 신자유주의 사조 확대와 디지털 융합기술 발전이 맞물리면서 과거의 공익 모델이 퇴조하고 강력한 시장주의 모델로 이행하게 되었다.

〈표 5-6〉 방송 모델 변화

<table>
<tr><th></th><th>한국</th><th>유럽</th><th>미국</th></tr>
<tr><td>제2차 세계대전 이전(1920~1945)</td><td rowspan="3">국가동원 모델</td><td>공영적 공공설비 모델</td><td>민영적 공공설비 모델</td></tr>
<tr><td>제2차 세계대전 이후(1945~1980)</td><td>민주사회주의 모델</td><td>사회책임주의 모델</td></tr>
<tr><td>1980</td><td colspan="2"></td></tr>
<tr><td>1990~</td><td colspan="3">시장 모델(신자유주의/융합/글로벌화)</td></tr>
</table>

출처: 강형철(2011b).

8) 발전국가 체제 아래 한국의 방송은 국가목표 실현을 위한 선전수단으로 동원되었다. 방송이 국가목표에 동원되는 만큼 수입 방송장비에 대한 특별소비세 면제 등 각종 혜택도 부여되었다.

전파의 희소성 논리에서 시작한 방송 공익성의 가치는 다채널화가 가속화되는 가운데 필요가 없거나 아니면 시장 경쟁을 통해 추구되어야 하는 대상으로 바뀌는 경향을 띠었다. 미국의 경우 세계적 추세와 동떨어져서 초기부터 통신 모델처럼 민영독과점을 통한 공익을 추구하였지만, 국가 개입의 최소화라는 미국식 전통에 따라 그것은 매우 요식적이고 제한된 수준에서 이루어졌다. 이런 상황에서 1980년대 신자유주의 사조 아래 더욱 급격하게 탈규제가 이루어진 것이다. 미국과 달리 공영독점체제를 통해 방송의 공익성을 추구한 서유럽은 EU 통합이라는 정치지형 변화와 미국으로부터의 신자유주의 사조 수입 등의 영향으로 마찬가지로 탈규제의 길로 들어선다. 그러나 공영방송 제도를 중심으로 각 이해당사자들이 결합된 기존의 질서를 본질적으로 해체하는 것은 어려운 일이었다. 이에 따라 서유럽의 공영방송은 민영화되지 않고 자리를 지키는 가운데 민영 지상파방송, 뉴미디어 방송 등 새로운 경쟁자들을 맞이하는 모습을 보이게 되었다.

한국의 경우, 미국 및 서유럽에 약 10여 년 뒤처져서 민영화·자유화의 길로 들어선다. 1980년에 등장한 신군부의 방송통폐합을 통한 일원적 공영화라는, 강력한 국가의 힘에 의한 급격한 방송 시스템 변경이 이루어졌기 때문이다. 그러나 독재체제가 해체되고 냉전이 끝나면서 한국 방송 영역도 미국 등 외부 자본의 진출 대상이 된다. 이 과정에서 한국도 유럽 대다수 모델(예를 들면 영국)처럼 공영방송을 유지하는 가운데 민영 지상파를 허가하고, 뉴미디어는 민영 시장의 영역으로 자리매김하는 모습을 보였다.

이제 방송은 신호 전송상으로 디지털화하고, 단말상으로 컴퓨터와 융합하며, 전송 방식상으로 통신과 융합하면서 그간 추구한 공익성 가치를 보존하기 어렵게 되었다. 앞에서 보았듯이 이러한 융합현상이 고도화하기 전에도 이미 다채널 시장 상황에서 방송의 공익성 가치는 강한 도전을 받는 형편이었다. 이제 더욱 어려운 상황에 빠진 방송의 공익성 가치는 21세기 현실에서 폐기될 것인지 아니면 어떻게 보호되거나 변화해 갈 것인지가 중요한 문제가 되었다.

제 6 장

융합 미디어의 보편적 서비스

제 1장에서 제 5장까지 방송과 통신이 시작되어 공익을 위해 독점, 또는 국가 기구화되었다가 자유화와 민영화되는 과정을 역사적으로 추적해 보았다. 이제 양자는 탈규제의 시대를 넘어 융합시대를 맞고 있다. 그런데 이 융합현상에 대응하기 위해서는 과거에 분리되었던 양자를 한 번에 아울러서 이해하려는 노력이 필연적으로 요구된다. 이번 장과 다음 장에서 다룰 내용이 바로 '융합 이해를 위한 두 가지 핵심 대상'들에 대한 것이다. 방송과 통신이 융합되는 현상을 이해하기 위해서 핵심적으로 알아야 할 것들은 바로 '보편적 서비스'와 '공익' 개념이다.

많은 이들은 보편적 서비스는 전통적 통신 개념이고, 공익은 전통적 방송 개념이라고 말한다. 그러나 전혀 그렇지 않다는 것이 나의 생각이다. 앞 장까지 통신과 방송의 역사를 길게 살펴본 것은 바로 양 미디어는 보편적 서비스와 공익의 개념을 공히 써왔음을 논의하고자 한 것이다. 통신이든 방송이든 모두 보편적 서비스를 강조했으며, 이를 공익을 위한 수단으로 활용했다. 이 장에서는 우선 보편성 문제를 점검해 보고, 구체적으로 방송과 통신에 맡겨진 보편적 서비스의 의무는 무엇이고, 융합 환경에서 그것의 실현 방식은 어떠한 것이 있는지를 논의하고자 한다.[1]

1. 보편적 서비스의 발전

방송과 통신 양 미디어가 각각 추구한 여러 가치들 중 융합해야 할 핵심적인 것은 보편적 서비스의 문제이다. 이에 관한 논의는 대체로 두 갈래로 진행되었다. 그 하나는 통신의 보편적 서비스 개념을 확장하여 융합 미디어 전체 및 방송에 적용하는 것이고, 다른 하나는 융합 미디어 시대에 방송의 공익성 개념의 유지를 위해 보편적 서비스 개념을 활용하는 것이다(Xavier, 1997: 830). 이것은 미디어 소비가 유료화하고 파편화하는 융합 미디어 시대에 방송의 보편적 서비스를 어떻게 유지할 것인지에 대한 관심에서 비롯된다. 그러나 통신 영역에서 이루어지는 보편적 서비스에 대한 논의는 방송 영역과의 통합 가능성을 간과하고 있으며, 방송 영역에서의 보편적 서비스 논의는 통신 서비스와의 접목 '가능성'만을 이야기할 뿐이다(정인숙, 2006: 70).

그러나 미디어 융합시대에 등장하는 보편적 서비스에 관련한 고민은

1) 이하의 내용은 저자(강형철, 2014)의 글을 이 책의 목적에 맞게 수정·보완한 것이다.

새로운 미디어 서비스들을 어떻게 이 개념에 따라 기능하게 할 것인지의 문제라기보다 "그것을 어떻게 새로이 정의하느냐의 문제"(Michalis, 2002: 81)이다. 앞 장에서 살펴본 1980년대 이후 벌어진 통신 민영화 논의와 함께 보편적 서비스가 재정의되고 재조명되었다면, 방송과 통신의 융합에 맞추어 보편적 서비스는 다시 한 번 재개념화 작업을 요구받게 된 것이다. 내용을 중시했던 방송정책의 관심사가 접근의 문제로, 접근을 중시했던 통신정책의 관심사가 내용의 문제로 옮겨간 것이다(Symson, 2004: 234). 즉, 내용의 보편성을 주로 논의했던 방송에게는 이제 그에 대한 '접근'(*access*)이 문제가 되고 있으며, 접근의 문제가 주요 정책 관심사였던 통신에게는 내용의 문제가 새로운 도전이 되고 있는 것이다.

그러나 방송 영역에서 생각하는 접근의 문제는 다양화된 플랫폼과 채널들로 인해 이미 해소된 것으로 간주하는 경향이 강하다. 통신 영역도 여전히 그것에 수용한 방송 콘텐츠의 문제를 기존에 주로 활용한 방식으로 풀어 가려고 한다. 이것은 최소한의 '보편적 서비스 의무' 부여를 통해 손쉽게 해결하려는 경향을 말한다. 예를 들어, "과거에 방송과 통신이라는 경쟁하는 전송 기술에 의해 갈라졌던 커뮤니케이션 역량에 대한 관심이 건실한 디지털 네트워크에 대한 감내할 만한 접근에 대한 하나의 관심으로 모이고 있다"(Goodman & Chen, 2010: 131)는 식의 말이 그렇다. 이런 식의 주장은 방송과 통신의 융합을 통신적 차원의 보편적 서비스 개념에서 이루자는 이야기와 다를 바 없다. 공유되는 보편적 서비스 개념이 부재한 상태에서 각자의 영역에서 이 용어를 사용하면서 혼란은 더욱 가중되고 있다.

통신의 보편적 서비스에 대한 정의는 다양하지만 대체적으로 통신 서비스에 대한 '보편적 접근'(*universal access*), '평등'(*equality*), '연속성'(*continuity*), 그리고 '구입능력'(*affordability*)을 의미한다(Eliassen & From, 2009: 239). 그런데 이러한 보편적 서비스 개념이 본래적으로 통신의 것인지, 방송의 것인지, 아니면 양자 공히 소유권을 주장할 수 있는지에 대해서는 의견이 분분하다. 많은 논자들은 보편적 서비스가 원래 "통신의 것"이라고 주장한다. "역사적으로 보편적 서비스는 국가적 정책 문제였으며 그것은 방송의 맥락보다는 통신의 맥락에서 상대적으로 더 주목을 받았다"(Michalis, 2002)는 것이다. 이런 시각들은 통신의 규제 원리는 주로 보편적 서비스로, 방송의 그것은 주로 공익의 개념으로 이루어졌다고 주장한다(이상식, 2003).

그러나 보편적 서비스라는 용어가 실제적으로 쓰이는 것과 이러한 의미가 쓰인 것을 고려한다면 "보편적 서비스는 통신만의 정책 목표였다"라고 단정하기 어렵다. 보편적 서비스 개념은 통신에만 적용된 것이 아니며, 또한 통신의 보편적 서비스 개념이 전 세계적인 것도 아니었다. 보편적 서비스 개념은 미국에서 일종의 '신화'와 같은 것으로 활용되었지만(Garnham, 1997), 유럽에서는 명시적으로 '보편적 서비스'라는 용어를 쓰지는 않았지만 '공공 서비스'의 이름 아래 이것과 유사한 가치를 추구했다.

1) 통신의 보편적 서비스 재발견

(1) 보편적 서비스 '개념'의 등장

미국에서 통신 영역의 보편적 서비스 '용어'를 처음 쓴 것은 1907년 AT&T 사장 시어도어 베일(Theodore Vail)인 것으로 자주 언급된다. 그런데 이때 베일은 현재 우리가 일반적으로 사용하는 개념으로서 개인 가입자들에 대한 보편적 서비스를 의미한 것이 아니라 사업자 간 접속을 통한 경제적 효율성을 목표로 한 것이다(Mueller, 1993: 353). 즉, 보편적 서비스 개념은 애초에 경쟁 사업자 간 자유로운 상호 접속을 통한 경제적 효율성 확보의 목적으로 출발한 것이다(정보통신정책연구원, 2005). 보편적 서비스 개념을 통해 AT&T가 얻고자 한 것은 국유화하라는 당시의 여론 분위기로부터의 탈출과, 당시 벨 시스템과 경쟁을 벌이던 독립 전화회사들의 네트워크와 자기 회사의 것을 연결함으로써 발생하는 네트워크 외부성이었다.

이것은 AT&T의 슬로건인 "하나의 정책, 하나의 시스템, 보편적 서비스"로 요약되는데, 앞서 제 2장에서 잠시 언급했던 것과 같이 베일이 말한 보편적 서비스는 이 '하나의 시스템'의 다른 이름이었다. 베일이 "하나의 정책, 하나의 시스템, 보편적 서비스"라는 슬로건으로 '내용상'의 보편적 서비스를 주창한 것 같지만 이것은 AT&T의 독점을 유지하기 위한 주 정부 및 연방정부와의 거래의 방편이었을 뿐이다(Garnham, 1997). 그가 말하는 보편적 서비스는 모든 '사람'이 아니라 모든 '지역'을 의미할 뿐이었다(Dordick. 230).

1934년 제정된 커뮤니케이션법에 나타난 보편적 서비스 관련 조항도 현 시점에서 미국에서 보편적 서비스의 법제화가 이루어진 기원으로 해석되곤 하지만, 그것은 FCC의 탄생과 함께 그간 흩어졌던 통신 규제 관련 법제를 모으는 과정에서 부가적으로 들어갔을 뿐이다(Napoli, 2001). 더구나 이 법에는 현재 우리가 보편적 서비스라고 명명하는 내용은 있지만 '보편적 서비스'라는 용어 자체는 없다. 이 법은 RCA, AT&T, 웨스턴 유니온에 대해 각각의 해당 분야, 즉 라디오, 텔레비전, 전신에서 '커먼 캐리어'로서 독점을 인정한 것이었다. 그러나 이 독점의 대가로 그에 따른 의무를 수행하게 하였는데, 이 의무의 실질적 이행 방식은 평균비용 가격을 설정해 저비용 가입자와 고비용 가입자 간의 상호보조가 일어나게 하여 경제적 효율성에 이르게 하는 것이었다(Preston & Flynn, 2000: 92). 즉, 경제적 효율성을 통한 보편적 서비스 달성이 이 법의 목표였다.

유럽에서도 미국과 마찬가지로 보편적 서비스의 개념은 없었지만 자유화 이전까지만 해도 통신 서비스는 '공공 서비스'의 개념 아래 국가 독점으로 운영되었다. 즉, 유럽은 국가 독점 상황에서 공공 서비스라는 개념으로 현재의 '보편적 서비스' 개념이 상정하는 바의 가치를 오래전부터 추구하고 있었던 것이다. '보편적 서비스' 용어를 명시적으로 드러내지는 않았지만 공공 서비스 개념을 통해 유럽의 국가는 "모든 시민의 최대 이해"(Michalis, 2002: 82)를 위해 자국 영토 내에서 끊이지 않는 연속적 서비스를 보장할 의무가 있음을 내포하였다.

(2) 보편적 서비스 '용어'와 '개념'의 일치

통신 민영화에 대한 논의가 일어나기 시작하면서부터 현 시점에서 일반적으로 이해하는 보편적 서비스의 '개념'과 '용어'가 일치하게 된다. 즉 "모든 사람에게 가능하고 모든 사람이 감당할 수 있는 서비스로서의 현재의 보편적 서비스 개념이 이전의 정의들을 무력화하며 대두된 것은 겨우 1970년대에 이르러서"(Napoli, 2001: 184)이다. 새로운 보편적 서비스 정의는 통신 독점에 대한 해체 요구가 대두되면서 그에 대한 재반대 논거로, 즉 독점이 필요한 이유에 대한 해명의 과정에서 새로 고안된 것이다.

미국에서는 1970년대에 점차 심해지는 독점 해체와 경쟁 위협에 직면한 AT&T가 독점의 명분으로 이를 다시 재해석하여 주창하기 시작하였다. 이 논리는 교차보조를 통해 '크림 스키밍' 현상을 막으며 보편적 서비스를 달성하기 위해서는 독점이 필요하다는 것이었다. 제 2장에서 설명하였듯이 '크림 스키밍'은 어린 아이들이 우유에 덮인 크림만을 맛있다며 먹으려 하듯이, 버스, 철도 등의 네트워크 사업자가 인구 밀집 지역 등 수익성이 높은 부분만 서비스를 공급하고 낮은 부분은 외면하는 행위를 말한다.

그러나 결국 AT&T의 독점이 해체된 뒤에도 보편적 서비스 개념은 살아남았다. 이것은 경쟁을 통해서도 보편적 서비스는 여전히 이루어지고 있으며, 만약 부족한 부분이 있으면 최소한의 시장 개입을 통한 방법으로 이를 실천해 나가면 된다는 '친 경쟁' 측의 논리 때문이었다.

반복해서 살펴보았듯이 과거에 유럽과 미국 모두 통신은 독점 형태로 운영하였고, 그 명분은 경제적 효율성이었다. 즉, 사업자가 도심지역에만 서비스하면서 지역 거주자는 소외하는 크림 스키밍을 없애고 인구밀집 지역에서 돈을 벌어 인구가 희박한 지역에서의 손실을 상계하는 상호보조를 통해 '보편적 서비스'를 이룰 수 있는 방식은 다양한 경쟁자들을 통한 경쟁이 아니라 독점이라는 것이었다(Sterling, Bernt, & Weis, 2008). 이런 이유로 유럽은 국가 독점으로, 미국은 사영사업자 독점으로 통신산업을 유지했다. 그러나 기술적, 경제적, 정치적 변화와 함께 독점체제가 위협을 받으면서 구체제(독점)를 옹호하는 측이나 신체제(민영화/자유화 또는 경쟁)를 옹호하는 측 모두 보편적 서비스를 '지켜야 함'과 '지킬 수 있음'을 주장하며 길항한 것이다.

공공 서비스 개념으로 보편적 서비스 문제를 해결해 온 유럽도 이제 국가의 독점이 해체되는 기조에서 공공 서비스 개념을 지속하기가 어렵게 되었다. 이때 "시장경쟁 상황에서 사업자 간의 공정한 경쟁을 유도하면서 최소한의 공익을 보장하려는 정책적 모색 속에서"(류춘렬 · 배진한, 2000: 158) 보편적 서비스 개념을 수용하게 된다. 통신자유화에 대한 정책적 과제로 보편적 서비스 실현을 내세운 유럽은 1993년 유럽연합 각료이사회에서 보편적 서비스 유지를 통신산업의 주요 목표로 결의하고 지속적으로 논의를 이어 갔다(이종기 · 이상우 · 이봉규, 2009). 자유화와 경쟁체제가 가속화되는 가운데 오히려 보편적 서비스 의무가 명확한 용어로 강조되기 시작한 것이다. 대표적으로, 유럽 의회와 각료이사회(European Parliament and European Council of Ministers)는 이른바 '보편적 서비스 지침'(Universal Service Directive)을 발표하고 통신의 보편적 서비스를 위해 국가들이 노력해야 함을 강조하였다(European Union, 2002). 보편적 서비스가 과거에는 '독점체제'의 논리였다면 이제는 '경쟁체제'의 논리로 뒤바뀐 것이다. 기술과 경쟁체제 발전이 사실상 보편적 서비스의 목표를 이루면서 규제 패러다임의 변화가 이루어진 것이다(Eliassen & From, 2009: 240).

2) 방송 보편적 서비스의 재발견

(1) 방송에서 먼저 시작한 보편적 서비스

통신의 보편적 서비스 개념은 주로 하드웨어에 대한 접근을 중심으로 발전했지만, 방송의 그것은 내용과 접근의 보편성 양자 모두를 발전시켰다. 예를 들어 방송 영역에서 보편적 서비스는 내용의 보편성과 접근의 보편성을 각각 '보편적 콘텐츠'와 '보편적 접근'이라고 명명하기도 하며(정인숙, 2006), 방송의 보편성을 '물리적인 방송신호 도달의 보편성', '서비스 이용 가능성의 보편성', '서비스 내용의 보편성'으로 구분하기도 한다(윤석민, 1999).

더구나 보편적 서비스 개념이 주로 통신에서 사용된 것으로 오해되고 있지만 정작 오늘날의 보편적 서비스 개념, 즉 "모든 사람들이 접근 가능하고 감당할 수 있는"(Napoli, 2001: 183) 필수적 국가 서비스로서의 의무는 방송에서 먼저 시작하였다. 물론, 통신과 마찬가지로 이러한 보편적 서비스 '개념'이 처음부터 '보편적 서비스'라는 오늘날의 용어로 등치된 것은 아니지만 적어도 통신과 달리 초기부터 '보편성'(*universality*)의 용어를 썼다는 점에서 이에 더 근접한 역사를 가진다고 말할 수 있다. 방송의 본래 목적이었던 보편적 서비스와 지리적 가용성(*availability*)은 평등의 개념에 기초한 것이었다(Douglas, 2006). 이것

〈그림 6-1〉 BBC 경영위원회(1933)

앞 줄 중앙에 있는 사람이 BBC 초대 사장 존 리스.
출처: BBC

은 모든 시민들이 부나 거주지역과 상관없이 핵심적인 방송 서비스를 동등하게 받을 권리를 갖는다는 뜻이고, 이것이 국가의 적극적 의무라는 것이다.

1923년 영국 사이크스 위원회는 보고서에서 “어느 나라에서도 가용한 전파는 귀중한 공공 자산으로 여겨야 한다”라고 하며 이 전파를 사용하는 방송을 공공설비의 하나로 정의하였다(Sykes Committee, 1923: 11). BBC 초대 사장으로서 이 방송의 정체성을 만들고, 이후 세계 공영방송의 정의에 영향을 미친 존 리스(John Reith)는 사이크스 위원회의 견해를 더욱 발전시켜 독점과 그를 통한 보편적 이용 가능성(*universal availability*)이 진정한 공공 서비스 창조의 기초라고 역설하였다. 리스는 1925년 크로포드 위원회(Crawford Committee, 1925)에 불려나가 이와 같은 그의 방송관을 피력했다. 당시 BBC를 독점으로 유지한 것은 우체국(Post Office) 관리들의 편의를 위한 것이었는데, 신문 등 여러 이해관계자들이 이 독점의 문제점을 지적하였지만 리스 사장은 독점을 통한 보편적 서비스 논리로 이를 방어하였다(Scannell, 1990). 이것은 후일 통신 독점을 비판하는 목소리에 이를 옹호하는 측이 보편적 서비스 개념을 들고 나온 것과 맥락을 같이한다. 리스가 제시한 다음과 같은 공영방송 원칙들을 보면 보편적 서비스 개념이 영국 방송 초기부터 존재한 것임을 잘 알 수 있다(Born & Prosser, 2001).

① 기술적 · 지리적 보편성: 모든 인구 구성원이 지역이나 사회적 위치와 무관하게 무료의 고품질 지상파방송 서비스를 받을 수 있는 인프라를 제공.

② 사회적 · 문화적 보편성: 영국과 영국사회 내 소수자들의 사회적 · 문화적으로 다양한 이해에 부응하고 그것들을 반영하는 편성을 제공함과 동시에 '공동의 문화'(*common culture*)를 창조함으로써 사회융합을 증진할 것을 목표로 함.

③ 장르와 표현양식의 보편성: 혼합편성의 제공, 즉 모든 방송 장르를 아우르는 편성으로써 정보, 교육, 오락이라는 삼위일체를 통해 폭넓은 욕구와 의향을 충족. 이것은 BBC가 오락과 레저의 사회적 중요성을 고려해 볼 때 이 가치 자체뿐만 아니라 도구적으로도 잘 알려지지 않고, 덜 대중적이거나 새로운 콘텐츠일지라도 독특하고 예측하지 못했던 종류의 편성을 통해 시청자를 확보하기 위함임.

1930년대에 리스는 남아프리카공화국의 공영방송 '남아프리카 방송공사'(South African Broadcasting Corporation) 설립에 주도적 역할을 하였는데, 그가 작성한 '강령'(*manifesto*)은 보편적 서비스에 대한 지향성을 잘 보여 준다(Fourie, 2001: 119). 다음의 내용 중 "최대로 가능한 수의 가구"라는 표현은 '필요한 내용에 모든 가구가 접근할 수 있어야 한다'는 방송의 보편적 서비스 개념을 그대로 내포하는 것이었다.

① 높은 프로그램 기준을 유지함.
② 문화 교육, 지식 분배, 공중 취향을 고양하는 데 라디오를 활용함.
③ 최대로 가능한 수의 가구에 인간 지식, 노력, 성취의 모든 부분에서의 최고의 것을 전달함.
④ 높은 규범적 기조를 유지하고 상스러운 것을 피함.
⑤ 공중의 취향에 영합하기보다는 그들을 이끌어 감.

그런데 이렇게 영국에서 두드러진 방송의 보편적 서비스 정신은 미국에서 벌어진 것과는 다른 양상이다. 이 차이는 정치경제 이념의 차이기도 했지만 영토의 크기에서 비롯되는 차이이기도 했다(Smith, 1998). 영국은 방송 초기부터 국토 전체를 커버리지로 하는 단일 채널을 구상하였다. 런던 등 대도시 지역은 인구 밀도가 높은 반면 스코틀랜드, 웨일즈, 북아일랜드 지역은 인구가 밀도도 낮고 산재돼 있기도 하였다. 그럼에도 전화나 전신에서와 마찬가지로 방송도 도심의 효율성으로 외곽의 비효율성을 상쇄하는 것이 당연하다고 여긴 것이다. 이에 반해 미국은 국토가 너무 넓고 인구가 산재되어 있어 단일 채널을 통한 전국 커버리지는 불가능하였다. 이 때문에 미국은 지역방송 시스템을 유지할 수밖에 없었다. 그런데 NBC, ABC, CBS 등 사영업자들은 정부 정책의 개입 없이도 스스로 구축한 전국 네트워크 시스템을 통해 자연적으로 보편적 서비스를 이룰 수 있게 된 것이다.

(2) 독점 해체 압력과 보편적 서비스의 재탄생

방송의 보편적 서비스 용어와 개념에 대한 구체적 논의는 1980년대 중반에 이르러 유럽에서 시작되었다. 이 시기는 케이블방송과 위성방송 등 새로운 미디어가 속속 등장하면서 이른바 방송의 '구질서'(조항제, 2001)를 위협하던 때이다. 국가적 차원의 공영방송(또는 공공 서비스방송)을 옹호하는 측에서는 이러한 위협에 대해 논리적 대응책을 내놓아야 했고, 그것이 바로 '보편적 서비스' 개념이었던 것이다.[2] 이 점에서 통신과 마찬가지로 방송에서도 보편적 서비스 개념이 독점체제에 대한 도전을 맞아 (재)탄생하고 정교화된 것임을 알 수 있다.

---

2) 이 책에서는 '공영방송'과 '공공 서비스방송'을 혼용하여 쓰도록 하겠다. 한국의 공영방송 개념은 '공적으로 운영하는 방송'의 뜻을 가지고 있으나, 한국어로 공영방송으로 번역하는 영어 'public service broadcasting'은 엄밀하게는 '공공 서비스방송'으로 번역하여야 한다. 그러나 현실용어로는 같은 현상을 지칭하는 것이기 때문에 이를 구별하여 쓰면 오히려 혼동이 있을 수 있다. 다만, 영어로 'public service broadcasting'은 서비스 의무가 주 요건이기 때문에 사영방송도 이에 해당할 수 있다. 실제로 영국 규제기관 Ofcom(2004)은 지상파방송 모두를 'public service broadcasting'(공공 서비스방송)이라고 규정하고 있다. 물론, 주파수만 쓰는 사영 지상파방송(예를 들면 SBS), 주파수를 쓰는 공공 소유 지상파방송(MBC), 그리고 주파수와 수신료 혜택을 모두 받는 공영방송(KBS)이 지니는 사회적 의무의 강도, 특히 뒤에서 논의될 무료 보편적 서비스의 의무 수준은 달라야 할 것이다.

방송에서 보편적 서비스가 중요한 개념임을 처음으로 정교화한 것은 바로 영국 BRU(British Research Unit)의 1986년 보고서 "영국 방송에서의 공공 서비스 정신: 주요 원칙들"(The Public Service Idea in British Broadcasting: Main Principles)이다(British Research Unit, 1986). BRU는 공영방송사 BBC와 민영방송 규제기관 IBA 등이 자금을 대고 '영국 영화원'(British Film Institute)이 행정적 지원을 하며, 리처드 호가트(Richard Hoggart) 등 저명 학자들이 참여한 방송연구 조직이었다. 이 기구는 "케이블방송, 위성방송, 비디오 등의 신기술 발전이 현재의 방송에 의미하는 바"(Bailey, Clarke, & Walton, 2012: 148)를 연구하기 위한 것이자, 당시 보수당 정부하의 공영방송에 대한 '적대적' 태도에 대응하기 위한 것이기도 하였다.

"영국 방송에서의 공공 서비스 정신" 보고서는 구체적으로 1986년 앨런 피콕(Alan Peacock)이 주도한 '피콕 위원회'에 대한 대응의 일환이었다. 공영방송 시스템에, 구체적으로는 BBC에 불만을 가진 당시 마가렛 대처 총리 정부는 신자유주의 경제학자 피콕 경을 위원장으로 하는 위원회를 가동하고 BBC의 미래 재원에 대해 논의하게 하였다. 출범 이후 계속 수신료로 운영된 BBC의 재원 문제를 논의한다는 것 자체가 공영방송론자들에게는 큰 위협으로 다가왔다. 보수당 정부는 수신료 제도의 폐지를 원하였고, 보고서가 이러한 내용을 담는다면 이는 곧 공영방송 제도의 종말을 의미할 것으로 전망되었다.

피콕 위원회가 가동되자 BRU의 연구자들은 "BBC에게 번쩍이는 무기로 무장한 기사가 필요하다면 그때는 바로 지금"(Bailey, Clarke, & Walton, 2012: 151)이라는 생각으로 이전보다 더 정교한 공영방송 이념

〈그림 6-2〉 BRU를 이끈 리처드 호가트

을 내놓을 필요가 있다고 판단했다고 한다. 이러한 반대 논리의 공세 덕분에 결국 피콕 위원회 보고서(Peacock Committee, 1986)는 예상과 달리, 그리고 보수당 정부에게 실망스럽게도 '현재로서는' 수신료가 바람직하다고 결론지었다. 물론 피콕 보고서가 광고와 가입료 등 다양한 방식의 상업적 재원의 가능성을 열어 놓은 것도 사실이지만, 공영방송의 가치에 대한 정교화 작업은 이 제도를 지켜 내는 데 도움이 되었고, 이 경우에 강조된 것은 '보편성'이다. BRU가 내놓은 8가지 원칙은 다음과 같다. 8개 원칙 중 3개는 직접적으로 '보편적'(*universal*)이라는 개념을 사용하였고, 2개는 이 개념을 보충하는 것들이다.

① 지리적 보편성: 방송 프로그램은 모든 인구에게 이용 가능해야 한다.

② 소구의 보편성: 방송 프로그램은 모든 취향과 관심에 부응해야 한다.

③ 소수자, 특히 소외계층에 대한 특별한 서비스가 있어야 한다.

④ 방송사는 국가 정체성과 공동체 의식에 대한 자신의 특별한 관계에 대해 인식해야 한다.

⑤ 방송은 모든 이권에서 유리되어야 하며, 특히 당대 정부의 이권에서 그러해야 한다.

⑥ 재원의 보편성: 방송의 주요 수단을 위한 재원은 사용자 집단에 의해 직접적으로 조달되어야 한다.

⑦ 방송은 수에 대한 경쟁보다는 좋은 프로그램을 위한 경쟁을 독려하도록 구조화되어야 한다.

⑧ 방송을 위한 공적 가이드라인은 방송인을 제약하기보다는 자유롭게 해야 한다.

①, ②, ⑥번은 각각 보편적 접근, 보편적 내용, 보편적 분담을 의미하면서 방송의 보편적 서비스의 주요 개념을 이룬다. 보편적 접근은 통신의 보편적 서비스가 뜻하는 바와 같지만, 보편적 내용과 보편적 분담은 방송의 고유한 보편성 개념이다. 이에 대해서는 뒤에서 더 자세히 논의하겠지만, 보편적 내용은 보편적 접근의 이유가 되는 것이고, 보편적 분담은 보편적 내용을 이루기 위한 중요한 배경이 된다. ③번의 '소수자에 대한 배려'와 ④번의 '국가 정체성'과 '공동체 의식' 또한 명시적으로 '보편'이라는 용어를 쓰지는 않았지만 방송의 보편성을 보완하는 개념들이다. 국가 정체성과 공동체 의식은 소구의 보편성, 보편적 내용을 구성하는 주요 재료이다. 이러한 정체성 함양을 위해서는 지리적 보편성, 즉 보편적 접근이 필수적이다. 그런데 소구의 보편성은 소

수에 대한 관심을 포함해야 하는데, 다원적 공동체들과 소수 정체성들 사이의 사회문화적 차이가 상호 이해될 때 이러한 보편성이 완성되기 때문이다(Douglas, 2006).

보편성을 강조한 BRU의 원칙은 이후 공영방송의 원칙에 큰 영향을 주었다. 예를 들어, 저명한 방송학자 마이클 트레이시(Michael Tracey)가 정리한 공영방송의 8가지 특성도 다분히 BRU의 원칙을 계승하였다(Tracey, 1998). '소득과 관계없는 이용 가능성의 보편성', '소구의 보편성', '소수자 보호', '공공영역에 봉사', '교육에 대한 헌신', '이해당사자들로부터의 유리', '프로그램 품질', '프로그램 제작자들을 제한하기보다는 자유롭게 함'이 그것이다.

1980년대 중후반 다채널 미디어가 등장하면서 그에 대응하며 정리된 공영방송의 원칙, 또는 방송의 보편성 원칙은 2000년대 들어서 융합 미디어 상황에서도 그대로 적용되어 확장되고 있다. 새로운 유형의 미디어가 아무리 폭발하여 다원적 서비스와 다원적 콘텐츠를 가능케 하더라도 방송의 보편적 서비스 개념은 내용과 접근의 문제를 분리하여 생각할 수 없는 것이다.

3) '보편적 서비스', '공공 서비스', '공익'의 관계

그런데 통신 영역이 민영화 시기부터 보편적 서비스 개념을 규제 지향점으로 명시화하고 법적 용어로도 수용하였지만 방송 영역은 여전히 이 개념(정확히는 '용어')을 법제화하지 못하고 규범적 차원으로만 제시하고 있다. 이 때문에 많은 논자들이 방송의 보편적 서비스 개념은 "암묵적"이라고 표현한다(예를 들면, 류춘렬·배진한, 2000). 더구나 방송의 규제 목표로 '공익성' 개념이 명시적으로 제도화되어 있기 때문에 상대적으로 보편적 서비스 '용어'의 법제화는 소홀히 된 경향이 있다. 공익이 보편적 서비스 개념을 포함하는 것이라면 굳이 보편적 서비스의 '개념'이 아닌 '용어'에 집착할 필요가 없었기 때문이다.

그러나 이러한 불명확한 상태의 지속은 방송의 정책 이념은 공익이며, 통신의 그것은 보편적 서비스라는 오해를 낳았다. 개념 구성상으로 본다면 보편적 서비스는 공익을 구성하는 하위 개념이며, 공공 서비스나 사영 서비스는 보편적 서비스를 실현하기 위한 방편들이다. 여기서 공공 서비스는 공익을 위해 특정한 역할을 맡겨 일반 공중에게 제공하는 서비스를 뜻한다(Eliassen & From, 2009: 241). 공익을 위해서는 공공 서비스나 사영 서비스(시장) 모두 가능할 수 있는데 공공 서비스는 시장이 실패할 경우 이를 교정하기 위한 선택인 셈이다. 보편적 서비스 개념은 '공익'과 '공공 서비스 또는 사영 서비스' 개념 사이에 위치한다. 보편적 서비스는 공공의 이익을 위해 필요한 경우 요구되는 목표이며, 이를 위해서 더 효율적이라면 공공 서비스 또는 사영 서비스 중 어떠한 방식도 선택 가능하다. 유럽의 많은 나라들에서는 전통적으로 보편적 서비스를 달성하기 위한 주요 방편으로 공공 서비스를 선택했다(Cremer, Gasmi, Grimaud, & Laffont, 1988). 미국에서 보편적 서비스 개념은 "공공 서비스 원칙과 시장경제의 원칙을 화해하려는 일종의 시도"(Rapp, 1996: 394)로 추구되었다. 물론 현실에서는 특정 서비스가 공익을 위해 보편적이어야 하고, 이를 달성하기 위해 공공 서비스 방식을 채택하여야 한다는 식의 연역적 방법이 적용된 것은 아니다. 특히 통신에서는 거꾸로 국가 독점은 공공 서비스를 기대하게 하였고, 공공 서비스는 보편적으로 공중에게 보급되어야 한다는 논리로, 즉 귀납적으로 보편적 서비스 개념이 발전한 것이다(Rawnsley & Lazar, 1999: 184). 그런데 융합시대에 보편적 서비스 개념의 융합 논의는 암묵적인 방송의 보편적 서비스 개념이 이미 구체적으로 법제화된 통신의 그것에 열위적 위치에 처하게 된 상황에서 이루어졌다. 이에 따라 '융합적' 보편적 서비스에 대한 주장은 통신의 개념을 확대, 또는 차용하게 하려는 경향이 강해진 것이다.

2. 융합 미디어 시대의 보편적 서비스 논의

1) 통신 보편적 서비스 개념의 확장론

(1) '통신적' 보편적 서비스 확장론의 전개

앞서 언급하였듯이 1980년대 확장한 다채널방송을 넘어 2000년대에 이르러 방송과 통신의 융합현상이 가속화하면서 보편적 서비스의 융합에 대한 논의도 확장되고 있다. 이 중 눈에 띄는 것은 통신 영역의 보편적 서비스에 대한 논지를 방송에도 적용하여 일종의 규제 일관성을 맞추려는 노력이다. 통신의 보편적 서비스의 방송 적용은 과거 전화에만 해당되었던 보편적 서비스의 가치를 인터넷 등 새로운 통신 서비스로도 확장해야 하는지에 대한 고민의 일환으로 대두되었다. 전화에 보편적 서비스가 적용된다면 같은 '네트워크'인 인터넷에도 적용되는 것이 자연

〈그림 6-3〉 네트워크 발전으로 본 방송 서비스

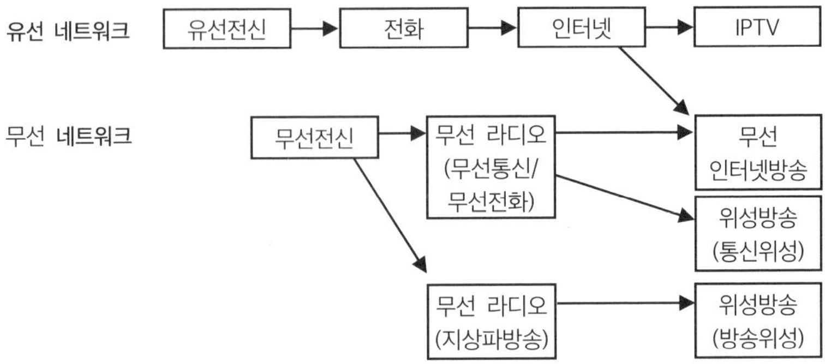

스러우며, 인터넷이 그렇다면 방송과 통신이 융합되는 '방송'에도 마찬가지라는 것이다. 유무선 인터넷을 사용하는 IPTV 등 서비스는 물론이고 '전통적 방송'이라고 할 수 있는 지상파방송 또한 '네트워크'라는 측면에서 통신과 다를 바 없다는 '재발견'이 이루어진 것이다. 이는 다분히 방송과 통신의 융합현상을 '통신의 확장'으로 바라보는 '전통적 통신'의 시각에서 비롯된 것이다.

통신의 시각에서 보면 네트워크의 발전은 크게 보아 유선통신과 무선통신의 양 갈래로 진행되었다(〈그림 6-3〉 참조). 우선, 유선통신은 '유선전신 → 전화 → 인터넷 → IPTV 등 융합형 방송 서비스'로 이행했다. 이와 달리 무선통신은 다시 두 갈래로 발전하였는데, 한 트랙은 '무선전신 → 무선 라디오(지상파방송) → 위성방송(방송위성)'으로 이행하였고, 다른 한 트랙은 '무선전신 → 무선 라디오(무선통신) → 위성방송(통신위성)/무선인터넷 방송'으로 이행하였다.

그런데 어느 길을 걷든 최종 단계에서 같은 방송 콘텐츠를 서비스하게 되므로 이들 네트워크에 따라 콘텐츠를 구별하는 것은 의미가 없게 되었다. 이는 마치 택배 물건이 비행기로 가든, 해상 또는 육로로 가든 정해진 기간 내에 훼손 없이 목적지에 도착하면 되는 것과 같다. 이것이 '커먼 캐리어'로서의 통신의 역할이다(Jones, 1980). 이렇게 통신의 발전사로 네트워크를 볼 때 콘텐츠가 어떠한 망을 타고 가든 그것은 구별될 수 없으며 차별해서는 안 된다는 논리가 도출되고, 이것이 바로 망 중립성의 개념이다. 아울러 같은 논지로, 네트워크와 콘텐츠가 결합된 것이 아니므로 네트워크는 네트워크대로, 콘텐츠는 콘텐츠대로 따로 떼어 내어 분석하고 규제해야 한다는 수평 규제의 개념도 도출된다. 이러한 망 중립성 개념과 수평규제의 개념 아래 다시 점검해야 하는 것이 보편적 서비스 개념이고, 특정 네트워크(과거에는 주로 유선전화)에 이것이 적용된다면 다른 네트워크에도 이것이 적용되어야 하고, 그렇지 않을 때는 납득할 만한 이유가 도출되어야 한다는 것이다.

유럽에서는 새로운 미디어, 특히 인터넷에 대한 보편적 서비스의 적용 문제는 EU 집행위원회의 커뮤니케이션(Commission Communication), 각료회의(Council of Ministers) 결의문(*resolution*), 지침 등을 통해 결정되었다(Prosperetti & Cimatoribus, 1998). 우선, 각료회의 이사회는 1994년에 '통신 영역에서의 보편적 서비스에 관한 결의문' (Resolution concerning the Principles of Universal Service in the Telecommunications Sector)을 채택하였다. 이 결의문은 각 회원국이 보편적 서비스를 보장하기 위한 적절한 목표와 규제틀을 설정할 것과 회원국 간 상호접속 문제에 대한 적극적인 노력을 촉구하였다. 이어서 1996년에는 '자유화 환경에서의 통신에 관한 커뮤니케이션'[3]과 '통신의 보편적 서비스를 위한 비용 및 재정 평가에 관한 커뮤니케이션'[4]이 발표되고 '보편적 서비스를 위한 상호접속 지침'[5]이 공표되었다. 이것들은 기본적인 보편적 서비스 개념에 대한 논의와 재원 문제를 다루고 국가 간 상호접속 문제를 주요 이슈로 삼았다. 1997년에 발표된 '전화에 있어 개방 네트워크 제공과 보편적 서비스 지침'[6]은 최종 사용자 보호의 개념을 추가하였다는 데 의의가 있다.

앞서 제 4장에서 살펴본 2002년의 일련의 '텔레콤 패키지'를 통해 융합시대의 보편적 서비스 문제는 점차 구체화된다. 이것은 대표적으로 '보편적 서비스 지침'(EC, 2002d)을 필두로 한 '프레임워크 지침'(EC, 2002a), '접근과 상호접속 지침'(EC, 2002c), '허가 지침'(EC, 2002b), 그리고 'e 프라이버시와 데이터 보호 지침'(EC, 2002e)을 뜻한다. 이 '텔레콤 패키지'가 상정한 보편적 서비스 개념은 2009년 '바람직한 법 제정 지침'(Better Law-making)[7]과 '시민권 지침'(Citizens' Rights Directive)[8]

---

3) Communication on Universal Service for Telecommunications in the Perspective of a Fully Liberalised Environment.

4) Communication on Assessment Criteria for National Schemes for the Costing and Financing of Universal Service in Telecommunications and Guidelines for the Member States on Operation of such Schemes.

5) Directive on Interconnection in Telecommunications with regard to Ensuring Universal Service and Interoperability through Application of the Principles of Open Network Provision.

6) Directive on the Application of Open Network Provision (ONP) to Voice Telephony and on Universal Service for Telecommunications in a Competitive Environment.

7) Directive 2009/140/EC of the European Parliament and of the Council of 25 November 2009 amending Directives 2002/21/EC on a Common Regulatory Framework for Electronic Communications Networks and Services, 2002/19/

에 의해 대체되면서 개정된다.[9] 이것들의 대표 격인 '보편적 서비스 지침'은 보편적 서비스를 "경쟁을 왜곡하지 않고 모든 최종 사용자들이 특정 국가의 조건 내에서 감내할 수 있는 가격에 접근할 수 있는 특정한 품질을 지닌 최소한의 서비스 조합(*set*)"이라고 정의하였다. 이 법들은 전화뿐만 아니라 인터넷 등 데이터 서비스로 보편적 서비스 개념을 확장하였다는 데 의의가 있다.

(2) '통신적' 보편적 서비스 확장론의 한계

그러나 이 논의들은 시민권의 맥락, 즉 사회적 관점에서 보편적 서비스 문제를 보는 것이 아니라 경제적 관점에서 경쟁을 강화하고 인프라에 대한 접근의 확산 차원으로 문제를 좁혀 보고 있다는 지적을 받는다. "정보사회에 대한 관심과 이에 맞춘 바람직한 방식에 대한 선언이 무성하지만 정작 이를 이루기 위한 보편적 서비스에 대한 논의는 주변화하고 있다"(Michalis, 2000: 88)는 것이다. 방송에 있어서 보편적 서비스

EC on access to, and Interconnection of, Electronic Communications Networks and Associated Facilities, and 2002/20/EC on the Authorisation of Electronic Communications Networks and Services.

8) Directive 2009/136/EC of the European Parliament and of the Council of 25 November 2009 amending Directive 2002/22/EC on Universal Service and Users' Rights relating to Electronic Communications Networks and Services, Directive 2002/58/EC concerning the Processing of Personal Data and the Protection of Privacy in the Electronic Communications Sector and Regulation (EC) No 2006/2004 on Cooperation between National Authorities Responsible for the Enforcement of Consumer Protection Laws.

9) 여기서 언급되는 지침들의 명칭은 각주에 있는 원제목을 축약한 '별칭'들이다.

가 기본적으로 콘텐츠가 아닌 망에 대한 것으로 묵시적으로 이해되고 있는 것이다(조영신, 2012).

EU의 접근은 오랫동안의 논의에도 불구하고 인터넷 콘텐츠는 물론이고 초고속 인터넷 접속도 보편적 서비스 대상으로 지정하지 못했다. 다만 개별 가입국이 이를 보편적 서비스로 지정하는 것만은 제한하지 않을 뿐이다(나상우, 2012). 그러나 그것도 '최소한'의 수준으로 여러 조건 아래서 제한되고 있다. 영국 커뮤니케이션법(2003)도 보편적 서비스 개념을 시스템 차원에 국한하고 있다. 이 법 65조는 보편적 서비스 의무 대상이 되는 시스템으로 '전자 커뮤니케이션 네트워크', '전자 커뮤니케이션 서비스', '관련 설비', '지불수단', '안내목록' 등을 거론하고 있다. 내용적 차원의 보편적 서비스 실현의 하나로 거론되는 지상파 의무재송신 규정(64조)은 이 보편적 서비스 규정(65조)과 별도로 위치해 있을 뿐이다.

미국의 경우도 방송에 대한 보편적 서비스를 논의하지 않을뿐더러 인터넷에 대한 이 개념의 확장도 제한적이다. 1996년의 통신법(Telecommunication Act)은 보편적 서비스를 "통신 서비스의 진화하고 있는 수준"(Section 254)이라고 명명하고 FCC가 통신과 정보기술 및 서비스의 발전에 맞춰 보편적 서비스 의무 대상이 되는 것들을 정기적으로 재평가할 것을 요구하였다. 그러나 관련 위원회 등을 통한 최종적인 정책적 결정은 학교, 도서관, 의료기관 등에 대한 인터넷 서비스의 보편적 서비스 적용만 인정하는 데 그쳤다(Napoli, 2001: 189~196). 결국 전통적 음성전화 서비스만이 일반적으로 보편적 서비스 대상이 됨을 확인하고 만 것이다. 그 후 초고속 인터넷이 사회발전에 미치는 영향을 고려하여 이를 보편적 서비스 의무 대상에 넣을 것인지 논의는 무성했으나 이렇다 할 진전은 없었다(나상우, 2010; 2011).

통신의 보편적 서비스 개념 확장이 이렇게 제한된 차원에 머무를 수밖에 없는 것은 앞에서 보았듯이 근본적으로 방송의 보편적 서비스 개념은 내용의 중요성에서, 즉 방송 콘텐츠가 사회적으로 필요한 가치라는 데서 출발한 반면, 통신의 보편적 서비스 개념은 경제적 차원에서 자원배분의 효용을 최대화하기 위하여 출발하였기 때문이다. 물론, 통신도 전화를 통한 정보교환이 국가발전을 이룬다는 사회적 차원의 가치를 고려하지 않은 것은 아니다. 예를 들어, 영국 융합규제기구 Ofcom의 통신 분야 전신인 Oftel은 "보편적 서비스 개념은 영국에서 오래 지속된 원칙"으로, "이 개념은 안전망을 의미하는 것으로서 영국 전역에 걸친 사람들에게 합리적인 망 접근을 제공"하고 "모든 개인들이 현대의 삶에서 충실한 사회적·경제적 참여 기회를 얻기 위해서는 현대적 커뮤니케이션에 대한 접근이 중요하다"고 밝힌 바 있다(Oftel, 1995). 그러나 이러한 '일반적인 정보'는 방송에서 상정한 '약자를 배려한 콘텐츠', '높은 품질의 방송 프로그램' 등의 가치에 비하면 훨씬 추상적이며, 정보교환의 결과에 대한 평가를 염두에 둔다면 정책적 차원에서는 무책임하다고도 할 수 있다.

'일반적인 정보' 교환의 개념은 인터넷이 등장하면서 이 전송수단이 운송하는 엄청난 정보량에 관심을 두게 하고, 이 많은 정보에 사회구성원 모두가 접근할 때 국가발전이 이루어진다는 전제로 보편적 서비스의 확장에 관심을 두게 한다. 이러한 통신적 접근은 정보의 품질에 대해서는 별 관심이 없기 때문에 방송에 대한 것도 새로운 네트워크의 확장,

그리고 추상적 정보전달의 차원에서 바라보게 되는 것이 당연하다. 그 결과 케이블방송, 위성방송, IPTV 등 어떠한 새로운 미디어가 등장하든 이것에 대한 접근의 확대가 필요하다고 말하는 것에 그치게 된다. 이러한 새로운 매체가 보내는 '정보'가 모두 바람직한 것인지, 그것들 간에 정보 품질의 차이는 없는지에 대해서는 관심을 두지 않는다.

이러한 통신적 관점, 즉 네트워크 접근의 확대 차원에서 방송의 보편적 서비스를 논의하는 것은 그 자체로 결론이 내포되어 있는 것이다. 이 접근은 겉으로 보기에는 방송도 보편적 서비스의 범주에 넣자는 것으로 오해될 수 있으나 실은 제한적 차원에서 이를 수용하자는 것일 뿐이다. 실제로, 보편적 서비스 문제에 대한 논의는 사회적 약자에 대한 무료 또는 가격할인 등의 경제적 보조를 말하는 데 그칠 뿐이다. 이것은 이미 방송정책 차원에서 시행하고 있던 바로서, 구태여 보편적 서비스 개념을 동원해 이를 다시 언급하는 것은 융합을 위한 노력의 차원에서 통신정책 원리에 방송을 큰 노력 없이 간단히 편입할 수 있는 장점이 있기 때문이다.

이렇게 통신적 접근이 "제한된 범위에서 이루어짐에도 시장경제주의자들은 꾸준하게 이에 대해 공격하고 있다"(Verhoest, 2000: 601)는 비판을 받는다. 이른바 '정보사회'론이 정보접근의 중요성을 되새기는 계기를 만들었지만 정작 효율적인 정보접근 문제는 여전히 정치적·정책적 담론에서 주변화하고 있다는 것이다. 보편적 서비스의 문제도 시민권의 맥락에서 사회적 차원의 관점으로 보는 것이 아니라 인프라에 대한 경쟁과 접근의 확산을 강조하는 데만 강조점이 주어진다(Simpson, 2004).

한국에서 통신적 관점에서 보편적 서비스 개념을 방송에 적용하려는 논의들(예를 들어, 곽정호, 2005; 김대호, 2009; 이종기·이상우·이봉규, 2009 등) 대부분은 이 문제를 사회적으로 특정한 콘텐츠의 관점에서 풀기보다는 지상파, 케이블, 위성 등 전송수단 또는 플랫폼을 통한 일반적 정보의 확산 관점에서 바라보는 공통점을 갖는다. 대표적으로 경영학자 곽정호는 "방송에도 통신부문과 유사한 형태로 기본적인 방송 서비스에의 접근을 보장하는 명시적인 보편적 서비스 제도의 도입을 고려해야 한다"(곽정호, 2005: 34)고 주장하며 '통신 패러다임'하에서 매우 구체적으로 방안을 모색하고 있다. "통신부문과 유사하게", "최소한의 방송이용권을 보장하는 방향"(곽정호, 2005: 11)으로 방송의 보편적 서비스 제도를 수용하는 게 필요하다는 것이 그의 생각이다. 그는 이와 관련해 제기되는 이슈를 '보편적 서비스 제공범위', '제공사업자 지정', '비용보전 제도', '재원 조달' 등 4가지로 요약하였다. 그는 "통신부문의 제공범위 선정기준인 지상파방송의 보급 정도, 공익성, 기술의 발전 정도를 기준으로"(곽정호, 2005: 15) 제공 서비스를 결정해야 한다고 주장한다. 이러한 기준에서 그는 지상파방송의 경우 "전국적인 보급 수준, 사회적 공익성 기여, 기술적 안정성 등을 감안할 때 보편적 서비스의 제공범위에 포함될 개연성이 충분"(곽정호, 2005: 17)하며 종합유선방송도 "일정한 범위에서 보편적 서비스의 기능을 수행"할 수 있다고 파악한다. 사업자 선정도 "과도한 비용 또는 편익이 발생하여 사업자 간 경쟁에 영향을 미치지 않도록 경쟁중립적인 방식으로 이뤄져야 한다"(곽정호, 2005: 21)는 통신의 '제한적 원칙'을 강조한다. 그러나 정작 적절한 사업자로서는 이미 보편적 서비스 의무를 하고 있는 공영방송사인

KBS1, KBS2, EBS를 제시하는 데 그치고 만다. 종합유선방송의 경우도 "통신부문의 복지통신에서 사용하는 사업자 지정방식과 동일한"(곽정호, 2005: 24) 방식으로 모든 유선방송사업자에게 사회·경제적으로 소외된 계층을 선별하여 일정 수준의 할인제도를 운영하도록 한다는 것이다. 비용보전 문제는 KBS의 경우 이미 수신료 등 충분한 비용보전이 이뤄지고 있으므로 별도의 보편적 서비스 기금 지원은 불필요하다고 파악한다. 끝으로, 재원 조달은 경제적 효율성, 행정적 효율성, 지속 가능성, 형평성 등의 원칙에 따라 정부예산, 접속료, 별도 기금, 가상 기금 등이 가능한데, KBS의 경우 이미 수신료, 방송발전기금, 정부보조금 등 '정부재원'에 해당하는 기금이 있으므로 이를 활용하면 된다는 것이 그의 생각이다.

보편적 서비스 대상을 전송 계층과 콘텐츠 계층으로 나누고 콘텐츠 계층의 심화된 영역인 방송에 대한 이의 적용을 논의하자는, 다른 통신적 시각과 차별성을 갖는 주장도 있다(이종기·이상우·이봉규, 2009). 그러나 이런 주장들도 KBS1과 EBS 등의 매체(전송수단)에 대한 보편적 서비스 의무를 논의하는 데 그친다. 방송의 입장에서 이러한 접근은 기존에 해온 보편적 서비스 방식에서 한걸음 더 나아가지 못하고 오히려 축소되는 것을 의미한다. 기존 수준을 유지하더라도 통신의 개념에 기존의 것을 맞추어 설명할 뿐이다. EU가 '보편적 서비스 지침'에서 보편적 서비스를 "최소한의 서비스"라고 규정한 것에 맞추어 방송 문제를 이에 편입하려다 보니 기존 방식의 유지 또는 축소로서의 방송의 보편적 서비스의 통신적 수용은 불가피한 것인지도 모른다.

2) 방송 보편적 서비스의 확장론

방송에서의 보편적 서비스는 '일반적인 정보'가 아니라 '사회적으로 필요한 내용'을 보편적으로 확산하기 위한 목적을 가지고 있다. 이러한 점에서 융합 미디어 시대에 방송의 보편적 서비스는 사회적으로 중요한 콘텐츠의 확산이라는 목표와 분리되어 이야기될 수 없다. 특히 융합시대에 정보격차 또는 디지털 격차가 우려되는 상황이라면 이것은 통신의 문제가 아니라 콘텐츠의 차원, 곧 미디어의 차원인 것이다. 융합시대의 보편적 서비스 개념 확장은 통신적 차원이 아니라 미디어 차원에서 접근되어야 한다. 통신의 보편성은 독점과 교차보조라는 정책효과와 맞물려 발전하였지만 이제 "멀티미디어 플랫폼 체제에서는 경제적 합리성 외에도 수용자의 편익과 사회문화적 발전을 가져올 수 있는 또 다른 차원의 보편적 서비스 기제를 마련할 필요"(정인숙, 2006: 71)가 있는 것이다. 이러한 점에서 보편성은 '보편적 콘텐츠'와 '보편적 접근'으로 구분지어 바라볼 수 있다(정인숙, 2006: 71).

한국에서 '방송의 입장에서' 방송에 대한 보편적 서비스 개념 적용 문제는 여러 논자들에 의해 검토되었다. 이것은 플랫폼 차원에서 지상파 방송(이준웅·정준희, 2012; 김재영, 2012), 위성방송(류춘렬·배진한, 2000), 지역방송(조영신, 2012), 케이블방송(임정수, 2008) 등의 보편적 서비스를 논의한 것들이다. 이들은 방송 콘텐츠의 보편적 특성에 대한 요구를 계승하는 동시에 새로운 시대에 맞는 네트워크 또는 서비스(플랫폼)에 대한 접근권을 덧붙이는 공통점을 지니고 있다. 중요한 공적 정보 제공에 대한 관심은 "'공공재'로서의 정보를 제공하는 일에 관심을 두는 미디어 이론가들에게 훨씬 친숙"하다(Verhoest, 2000: 606).

우선, 방송학자 류춘렬·배진한은 이미 2000년 위성방송 도입에 맞춰 위성방송에 보편적 서비스 의무를 부과하는 문제를 검토한 바 있다(류춘렬·배진한, 2000). 지상파방송이 아닌 위성방송의 보편적 서비스에 대한 집중적 논의가 먼저 이루어졌다는 점이 특이하다. 하지만 이들의 분석은 비단 위성방송만이 아니라 방송통신 융합이 가속화되는 시점에서 융합적 보편적 서비스 문제를 미리부터 고민했다는 점에서 매우 의의가 크다. 이 방송학자들이 위성방송에 보편적 서비스를 부과할 때 고려해야 한다고 생각한 것은 통신정책학자들의 접근방식과 차이를 보인다. 특히, 이들은 '접근 가능성'으로서의 보편적 서비스 개념보다는 내용적 측면, 즉 보편적 소구 측면에서의 보편적 서비스를 논의하였다. 방송의 보편적 서비스는 전통적으로도, 그리고 앞으로도 내용의 공익성에서 출발함은 두말할 나위가 없다.

방송학자 김병선도 2008년에 디지털 케이블TV의 보편적 서비스를 논하면서 전통적 방송의 공익성 가치인 내용의 보편성과 디지털 시대에 새로이 대두되는 보편적 접근의 문제를 포괄하여야 한다고 주장하였다(김병선, 2008). 이를 위해 그는 구체적으로 '가격 및 상품 다각화를 통한 접근성 확대', '공익채널 구성을 통한 소수의 접근성 보장', '채널 편성 및 부가 서비스를 통한 선택성 보장', '확장된 접근권으로서의 디지털 시청 경험 보장'을 요구한다.

개별 방송 미디어의 보편적 서비스가 아닌 방송 전반에 걸친 논의도 있다. 언론학자 김재영 등은 디지털 시대에 방송의 공익성을 구성하는 한 요소로서 보편적 서비스를 말한다(김재영·박규장, 2005). 이들은 이 개념을 구성하는 요소들이 '비용', '접근성', '목적성', '이용 편의성과 교육'이라고 보았다. 이들의 개념화에서 특이한 점은 '목적성'이라는 하위 개념을 거론하였다는 것이다. 어떻게 보면 목적성, 즉 보편적 서비스가 목표로 하여야 하는 바는 하위 개념이라기보다는 오히려 보편적 서비스가 구성하는 상위 가치일 수 있다. 그러나 구태여 이들이 목적성을 논의하는 것은 방송의 보편적 서비스가 지향해야 하는 가치에 대한 고려가 빠진다면 보편적 서비스 개념은 실천성을 잃게 될 것이라는 절박성에서 비롯된 강조적 표현인 것으로 보인다.

그러나 이상과 같은 방송적 접근들은 보편적 서비스 개념에 콘텐츠의 보편성이 포함되어야 한다고 주장하지만 구체적으로 어떠한 콘텐츠인지에 대한 논의가 부족하거나 보편적 콘텐츠를 특정 장르나 채널로 협소화하는 경향을 보인다. 예를 들어, 앞서 디지털 케이블TV의 보편성을 논한 주장은 보편적 콘텐츠가 필요하다고 말하면서 이것이 '공익채널'이라고 한정한다(김병선, 2008). 앞서 BRU에 대한 논의에서 보았듯이 '전통적' 방송의 보편성이란 소수자에 대한 배려 또는 다원적 내용은 물론 '보편적 소구'를 포함하는 것이었다. 보편적 소구의 요소를 제외한 채 소수자를 위한 콘텐츠만을 보편성 콘텐츠라고 한다면 이는 방송적 보편적 서비스의 확장이라기보다는 결과적으로 통신 보편성의 확장, 즉 '일반적인' 방송 서비스에 대한 접근 확대와 다를 바 없는 것이다.

이러한 문제는 물리적 보편성이 '보편적 서비스의 조건'이 아니라 '콘텐츠의 보편성'이 물리적 보편성의 조건이라는 방송 보편성의 기본 원리를 혼동하기 때문으로 해석된다. 통신에서는 어떤 통신수단이 어느 정도 이상의 접근 비중을 가지고 있으면 보편적 서비스 의무 대상이 된다. 이러한 원리로 앞에 잠시 논의한 바 있는 곽정호의 분석은 방송에 대한 보편적 서비스 적용을 논하면서, 이 원리를 적용하여 지상파 보급률이 90%가 넘고 케이블TV 보급률이 80% 이상이 된다는 이유로 보편적 서비스 규제를 할 수 있다고 제안한다(곽정호, 2005). 그러나 원래 방송에서는 통신의 그것과 정반대로 중요한 콘텐츠가 있다면 그것이 보편적으로 접근 가능하도록 해야 하는 것이다. 이러한 측면에서 "지상파 방송이 전 국민과 전 국토에 도달할 수 있을 만큼의 물리적 포괄성을 갖고 있다고 해서 보편적 서비스가 되는 것은 아니다. 오히려 반대로 지상파방송이 사회적 필요에 의해 보편적으로 공급될 필요성이 있는 중요 서비스이기 때문에 그에 합당한 물리적 포괄성을 지녀야 한다는 사실이 요청"되는 것이다(이준웅·정준희, 2011: 71).

통신사업에서는 집전화나 인터넷 등이 특정 수준 이상의 이용률을 보일 때 물리적 포괄성의 의무를 부여하지만, 방송은 이용률과 관계없이, 아니 때로는 사회적으로 의미 있는 내용일 경우 이용률이 낮다면 오히려 보편적 접근의 의무를 지게 한다. 앞서 제3장 '방송 미디어 공익 개념의 출발과 역사적 전개'에서 살펴보았듯이 지상파방송에 오랫동안 요구되어 온 혼합편성(종합편성)도 오락만이 큰 비중을 차지하고 사회적으로 필요한 교양이나 뉴스 프로그램이 과소 공급될 것을 우려한 일종의 보편적 서비스 의무이다. 케이블방송의 공익채널도 마찬가지이며, 지상파방송 재전송 의무도 그러하다. 사회적으로 필요한 콘텐츠가 전제되지 않은 보편적 서비스는 방송에서는 의미가 없는 것이다. 방송의 보편적 서비스는 통신의 그것과 달리 미디어, 문화정책, 사회적 목표 등과 연관되면서 "정치적 민감성"(Xavier, 1997: 830)을 보였다. 새로운 유형의 미디어가 아무리 폭발하여 다원적 서비스와 다원적 콘텐츠를 가능케 하더라도 방송의 보편적 서비스 개념은 내용과 접근의 문제를 분리하여 생각할 수 없는 것이다(Valcke, 2006: 259).

3. 공공 서비스 미디어를 통한 보편적 서비스 문제의 해결

1) 융합 미디어의 보편적 서비스

앞에서 보았듯이 오랫동안 통신에 적용된 보편적 서비스 규제는 1차적으로는 경제적 효용을 위한 것이었다. 그러나 한편으로 통신을 통한 활발한 정보교환은 사회발전의 동력이 된다는 인식도 이에 추가되어 나타나기 시작했다. 이러한 점에서 보편적 서비스는 네트워크에 대한 접속가능성을 높이기 위한 방향으로 규제되었다. 인터넷의 발전으로 전화와 비견할 수 없는 엄청난 양의 정보가 교환되면서 통신 영역에서도 경제적 효율성에 더해 사회적 차원에서 디지털 격차를 해소하기 위한 방편으로 네트워크에 대한 보편적 서비스 의무 부여에 대한 요구가 대두된다. 한 걸음 더 나아가 통신망에서도 방송 서비스가 가능해지면서 통신에 적용하였던 보편적 서비스 의무를 부과하자는 논의가 나온 것이다. 이에 따라, 통신적 접근은 플랫폼을 네트워크에 대체하여 이를 보편적 서비스 대상으로 삼아야 하는 것이 아니냐는 논지에 이르게 된 것이다.

그러나 이와 달리 방송의 측면에서 보면, 방송 콘텐츠의 사회적 중요

〈그림 6-4〉 콘텐츠별 보편적 서비스 의무

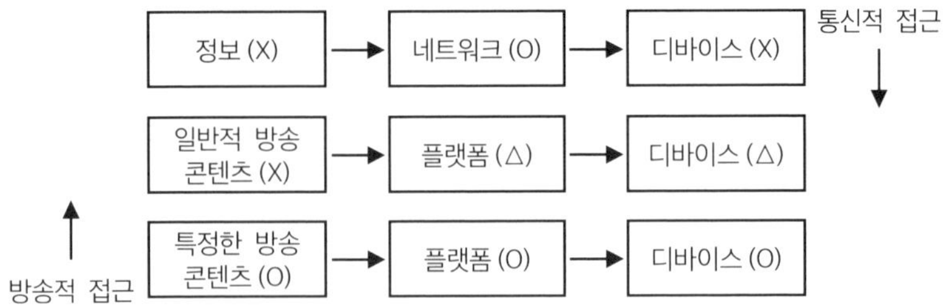

O: 의무 강함, △: 의무 약함, X: 의무 거의 없음.

성으로 인해 보편적 소구, 소수자 이해 반영 등의 보편적 서비스 의무를 부여했다. 이를 위해 사용하는 지상파 전파는 당연히 물리적으로 지리적 보편성을 담보하여야 했다. 보편적 서비스가 '특정한 방송 콘텐츠'의 전파에 있다면 이를 수용할 수 있는 디바이스, 즉 라디오나 TV 수상기도 보편적 서비스의 대상이 되었다(〈그림 6-4〉). 그러나 방송 서비스가 케이블, 위성, 인터넷망을 통해 확장하면서 이에 대한 보편적 서비스 의무에 대한 검토가 필요하였고, 지역성을 강조한 케이블방송의 경우 공익채널과 지역채널, 그리고 지상파방송 재전송 의무화가 이루어졌다.

또한 통신의 측면에서 보면, 케이블방송, 위성방송, IPTV의 일반채널들이 정보적 차원에서 의미가 있다고 한다면 이 채널들의 내용(일반정보)에 대해서는 보편적 서비스 의무를 부여할 수 없으나 정보격차 해소의 차원에서 플랫폼에 대한 보편적 서비스 의무를 고려할 수 있는 것이다. 이러한 점에서 케이블방송, 위성방송, IPTV 등의 매체는 보편적 서비스의 통신적 접근과 방송적 접근이 맞물리는 영역이 된다. 방송은 네트워크 접근의 문제로, 통신은 콘텐츠 접근의 문제로 이행하는 현상

(Simpson, 2004: 234)이 머무는 곳이 바로 이 영역이다.

그러나 여전히 특정한 방송 콘텐츠, 예를 들면 공익채널, 지역채널, 공영방송 콘텐츠 등은 내용상의 이유로 보편적 서비스의 대상이 된다. 특정한 방송 콘텐츠의 사회적 역할을 고려할 때 보편적 서비스는 "하드웨어 접근 문제가 아니라 관련 콘텐츠의 가용성(*availability*)과 구입능력(*affordability*)"(Verhoest, 2000: 606)이다. 언론학자 윤석민이 정확히 보았듯이 융합 미디어 시대에도 방송의 공적 역할은 그대로이며, 융합 미디어가 늘었을 뿐 고전적 방송과 고전적 통신의 영역은 남아 있다(윤석민, 2008). 이러한 보편적 서비스 콘텐츠는 어떠한 방식으로든 최대의 사회구성원에게 접근 가능하여야 하며(Woods, 2005), 구성원들이 비용상으로, 그리고 사용기술상으로 감내할 만하여야(*affordable*) 하는 것이다. 이러한 목표를 위해서라면 플랫폼과 디바이스의 보편적 서비스는 부가적으로 동반된다. 예를 들어, 공익채널, 지역채널, 공영방송 콘텐츠 등은 어떠한 플랫폼과 디바이스를 통해서라도 보편적으로 서비스되어야 하는 것들이다. 조영신 박사는 보편적 서비스 개념을 지역방송과 연관하여 설명하면서 지역방송이 중요한 것은 방송 내용이므로 "망 접근권 중심의 보편적 서비스보다는 콘텐츠 접근권 중심의 보편적 서비스를 고민할 필요가 있다"고 주장한다(조영신, 2012: 325). 이러한 원리는 지역의 의미를 확장하자면 글로벌 차원에서 개별 국가 사회에도 적용된다. 통신과 구분되는 방송의 특성이 '내용'(콘텐츠)이라면 방송의 보편적 서비스 개념은 "개인들 모두에게 중요하지만 시장에서 제대로 제공되지 못하는 방송 콘텐츠를 보편적으로 서비스하는 것"이라고 정의할 수 있을 것이다.

2) 미디어 영역의 보편적 서비스 구현 방식

그런데 미디어 영역에서 보편적 서비스를 실행하고자 할 때 실제로 현실에 적용 가능할 만한 것은 그리 많지 않다. 우선, '사회적으로 필요한 콘텐츠'(특정한 미디어 콘텐츠) 개념에서 비롯되어 이에 대한 접근 가능성을 높이는 방식의 보편적 서비스는 실제적으로 다음과 같이 지상파방송(공영방송) 의무재송신과 보편적 시청권 보장이라는 제한된 방식으로 구현되고 있다.

(1) 지상파 의무재송신

의무재송신 규칙은 내용에 관련한 보편적 서비스의 일환이다(Valcke, 2006: 249). 한국은 물론 대부분의 서구 국가에서 지상파방송과 지역채널, 특히 공영방송 채널은 케이블방송 등 다채널 서비스 의무 대상이 되어 있다(Goodman & Chen, 2010: 131). 유럽 의회(European Parliament)는 1996년 공영방송 서비스가 모든 시민들에게 전달될 것을 강조하면서 이것은 아날로그뿐만 아니라 디지털 시스템에도 해당됨을 천명하였다(European Parliament, 1996). 2002년 EU의 '보편적 서비스 지침'에서도 공영방송을 플랫폼에 의무재전송할 것을 요구하였다. 현재 한국에서는 KBS1과 EBS 채널만이 의무재송신 채널로 지정되어 있다. 그런데 콘텐츠 경쟁력 면에서 절대 우위에 있는 지상파방송 채널 모두는 MVPD(다채널 서비스 플랫폼)의 선호 콘텐츠이다. "케이블, 위성, IPTV 등이 지상파 재전송 수단에 불과할 뿐"이라는 말을 들을 정도로 이것들은 지상파 채널에 의존하고 있다. 물리적인 지상파 직접수신율이 낮아 시청자들이 1차적으로 지상파를 보기 위해 MVPD에 가입하기 때문이다. 그런데 그간의 소송을 통해 법적 의무재송신 대상인 KBS1과 EBS에 대해서는 MVPD가 재송신 수수료를 지불하지 않게 되면서 의무재송신 문제는 새로운 형국으로 발전하였다. MVPD가 오히려 지상파방송 채널 전체를 의무재전송 대상으로 지정하기를 원하게 된 것이다. MVPD 스스로가 "의무를 지겠다"고 나선 것은 이 채널들이 의무재전송 대상으로 지정될 경우 재전송 수수료를 지불하지 않아도 되기 때문이다.

(2) 보편적 시청권 보장

중요한 이벤트와 중요 뉴스에 대해 시민이 접근할 수 있도록 하는 것을 말한다(Schoenthal, 2006). 미디어 분화현상은 지상파방송만이 아니라 특정 다채널 서비스에 가입했을 경우에도 다른 다채널 서비스에서만 볼 수 있는 중요한 관심 이벤트의 소외를 가져올 수 있다. 이로 인해 융합 미디어 환경에서 보편적 시청권은 접근의 용이성과 콘텐츠의 다양성, 그리고 비용의 합리성에 의해 담보되어야 한다(최정우, 2010: 52).

한국에서는 2007년부터 방송법에 보편적 시청권을 "국민적 관심이 매우 큰 체육경기대회, 그 밖의 주요 행사 등에 관한 방송을 일반 국민이 시청할 수 있는 권리"(제 2조) 라고 정의하였으며, 제 76조에 이에 관한 사항을 규정하였다. EU는 이미 1997년 '사회에 주요한 중요 이벤트들'(*events of major importance for society*) 이라는 개념으로 보편적 시정권에 대한 각국의 의무를 독려하기 시작하였다. EC는 '텔레비전 방송 행위'에 관한 지침에서 "가입국은 정보권을 보호하며, 올림픽게임, 월드

컵 축구, 유럽 축구 챔피언십과 같이 사회에 주요한 국가적 또는 비국가적 중요 이벤트에 대한 텔레비전 커버리지에 공중의 광범위한 접근을 보장하기 위한 조치를 취할 수 있도록 하여야 한다"라고 규정하였다 (European Union, 1997). EU는 추후 '국경 없는 텔레비전 지침'의 개정을 통해 "가입국들이 사회에 대한 중요성에 따라 유료방송에만 방송되도록 하지 않을 이벤트들의 리스트를 만들 것"(제 3a항) 을 덧붙였다.

(3) 기타 의무

① 적절한 현저성 규칙

'적절한 현저성'(*due prominence*) 이란 케이블이나 위성방송 등 다채널 플랫폼에서 채널 정보를 알려 주는 '전자프로그램 안내'(EPG: Electronic Program Guide) 에 공공 서비스방송 채널을 우선적으로 배치하여 시청자들이 다른 채널들과 구별하여 쉽게 접근할 수 있도록 하는 것을 말한다. 유럽 의회는 이러한 적절한 현저성 규칙을 '보편적 서비스 지침'에 개정해 넣고자 하였으나 유럽평의회(Council of Europe) 의 동의를 받지 못했다.

② 장애인 접근 확대

한국에서는 장애인의 접근 편이성을 확대하기 위해 자막 등에 관한 법적 의무가 시행되고 있으며, EU도 2002년 '보편적 서비스 지침'에 이를 반영하였다.

특정한 방송 콘텐츠가 아닌 일반적인 방송 콘텐츠의 중요성을 상정하고 이에 대한 접근 가능성을 넓히는 데 필요한 장치들, 예를 들면 '단말기에 대한 접근 가능성', '지불의 보편성', '신규 서비스에 대한 접근과 이용 가능성' 등이 제안되고 있다(김영주, 2008). 그러나 이러한 것들은 실제로 대부분 사회적 보조보다는 규제 완화를 통한 자유시장 경쟁을 통해 해결될 수 있다고 주장되는 대상이다. 접근에 대한 보편적 서비스 규제는 EU의 '보편적 서비스 지침'이 설정한 '최소한'의 원칙에서 보듯이 "시장과 자본 친화적인 정책 속에서 이용자 권익이나 복지, 보편적 서비스와 공익 등의 가치는 배제되거나 보조적인 가치로 전락"(김영주, 2008: 87) 하는 현상에서 예외가 되기 어려운 것이 사실이다. 이러한 점에서 융합 미디어 시대에 사회적으로 필요하지만 충분히 공급되지 않는 방송 콘텐츠의 생산과 이것에 대한 보편적인 접근 방식이 필요하게 되는 것이다.

3) 공영방송 변화를 통한 보편적 서비스 구현

(1) 차별적 콘텐츠 접근 문제

현재까지 공영방송은 '보편적 소구'와 '다양성'이라는 어찌 보면 상치되는 가치 실현을 의무로 하여 물리적 보편성과 함께 "암묵적"(류춘렬 · 배진한, 2000: 158) 으로 방송 보편적 서비스의 주요 대상이 되었다. 상업 지상파방송이 등장한 이후에는 이것과 구별되는 '차별적'(*distinctive*) 콘텐츠 제공이 요구되었고, 이를 위해 지상파 전파 커버리지 확대가 필수적이었다. 케이블방송과 위성방송 등 다채널 서비스가 등장하면서는 사회적으로 필요한 공영방송 콘텐츠에 시민들이 접근하지 못하는 문제를 방지하기 위하여 의무재송신 제도가 시행되었다. 그런데 다시 유무선 인터넷의 발전으로 OTT와 N-스크린 등 선형과 비선형을 아우르는 새로운 유형의 디지털 플랫폼이 발전하면서 '사회적으로 필요한' 공영방송 콘텐츠의 보편적 접근이 문제가 되고 있는 것이다. 즉, 기존의 공영방송 또는 공공 서비스방송(지상파)에서 시작된 보편적 서비스 개념을 케이블방송, 위성방송, IPTV, OTT, N-스크린 등 뉴미디어에도 그대로 적용해야 하는지의 문제가 제기된 것이다.

방송적 시각에서 보편적 서비스의 확장을 꾀한다면 새로이 등장하는 플랫폼들이 모든 수용자들에게 보편적으로 접근 가능하여야 하는지에 대한 판단이 요구된다. 그런데 지상파방송 이외의 케이블방송 등 다채널 서비스 또는 비선형 서비스들이 제공하는 콘텐츠가 상호 배타적이지 않고, 어떠한 면에서는 플랫폼 간 상호대체성이 매우 강하다고 할 때 이들 개별 플랫폼을 따로 떼어 내어 '보편적 서비스 평가'를 한다는 것은 쉽지 않은 일이다. 아울러, 확대되는 이러한 신규 플랫폼들을 통해 '일반적인 방송 콘텐츠'가 '차고 넘친다'고 할 때 이것에 보편적 서비스 의무를 부여할 필요가 없는 것이다. 이에 따라 역사적으로 특정한 콘텐츠 공급이 핵심 이슈였던 방송 영역에서 "이제 공공 서비스 콘텐츠에 대한 적절한 접근을 촉진하는 것으로 무게 중심이 옮아가고 있다"(Simpson, 2004: 234).

또한 네트워크에 대한 접근을 넘어 방송 서비스에 대한 접근을 보편적 서비스 의무의 대상으로 본다고 해도 문제는 해결되지 않는다. 아니, 오히려 이러한 접근의 확대가 문제를 발생시킨다고 볼 수 있다. 가용한 채널, 플랫폼, 특히 니치 채널이 증가하면서 '사회적으로 필요한' 콘텐츠에 대한 실질적 접근 가능성은 급격히 줄어들고 있다(Donders, 2012: 19~20). 늘어나는 채널 및 플랫폼에 시민들이 접근하는 문제는 지리적 문제이기도 하고 경제적 문제이기도 할 것이다. 현 시점에서 보편적 서비스를 콘텐츠 관점으로만 볼 수는 없다(Valcke, 2006: 259).

그러나 사회적으로 필요한 공적 콘텐츠에 대한 접근은 지리적이고 경제적인 문제만으로 해결되는 것이 아니다. 만약 텔레비전이 특별히 집단 정체성 또는 건강한 공론 영역을 창조하고 유지하는 사회적 접착제의 형태를 구성한다고 본다면, 모든 사회구성원이 그 정보에 쉽게 접근할 수 있는 것이 중요하다. 이런 맥락에서 보편적 서비스를 시민권 개념에 연결하는 것이 필요하다(Born & Prosser, 2001). 이는 공영방송이 개인들의 정치적 결정에 도움이 되는 정보를 제공하는 것뿐만 아니라 주요 사회적 어젠다가 토론되는 포럼을 제공하는 것을 뜻한다. 즉 시민의 관점에서 바라본 보편적 서비스의 접근은 '특정 품질의 콘텐츠'와 '그 콘텐츠에 대한 용이한 접근'이라는 두 개의 축으로 이루어진다. 그것은 "뉴스, 공공 사안, 건강, 교육, 선거 정도를 포함하는 기본 서비스에 모든 시민이 무료로 접근 가능하도록 하는 것"(Chester & Montgomery, 1993: 117)이다. 결국, 사회적으로 필요한 특정 품질의 콘텐츠라면 어떠한 채널과 어떠한 플랫폼을 통해서든 최대한의 방법으로 시민들에게 전달되어야 하고, 이것이 공영방송이 플랫폼을 확장하는 '공공 서비스 미디어' 개념이 추구하는 바이다. 콘텐츠는 하부구조에 대한 접근성에 의해 영향 받으며, "수용자 입장에서 전파 메커니즘이 없다면 콘텐츠는 거의 가치가 없는 것"(Wood, 2005)이기 때문이다.

(2) 공공 서비스 미디어와 보편적 서비스

과거에 공영방송이 지상파 전파를 사용한 것은 단지 그것이 효율적 전송수단이었기 때문으로, 사회적으로 필요한 차별적 콘텐츠를 이 수단을 통해 활용한 것이다. 지상파방송은 "시대적 산물이며 당대에 방송을 시청자에게 전달하는 가장 최적화된 유통수단"으로서 당대에 "방송을 전달하는 유일한 수단이 바로 지상파 주파수"였다(조영신, 2012: 306). 공영방송의 근본적 측면은 접근의 보편성이다(Raboy, 1996). 그러나 이 보편성은 방송이 신문 가판대처럼 이용자가 골라 선택하는 모델로 이행하면서 점점 더 큰 문제가 되고 있다. 이 상황에서 공영방송은 우선적으로 일반적 프로그램 서비스를 보편적으로 제공하여야 한다. 전송 수단이 정교화되는 만큼 정책당국은 모든 사람이 지불능력과 관계없이 공영방송 콘텐츠에 접근할 수 있는 방안을 보장해야 한다.

유럽 의회도 2010년 공영방송이 "주어진 의무를 수행하기 위해서 새로운 서비스를 포함한 모든 플랫폼에서 그들의 서비스를 제공하여야 한다"고 천명하였다(European Parliament, 2010). 유럽 의회는 일찍이 공영방송이 새로운 디지털 서비스를 계발하는 일에 앞장서야 한다고도 주장한 바 있다(European Parliament, 1996). 융합 미디어의 확장과 선택의 폭발로 요약되는 현 미디어 환경에서 수용자들이 파편화되고 있을 때 공영방송은 가능한 플랫폼을 모두 활용하여 중요정보와 공공영역을 제공하는 것이 필수적이라는 것이다(Council of Europe, 2009; Harrison & Woods, 2001). 공영방송은 지상파방송에 제한되는 것에서 벗어나야 한다(Donders, 2009). 이것이 '공공 서비스 미디어' 개념이다(강형철, 2012).

공영방송의 '차별적 콘텐츠'는 비단 공적 정보나 소수를 위한 콘텐츠에 국한되지 않는다. 미디어 융합 상황에서 과소공급되는 또 다른 영역은 '창의적 콘텐츠'이다. 방송시장이 넓지 않은 사회일수록 경쟁이 늘어나면 마진율이 낮아지기 때문에 방송사업자들은 큰 자본이 들어가는 고품질 콘텐츠를 만들기 어렵게 된다. 이렇게 된다면 그 사회의 방송문화 능력은 매우 저하되고 산업으로서의 경쟁력도 약해지게 마련이다. 이때 공영방송은 공적재원을 기반으로 품질 높은 프로그램을 만들어 서비스함으로써 수요자들의 취향을 고양하는 한편, 그 사회의 콘텐츠 품질 기준을 상승시켜 상업방송이 이를 뒤따라 할 수 있게 하는 특별한 효과를 발휘한다.

이에 더해 공영방송이 투입비용을 늘리면 이와 경쟁하는 사영방송들도 이윤율을 낮추고서라도 투입을 따라 늘려 전체적인 방송의 경쟁력이 향상된다는 '승식기 효과'(*multiplier effect*)에도 주목해야 한다(Oliver, 2005). 많은 논자들은 융합시대의 공영방송이 차별적인 콘텐츠 생산 및 제공 기업으로 진화하여 다양한 플랫폼 포트폴리오를 통해 이것을 전파해야 한다고 주장한다. 이것은 신뢰성 있는 브랜드를 의미하기도 하며, 창의적 프로그램을 뜻하기도 한다(Jakubowicz, 2006). 공영방송사는 신뢰성 있는 제 3자로서 중재자 역할과 해석적 역할을 동시에 수행하며 공동의 지식과 이해에 기여한다(Simpson, 2004: 243).

공영방송이 현 시점에서 해야 할 일은 3가지로 요약된다. 첫째, 다원화된 시장이 개인의 필요를 충족시키지 못하는 상황에서 개인 소비자로서의 시민에게 특정한 콘텐츠를 제공하여야 한다. 둘째, 글로벌화로 인해 훼손될 수 있는 국가 정체성을 보호하기 위해 공영방송은 차별적

〈그림 6-5〉 공공 서비스 미디어 의무의 배경과 결과

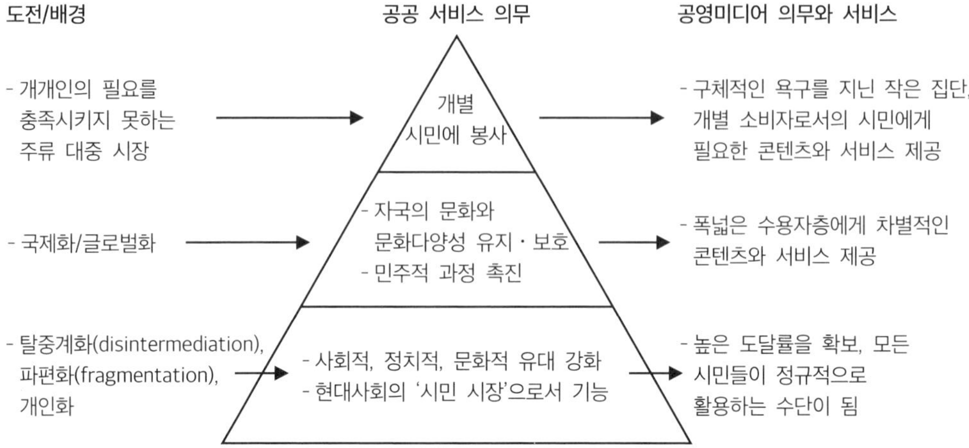

출처: Jakubowicz(2007).

인 콘텐츠와 서비스를 제공하여야 한다. 셋째, 수용자 파편화와 세분화로 인해 사회의 갈등과 반목이 우려되는 상황에서 공영방송은 공영미디어로 적극 진화하여 모든 시민에 대한 도달률을 높여야 한다.

이런 점에서 공영방송은 지리적 보편성과 수용자 보편성이라는 두 가지 종류의 보편적 서비스 의무를 갖는다(Collins, Finn, McFadyen, & Hoskins, 2001). 공영방송은 이를 위해 3단계의 서비스를 해야 한다(Wiio, 2004). 첫째는 일반 공중 전체를 위한 전통적인 선형 방송 채널이다. 두 번째는 특정 수용자를 목표로 한 선형 방송 서비스이다. 즉, 뉴스와 문화 등 개별 주제와 목표 시청자를 지닌 전문채널을 의미한다. 세 번째는 이른바 '개인화된 공공 서비스'이다. 이는 강한 상호작용성을 지니고 개인들이 원하는 특정 프로그램이나 콘텐츠에 쉽게 접근할 수 있는 것을 말한다. 존 리스는 BBC에서 떠난 1940년대 말 BBC가 상 ·

중·하의 문화적 취향을 반영하는 3가지 층위의 라디오 서비스를 시작했을 때 이를 공영방송 기초 개념에 대한 배신으로 보았다고 한다(Scannell, 1989). 그러나 하나의 채널로 모든 사람들의 취향을 만족시키는 편성이란 채널 수가 모자랄 경우 외에는 불가능하다. 특히, 현재와 같이 파편화된 미디어 환경 아래 보편적 서비스는 새로운 방식으로 재구조화되어야 한다.

이미 서구의 지상파방송들은 적극적으로 공공 서비스 미디어화하고 있다. 영국 BBC도 '프리뷰'(Freeview), '프리샛'(Freesat), '아이플레이어'(iPlayer), '유뷰'(YouView, 구 Project Canvas) 등의 새로운 무료 플랫폼을 지속적으로 선보이고 있다. 특히 2002년 출범한 다채널 디지털 지상파방송인 '프리뷰'는 보편적 서비스의 지속뿐 아니라 영국 디지털 전환의 견인차가 되었다는 평가를 받는다(Iosifidis, 2011). '프리샛'은 프리뷰의 위성방송 버전이다. '아이플레이어'는 PC나 스마트 미디어를 통해 실시간 방송이 끝난 BBC 프로그램을 7일 동안 무료로 볼 수 있는 서비스이다. '유뷰'는 2012년 말부터 서비스되는 IPTV 서비스로서, TV와 라디오 지상파 채널과 VOD 프로그램을 무료로 제공한다.

BBC는 차별적인 콘텐츠를 다양한 플랫폼을 통해 무료로 서비스함으로써 개별 시청자가 어떤 매체를 선호하든 이러한 콘텐츠에서 소외되는 일이 없도록 '보편적 서비스'를 하며 공공 서비스 미디어로 진화하고 있다. 공영방송의 고품질, 정보적 프로그램은 다양한 미디어를 소화하는 젊은 세대와 같은 '문제적 집단'에 대한 도달이 점점 더 어려워진다. 이러한 면에서 무엇보다 "수용자 보편성"(Collins et al., 2001: 8)이 절박해졌고, 공공 서비스 미디어는 이러한 수용자 보편성을 확대하기 위한 방편이다.

그러나 한국의 경우, 공영방송의 보편적 서비스 의무는 KBS1과 EBS 채널 2개에 한정하여 의무재송신하도록 하는 것에 그치고 있다. KBS는 세분화된 시청자에 맞춘다는 명분으로 'KBS N'이라는 우산 아래 케이블방송, 위성방송, IPTV 등을 통해 다채널 서비스를 실시하고 있으나 이것들은 실상 상업적 재정 확충이 주 목적이다. 상업방송사들은 공영방송이 다채널 영역에서 상업활동을 하면서 상업방송 영역의 경쟁력을 약화시키고 있다고 불만을 토로한다. KBS는 온라인 서비스도 수입원으로 활용하고 있다. "공영방송의 인터넷 서비스는 공영방송의 무료 보편적 서비스를 확장하는 플랫폼으로 인식되기보다는 부수적인 VOD 콘텐츠 마켓으로 인식되었고, 인터넷 공간에서 공영방송 서비스 정책의 공익성에 대한 논의는 매우 미미했다"(최민재, 2013: 32)는 최민재의 지적은 매우 타당하다. KBS는 스마트 미디어에서만 'K' 서비스를 통해 고화질 실시간 방송을 무료로 제공하며, VOD는 마찬가지로 유료이다. 다양한 플랫폼을 통해 고품질 프로그램을 제공하는 것 자체가 보편적 서비스가 되는 것은 아니다. 유료채널에 가입해야 공영방송 프로그램을 볼 수 있다면 그 자체가 보편적 서비스가 될 수 없다. "수익 사업이 되지 못한다는 의미에서 시장에서 제공하지 못하는 서비스지만 모든 국민이 누려야 한다는 의미에서 보편적 서비스"(조영신, 2012: 323~324)라는 정의를 받아들인다면 이미 'KBS N'은 수익 사업체로서 보편적 서비스 장치라고 할 수 없다. 공공 서비스 미디어의 보편적 서비스란 사영 미디어가 제공하지 못하는 개인적/사회적으로 필수적인 콘텐츠를 모든 시민이 무료로 접근 가능하도록 하는 것을 뜻한다. 다양한 플랫폼과 채널들이 난립하면서 시청자들이 방송 프로그램을 뉴스 가판대에서 신문 고르듯이 골라 돈을 지불하게 된 상황에서 공영방송이 보편적 프로그램을 모든 사람에게, 이상적으로는 무료로 서비스하는 것이 핵심적으로 중요해졌다(Raboy, 1996).

4. 소결

이상으로 융합 미디어 시대에 방송의 보편적 서비스가 어떠한 의미를 가지고 있으며, 어떠한 방식으로 실현되어야 할 것인지를 논의하여 보았다. 이를 위해 방송과 통신에서 사용하는 보편적 서비스의 의미가 실제로 공유하는 부분이 크지 않으며, 어쩌면 아예 다른 대상을 지칭할지도 모른다는 문제의식을 제시하였다.

방송은 탄생 초기부터 내용의 중요성, 나아가 그로 인한 사회적 영향력을 상정하여 "~을 하지 말라"는 소극적·부정적 차원을 넘어 "~을 하라"는 적극적·긍정적 차원에서 사회적으로 바람직한 콘텐츠를 다룰 것을 요구받았다. 그것은 '다양성', '소수자 보호', '국가 정체성', '소구의 보편성' 등의 가치를 의미했다. 그리고 이러한 중요한 가치를 담은 콘텐츠를 보편적으로 서비스할 것이 주문되었다. 이로 인해 방송의 보편적 서비스라 함은 '소구의 보편성'은 물론 '소수자 보호', '다양성' 등의 가치 실현을 위한 지리적 보편성, 즉 접근의 보편성을 의미하게 된 것이다.

이와 달리 통신의 보편적 서비스는 초창기에는 유선전화 네트워크

간의 상호접속을 통해 경제적 효율성을 달성하는 것에서 출발하여 후일 "경쟁을 왜곡하지 않고 모든 최종 사용자들이 특정 국가의 조건 내에서 감내할 수 있는 가격에 접근할 수 있는 특정한 품질을 지닌 최소한의 서비스 조합"(European Union, 2002)의 개념으로 정리된다. 통신에서 상정하는 '접근'의 개념은 1차적으로 네트워크 재화 자체가 지니는 외부성을 해결하기 위한 방식이지 콘텐츠와는 별 관계가 없는 것이었다. 그러나 시간이 지나 인터넷의 발전으로 정보격차 또는 디지털 격차가 사회적 문제로 떠오르면서 '인터넷 정보'에 대한 접근도 중요함을 덧붙이게 되며, 사후적으로 유선전화에 대한 접근에도 이러한 '정보교환'이라는 사회적 개념을 적용하게 된 것이다.

그런데 통신에서 상정하는 정보는 일반적인 정보, 즉 가치중립적인 정보를 뜻한다. 정보의 내용과는 관계없이 활발한 정보교환이 중요하고, 따라서 정보교환 매체인 통신 네트워크에 소비자들이 보편적으로 접근할 수 있어야 한다는 것이다. 이러한 이유로 통신의 보편적 서비스 개념을 방송에 적용하고자 할 때 콘텐츠 내용이 어떠한 것이라도 상관없이 특정 플랫폼이 보편적 서비스 대상이 되는지 여부를 결정하는 것이다.

물론, 방송의 차원에서도 과거 지상파방송만이 담당하였던 방송 콘텐츠 제공 서비스가 통신망을 쓰는 케이블방송, 위성방송, IPTV, OTT, N-스크린 등으로 확장되는 상황에서 과거의 보편적 서비스 의무를 어떻게 할 것인지의 문제에 맞닥뜨리게 되었다. 방송의 입장에서는 여전히 이러한 새로운 융합 서비스에 대해서 "~은 하지 말라"는 소극적·부정적 차원에서 내용상의 건전성을 요구하면서도 "~도 하라"는 적극적

·긍정적 차원의 사회적 의무를 부여하고자 한다. 이것은 공익채널 편성과 지상파방송 재전송의 형태로 나타나고 이것이 보편적 서비스 의무가 된다. 물론, 일반적 방송의 중요성을 고려하여 저소득층 등 사회적 약자에 대한 경제적 지원을 통한 보편성을 이루는 방식도 활용한다. 이러한 점에서 융합 미디어의 보편적 서비스는 방송과 통신의 보편적 서비스 접근이 융합되는 부분이다.

그러나 여전히 남는 것은 과거에 지상파방송 또는 공영방송이 담당하였던 적극적·긍정적 차원의 가치들 — 보편적 소구, 다양성, 소수자 보호, 공공 영역 등 — 뿐만 아니라 새로이 문제가 되는 과소공급 영역 — 창의적 콘텐츠, 정제된 중요 정보 접근 등 — 이다. 다양한 미디어의 범람은 오히려 공영방송이 제공하는 긍정적 콘텐츠들에 대한 접근을 방해하며, 창의적 콘텐츠의 생산을 위축시키고 있다. 이러한 상황에서 공영방송은 과거의 중요 콘텐츠뿐만 아니라 새로운 의무, 즉 창의적 콘텐츠 생산을 통한 방송문화 견인을 책임지게 된다. 그리고 이것을 보편적으로 서비스해야 하고, 그 방법이 다양한 플랫폼을 최대한 활용하는 공공 서비스 미디어로 진화하는 것이다.

한국에서 공영방송이 공공 서비스 미디어로 변모해 나가기 위해서는 몇 가지 고려해야 할 사항이 있다.

우선, 공영방송의 역할이 명확히 규정되어야 하겠다. 사회적으로 필요한, 즉 모두에게 전달되어야 할 차별화된 콘텐츠가 전제되지 않는다면 공공 서비스 미디어의 목적인 보편적 서비스는 의미가 없다. 그런데 현재 한국의 방송법에는 공영방송이라는 용어 자체도 없다. 공직선거법만이 제 8조에서 선거방송토론위원회를 구성할 때 공영방송사가 추천하는 위원을 각 1명씩 포함하라는 조항으로 '공영방송사'를 언급하고 있을 따름이다. KBS에게 별도로 주어진 의무 규정은 방송법 제44조의 4개 항목뿐이다.[10] 다만, 동조 2항은 물리적 차원의 보편적 서비스 개념을 명시하고 있어 흥미롭다. 이 조항을 만들 당시 '지상파 KBS'를 상정하여 보편적 서비스 의무를 주었을 것으로 추측되지만, 이것을 다양한 미디어를 통한 보편적 서비스로 더 넓게 해석하여도 무리가 없을 것이다. 이 물리적 차원의 보편적 서비스 규정 이전에 공영방송사가 무엇이고 현 시대에 어떠한 차별적 의무를 수행해야 하는지에 대한 규정이 시급하다. 아마도 일단 소유구조와 관계없이 플랫폼별로 단계적으로 의무 수준을 높이는 방식(정용준, 2009)에 더해 공영방송사의 역할을 별도로 정하는 것이 바람직할 것이다.

둘째로, 공영방송의 역할 규정이 이루어진 후 이를 수행하기 위해 공영방송사가 취할 수 있는 수단, 즉 플랫폼이 결정되어야 한다. 이것은 법으로 정해 놓기보다는 방송사의 계획과 규제기관의 심의에 의해 이루어지는 것이 바람직할 것이다. 예를 들어, BBC의 경우 앞서 거론한 '아이플레이어', HDTV 서비스 등 새로운 플랫폼 진출에 대해 규제기관인 'BBC Trust'가 '공적 가치 검증'(Public Value Test)을 실시해 허가를

10) 방송법 제44조(공사의 공적 책임) ① 공사는 방송의 목적과 공적 책임, 방송의 공정성과 공익성을 실현하여야 한다. ② 공사는 국민이 지역과 주변 여건에 관계없이 양질의 방송 서비스를 제공받을 수 있도록 노력하여야 한다. ③ 공사는 시청자의 공익에 기여할 수 있는 새로운 방송 프로그램·방송 서비스 및 방송기술을 연구하고 개발하여야 한다. ④ 공사는 국내외를 대상으로 민족문화를 창달하고, 민족의 동질성을 확보할 수 있는 방송 프로그램을 개발하여 방송하여야 한다.

결정한다(Donders, 2012: 108~111). 이 절차가 '형식적'이라는 비판을 받기도 하지만(Michalis, 2012), 사회적 영향성과 경제적 영향성을 고려한 BBC의 임무 수행방식 검토라는 중요한 기회가 되는 것이 사실이다. 지상파방송을 다채널 디지털 플랫폼 서비스로 전환하고 이것을 '면허' 방식으로 허가해야 할 뿐 아니라(이준웅 · 정준희, 2011), 공영방송사의 모든 플랫폼 진출은 공적 가치 검증을 통한 면허 방식이 되어야 할 것이다.

셋째로, 재원 측면에서 공영방송사의 공공 서비스 미디어로의 전환 비용은 가급적 수신료 재원을 통해 무료로 하는 것이 바람직하다. 수신료 재원과 무료 서비스는 공영방송이 상업영역과 충돌을 빚지 않을 뿐 아니라 주어진 기능을 위해 시장조건에 얽매이지 않고 필요한 재원을 투여할 수 있는 거의 유일한 방법이다. 광고 전면 폐지에는 수신료 인상을 위한 정권 예속(Noam, 1991)과 대중성 상실(Söndergaarrd, 1996) 등의 우려가 있는 것도 사실이다. 이에 따라 상업적 독립성과 정치적 독립성을 동시에 추구하는 수신료 비중 산정도 중요하다.

끝으로, 공영방송사(공공 서비스 미디어)의 역할에 대한 사후 평가제도도 세밀하게 마련해야 한다. 이러한 평가제도가 마련되지 않으면 '공공 서비스 미디어' 개념이 목적성을 상실한 자기증식에 대한 명분으로 전락할 수도 있기 때문이다.

현재 한국에는 공영방송에 대한 명확한 규정이 없지만 공영방송사(라고 여기는 것)들은 존재한다. 이들은 수신료를 사용하며 더욱 귀해지는 사회자원인 전파를 이용하고 있다.[11] 상업영역이 수용자들의 많은 욕구를 충족하는 현실에서 공영방송사의 존재는 엄중하게 검토되어야 한다. 수신료와 지상파 주파수를 바탕으로 지상파 채널만을 공적으로 서비스하는 데 그치고 마는 것은 귀한 사회적 자원을 낭비하는 일이다. 갈 길은 3가지이다. 첫 번째 길은 앞에서 주장한 것처럼 역할과 평가를 명확히 하고 공영 미디어로 변화하는 것이다. 두 번째 길은 뉴스와 다큐멘터리 등 일부 장르만을 다루는, 차별성은 크나 사회적 영향력은 없는 요식적 공영방송사로 남는 것이다. 마지막 길은 현재처럼 사영방송사들과 차별성을 보이지 못한 채 '연명'하다 축소의 길을 가는 것이다.

사회적 자원 배분 차원에서 볼 때, 수신료와 지상파 주파수를 투여한 것에 최선의 산출을 얻지 못한 채 공영 미디어로의 재원을 더 투입하는 것보다, 쉽게 없애 버릴 수도 없는 이 기구를 매몰비용으로 취급해 '그냥 내버려 두는' 것이 나을지도 모른다. 특히, 서구의 공영방송과 달리 '방송 단계'에서도 스스로의 정체성조차 인식하지 못한 채 차별성과 신뢰성을 보이지 않는 한국의 공영방송에게 더 큰 역할을 맡기자는 제안이 설득력을 얻기는 쉽지 않다. 그러나 이러한 문제적 현상의 많은 부분이 정치적 예속과의 상호작용에서 비롯된 것임을 고려한다면 규제제도 개선 등을 통한 교정의 가능성은 열려 있다고 보아야 할 것이다.

---

11) 현 미디어 상황에서 지상파 채널이 여전히 높은 가치를 갖는다는 사실은 크리스토퍼스(Christophers, 2008)가 제시하는 '매스마켓 프리미엄'(Mass Market Premium)의 개념으로 설명된다. 시청률 대비 광고비 수준이 높음을 의미하는 '매스마켓 프리미엄 현상'은 지상파방송의 지배력이 여전하다는 것을 보여 준다. 지상파방송은 지상파 채널 자체의 매스마켓 프리미엄에 더해 브랜드 자산을 활용하여 다양한 미디어로의 확산에 유리한 이점을 가지고 있다.

제7장

융합 미디어의 공익

융합 미디어 시대에도 공익의 가치는 여전히 의미가 있는 것일까? 즉, 이 시대에 미디어를 자유롭게 내버려 두지 않고 공익을 위해 사회적 개입을 하는 것이 바람직할까? 이번 마지막 장에서는 속속 등장하는 디지털 융합 미디어들이 기존의 전통적 방송과 통신에 대해 부과되었던 '공익'이라는 개념을 여전히 적용받아야 하느지에 대해 살펴보려고 한다. 그리고 새로운 미디어들에 공익 개념을 적용하기 위해서 어떠한 구체적인 하위 개념과 실행방식이 뒤따라야 하는지도 논의할 것이다. 어떠한 융합 미디어도 공익 의무 부여에서 예외가 될 이유가 없다는 것이 이 장의 논지이다. 다만, 미디어에 따라 맡아야 할 공익 의무의 수준과 방식은 다르다는 점이 논의될 것이다. 이를 위해, 사회복지라는 전자 커뮤니케이션의 공익 목표 아래 융합 미디어가 어떠한 부분을 기여하여야 할 것인가의 문제로 공익의 논의를 좁히고자 한다.[1)]

1. 방송통신 융합시대 공익의 문제

지난 2012년 대통령 선거에서 국가정보원 심리정보국 소속 요원들이 인터넷과 트위터에 글을 올려 선거에 개입한 사건이 있었다. 이 사건의 검찰 수사진이 상부의 외압을 폭로하며 교체되었고, 원세훈 당시 국정원장과 관련 직원들이 기소됐다. 아울러 국군사이버사령부 직원들도 대선에 개입하는 사이버상의 활동을 한 것으로 드러났다.

이에 앞서 지난 2011년 서울시장 선거에서는 SNS(Social Network Service)의 힘이 유감없이 발휘됐다. 주류 미디어인 신문과 방송의 보도 흐름과 달리 SNS는 범야권 후보인 박원순 씨를 지지하는 경향이 매우 강했고, 이는 결국 젊은 층의 유례없는 투표 참여와 '야당의 압승'을 초래한 것으로 분석되었다. 한편으로 팟캐스트 〈나는 꼼수다〉의 위력 또한 엄청났다. 주류 언론이 하지 못하는 공익을 위한 폭로가 사회적 파장을 몰고 왔지만 한편에서는 이의 선정성을 걱정하기도 하였다. 2012년 국정원 댓글 사건은 2011년에 드러난 SNS의 위력에 대한 권력기관의 불법적 대응으로 해석하기도 한다.

이에 훨씬 앞서 2005년 말 불거진 '황우석 교수 인간배아줄기세포 논문 조작 사건'도 인터넷 커뮤니케이션의 밝은 면과 어두운 면을 동시에 드러내 주었다. 기존 미디어 대부분이 만들어 낸 '황우석 우상화'에 도전한 MBC 〈PD수첩〉마저도 이해당사자 중 하나로 매도되면서 사건은 미궁으로 빠질 가능성이 높아졌다. 이때, BRIC(Biological Research

1) 이 장 내용은 저자(강형철, 2006)의 글을 이 책 목적에 맞게 수정, 보완한 것이다.

Information Center)이라는 인터넷 커뮤니티(http://www.ibric.org)에서 젊은 과학자들은 사이버 공간상의 토론을 통해 단 2주 만에 논문 조작 사실을 밝혀내는 데 성공했다. 그러나 이 과정에서 인터넷 공간은 극단적 주장을 확대 재생산하는 장에 그치는 모습을 보이기도 했다. 이와 같이 점차 발달하는 융합 미디어 현상에 대해서, 이것들이 공공의 이익이 될 수 있다는 기대와 오히려 공익에 해가 된다는 실망감이 동시에 표출된다.

내용적 측면이 아닌 물리적 측면에서도 방송과 통신이 만나는 현상에서 새로운 문제가 드러난다. 지난 2012년 2월 KT가 삼성전자의 스마트TV 서비스를 접속 제한해 논란이 일었다. 이에 대해 KT는 스마트TV가 과도한 트래픽을 유발하기 때문에 삼성전자와 스마트TV의 망 이용대가 지불과 관련된 협의를 하려고 하는데 삼성전자가 협상 테이블에 나오지 않는다고 설명했다. '돈벌이를 위해 소비자 이익을 침해'했다는 경제정의실천시민연합 등의 비판이 고조된 가운데 방송통신위원회가 나서 접속 제한 조치를 해제하도록 하였다. 이에 훨씬 앞선 2006년에는 통신 서비스업체인 LG파워콤과 케이블방송업체 등이 TV포털 서비스를 제공하는 하나TV를 차단하는 사건이 있었다. 아울러 2011년에는 카카오톡이 제공하는 음성통화 '보이스톡'에 대해 이동통신사들이 추가 과금을 요구하기도 하였다.

콘텐츠 제공업자(CP)들은 자신들은 이미 돈을 내고 인터넷을 이용하는 사람들과 정당하게 연결하였을 뿐이므로 별도로 돈을 낼 필요는 없다고 주장한다. 반대로 통신사업자(ISP)들은 이들이 네트워크 트래픽을 유발하여 다른 사람들의 통신에 지장을 주고 있으며, 이에 따라 자신들이 네트워크를 확충하면 그 혜택이 다시 CP에게 돌아가는 부당한 구조라고 반박한다. 네트워크 건설비용은 다시 소비자들에게 전가되지만 정작 돈을 버는 것은 CP라는 것이다. CP 측은 다시 자신들에게 과금되면 그 비용 또한 소비자들에게 전가할 수밖에 없으며, 더 많은 돈을 내야만 네트워크를 사용할 수 있다면 새로운 실험과 도전으로 발전해 온 인터넷의 장래성이 없어진다고 주장한다.

이 사례들은 인터넷망을 이용해 전달하는 트래픽에 대해 데이터의 내용이나 유형을 따지지 않고 이를 생성하거나 소비하는 주체를 차별 없이 동일하게 취급해야 한다는 것을 의미하는 전형적인 '망중립성' 이슈들이다. 그런데 망중립성 문제는 공익이라는 가치에 의해 판단되어야 하는지, 그렇다면 다시 어떠한 공익의 기준에 의해 그렇게 판단되어야 하는지를 논의해야 한다.

그러나 다채널 · 다매체, 방송 · 통신 · 컴퓨터 융합의 고도화 현상으로 요약되는 현 상황에서 공익성을 말하는 것 자체가 그야말로 생뚱맞은 소리인지 모른다. 누구나 참여하여 마음대로 자신의 생각을 공표할 수 있고 원하는 정보를 골라 활용할 수 있는 인터넷 게시판이나 스마트미디어 애플리케이션에 대해서 공익을 이야기하는 것은 그야말로 '공익편집증'이 아니냐는 이야기를 들을 수도 있다. 언론으로서의 미디어를 생각하는 측은 이에 대한 '공익을 빙자한' 규제가 언론탄압을 위한 것이라며 반발한다. 사업으로서의 미디어를 생각하는 측은 민간 자본이 국가를 대신하여 경쟁적으로 나서서 열심히 확장하는 융합 미디어 공간에 대해 공익성 논의를 하는 것 자체가 경쟁력 있는 시스템을 고사시킬 우려가 있다고 본다. 미디어에 대한 사회적 개입을 반대하는 사람들은

"공중의 쓸데없는 참견은 생산적인 시장 행위자를 방해하는 비생산적 관료주의를 조장할 뿐"(McChesney, 2000: 137)이라고 주장한다.

비단 융합 미디어 시대가 아니라도 그동안 미디어 분야에서 '공익'이라는 말은 '착하게 살자'는 슬로건처럼 용어의 추상성으로 인해 모든 합리적 논증을 일거에 잠재우는 정치적 수사에 불과한 경우가 많았던 것도 사실이다. 전파의 희소성이 사라진 마당에 공익의 논리가 통하는 경우는 합리적 논증을 통한 결과라기보다는 정치적 힘의 결과일 가능성이 높았다. 그래서 공익은 "합리화된 신화"(*rationalized myth*)라고 비유되기도 한다(Oberlander, 2000: 14). 여기서 '합리화되었다'는 것은 이를 찾기 위한 구체적 절차의 규칙이 정해져 있다는 뜻이고, '신화'라는 것은 이것이 폭넓게 믿어지고 있으나 객관적인 검증은 불가능하며, 참여자가 진실이라고 믿는 한에서만 진실이라는 뜻이다. 그러나 현실적으로 융합 미디어 현상을 경험하는 일반인들은 소극적으로는 속속 드러나는 문제점들이 해결되기를 원하며, 적극적인 측면에서는 개인만이 아닌 공공에게 득이 되기를 바란다.

미디어 기술은 결코 중립적인 것이 아니다(Winston, 1995). 미디어에 대한 기대나 규제는 당시의 정치·경제적 상황을 반영하는 것이지 그 기술이 가진 본래의 속성 때문이 아니다. 방송 및 통신에 대한 공익 의무 부과도 이 책 앞부분에서 보았듯이 방송 자체의 특성과 결정적 관계가 있는 것이 아니라 탄생 초기의 개입주의적 정치사조의 영향 때문이었다. 방송 및 통신과 달리 그보다 앞선 시대에 발진한 신문이 공공의 역할보다는 사적인 재화로서 발전한 것에는 자유주의 사조, 또는 야경국가라는 당시 시대적 상황의 영향이 있었다(Goodwin, 1999; Mosco,

2003). 제 2차 세계대전 이후에 발전한 정보기술이나 컴퓨터 데이터 산업은 국민국가의 규제 틀에서 벗어난 다국적기업에 의해서 성장하였으며, 이에 따라 인터넷 또한 공익이나 공공 서비스 의무 부과 대상이 아닌 것으로 취급되었다(McChesney, 2000).

"네트워크 사회로의 진화는 세계사적 발전"(Hassan, 2004: 2)이라는 주장에서부터, 사이버스페이스는 사람들에게 정보를 "밀어 넣는 것"(*push*)이 아니라 사람들이 자신들이 원하는 것을 "뽑아내는"(*pull*) 기능을 함으로써 미디어 민주주의를 이룰 것이라는 예언(Negroponte, 1996: 57), 그리고 인터넷 공간의 평등성은 오프라인 세계의 질서를 바람직한 것으로 재편할 것(Poster, 1997)이라는 전망은 아직 실행되지 않았다. 오히려 이러한 예언들이 알고 보면 현재의 정치·경제적 질서를 강화하기 위한 신화에 불과하다는 사실이 지적되기도 한다(Mosco, 2003). 이러한 상황에서 공익의 가치는 어떠한 역할을 할 수 있을 것인가에 대한 회의와 지지가 교차한다.

2. 공익성 비판과 옹호

1) 공익의 정의

제 1장에서 간략히 살폈지만 먼저 '공익'에 대한 정의에서부터 더 자세히 이야기를 풀어가 보자. "공익이 무엇이냐"라는 질문과 그에 대한 답을 둘러싼 논의는 정치, 경제, 행정, 철학 등 각 학문 분야에서 오래전

부터 끊임없이 지속되었지만 대다수가 동의하는 답은 불가능하다(예를 들어, 안해균, 1982; 김재홍, 1983; 백완기, 1984; Richard, 1991; 전인철, 1998; 김비환, 2001; 하태수, 2002; Campbell & Marshall, 2002; 배상진, 2003; Moroni, 2004 등의 논의). 공익에 대한 정의가 사회철학을 바탕으로 한 것일 수밖에 없기 때문에 사회철학이 분화된 것 이상의 수많은 정의가 불가피하기 때문이다. 심지어 공익에 대한 정의가 상호 역관계를 이루는 경우도 있다.

공익(公益)은 '공중'(公衆)과 '이익'(利益)으로 이루어진 합성어로서 서구의 정치 이론에서 출발한 개념이다. 이에 따라 공익은 '공중의 이익'으로 해석하는 것이 일반적이다. 그런데 영어 'public interest'는 '공중의 이익' 말고 '공중의 관심'으로도 번역 가능하다. 'interest'가 '이익' 외에 '관심'으로도 번역되기 때문이다. 그러나 서구에서는 일반적으로 'public interest'를 '공중의 이익'으로 해석하며, 한국에서의 번역도 '공익'인 이상, 공익을 '공중의 이익'으로 이해하는 것이 자연스럽다.

그렇다면 다시 공중은 무엇이고, 이익은 무엇인가? 한국어 사전상으로 공중은 '사회의 여러 사람' 또는 '일반 사람들'이라는 뜻을 지니고 있다. 영어 사전상으로는 '사람들 전체'(*people in general*)라는 뜻이다. 그런데 공중을 지역이나 시대에 국한되지 않은 '사람들 전체'라고 할 때, 이는 시공을 초월하는 보다 보편적인 인간 전체를 뜻하게 된다. 이에 따라 미디어학자 제이 블럼러(Jay Blumler)는 공중의 이익을 현재에 대한 개인 이해의 합이 아니라 지역적 특수성을 뛰어넘으며, 후세의 이해까지도 염두에 두는 개념으로 정의하였다(Blumler, 1998). 결국, 공익은 어떠한 정치 행위나 결정, 또는 사업이 개인의 이득에 국한되는 것이 아니라 구성원 전체의 이득이 되는 것을 뜻한다.

2) 공익에 대한 비판

(1) 공익의 부정

공익에 대한 정의만큼이나 이에 대한 비판 또한 무수하다. 그 가운데 공익의 존재 자체를 부정하는 주장도 많다. 이 중 어떤 것은 "공익이라는 것은 사실로서 존재하지 않는다"고 하고, 다른 것은 "개인을 떠난 전체적 가치로서의 공익은 존재하지 않는다"고 주장하며, 또 다른 것은 "공익은 언제나 의미 있는 총괄적 가치가 될 수 없다"고 말한다(Moroni, 2004).

이 중 첫 번째, 공익의 사실적 존재성을 부정하는 것은 현재의 파편화된 사회에서 다양한 개인과 집단의 이해가 겹쳐질 가능성 자체가 희박하기 때문에 공익은 불가능하다고 주장하는 것이다. 하나의 '공익'은 없으며, 다양하며 경쟁하는 이해들만이 있을 뿐이라는 것이다. 두 번째, 공익의 비개인성을 문제 삼는 주장은 다분히 자유주의적 전통에 따른 것으로, 어떠한 가치이든 개인을 떠난 '전체적' 개념은 옳지 못하다고 보는 것이다. 이는 역사주의나 공동체주의가 내세우는 '현재의 개인을 초월한 인간' 개념이 개인의 존엄성과 배치되는 것으로 파악한다. 끝으로, 공익의 가치적 측면을 문제 삼는 비판은 현대의 다원화된 가치체계 속에 '공익'이라는 것 자체가 다양한 가치 중 하나에 불과할 뿐, 개인이나 집단의 이익을 상쇄하는 전체적 가치가 될 수 없다고 말한다.

(2) 두 가지 공익 비판

① 시장주의적 비판

이러한 본질적 취약성을 바탕으로 한 공익 개념이 미디어 영역에 적용될 때 구체적으로 두 부류의 도전을 받는다. 이것들은 경제적(시장주의적) 비판과 사회·정치적 비판의 형태로 나타나는데, 이 중 경제적 비판은 공익 개념 자체의 필요성을 부정하는 것이고, 사회·정치적 비판은 공익 개념 자체의 필요성이 아니라 그것이 만들어지는 과정을 비판하는 것이다.

우선, 공익 개념의 필요성조차 없다는 경제적 차원의 비판은 현실적으로 공익 개념에 가장 위협적이고 반대되는 주장이다. 이 비판은 이론적으로나 현실적으로 자유재인 앱 등 융합 미디어는 '공익'의 의무를 부과할 필요 없이 시장에 내버려 두었을 때 개인 및 전체의 이익이 극대화된다고 파악한다. 이른바 '시장주의'로 대표되는 이러한 논리는 미디어는 시장에 맡겨 놓으면 수용자의 선호에 의해 좋은 것이 선택되며, 이를 향한 경쟁이 결국 소비자 잉여를 발생시킨다고 주장한다. 미국 레이건 행정부 시절 FCC 의장이었던 마크 파울러는 "공중의 관심이 곧 공익"이라는 명제로 이를 요약한 바 있다(Fowler & Brenner, 1982).

공익은 국가 규제나 정책의 근거가 되는데(배상진, 2003), 이렇게 문제가 있는 공익의 개념 아래 이루어지는 미디어 규제는 결국은 바람직한 결과를 도출해 내지 못한다는 것이 자유주의 사상을 배경으로 한 논자들의 주장이다(Krattenmaker et al., 1994). 특히, 주로 미국 시카고 대학교(University of Chicago) 경제학자들에 의해 제기된 '시카고 규제

이론'(Chicago Theory of Regulation)은 공익에 근거한 정부 규제 무용론의 근원지가 되었다. 이 시각은 규제라는 것이 정부 관료 및 시장 당사자들의 이익에 의해 '포획'(*capture*)된다는 것을 강조한다. 선구자격인 조지 스티글러(George Stigler)는 그의 유명한 1971년 논문 "The Theory of Regulation"에서 규제는 "1차적으로 해당 산업의 이익을 위해 디자인되고 작동된다"는 점을 증명하고자 하였다(Stigler, 1971: 3). 시카고학파의 시각은 이른바 '포획이론'이라고도 불리면서 추상적 또는 정치적 개념의 공익이 이해당사자들의 정부를 포획하는 데 이용되고 있다는 시각을 확산하는 데 크게 기여하였다.

이 시각에서 보면 공중의 이익을 위한다는 목적으로 특정 권력의 이익에 봉사할 뿐인 전통적 규제 자체가 문제가 있는 상황에서, 심지어 디지털 기술과 네트워크의 발달로 방송의 희소적 가치가 사라진 지금 규제를 이야기하는 것은 '시대착오적'이라는 주장을 하는 논자들이 늘어났다(Mulgan, 1991: 246~247). 이들에 따르면, 다양한 미디어 형태가 속속 등장하는데도 과거 지상파방송에 적용했던 원칙, 즉 '모든 수용자를 만족시켜야 한다'는 보편주의적 접근이 여전히 적용되고 있다는 데서 문제가 출발한다. 규제기관이 다양한 미디어 형태를 무시하고 모든 미디어를 표준화하는 방식으로는 천차만별한 수용자(소비자)의 욕구를 만족시킬 수 없다는 것이다. 이에 대한 해결책은 다양한 공급자들이 다양한 수용자(소비자)를 대상으로 다양한 서비스 전략을 마련해 경쟁하는 시장밖에 없다는 것이다.

또한 규제기관은 어떠한 활동을 적극적으로 촉진하는 것이 아니라 소극적으로 억제할 수밖에 없는 속성을 가지고 있다고 한다. 어떠한 활동을 억제하지 않으면 규제기관 스스로의 존재목적 자체가 사라지기 때문이다. 실제로 미국 FCC는 지난 1960~1970년대 사이에 지상파방송을 보호한다는 목적으로 케이블방송의 출현을 막았던 전력을 가지고 있다(Krattenmaker et al, 1994: 278~279). 한국의 경우, 케이블방송을 도입한다는 명목으로 자연발생적으로 소비자들의 욕구를 충족시키고 있던 중계유선방송을 사실상 사장시키는 정책을 시행하다 실패하였다(강형철, 1997). 결국 모든 규제는 구조적 부적절성, 피규제자에 봉사, 고비용, 과잉규제, 규제회피 등의 이유로 실패할 수밖에 없다는 것이다(Francis, 1993: 25~32).

② 사회·정치적 비판

이와는 달리 공익 개념의 필요성은 인정하지만 적용상의 또는 개념 설정상의 문제점을 지적하는 사회·정치적 비판은 공익이라는 것은 정책지도자에게 로비할 수 있는 능력을 가진 특정 이익집단의 이해만을 반영할 뿐이라고 지적한다. 마르크스적 시각에서 공익은 일종의 허위의식일 뿐이다(하태수, 2002). 특히, 융합 미디어 관련 용어나 기술들은 공중이 이해하기에 어렵고 복잡하기 때문에 이에 대한 구체적 이해와 관심, 지식을 가진 집단은 관련 기업이나 정치세력일 뿐이다.

텔레비전 규제를 설명하는 데는 추상적인 경제 원리들보다는 정치학이 보다 효율적이라는 주장도 있다(Hazlett, 2004). 예를 들어, 많은 나라들은 디지털 전환으로 활용성이 더 높아진 주파수를 기존 지상파방송에게 아무런 대가를 받지 않고 주고 있다. 한국에서도 지상파방송사들은 DMB 방송을 위한 주파수를 자동적으로 할당받았다. 와이브로와

LTE 등 무선 인터넷 영역에서도 기존의 통신사업자들이 우선적으로 한정된 주파수를 할당받았다.

사회・정치적 차원의 비판과도 맥을 같이하는 기술적 차원의 비판은 기술의 중립성을 비판하면서, 공익이 논의되는 기술은 오로지 산업적・정치적 이해관계를 지닌 집단이 선호하는 것일 뿐이라고 지적한다.

결국, 미디어가 담당해야 할 공익에 대한 논란은 인간과 사회에 대한 철학 또는 이데올로기에 바탕을 둔 것이기 때문에 대립되는 의견의 조율은 쉽지 않다.

2) 융합 미디어의 특성과 공익성

그러나 미디어는 여전히 공중의 이익, 즉 공익에 봉사해야 할 여러 가지 근거를 외면할 수 없다. 우선, 유독 융합 미디어에 대해서만 공익의 의무에서 면제해 줄 만한 근거가 많지 않다. 언론적인 측면에서 보면 융합 미디어는 그간 전자 미디어가 발전한 궤적을 모두 포함하여, 이른바 기존의 '점송'(点送), '방송'(放送), '협송'(狹送)의 개념은 물론 새로이 '다송'(多送)의 개념을 더한 이름대로 '융합형' 미디어에 기반을 둔 것이다.

이러한 점에서 융합 미디어는 공표형(*publication*) 미디어, 통신형(*telecommunication*) 미디어, 토론형(*town hall*) 미디어라는 3가지 특성을 모두 지닌다. 공표형 미디어는 전통적인 커뮤니케이션 방식으로서, 이것이 이른바 '1인 미디어'의 성격을 갖든, 아니면 조직화된 기업 미디어형이든 간에, 대중을 향해 커뮤니케이터의 정보와 의견을 공표한다

〈그림 7-1〉 전자 미디어의 발전 단계

는 점에서는 같은 특성을 지닌다. 통신형 미디어는 1 대 1 커뮤니케이션이 가능한 것을 뜻하며, 토론형은 한 번에 많은 이들이 한 공간에서 의견을 주고받을 수 있다는 것을 말한다.

이상과 같이 융합 미디어는 기존 미디어가 지녔던 특성을 고스란히 지니고 있기 때문에 공익의 의무에서 예외가 될 근거가 그리 많지 않다. 공표형 미디어는 주로 그 영향력에 근거하여, 반면에 통신형 미디어는 이른바 커먼 캐리어의 개념에 의거하여 사적 이해에만 국한될 수 없는 공익의 의무가 부여되는 대상으로 취급되었다. 융합 미디어 커뮤니케이션은 이러한 공익의 의무에 더하여 토론형 미디어가 갖는 공익적 의무와 고도의 기술성 특성에 따른 공익성 의무가 더해질 뿐이다. 융합 미디어가 전파의 희소성 원리에서 벗어난 것을 공익 의무 부과의 예외 이유로 들 수도 있겠지만, 무선 인터넷이 융합 미디어의 주요 전송수단이 되는 것을 보면 사회적 자산인 전파의 사용에 의한 공익성 의무 또한 면제되기 어렵다.

아울러 융합 미디어 영역의 발전이 오로지 사적 자본의 노력과 힘으로 가능했다는 주장 또한 설득력이 없다. 역사적으로 일반적인 커뮤니케이션 기술혁명은 정부의 자금지원 등 공공부문의 적극적 참여 아래 이루어졌다. 물론 인터넷의 경우와 같이 민간부문의 참여가 두드러진 것도 있지만, 근본적으로는 공공부문이 민간부문의 이윤 확대를 위한 시장을 조성하는 역할을 하면, 이러한 조건을 바탕으로 민간부문이 활동을 하면서 발전시켜 온 것이다. 미디어학자 로버트 맥체스니(Rober McChesney)는 미국의 경우 "라디오방송, 위성방송은 물론 인터넷까지도 정부의 원조 아래 산란되었다"(McChesney, 2004: 212)고 주장한다. 미디어 기술은 그 자체로서 발전하는 것이 아니라 원형(*prototype*)이 있는 상태에서 상업적 이해와 당시 정책 기조가 맞아떨어질 때 실용화 기술로 전이, 발전되는 것이다(Winston, 1998). 미국의 경우 정부는 통신용 IC칩을 만드는 데도 조기 계약을 통해 개발자들의 재정 부담을 줄여주는 방식으로 간접 지원을 하였다(Sterling et al., 2006: 119). 앞선 장들에서 방송과 통신의 역사를 살펴본 과정에서도 이 영역 발전에 정부가 적극적으로 기여한 바를 알 수 있었다.

3) 융합 미디어 공익성 의무의 근거

융합 미디어가 일반적인 전자 미디어의 공익성 의무에서 면제될 수 없다면, 일반적인 미디어가 지닌 특성을 상속받은 융합 미디어가 지녀야 할 공익성 의무의 근거는 무엇인가를 논의해 볼 필요가 있다. 여기에는 다음과 같이 규범적 근거, 현실적 근거, 논리적 근거 등이 제시될 수 있다.

(1) 규범적 근거

미디어의 공익성은 그 영향력에 대한 기대와 우려에서 비롯된다. 많은 이들은 우리가 미디어를 이용해 좋은 정보와 생각을 전파함으로써 많은 사람을 변화시키고, 나아가서는 보다 나은 사회를 이룰 수 있을 것이라고 생각한다. 그러나 동시에 다른 한편으로 많은 이들이 미디어가 잘못된 정보와 가치를 전파함으로써 사람들을 변화시키고, 나아가서는 각종 사회 병리현상을 부추긴다는 우려를 지니고 있다. 그간의 많은 연구들은 미디어의 영향성, 즉 신문, 방송, 출판, 인터넷 등이 개인과 사회에 미치는 영향력과 이러한 미디어가 제공하는 내용의 현실성, 즉 미디어가 현실을 반영하는지 여부에 대해 관심을 두었다. 만약 미디어가 영향력이 없는 것이라면 구태여 이에 관심을 둘 필요가 없을 터이고, 영향력이 있더라도 현실을 제대로 반영한다면 크게 문제될 일이 없을 것이다. 물론 미디어가 영향력을 지니고 있는지 여부에 대한 경험적 근거는 일관되지 않으며, 반대로 그렇지 않다는 근거 또한 일관성을 결여하고 있다.

하지만, 최종적으로 합의할 수 있는 사실은 '미디어가 영향력을 지니고 있다고 사람들이 믿고 있다'는 명제이다. 미디어의 실제적 영향력은 차치하고라도 '미디어가 영향력을 지니고 있다'는 일반적 인식 자체가 미디어에 대한 공익성 요구를 만들어 내는 것이다. 실제적으로 영향력이 있는 것과 마찬가지로, 영향력이 있다고 간주되는 것 자체도 그 나름의 영향력을 행사할 수 있다. 또한 미디어의 영향력이 '있다, 없다'의 문제가 아닌 정도의 차이라고 할 때, 인간에게 매우 미약한 영향력을 지닌 것일지라도 쉽게 간과해 버릴 수는 없는 것이다. 약간의 위해도 그것의 범위가 넓다면 매우 위협적일 수 있으며, 인간의 정신에 관련된 것은 더욱 그러하다.

아울러 인간에게 미디어는 중요한 여가 수단이며 우리가 그에 시간과 돈을 많이 소비한다는 데서 중요성을 지닌다. 영향성의 문제를 넘어서, 이렇게 중요한 삶의 도구가 사적 이익에 더하여, 현 위치뿐만 아니라 다른 곳의 사람들에게, 그리고 현재의 사람뿐만 아니라 미래의 후손들에게 보다 바람직하게 봉사하여야 한다는 점은 매우 중요하다.

(2) 현실적 근거

한편으로, 미디어의 공익성 의무는 미디어가 사회 내 영향력 행사자들에 대해 내세우는 존재 근거가 된다. 실제로 미디어는 사회적 합의에 의해 존재, 발전한다. 미디어학자 데니스 맥퀘일(Denis McQuail)은 미디어가 신세를 진 많은 청구인들이 있다는 명제로 이를 요약한다(McQuail, 2003). 이 청구인들은 다양한 기대를 가지고, 미디어가 실천한 바와 소홀히 한 부분에 대해 해명할 것을 요구한다. 모든 미디어

〈그림 7-2〉 미디어 책무성의 대상

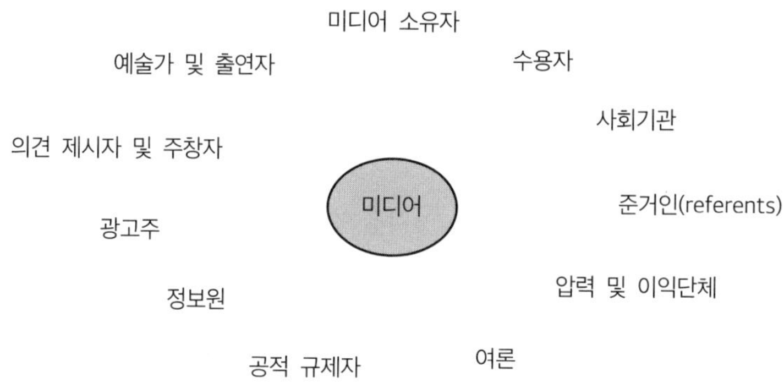

출처: McQuail(2003).

가 활동하는 환경은 미디어를 제한하거나 그에 대한 영향력을 지니고 있는 일련의 행위자로 채워져 있다. 비록 '미디어 권력'에 대한 강조가 자주 이뤄지지만, 미디어 또한 권력과 영향력의 대상이 되는 것이다. 맥퀘일은 미디어를 통제하거나 영향력을 행사하려는 시도들의 합법성 수준은 다양하지만, 그러한 시도들은 합법성과 상관없이도 유효할 수 있다고 주장한다. 일반적으로 미디어는 여러 역할자들에게 법적인 또는 법과는 상관없는 책무성의 빚을 질 수 있다는 것이다. 이들은 미디어 소유자, 미디어가 계약상의 혹은 다른 형태의 의무를 갖게 되는 당사자(광고주, 저자, 출연자 등), 관련 규제자와 법적 기관(결국 정부를 뜻함), 사회(여론으로 표현된 것과 사회기구들을 통해 구현된 것을 포함), 미디어의 영향을 받는 권리와 이익의 주체들, 서비스의 약속이 이루어지는 대상들(주로 미디어 수용자를 포함) 을 발한다(〈그림 7-2〉).

(3) 시장실패의 근거

공익 개념을 원천적으로 부정하는 이른바 '시장주의'가 주장하는 '다원주의적 경쟁'이 콘텐츠의 다양성을 보장한다는 이론적, 실증적 증거는 충분치 않다. 오히려 많은 연구들은 다원주의가 다양성을 제공하는 것이 아니라 성공이 검증된 유사 형식을 반복할 뿐임을 지적한다. 방송 분야에 있어서도 채널의 다양화가 반드시 프로그램 선택의 다양성을 보장하는 것은 아니다. 미국식 상업방송이 제공하는 새로운 프로그램이라는 것도 실험적이라기보다는 기존에 방송되었던 기록을 바탕으로 한 예측에서 비롯된 것일 뿐이라는 것이다(Avery, 1993). 또한 미디어를 자유시장에 내버려 둘 경우 다양성이 보장되는 것이 아니라, 집중화로 인한 독점이 가속화될 뿐이다. 미디어 콘텐츠는 '규모의 경제'와 '범위의 경제'로 인해 자연적으로 집중화되는 재화이다.

또한 자유경쟁이 공익을 보장할 것이라는 것은 매우 단순한 논리이다. 자유경쟁이 일반적으로 인자할 것이라는 가정은 순진한 생각이다. 우리는 변호사업 등 다른 전문직에 대해서는 이러한 가정을 하지 않으면서 유독 언론에 대해서는 자유경쟁을 논한다(Blitz, 2005: 136). 이미 콘텐츠 제작자들은 디지털 기술의 발전이 자신들의 창의력을 확대하지 못한 사실을 충분히 인식하고 있다(Aufderheide, 1992). (주변의 제작자들에게 실제로 한번 물어보라!) 디지털화를 통한 전송수단의 증대는 수용자가 특정 콘텐츠를 접할 기회가 더 많아졌다는 것을 의미할 뿐, 예전과 '다른' 콘텐츠의 선택이 가능해졌다는 것을 뜻하지는 않는다(Napoli, 2003).

본질적으로는, 이른바 시장주의에서 말하는 경쟁은 스스로의 원칙,

즉 공정한 경쟁에서 벗어나 있다. 즉, 시장주의적 접근은 애초부터 잘못된 개념 구성에서 출발한 것이다(Pratten, 1998). 소비자의 선호에 의해 공익이 결정된다는 시장주의의 전제를 위해서는 "소비자가 다양한 것 중 바른 것을 선택하기 위해서는 '다양한 것'을 경험해 보아야 한다"는 또 다른 명제가 전제되어야 한다. 그러나 이렇게 다양한 것이 보장되지 않은 현재의 상업주의 미디어 시스템에서의 선택은 소비자의 진정한 기호와 관심을 반영하지 못하게 된다. 아울러, 사회적, 경제적, 정치적, 상업적 세력들은 소비자들의 '선호'(*want*)를 조작하고 강압한다. 또한 사상의 시장이 충분히 활성화되지 않고서는 공중이 공익을 요구하도록 교육되지 못한다(Entman & Wildman, 1990).

물론 개인 미디어의 발전이 시장 진입을 자유롭게 하여 미디어 복합체의 집중을 막을 것이라는 기대도 일리가 없는 것은 아니다. 대표적으로 팟캐스트 〈나는 꼼수다〉가 이러한 기대를 갖게 한다. 그러나 이러한 성공담은 극히 이례적인 경우이며, 비단 디지털 공간만이 아니라도 신문, 지상파방송 및 케이블방송 등에서의 이례적 '영웅담'은 쉽게 찾아볼 수 있다. 자금력을 갖춘 거대기업이 집적화와 집중화를 통해 기존의 우월적 지위를 확대 재생산하고 있다는 것만이 일반 명제화할 수 있는 사실이다. 미디어는 자금과 규모가 뒷받침될 때 경쟁시장에서의 성공이 보장된다. 우연한 기회에 성공한 1인 미디어도 '성공' 단계로 안착하기 위해서는 대기업의 자금 투여가 불가피하다. 품질 높은 동영상 프로그램, 수준 높은 기사 등에는 자금력과 조직적 뒷받침이 필수적이다. 맥체스니(2004)는 미디어 시장 진입이 자유로워졌다는 주장은 "강력한 미디어 기업들의 뻔뻔한 책략으로서, 이는 새로운 기술들에 의해 나타난 경쟁에서 압도적 지위를 차지하기 위해 자신들이 더 많은 미디어를 탐식하는 것에 대한 주변의 주의를 분산시키기 위한 것"(McChesney, 2004: 217)이라고 맹렬히 비판한다.

융합 미디어는 공적 의무에서 벗어나서 시장영역에만 두어야 한다는 극단적 시장주의는 신보수주의의 단기적 정책기조에 의한 것이다(Napoli, 2003). 사실, 규제 정책은 추상적인 경제적 이유보다는 구체적인 정치적 이유가 중요한 배경이 되는 것이 일반적이다(Yoo, 2004).

3. 공익 도출 및 실행 절차

그렇다면 모든 융합 미디어가 수행해야 할 공익 의무를 구체적으로 어떻게 규정할 것인가? 그리고 이를 어떻게 실현할 수 있을까? 그런데 이를 실행하는 방안을 찾는 것은 차치하고, 앞서도 논의했듯이 공익에 대한 정의 자체가 천차만별이고, 사회의 각 이익세력이 자신이 처한 입장에 따라서 이를 정의함으로써 사회적 갈등과 혼란만 발생시키는 경향이 있다. 특히, 사업자 및 정부부처를 포함한 이해당사자들은 공익의 정의를 자신의 이해를 확대하는 방향으로 설정하고, '공익'을 정치적 합의의 결과로 치환하는 경향이 있다. 데니스 맥퀘일(1992)도 "이 개념의 가장 문제가 되는 특성 중 하나는 일반적 선(*general good*)이 무엇이냐에 따른 각자의 해석에 따라 서로 다른 제안이 갈등하는 점"(McQuail, 1992: 20)이라고 지적한다.

미디어 정책학자 필립 나폴리(Philip Napoli)는 한 사회가 공익을 정의하고 실행하는 데는 3가지 수준(*level*)이 있다며 이를 '개념화 수준', '조작적 수준', '적용적 수준'으로 분류하였다(Napoli, 2003). 여기서 '개념화 수준'(*conceptual level*)이란 공익의 개념이 어떻게 도출될 수 있는지에 대한 것을 말하고, '조작적 수준'(*operational level*)이란 실제로 이 공익을 이루는 구성 개념들이 어떤 것들인지에 대한 것이다. 끝으로, '적용적 수준'(*application level*)이란 이러한 공익을 실현하기 위한 수단으로서 일반적으로 법과 제도를 통해 어떻게 실행하게 할 것인가의 문제를 말한다.

그런데 나폴리가 말한 '개념화 수준'은 한국어로는 '철학적 수준'이라고 말해야 뜻이 더 명확하게 전달될 것 같다(조영신 · 현경보 · 이선미, 2005). 나폴리의 개념화 차원은 "공익 개념에 대한 철학적 담론"으로서 "공익이 기대는 근본 요소에 초점"(조영신 · 현경보 · 이선미, 2005: 88)을 두기 때문이다. 또한 '조작적 수준'도 뜻을 더 명확히 하기 위해 '하위 개념 수준'이라고 이름을 바꿀 필요가 있다. 아울러 '적용적 수준'도 현실에서 공익 가치를 어떻게 실현할 것인가의 문제이므로 '실행적 수준'이라는 표현으로 대체하는 것이 적절할 것이다. 이제, 다음에서는 나폴리의 단계별 공익 수준 구분에 따라 전자 미디어의 공익의 정의와 이를 실행하는 방안을 검토해 보고자 한다.

1) 융합 미디어 공익 가치 결정방식

우선, 철학적 수준의 공익성은 공익성의 개념이 어떤 방식으로 결정될 것이냐에 대한 것이다. 나폴리는 공익의 개념이 결정되는 방식을 '다수주의', '절차주의', '일원주의'로 구분하여 설명한다(Napoli, 2001).

다수주의(Majoritarian Conceptualizations)란 공익을 개개인의 이해 또는 관심의 총합으로 정의하는 것이다. 그러나 일반인들은 방송법이나 DMB, UHD-TV 등 신매체들에 대한 충분한 정보가 없기 때문에 공익에 대한 정의나 선호를 가지기 어려운 것이 사실이다.

절차주의(Procedural Conceptualizations)는 합법성을 지닌 절차를 통해 도출된 결과가 공익이라고 보는 방식이다. 즉, 법원의 판단이나 방송위원회 등 규제 권한을 지닌 기관의 정책결정 방식 또는 그 결과가 곧 공익이 된다고 보는 것이다. 아울러 사회 내 여러 이해세력의 정치적 길항을 통해 국회의 결정을 거치는 법제화 과정도 절차적 측면의 공익이 도출되는 방식이다. 그러나 이 방식에서 공익은 '가치'가 배제된 이해세력의 게임으로 축소되어 버린다.

끝으로, 일원주의(Unitary Conceptualizations)는 특정인이나 특정 규제기관에 한정되지 않는 일반적 공익 개념을 상정한다. 이를 위해 여러 하위 개념들로 구성된 규범적 공익 개념을 도출, 궁극적이며 지속적인 가치를 추구하고자 하는 것이다. 정책 담당자의 핵심 임무는 "단순히 사람들이 자신들을 위해 원하는 것을 가능한 한 객관적으로 발견하고 이를 수행할 최선의 수단을 발견하는 것"에 그치지 않고, 공중에게 바람직하고 가능한 대안적 비전을 제시하는 것이다(Reich, 1988: 3~4). 물론 이러한 규범적 접근은 가부장적이며 비민주적이라는 비판을 받을 소지가 있는 것도 사실이다. 그러나 근본적으로 독립위원회나 법원 등 규제기관은 특정인들의 전문성을 인정한 비민주적 방식임을 감안한다면, 일단 한 사회 구성원이 동의할 수 있는 규범적 목표를 설정하고, 이에 맞추어 당대의 정부가 각종 규제나 미디어 정책을 추진하는 것이 가장 바람직할 것이다. 이렇게 될 때 각 사회세력의 이해는 규범적 목표 자체가 아니라 하위 수단들에 대한 갈등으로 축소된다.

2) 융합 미디어 공익의 하위 개념

일원주의적 관점이 일관된 정책적 적용을 가능케 한다면, 이러한 규범적 차원에서 융합 미디어에 적용되는 공익의 개념은 어떤 것일까? 우선, 디지털 시대에 모든 매체에 공익성 의무를 부과하는 것은 여러 가지 문제점을 갖고 있다는 점을 전제해야 한다. 특히, 모든 매체에 대해서 일원적으로 공적 의무를 부여해야 한다거나 공익적 서비스는 공영조직의 확대를 통해서만 가능하다는 주장이 건전한 공익 모델의 건전성을 막는 것도 사실이다. 이 같은 상황에서 스마트 미디어 시대에 공익성 확보를 위한 새로운 패러다임이 요구된다.

이와 관련해 영국 BBC는 디지털 시대 방송의 공적 가치를 3개 차원으로 나누고, 이를 '개인들에 대한 가치', '사회 전체에 대한 가치', '경제적 가치'라고 명명하였다(BBC, 2004). 여기서 개인들에 대한 가치란 방송이 사람들에게 정보, 교육, 오락을 제공하는 것을 뜻하며, 사회 전체에 대한 가치란 방송의(Cuilenburg & McQuail, 2003) 양과 질로서, 사회적, 민주적, 문화적 건강성을 지켜 내는 것을 뜻한다. 끝으로, 경제적 가치란 창의적 인력과 능력을 키워 내고 상업방송물의 수요를 떨어뜨리는 것이다.

퀼렌버그와 맥퀘일(Cuilenburg & McQuail)은 디지털 시대 전자 미디

〈그림 7-3〉 디지털 시대의 사회 커뮤니케이션 정책 목표

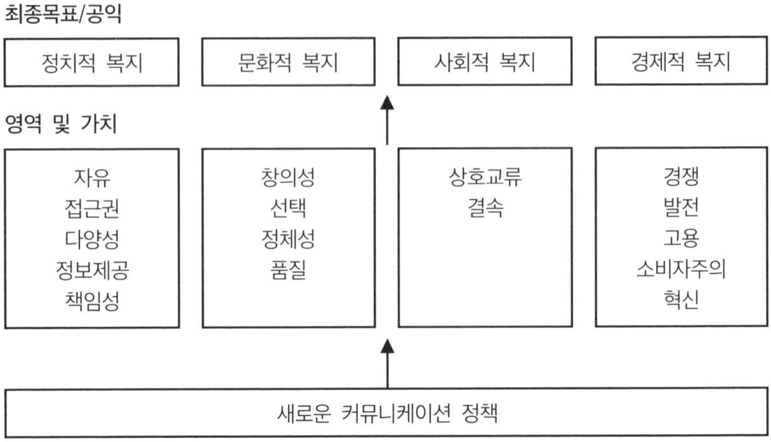

어가 담당해야 할 공익 의무를 사회 커뮤니케이션 목표로서 제시한다. 이들에 의하면 방송·통신 융합시대의 공익은 정치적 복지, 사회·문화적 복지, 경제적 복지의 하부 차원으로 구성된다. 이에 앞서, 블럼러는 전자 미디어의 사회적 속성으로서 문화적 기능, 정치적 기능, 사회적 기능을 주장한 바 있다(Blumler, 1992). 이들의 논의를 종합하여 조작적 차원의 공익 개념을 도출하자면, 현 시점에서 전자 미디어를 통한 사회 커뮤니케이션 정책 목표로서의 공익을 '정치적 복지', '문화적 복지', '사회적 복지', '경제적 복지'로 구분해 볼 수 있다(〈그림 7-3〉).

여기서, 정치적 복지는 민주주의를 가능케 하는 언론 자유와 미디어 접근, 정보의 다양성 등을 뜻하며, 문화적 복지는 커뮤니케이션의 질 등을 뜻한다. 사회적 복지는 사회적 정체성과 통합성을 의미한다. 끝으로 경제적 복지는 커뮤니케이션 영역에서 경쟁과 발전을 통한 경제적 잉여의 확대를 의미한다.

정치적 복지를 구성하는 하위 개념은 자유, 접근권, 다양성, 정보제공, 책임성이며, 문화적 복지의 하위 개념은 창의성, 선택, 정체성, 품질이다. 사회적 복지의 하위 개념은 상호교류와 결속이며, 경제적 복지의 하위 개념은 경쟁, 발전, 고용, 소비자주의, 혁신이다. 물론 각 영역은 서로 연관되어 있는 것이 사실이다. 일례로, 독점은 경제적 복지를 해칠 것이며, 실제로 미디어의 소유 집중은 내용의 동질성을 유발함으로써(Gormely, 1976; Pratte & Whiting, 1986; Napoli, 1999에서 재인용) 종국에는 정치적, 사회적, 문화적 복지마저도 해치게 된다.

3) 실행적 수준의 융합 미디어 공익

마지막 단계로, 융합 미디어가 이러한 각각의 공익 영역에 기여하기 위한 실행적 차원의 하위 개념을 도출해야 하겠다. 각각의 공익 영역에 대해 각 미디어가 담당하는 부분은 매체의 특성에 따라 다를 것이며, 이는 층위 시스템에 따른 역할분담 방식이어야 할 것이다. 융합 미디어는 기존의 매체와 구별되는 특성에 따라 시스템 차원, 콘텐츠 차원, 제도적 차원의 실행 개념이 필요할 것이다.

(1) 시스템 차원의 공익: 망중립성

시스템 차원이란 융합 미디어가 지닌 "기술과의 상호작용성"(황용석·양승찬, 2003)에 따른 것으로, 인간이 기술을 활용하는 데 있어서의 편이성 및 안정성을 보장하는 것을 말한다. 이것은 이용자가 시스템에 별 기술적 어려움 없이 접근하게 하는 시스템 편이성과 안정적으로 정보가

〈표 7-1〉 융합 미디어의 공익 실행

영역	가치	실행 차원			
		시스템 차원	콘텐츠 차원		제도적 차원
			소극적 차원	적극적 차원	
정치적 복지	자유 접근권 다양성 정보제공 책임성	- 시스템 편이성 - 안정성 - 신속한 접속 - 적정 비용 (affordablity) - 망중립성	- 양극화 · 파편화 완화 - 개인정보 유출 방지 - 검열 금지 - 사찰 금지	- 반대의견 제공 - 공론장 제공 - 전자정부 - 뉴스 제공 - 정보의 질(정확성, 균형성, 의견과 사실의 분리, 취재윤리 준수)	- 책무성 절차
문화적 복지	창의성 선택 정체성 품질		- 포르노그래피 규제 - 폭력 규제	- 문화의 대중화 - 세계 연결 - 오락	
사회적 복지	상호교류 결속		- 양극화 · 파편화 완화 - 불법행위(온라인 사기, 해킹, 바이러스) 방지 - 어린이 보호 - 차별적 언어 금지 - 인터넷중독 방지	- 동호회 활성화 - 채팅을 통한 상호교류	
경제적 복지	경쟁 발전 고용 소비자주의 혁신		- 소수 대기업 지배 방지 - 디지털 격차 해소	- 전자상거래 - 전자금융 - 구직 - 저비용	

교류되는 안정성, 그리고 원하는 네트워크에 바로 접속할 수 있는 신속한 접속을 포함한다.

아울러 시스템 차원의 공익을 실행하기 위해 중요한 방안은 네트워크 차원의 보편성의 문제로서, 망중립성(*network neutrality*) 개념을 둘러싼 논란이 지속되고 있다. 망중립성 주장의 핵심은 가속화하는 네트워크 산업의 집중화 현상 아래 네트워크 소유자가 그 네트워크를 통해 전달되는 내용에 관여할 수 없도록 하자는 것이다. 즉, 네트워크 소유와 그 안에서의 정보 유통이 철저히 분리돼야 한다는 것이 망중립성 개념의 핵심 정신이다. 이 개념은 앞서 2장에서 살펴본 '커먼 캐리어' 개념으로서의 통신 서비스의 확장이라고 할 수 있다. 대중운송업은 사업자들의 독점이나 위탁한 운송 물품의 훼손을 방지하기 위해 공익의 이름 아래 규제 대상이 되었다. 대중운송업자는 송탁자의 물건을 '있는 그대로' 한 장소에서 다른 장소로 이동시킬 뿐 그것에 어떠한 변화를 주어서는 안 되며 물건의 종류나 특성에 따라 차별을 해서도 안 된다. 마찬가지로 대중운송업으로서의 인터넷 서비스 공급자(ISP)는 "웹 콘텐츠의 출처, 소유권, 또는 목적지에 기반하여 속도를 올리거나 줄이는 등의 차별을 해서는 안 된다"(Anderson, 2009: 8).

망중립성은 인터넷을 통한 사적 이익보다는 공적 이익을 중요하게 생각하는 개념이다. 팀 우(Tim Wu)는 그의 유명한 2005년 망중립성 관련 논문에서 "향후 10년 동안 인터넷 중심의 경쟁적 혁신 환경 아래 커뮤니케이션 규제자들은 브로드밴드 공급자들의 사적 이익과 공익 사이의 갈등 문제에 점점 더 많은 시간을 쓰게 될 것"(Wu, 2005: 141)이라고 전망하였다. 그는 망중립성은 기회와 평등의 문제라고 주장한다.

망중립성에 대한 논의는 앞선 시대의 공익 논란과 궤를 같이하며 불공정 문제와 효율성, 평등의 가치 실현 차원에서 찬반이 극명하게 갈리는 모습을 보인다. 이 균열은 일반적으로 어떠한 연속선상의 차이라기보다는 물질적 이해관계 또는 이념적 차이에 의한 양극단의 대립에 의해 파열되고 있다. 이 극단의 한쪽에는 통신사(ISP)와 자유주의 시장경제를 믿는 논자들이, 다른 한쪽에는 콘텐츠 서비스 제공업자(CP)와 공동체적 세계관을 지닌 사람들이 자리 잡고 있다. 망중립성 개념을 반대는 전자는 인터넷에 대한 규제가 "경쟁과 혁신의 방해물"(Larabie, 2010: 9)이라고 비판하는 한편 망중립성을 옹호하는 후자는 그것이 "인터넷과 그 핵심가치의 보전을 위해서 필수적"(Larabie, 2010: 10)이라고 강변한다. 이들은 구체적으로 공정경쟁, 전송 차별화 및 품질 보장, 망 투자 유인, 혁신, 평등과 효율성, 공공성과 재산권, 이용자 선택권 등 각각의 차원에서 다음과 같은 주장과 함께 대립하고 있다.[2)]

① 공정경쟁 이슈

망중립성 찬성론자는 ISP가 이해관계에 따라 일부 트래픽을 차단, 지연 등 차별할 우려가 있음을 지적한다. 이를 통해 지배적 통신사업자의 온라인 콘텐츠/서비스 시장의 독점화 현상, 즉 지배력 전이의 가능성이 있다는 것이다. 그러므로 망중립성 개념의 도입을 통해 ISP에 대한 견제는 불가피하다.

그러나 이에 대해 망중립성 반대론자는 ISP 간 경쟁에 의해 불공정 문제 또는 지배력 전이 문제가 상당 부분 해소 가능하다고 반박한다. 다양한 대체망이 등장하는 추세이며, 상업적 포털과 검색엔진 등이 차별적으로 운영되면서 이미 인터넷은 중립적이지 않기 때문이다. 아울러 기존의 경쟁법이나 통신법을 보완하여 망을 보유한 사업자가 저지르는 불공정행위의 규제도 가능하다고 주장한다.

---

2) 아래 내용은 김성환 · 이내찬 · 김형찬(2008)의 논문 p. 98의 표 내용을 풀어 정리한 것이다.

② 전송 차별화 및 품질 보장 이슈

이 문제에 대해서는 망중립성 반대론자가 먼저 '포문'을 연다. 이들은 스마트 미디어 등 수요의 성격 변화로 망 혼잡 문제가 대두되고 있기 때문에 이를 해소하기 위해 망중립성 원칙을 더 이상 유지할 수 없다고 주장한다. 신규 서비스의 품질 보장을 위해서는 망의 차별화가 필요하다는 것이다. 서비스 속성에 맞는 전송방식을 제공하여야 하며, 품질관리가 중요한 서비스에 우선권을 부여해야 하기 때문이다. 아울러 이들은 망 보유 사업자가 신규 서비스를 위해 별도로 구축한 프리미엄 망에 대해서도 중립성을 요구하는 것은 지나치다고 본다.

이에 대해 망중립성 찬성론자들은 망 혼잡 문제는 실제로 심각하지 않으며, 전송기술과 소프트웨어가 발전하면서 품질 보장은 낙관적이라고 반박한다. 그러나 이들도 공정성을 전제한다면 주요 신규 서비스에 대한 품질 보장 필요성은 일부 인정한다. 그러나 전송차별화가 일부 도입되더라도 기존 인터넷의 품질은 유지되어야 한다는 것이다.

③ 망 투자 유인 이슈

중립성 원칙은 망 투자에 해가 된다는 것이 반대론자들의 주장이다. 이들은 서비스와 요금을 차별화하고 망 이용 대가를 부과함으로써 발생하는 추가수익으로 망고도화 투자가 가능하다고 본다. 망고도화의 국가경제적 파급효과를 고려할 때 투자 유인 확보는 대단히 중요하다는 것이다.

그러나 망중립성 찬성론자들은 반대론자들의 주장은 핑계일 뿐이라며, 망중립성을 유지한 상태에서도 통신사업자들은 경쟁력 제고를 위해 망고도화 투자에 나설 것이라고 반박한다. 이들은 오히려 전송차별화를 허용한다면 수익성 측면에서 유리한 프리미엄 설비에만 투자가 집중될 가능성도 우려된다고 본다.

④ 혁신 이슈

망중립성 찬성론자들의 중요한 논거 중 하나가 혁신 문제이다. 이들은 인터넷의 개방성이 인터넷 발전 및 혁신의 원동력이었음을 근거로 내세운다. 망중립성 원칙하에 잘 발전한 인터넷 생태계에 이제 와서 전송차별화를 도입하는 것은 소자본 온라인 기업에 대한 진입장벽을 높여 혁신을 저해할 것이라는 것이다.

이에 대해 망중립성 반대론자들은 서비스 혁신만이 중요한 것이 아니라 인터넷망의 혁신도 마찬가지로 중요하다고 반박한다. 망의 고도화 및 차별화는 결국 이용자에게 다양한 혜택을 제공할 것이라는 것이다. 아울러 망을 이용해 콘텐츠 시장이 성장한 만큼 콘텐츠 사업자들은 자신들의 사업기반인 망에 대한 비용 분담이 필요하다고 주장한다.

⑤ 평등 vs. 효율성 이슈

망중립성 찬성론자들은 평등과 개방성이 인터넷의 본질이라고 본다. 따라서 지불능력에 따라 우선권을 부여하는 것은 인터넷 생태계의 양극화를 초래하고 인터넷의 본질을 파괴할 것이라고 이들은 경고한다. 아울러 인터넷이 통신사업자 등 대기업의 상업적 도구로 전락할 위험이 있다는 것이다.

그러나 망중립성 반대론자들은 획일적 평등주의는 비효율만을 초래할 뿐이라고 반박한다. 오히려 소수의 다량 이용자가 제값을 치르지 않은 상태에서 망을 점유함으로써 혼잡만이 일어난다는 것이다. 이 문제를 해결하기 위해서는 P2P 파일공유보다 VoIP와 같은 서비스에 우선권을 부여하여 망을 효율적으로 이용해야 한다고 본다. 결론적으로 이들은 서비스와 요금의 차별화는 이용자 후생에 기여하며, 소량 이용자의 요금 부담은 감소할 것이라고 예상한다.

⑥ 공공성 VS. 재산권 이슈

재산권 논란은 공익과 관련한 전통적인 이슈이다. 망중립성 찬성론자들은 인터넷은 공공성이 강하므로 특정 사업자에 의한 개입 및 통제는 불가하다고 본다. 사적 통제가 강화되면 다양성 및 언론 자유를 위협할 것이며 접속요금 이외의 추가적 망 이용 대가는 부당하다는 것이다.

그러나 망중립성 반대론자들은 국영 독점기업의 유산인 유선 시내망과 달리 신규로 구축된 망은 사업자의 사유재산이라고 반박한다. 이에 따라 적정한 이용 대가 없는 망 사용은 사유재산 침해라는 것이다.

⑦ 이용자 선택권 이슈

망중립론자들은 이용자는 자신들이 원하는 콘텐츠와 서비스를 자유롭게 선택할 권리를 보장받아야 한다고 주장한다. 이들은 또한 전송 차별화와 수직 통합은 인터넷을 분화(*balkanizaiion*)하여 '벽 친 정원'(*walled garden*)의 형태로 이용자의 선택 영역을 제한할 것이라고 예측한다.

그러나 망중립성 반대론자들은 차별화를 통한 추가수익은 오히려 기본 인터넷 이용료를 낮춰 초고속인터넷 보급 확대에 기여할 수 있다고 분석한다. 이들은 기존의 인터넷 서비스에 대해서는 일정 대역폭을 보장함으로써 선택권을 보장하는 것은 가능하다고 본다. 즉, 차별화된 서비스에 대한 선택권도 중요하다는 입장이다.

(2) 콘텐츠 차원의 공익

콘텐츠 차원은 일반적인 공표형 미디어 및 토론형 미디어의 특성에서 비롯되는 것으로, 이 차원의 공익은 다시 소극적 차원과 적극적 차원으로 나누어 볼 수 있다. 미디어가 지니는 책임은 사회에 이익이 되도록 하는 요구를 부여하는 적극적(*positive*) 접근과 '무엇을 하지 말라'는 식의 소극적(*negative*) 접근의 형태를 띠는 것들로 분류된다(MacQuail, 2003).

찰스 라이트(Charles Wright)가 제시한 매스커뮤니케이션이 사회에 행하는 4가지 기능도 적극적 측면과 소극적 측면에 따라 분류할 수 있다(Wright, 1986). 라이트는 해럴드 라스웰(Harold Lasswell)이 제시한 '환경감시'(*surveillance*), '상관조정'(*correlation*), '사회적 유산의 전달'(*transmission of culture*) 등의 3가지 기능에(Lasswell, 1960) '오락'(*entertainment*) 기능을 더하여, 매스커뮤니케이션의 정기능(적극적 기능)을 4가지로 종합하여 설명하였다. 그러나 미디어는 이같이 정기능만을 하는 것이 아니라 '마취', '동조', '하위문화 축소', '도피의식' 등의 역기능도 한다고 분석된다. 이러한 역기능을 하지 않는 것이 미디어의 소극적 공익 의무인 것이다.

① 소극적 공익

우선, 융합 미디어에 있어서 소극적 차원의 공익은 그간 문제로 대두되었던 사항들을 방지, 또는 금지하는 것을 뜻할 것이다. 예를 들어, 사이버 공간의 문제로는 저작권 침해, 명예훼손, 프라이버시 침해, 유해정보, 부정 액세스, 정보조작, 유언비어 등이 지적된다(이영음, 2003). 인터넷 확산에 따른 사회적 문제점들로는 개인정보 보호, 불건전 정보의 유통, 사이버중독, 해킹 및 바이러스, 사이버폭력, 스팸메일, 정보격차, 불법복제 등이 우려된다(정보통신정책연구원, 2002; Markel Foundation, 2001). 각종 조사에서는 검열, 접속 지연, 소수 대기업의 지배, 고비용, 활용 복잡성 등도 인터넷의 문제점으로 등장한다(예를 들어, Markel Foundation, 2001). 여기서 검열과 개인정보 유출은 정치적 측면의 공익을 해치는 것이고, 포르노그래피와 폭력은 문화적 복지를 해치는 것이다. 온라인 사기, 해킹과 바이러스 등의 범죄는 사회적 복지를 해치는 것이고, 고비용 및 소수 대기업의 지배는 경제적 복지를 해치는 것이다. 한편 접속지연, 활용 복잡성의 문제는 콘텐츠 차원이 아니라 시스템 차원의 공익을 해치는 것이다.

융합사회는 혼돈, 단절, 방치 현상을 중심으로 한 '잉여 문제'와 불화, 격리, 추방을 중심으로 한 '불균형 문제'라는 양대 도전 과제를 지니고 있다고 지적된다(김문조, 2012). 특히, "접속성, 휴대성 및 이동성을 겸비한 최첨단 정보통신 체제의 등장으로 누구나 언제 어디서 누구에게 어떤 형식이나 내용의 메시지든 자유롭게 주고받을 수 있는 전재적 의사소통(*ubiquitous communications*)이 완결 국면에 이르고" 있는 것 같지만 "남아도는 과다 정보는 전례 없는 사회적 혼돈, 단절 및 방치 상황을 초래"(김문조, 2012: 9) 한다는 것이다. 결국, 융합사회가 인류가 의도한 방향으로 진행할 것이라고 확신하기는 어렵다(김문조, 2012: 10).

이 가운데 융합 미디어를 통한 파편화와 양극화 해소는 정치 및 사회적 차원에서 매우 중요한 이슈이다. 디지털 세계는 우리로 하여금 새로운 경험과 아이디어에 노출되게 하여 개인의 지평을 확대하기보다는, 오히려 기존의 관념을 확대 재생산할 가능성이 크기 때문이다. 이는 개인이 융합 미디어를 통해 무수히 공급되는 정보들을 모두 흡수하는 것이 아니라, 자신의 선유 경향에 따른, 또는 선호에 따른 정보 추구행위를 함으로써 자신이 알고 있고 익숙한 것과는 다른 정보나 가치에 대한 접촉 기회가 오히려 줄어들 수 있기 때문이다. 선택의 확대가 오히려 가능성의 축소를 가져오는 셈이다. 우리는 우리가 찾지 않는 정보에는 노출될 수 없고, 이에 따라 우리와 다른 사람이 어떻게 생각하는지, 또는 어떠한 다른 의견이 있는지에 대해 알 수 없다(Levin, 2002: 86). 이 때문에 정파적 인터넷 사이트에는 그 정파의 반대편에 위치한 사이트를 링크시키는 것을 의무화하여, 견해의 협소화를 통한 민주주의 약화를 막는 식의 사회적 개입이 불가피한 것이다(Sunstein, 2001).

경제적 측면에서의 격차 확대 또한 융합 미디어 현상에서 드러나는 심각한 문제점이다. 여러 학자들은 새로운 미디어 기술의 등장은 일부 소수 기업들의 미디어 시장 지배를 가능케 하는 근본적인 경제구조를 바꾸지 못하였다고 분석한다(Garnham, 1990; Graham & Davies, 1998; Curran & Seaton, 2003). 예를 들어, 미디어 사회학자 로버트 하산(Robert Hassan)은 '디지털 자본주의'라는 개념으로, "자본주의가 없었다면 인터넷은 없었으며 네트워크 사회도 없었을 것”(Hassan, 2004: 18)이라고 주장하면서 융합 미디어가 기존 자본주의의 폐해를 오히려 확대하는 것으로 파악한다. 인터넷과 네트워크 사회는 개인의 자유, 창의력, 효율성과는 관계없으며, 오히려 극도로 효율적이고 이윤추구적인 방식으로 기업들이 소비자들이 무엇을 사게 하려는 방안으로서, ‘네트워크 창의성’을 부단히 활용하는 것에 불과하다는 것이다. 1990년대 말 불어닥친 이른바 ‘닷컴’ 붐과 불과 수년 내에 나타난 인터넷 거품의 붕괴는 인터넷 경제도 여전히 자유경쟁이라는 자본주의적 속성 아래 있음을 확인시켜 주었고, 결국은 강한 자만이 살아남는 과점적 질서를 초래하였다. 이는 결국 다양성과 선택의 확대가 아니라 다수는 소수가 제공하는 정보와 오락에 만족해야만 하는 결과를 낳게 되는 것이다.

이론적 차원에서 융합 미디어의 긍정적인 경제적 파급효과는 “탐색비용 절감, 시장 진입장벽 완화, 시장경쟁 확대, 공급망 단축 등으로부터 기인하는 생산성 증대, 이윤 마진 축소, 자연실업률 저하 등”(최선규 · 이한영, 2005: 168)이다. 그러나 실증적으로는, 세계 및 한국에서 IT산업의 비중 및 성장 기여도가 적지 않음에도 불구하고 대체로 신경제적 특징을 분명히 보이지 못하고 있다는 것이 지배적인 견해이다(최선규 · 이한영, 2005: 183~184).

정보격차 또한 심각한 문제가 아닐 수 없다. 20세기 말 현재, 세계 인구의 20%가 전체 부의 86%를 소유하고 있다. 이들은 자신들의 부를 바탕으로 컴퓨터 기반의 정보 세계에 접속하며, 미디어 내용을 독식한다. 이는 선진국과 후진국 융합 미디어 사용인구의 극명한 차이로 드러나며, 국가 내에서도 연령 · 학력 · 직업 · 소득 간의 격차가 매우 크다. 특히, 융합 미디어에 대한 접근보다는 이의 활용도에서 차이가 더욱 심각하게 드러난다. 정보불평등 정도를 측정해 보면, 장애 유무 간, 소득 간, 직업 간(사무직 대 농어민), 연령 간 정보접근 지수는 상대적으로 큰 차이가 나지 않지만, 역량지수나 양적 및 질적 활용지수 면에서는 차이가 더 벌어지는 현상을 보인다(한국정보문화진흥원, 2004). 즉, 정보에 접근할 수 있는 시설이나 인프라보다 실제로 활용할 수 있는 역량이나 활용 수준에서 큰 차이를 보인다는 것이다.

접근에 비해 역량이나 활용 수준이 낮은 문제는 시간이 흘러도 잘 해결되지 않는다. 한국정보화진흥원이 조사한 '2014 정보화지수 및 실태조사'(한국정보화진흥원, 2015) 결과를 보면, 전체 국민에 대비한 장애인, 저소득층, 장노년층, 농어민 등 '소외계층'의 정보화 수준은 2004년 45%에서 2014년 76.6%로 꾸준히 신장되었다. 특히, 이 수치를 구성하는 요소들 가운데 필요할 때 PC 등에 접근 가능한 정도를 나타내는 접근격차는 2014년 현재 94.3%에 이르렀다. 그러나 실제 이것을 잘 활용할 수 있는지를 보여 주는 정보역량 격차는 64.1%, 그리고 그것을 실제로 활용하는 정도를 나타내는 활용격차는 63%로 여전히 큰 상태임을 알 수 있다.

대학생을 대상으로 질적 정보격차를 조사한 결과를 보아도 비슷한 현상이 드러난다(송효진, 2014). 대학생들은 오락, 학업, 쇼핑, 일상정보 이용 등 개인적이거나 소비적 차원의 인터넷 정보이용 수준은 높았지만, 전자민원서비스 이용이나 정책 제안 등 사회참여적이거나 생산적 차원의 인터넷 정보이용은 낮은 수준이다. 특히, 인터넷 정보이용의 다양성 격차는 성, 연령, 소득, 거주지역 등과 같은 사회경제적 지위에 따라 분명하게 나타난다.

결국, 소극적 차원의 공익은 각종 불법행위를 방지하고, 융합 미디어를 통한 파편화와 양극화를 해소하며, 경제적 · 정보적 격차를 줄이는 것이 되어야 할 것이다.

② 적극적 공익

적극적 공익 측면에서 융합 미디어는 많은 논자들이 기대하였듯이 참여, 즉 민주주의의 확대에 기여할 수 있다. 물론, 정치 분야에서 인터넷으로 인한 기존 커뮤니케이션 통로의 속도나 비용 축소가 뚜렷이 나타나는 것 같지는 않다. 이는 정당과 정부, 노동조합 등 기존의 사회기구나 조직들이 새로운 기술을 자신들의 기존 어젠다와 목표에 적용하였기 때문으로 해석된다. 새로운 이슈를 부각하는 새로운 사회 커뮤니케이션 유형들은 정치조직과 정치권력 관계를 변형할 수 있는 잠재력을 지니고 있는 것으로 평가된다(Bennett, 2003: 19). 이러한 새로운 이슈들은 크게 확대되고 있는 기업, 국가 및 초국가기구에 대한 반대 및 감시 운동을 포함하는데, 이러한 이슈의 확대에는 인터넷과 SNS 등이 큰 역할을 하고 있다. 실로, 초국적기업이 생산해 일방적으로 전파하는 디지털 콘텐츠가 다양한 정치적 견해의 교환을 막는 상황에서 인터넷이 없다면 다양한 반대집단의 존재와 전 지구적 차원에서의 항의 표출은 불가능하다.

물론 이러한 대안적 견해에 대한 가능성에도 회의를 표하는 논자들이 있는 것이 사실이다. 이러한 대안적 견해에 대한 가능성을 기대하는 것은 재원이 충분하지 못한 인터넷 사이트는 정보의 질이 약하며, 이에 따라 대안적 시도 자체의 생명력이 길지 못하다는 사실을 간과했기 때문이라는 것이다. 인터넷 언론이 재생산 및 배급에 드는 비용을 절약할 수 있고, 전 세계의 독자를 쉽게 끌어들일 수 있으며, 중간 게이트 키퍼들 없이 바로 독자에게 내용을 전달할 수 있는 장점이 있는 것은 사실이지만, BBC 등 기존 주류 언론이 만들어 내는 웹사이트에 비하면 방문객 수는 미미한 수준에 불과하다(Curran, 2003). 또한 이러한 대안 언론은 사회·경제적 엘리트와 영어 사용자라는, 인류 가운데 우월적 지위에 있는 사람들만이 쉽게 활용 가능하다는 근본적인 한계를 가지고 있는 것도 사실이다.

성적 소수자(게이) 온라인 커뮤니티 등이 자기표현의 다양성과 민주주의에 기여하는 것은 사실이지만 이것이 상업적 이해에 의해 주도될 때 그 장점은 훼손된다(Gross, 2003). 또한 인터넷을 이용한 정보교류는 오프라인 네트워크와 연결될 때에만 큰 힘을 발휘할 수 있다(Lim, 2003). 2008년 미국 대선에서 민주당의 오바마 후보가 공화당의 존 매케인 후보를 누르고 승리하는 데 트위터 등 소셜네트워크서비스(SNS)가 중요한 역할을 했다는 것은 잘 알려진 사실이다. 앞에서 언급했지만 2011년 서울시장 보궐선거 당시 박원순 후보는 SNS 공간에서 절대적 지지를 받았으며, 팟캐스트 〈나는 꼼수다〉는 상대인 나경원 후보에 대한 부정적 태도로 박 후보의 당선에 큰 역할을 했다는 평가를 받았다.

물론 이러한 민주적 과정에 대한 적극적 차원의 공익 실행에 더하여 정보와 지식의 확산, 반대 의견 제공, 정보의 질 담보, 문화의 대중화, 범세계적 연결, 인터넷 및 스마트 미디어의 상거래 등은 융합 미디어가 공익에 기여할 수 있는 부분이다.

(3) 제도적 차원의 공익: 책무성 장치

끝으로, 제도적 차원은 앞에서 논의한 시스템 차원의 공익과 콘텐츠 차원의 공익이 실현되도록 강제하는 책무성 장치 및 절차를 의미한다. 책무성(*accountability*)은 책임(*responsibility*)과 매우 혼동되는 개념으로서 책임이 기본적으로 이미 정립되어 있는 의무사항들을 말한다면, 책무성은 명시된 기준이나 그 의무사항에 함축되어 있는 기준에 따라 행위 결과를 강제하고, 이를 사후적으로 측정·평가하는 과정을 뜻한다. 미디어의 책무성은 "미디어 조직들이 그들의 수용자들에게 자신들의 활동을 해명하도록 의무 지우는 과정"이다(Pritchard, 2000: 2).

① 귀책성과 답책성

이러한 책무성 장치를 마련하는 방식에는 귀책성(*liability*)과 답책성(*answerability*) 모델이 있다(MacQuail, 2003). 이 가운데 답책성이 공표 행위의 자유와 가장 모순이 없다. 여기서 귀책성이란 공적으로 규정된 의무사항들을 어겼을 경우 벌이 주어지는 것을 말한다. 이에 반해 답책성은 미디어에 대한 요구와 불만이 제기되는 많은 상황에서, 미디어가 비록 이에 대한 귀책성이 없더라도 스스로 해명하고 이를 방지할 수 있는 장치를 마련하는 것이다.

귀책성 모델은 피해가 주장되고 미디어가 비난받는 곳에서 발생하며, 미디어에 관심을 둔 기관이나 사람들과의 갈등 관계를 수반한다. 해명이나 화해가 아니라 보상과 처벌이 문제 해결방식이기 때문이다. 특히, 인터넷 공동체의 특성인 익명성과 탈금제, 개방성과 다양성, 초월성과 가상성, 연결성과 전파성 등의 문화(이영음, 2003)에서 비롯되

〈그림 7-4〉 책무성 모델 간 비교

답책성		귀책성
사회적 또는 도덕적 토대	vs.	법적 토대
자발적	vs.	강제적
대화와 토론	vs.	공적 판결
협력관계	vs.	적대관계
비물질적 처벌	vs.	물질적 처벌
질에 대한 관심	vs.	피해에 대한 관심

출처: MacQuail(2003).

는 자유스러운 의견의 흐름과 창조 공간은 귀책성 모델로 인해 위축될 수 있다. 답책성 모델은 거대 미디어 기업의 '양심'에 맡겨 둔다는 것이 비현실적이라고 생각할 수도 있겠지만, 미디어는 사회 구성원들의 합의에 의해 활동의 범위가 제한되는 정치적 현상이라는 점에서 미디어 기업도 답책성 의무를 쉽게 저버리기는 힘들 것이다.

② 자율 규제

이러한 점에서 공익의 실천 시스템은 자율 규제에 기반한 답책성 모델이어야 한다는 논리가 도출된다. 일반적으로 현 시대에 규제는 3가지 방향으로 새로운 물꼬를 트려고 하는데, 첫째는 미디어 교육(*media literacy*), 둘째는 자율 규제, 셋째는 사회적 규제다(Hoffman-Reim, 1996: 340~352). 미디어 교육은 미디어 내용을 선별해서 선택하며 바르게 활용할 수 있는 능력을 키우겠다는 것이고, 사회적 규제란 정부 이외의 시민사회 영역에서 이를 담당하는 것이다. 그러나 사회적 규제에 대해 회의적인 논자들은 어차피 '정부'라는 것이 사적 이해를 극대화하려는 여러 집단과 개인을 조정, 통합하여 공중의 이익을 담당하는 역할을 하는데, 이를 부정하고 공익 실행을 위한 다른 주체를 상정하는 것 자체가 공익 개념과 배치된다고 주장하기도 한다. 실로, 이러한 자율 규제나 사회적 규제가 과거의 국가 규제보다 효용이 있다는 증거는 없다. 오히려 자율 규제는 공적 책임성 부족, 법적 강제력의 비효율성, 경쟁 제한이라는 비판을 받은 것이 사실이다(김유승, 2005). 오히려 국가 이외의 주체들에게는 공식적 책임이 주어지지 않았으므로, 이들이 행하는 규제의 효용성에 대해 문제를 제기하는 경우가 거의 없기 때문에 문제로 등장하지 않았을 뿐이다.

결국, 책무성 시스템은 사업자들 및 융합 미디어 사용자들의 자율 규제와 시민사회의 감시, 정부의 역할에 의해 완성될 수 있다. 여기서 자율 시스템을 적용한다는 것은 특별히 이 현상의 특성 때문이 아니며, 일반적인 커뮤니케이션 현상에 대해 적용해야 하는 모델과 다를 바 없다. 물론 "의사소통 영역에서 국가의 직접규제가 과도하게 허용될 경우, 그 목적의 정당성을 떠나 부정적인 외부효과가 발생할 우려가 높다"(김영석 등, 2002: 51)는 점에서 융합 미디어에 대한 자율 규제의 정당성이 더 명분을 얻을 수 있겠으나, 일반적인 커뮤니케이션 현상에 대한 정부의 개입은 언론의 자유와 상치된다는 점은 앞에서 이미 논의한 바다. 이에 따라 사업자들이 자율 규제방안을 마련하여 외부의 국가 및 시민사회와 협조관계를 유지하는 방식이 자율 규제로서는 가장 현실적인 방안으로 제시되는 것이다(Machill, Hart, & Hauser, 2001; 황성기, 2005; 정보통신정책연구소, 2005; 김유승, 2005).

4. 소결

이상에서 융합 미디어는 공익 의무 부여에서 예외가 될 이유가 없으며, 규제의 지속성을 위해 규범적 차원의 일관된 공익 개념이 도출되어야 함을 논의했다. 이를 위해 사회적 복지라는 전자 커뮤니케이션의 공익 목표 아래 개별적 융합 미디어가 어떠한 부분을 기여하여야 할 것인가의 문제로 공익의 논의를 좁혀, 정치적, 사회적, 문화적, 경제적 복지에 기여하는 바들에 대해 논의해 보았다. 이를 위해서는 시스템 차원과 콘텐츠 차원에서의 실행 개념이 필요하며, 끝으로 제도적 차원에서의 실행방식으로는 답책성 책무성 개념에 바탕을 둔 자율 규제가 필요함을 논하였다. 뒷장의 결론에서 다시 언급하겠지만, 복지 개념으로서의 공익의 하위 개념화와 그에 대한 실천이 방송통신 융합시대에 공익에 관해 필요하고도 현실적인 접근방법일 것이다.

제8장

결론: 융합시대의 공익과 실천

책의 마무리를 사회적 제안 형식으로 제시해 보고자 한다. 여기서 나는 앞의 논의들을 종합하여 미디어 융합을 기술결정론이 아닌 사회적 선택 현상으로 보아야 한다고 강조할 것이며, 새로운 시대에 맞는 유연하고 새로운 공익 개념과 그에 따른 규제의 틀을 유지할 필요성이 있다고 주장할 것이다. 끝으로, 개념상의 논의만이 아닌 실천적 수준으로의 구체화와 방송계와 통신계의 쉼 없는 커뮤니케이션이 필요함을 강조하려 한다.

1. 사회적 결정과 새로운 규제 방식

이 책을 통해 방송과 통신이 발전하는 과정에서 공익 의무가 적용되고 정의되는 과정에 대해 알아보았다. 이것은 통신과 방송이 태동하고 이에 대한 사회적 의미가 부여되기 시작한 시점부터 역사적 추적을 통해 공익 의미의 구성과 변화 과정을 분석하는 방식을 통한 것이었다. 역사적 제도주의 관점에서 공익과 관련한 방송과 통신의 발전사를 개괄한 결과 두 가지 주목할 만한 명제를 도출할 수 있었다.

첫 번째는 기술발전에 대한 사회적 결정의 문제로서, 기술발전 자체가 방송이나 통신 또는 양자가 융합한 미디어를 어떻게 사회적으로 수용할 것인지를 결정하는 것이 아니라는 사실이다. 기술발전이 엄청난 규모의 세상 변화를 가져오므로 과거의 패러다임을 적용하지 말아야 한다는 목소리가 점점 커지고 있다. 납득할 만한 주장이기는 하다. 하지만 이러한 유형의 주장은 자칫 기술 자체가 그것의 존재 양태를 결정한다는 기술결정론으로 이어져 우리의 시야를 좁힐 위험성이 있다. 기술은 독립적으로 미디어 양식에 영향을 주는 것이 아니다. 그것은 제도적 유산, 정치, 문화적 가치 등에 의해 선택되고 조절된다(Storsul & Syvertsen, 2007).

아울러 기존 제도는 일반적으로 변화에 저항적이고 이것은 현상을 유지하려는 동력에 의한 것이라는 사실의 힘이 기술결정론적 사고에서는 간과되는 경향이 있다. 지난 역사를 통해 보았듯이 방송과 통신에 대한 공익 의무 부여는 기술적 특성 자체에서 도출된 것이 아니라 이를 어떻게 다룰 것인지에 대한 논란 속에서 사회적으로 구성되었다. 전화,

텔레비전, 신문, 인터넷 등 특정 기술이 범용화된 후에는 이것이 사회적 선택을 제한하는 것이 사실이지만, 인간은 어떠한 기술을 창조하고, 이것을 어떻게 이해하고 활용할 것인지에 대한 우선적 선택권을 가지고 있다(Lievrouw & Livingstone, 2006).

사회가 기술을 수용하는 과정과 방식에 대해 이해하기 위해서는 정치사조 등 이념적 변화와 현 제도를 둘러싼 이해관계의 현실유지 동인 등 신제도주의적 측면에서 보아야 할 것들이 많다. 서유럽 통신 독점의 사례에서도 보았듯이, 국가 독점 시스템은 왕가의 수입원으로서 시작하여 당시의 중요 사회세력 간의 정치경제적 동맹으로 공고화되었다(Noam, 1992). 통신 독점이라는 지지대 위에서 각 사회세력은 팽팽한 균형적 이해를 유지하고 있었으며, 이 지지대의 상실은 균형 파괴와 이익 상실을 의미하는 것이었다. 이러한 균형은 쉽게 깨지지 않는 것이어서 1980년대 이후의 자유화와 민영화라는 탈규제화 노정 또한 급격한 듯하면서도 완만하게 진행되었다. 기존 체제를 유지하기 위한 명분은 공익이라는, 상황에 따라 변화할 수 있는 유동성을 지닌 개념이었다. 미디어경제학자 임정수는 공익이 "칸트적 도덕법칙의 형식주의와 포괄성의 우산 아래에서 해석의 자유를 누렸다"고 하며, 이것은 "누구도 깨어지기를 원치 않는 자유"(임정수, 2008: 297)라고 비판한다. 공익은 유연한 해석을 통해 각 세력의 이해 균형을 이루는 현 질서의 명분이 된 것이 사실이다.

두 번째로, 방송과 통신이 융합하는 상황에서 모든 영역에서 수평적 규제가 필요한 것만은 아니라는 사실을 알 수 있었다. 콘텐츠와 전송수단이 분리되면서 수평적 규제가 필요하다는 명제와 모든 것에 그것을 적용해야 한다는 것은 다른 이야기이다. 방송통신 융합현상을 맞아 많은 이들이 규제기관 통합과 규제원칙 통합의 불가피성을 이야기하였다. EC는 1997년 융합에 대한 대응 방식을 천명한 녹서(Green Paper)를 통해 모든 미디어와 커뮤니케이션 행위를 통할하는 새로운 구조를 제안한 바 있다. 녹서는 새로운 구조를 만드는 것이 다른 2가지 방안, 즉 '기존 규제 틀에 새로운 현상을 맞추는 것'과 '새로운 서비스만을 담당하는 새로운 구조를 만드는 것'보다 바람직하다고 보았다. 이러한 인식에 맞추어 영국에서는 2003년 통합규제기관 Ofcom이, 한국에서는 2008년 방송통신위원회가 출범하였다.

그러나 영국에서는 공영방송 BBC의 활동에 대해서 'BBC Trust'가 별도로 공적 목적을 위한 감독을 행한다. 한국에서도 2013년 박근혜 정부 출범과 함께 통합되었던 방송통신위원회의 기능을 다시 분리해 미래창조과학부를 따로 설치하였다. 수평적 규제 원칙에 반하는 이러한 일련의 움직임은 공영방송사 등 차별규제를 원하는 기존 질서의 저항이 강했기 때문이기도 하지만(Hills & Michalis, 2000), 본질적으로는 방송과 통신이 융합하는 모든 현상을 일원적으로 다룰 수는 없다는 사실을 각 사회가 뒤늦게 깨달았기 때문이다. 아니, 이것은 융합적 또는 수평적 규제가 공익의 가치를 지킬 수 없다는 사회적 불안의 발현이라고 보는 것이 더 정확할 것이다. 문화 현상으로서 미디어 콘텐츠에는 경제적 가치로만 따질 수 없는 사회적 의미가 부여되고 있다는 자명한 사실을 외면한 채 일반 물리적 재화를 다루듯이 접근한 것은 성급한 행동이었다.

선진국들에서 드러나는 일반적인 현상은 핵심 서비스들은 더 엄격하게 규제하고 감시하는 반면, 새로운 서비스나 주변부 서비스에 대한 의무와 제한은 완화하는 것이다(Storsul & Syvertsen, 2007). 대표적으로, 영국 Ofcom이 실시하는 3단계(*tier*) 제도가 그러하다. 모든 일반 미디어에게는 '무엇 무엇을 하지 말라'는 최소한의 의무가, 지상파방송에게는 '무엇 무엇을 행하라'는 다소 강한 사회적 의무가, 공영방송에게는 '다른 지상파방송과 다른 무엇을 행하라'는 강력한 의무가 부여되는 것이 이 제도의 주요 내용이다.

OECD 가입국들의 일반적 현상은 방송정책, 전송수단 규제, 주파수 할당, 내용 규제 등의 영역이 분할되어 있다는 것이다(강형철, 2008). 2013년 미래창조과학부가 분리되기 이전에 매우 강력한 통합규제기관이었던 방송통신위원회가 당시 규제의 통합을 제대로 이뤄 내지 못한 것처럼, 규제기관 융합은 규제 융합을 보장하지 않는다(Doyle & Vick, 2005). 완벽한 수평적 규제는 사회적으로 필요한 특별 임무를 지닌 공공 서비스를 설명하지 못한다. 그리고 공공 서비스를 내버려 둔 채 수평적 규제를 무리하게 달성하려고 하면 각기 다른 이해당사자들의 충돌이 불가피하다. 방송과 통신이 융합한다고 하여 양자의 본래적 역할이 사라지는 것은 아니다. 새로운 방송통신 융합영역이 등장하여 이에 대한 공익 의무의 새로운 정의와 적용이 필요하다는 것과 모든 매체에 같은 공익 의무가 필요하다는 것은 다른 이야기이다. 결국, 가장 현실적인 방안은 수평적, 수직적 규제 모델의 혼합, 즉 새로운 공익 의무 부여 방식의 실현이다.

2. 새로운 공익 개념의 등장

한국과 서유럽, 그리고 미국의 사례를 역사적 제도주의 시각으로 살펴본 결과, 중요한 사실을 발견하였다. 그것은 통신에 대한 공익 의무 부여는 철도와 도로 등 앞선 공익 설비 사업에 대한 정례를 따랐다는 것이다. 그리고 통신 자체 내에서도 전신은 우편, 전화는 다시 우편과 전신의 영향을 받았고, 그 영향은 인터넷으로 이어졌다. 이것은 새로이 등장하는 통신수단에 대한 사회적 이해가 이전 것에 바탕을 두고 이루어지는 경향 때문이다. 또한 새 통신수단을 담당하는 국가기관이나 법체계가 가장 편리하게 새로운 현상을 담아내는 방법은 기존 것을 모방, 또는 답습하는 것이기 때문이기도 하다. 통신사업들은 기술적 특성과 각국의 역사적 경험 등으로 인해 국가 또는 사영 독점으로 운영되었고, 이러한 독점의 명분은 공익이라고 '사후적으로' 제시되었다. 국가 독점은 말할 것도 없고 사영 독점의 경우에도 선로 통행권 등 국가의 지원이 불가피했고, 이러한 사회적 혜택은 '공익'이라는 의무를 그 대가로 요구하게 된 것이다.

무선전신과 전화에 이어서 발전한 방송도 앞선 통신수단에 적용되었던 공익성의 원리를 그대로 물려받았다. 라디오 방송은 원래 무선통신을 위한 목적으로 개발한 것이다. 이에 따라 이것을 바라보는 사회적 시각은 통신에 대한 그것과 같은 것이 자연스러웠다. 방송 미디어를 담당하는 정부기관 또한 통신을 담당하던 곳이었다. 법제 면에서도 같은 정부기관이 관할하던 법규 체제에 라디오 방송이 들어가게 된다. 만약 라디오 방송이 초기에 통신과는 관련 없는 다른 영역으로 인식되었더라면 이후에 방송에 대한 공익 의무는 부여되지 않았거나, 부여되더라도 다른 모습을 띠었을지도 모른다.

유럽에서 이루어진 방송의 국가 독점 또한 통신의 방식을 답습하였다. 주파수가 한정된 것은 맞지만 그렇다고 해서 방송 채널이 단 한 개일 필요는 없었다. 여러 개의 라디오 방송이 가능하였고 통신과 달리 크림 스키밍 현상도 두드러지지 않았음에도 통신의 전례에 따라 방송의 국가 독점이 자연스러운 것으로 인식된 것이다(Cuilenburg & McQuail, 2003). 미국에서도 라디오 방송은 유선통신의 발전된 형태라고 이해되어 이전의 통신 규제 명분인 '공익' 의무가 적용되었다(Sunstein, 2000). 그러나 같은 '공익'이라도 미국에서는 이것이 상업적 효율성을 의미하였기 때문에(백미숙, 2008) 방송은 국가 독점이 아닌 규제된 허가 모델을 취하게 되었다. 시간이 지나면서 방송은 통신과 달리 내용이 문제가 되는 영역임을 알게 되면서 공익을 위해 내용을 규제할 수 있다는 명분이 등장하게 된다. 내용에 대한 규제의 공익 근거 또한 통신과 마찬가지로 주파수 등 사회적 혜택에 대한 반대급부였다. 만약 통신의 정례가 없었다면 방송 내용의 규제 명분이 공익이 아닌 다른 무엇이었을지도 모른다. 하나의 선택이 미래를 결정하고, 이는 다시 지속적으로 또 다른 동인을 갖는 '경로의존성'이 잘 드러나는 현상이다.

1980년대에 들어 밀려온 신자유주의의 파고는 방송과 통신 관련 기술발전과 함께 국가 또는 사기업에 의한 독점체제를 해체시켰다. 이 과정은 정치적 역학관계 등 국가의 특성에 따라 방식이나 속도 면에서 차이가 있었으나, 그 결과가 자유화와 민영화라는 점에서는 동일하다. 그러나 이러한 자유화와 민영화도 경제적 효율성을 통한 '공익'이라는 명분을 전제로 주장되었다. 통신 영역에서 자유화(유럽 및 미국)와 민영화(유럽)를 주장하려면 이것이 공익 목표 수행방식인 '보편적 서비스'를 위한 것임을 논증하여야 했다. 보편적 서비스는 통신 발달 초기부터 핵심적 가치로서 제시된 것이 아니라 독점에 대한 반대 명분으로, 또는 거꾸로 독점에 대한 옹호 명분으로 자유화/민영화 논란 가운데 부각된 것이다.

마찬가지로 방송에서의 공익의 명분도 일종의 국가 독점이라고 할 수 있는 공영방송 시스템을 유지한 서유럽의 경우 공영방송 체제에 대한 공격이 시작된 때부터 그것을 방어하기 위해 동원되기 시작하였다. 처음부터 사영방송 시스템을 유지한 미국이 사영의 명분으로, 또는 그 전제로 '공익'을 명시적으로 의무화하였던 것과 대비되는 현상이다. 한국에서 공익 개념이 구체적으로 거론되기 시작한 것은 1980년 신군부의 강압적 방송 공영화 때였으며, 20세기 말에서 21세기에 이르는 시점에서 융합현상에 대응하기 위한 논란 가운데 방송의 정체성에 대한 주장의 일환으로 구체화되었다.

결국, 공익과 보편적 서비스 등의 중요한 의무는 방송과 통신의 사회적 존재 양식을 결정하는 데 논거로 활용된 것임을 알 수 있다. 즉, 방송과 통신 모두 물리적, 기술적 특성으로 인해 공익 의무가 불가피하다고 처음부터 주장되기보다는 국가 독점 또는 사영 독점, 아니면 민영화 등 현 체제에 대한 옹호나 변화를 주장하는 과정에서 고안되고 구성되었다고 보아야 한다.

방송과 통신이 융합되는 시기에 공익 개념은 현실성이 없다고 비판받으며 규제 또는 정책의 근거로서 외면 받는 경향이 강해지고 있다.

민영화와 자유화 논쟁에서 시작해 방송통신 융합현상에 대한 대응을 놓고 벌였던 논란에 이르기까지 전성기를 구가하는 듯했던 공익 개념이 이제 사양의 길로 들어선 것 같기도 하다. 계량화된 가치로 측정하기 어려운 방송과 통신의 공익 실현은 이에 대한 주장이 공허하고 구체성이 결여되었다는 인식으로 연결된다. 사회·철학적 차원에서는 공익 개념 자체가 "무리한 가정에 기초"(오창호, 2000: 196)해 있다고 부정당하기도 하며, 개념 구성상으로는 하위 개념들 간 충돌이 있다고(조영신, 2007) 비판될 뿐 아니라, "실증적 차원에서도 오류"(임정수, 2004)라고 지적된다. 예를 들어, 공익을 위해 소유 집중을 제한하는 것이 내용 다양성과 연결된다는 증거가 없다는 결과를 내놓으며 공익이 "기존의 특정 사업자들의 이익을 보전해 주려는 논리"(이상우·김창완, 2006: 108)일 뿐이라고까지 말하는 연구도 있다. 그러나 공익에 대한 현실적 필요성은 여전히 주장되고 있으며, 방송통신이 융합되는 시기에 이것은 이전과는 다른 근거와 개념으로 재구성되며 공익 무용론을 반박하고 있다. 나는 이것을 '신공익론'이라고 명명하고자 한다.

신공익론은 방송 및 통신에 대해 공익 의무가 필요한 근거와 그 의무가 무엇을 의미하는지를 나타내는 구성 개념들을 이전의 공익론과 다르게 설명한다.[1] 신공익론과 전통적 공익론을 구별하기 위해서는 먼저 공익의 정의에 대한 분류에서 출발하여야 한다. 방송 공익에 대한 입장은 정치학자 글렌든 슈버트(Glendon Schubert)의 분류에 따르면 이상주

1) 공익과 그것의 하위 개념, 그리고 신공익론에 대한 다음의 논의는 저자(강형철, 2013)의 글을 바탕으로 하였다.

의(*platonist*), 합리주의(*rationalist*), 그리고 현실주의(*realist*)로 구분된다(Schubert, 1960). 이상주의란 이미 높은 윤리적 가치로서의 공익이 존재한다고 전제하여, 그것을 찾고 그에 따라 실천해야 한다는 입장이다. 이에 반해, 현실주의는 공익의 실체를 부정하고, 이것을 다양한 이해관계자들의 자기 이해 충족을 위한 명분 또는 정당화 과정으로 파악하는 입장이다. 현실주의는 '공익 과정설', '다원주의', '다수주의' 등을 포함한다. '공익 과정설'은 공익을 "경쟁하는 사익들의 상호 갈등과 조정 과정을 거쳐 타협되는 유동적 존재"(김진웅, 2006: 98)로 정의한다. '다원주의'(윤석민, 2003)는 여러 다양한 가치들이 경합하는 과정으로서 공익을 정의하고, '다수주의'(조영신, 2007)는 다수가 공익을 결정지어야 한다고 주장하기 때문에 현실주의에 포함된다. 이러한 '이상주의'와 '현실주의'는 공익이란 본질적 가치가 실제로 존재한다는 입장('공익 존재설'), 또는 존재하지 않는다거나('공익 부존재설') (김원동, 2003) 알 수 없다는 입장을 지지하는 것들이다. 반면, 공익의 실제 존재 여부를 따지지 않고 그것이 현실적 규범성을 지니는 것이라고 파악하는 절충적 입장(?)이 '합리주의'라고 할 수 있을 것이다. 합리주의는 공익 가치 자체의 필연성을 전제하지 않고 공익에 대한 인식을 '주어진 조건'으로 상정, 의사결정 행위에 미치는 과정으로서의 공익을 말한다. 예를 들어, 공익을 "사회구성원 전체가 공유하는 하나의 암묵적인 실체"(전영범, 2009: 524)로 인정하고 이를 토대로 정교한 정책적 판단이 이루어져야 한다고 주장한다면 이것이 전형적인 합리주의의 입장이다.

이것들 가운데 이상주의적 공익론, 즉 규범적 측면에서의 공익에 대해 주장하는 것은 '전통적 공익론'과 '시장주의 공익론'으로 다시 구분된다. 양자의 구별은 방송매체가 지니는 공익 의무의 근거와 공익 개념을 구성하는 하위 가치들에 대한 생각의 차이에서 비롯된다. 즉, '방송은 왜 공익 의무를 지니는가?'의 문제와 '공익은 어떠한 것들을 말하는가?'에 대한 차이에서 전통적 공익론과 시장주의 공익론이 대립한다는 이야기이다.

규범적 차원에서 방송이 공익 의무를 지니는 근거에 대해서는 여러 사람들이 다양하게 말했다. 김진웅은 매체의 속성, 사회적 위상 및 기대, 민주사회의 정치적 기능, 경제적 기능 등의 4가지 차원에 따라 방송의 공익 근거를 '수탁 이론', '공론장 이론', '숙의 민주주의 이론', '시장경쟁 이론'으로 나눌 수 있다고 설명한다(김진웅, 2003). 방송매체가 한정된 사회자원인 주파수를 사용하기 때문에 이 자원을 맡아 쓰는 주체로서 방송은 공익 의무를 지닌다는 것이 '수탁 이론'이다. '공론장 이론'은 방송이 시민사회와 국가 사이에 위치하면서 공적 위상을 지닌다는 것이다. '숙의 민주주의 이론'은 방송이 이성적이고 비판적인 사회적 사고작용을 돕는 기능을 해야 한다는 것이다. 마지막으로 '시장경쟁 이론'은 시장경쟁을 통해 공공의 이익이 달성될 수 있다고 보는 입장이다.

이 분류와 비슷하게 임정수는 공익의 근거에 대한 입장을 '공공수탁론', '공론장 이론', 그리고 '공리주의적 방송 공익론'으로 구분하였다(임정수, 2008). '공공수탁론'은 전파의 희소성과 방송의 사회적 영향력에 바탕을 둔 것이고, '공론장 이론'은 방송이 민주적 시민들의 커뮤니케이션 장이라고 보는 것이며, '공리주의적 방송 공익론'은 후생경제학 및 신고전주의 경제학에 기본을 둔 수용자 복지론과 통신산업에서 도입한 보편적 서비스론을 포함하는 것이다.

다른 차원에서, 방송이 공익 의무를 지닌다는 주장은 전통적 근거에 의한 것과 시장주의에 의한 것으로 다시 구분해 볼 수 있다. 전통적 공익론과 시장주의 공익론의 구분은 "공동체주의와 시장자유주의"(윤영철, 2001), "공동체 지향적 관점과 시장 지향적 관점"(윤영철, 2001), "공론장 모델과 시장중심 모델"(임정수, 2004)의 구분으로 명명되기도 한다. 전통적 공익론이 말하는 공익 의무의 근거는 '전파희소성에 근거한 수탁 이론', '방송의 영향성', '공공커뮤니케이션'(공론장 · 숙의 민주주의) 등 전통적으로 방송의 공익 의무 근거로 제시된 것들이다. 시장주의 공익론이 말하는 공익 의무의 근거는 방송사업자들은 건전한 시장경쟁을 통해 사회후생을 만들어 낸다는 단순한 명제이다. 사실상 시장주의 공익론은 방송사업자에게 공정 경쟁 이외의 어떠한 의무도 주지 말라는 것, 즉 전통적 공익의 근거를 부정하는 것이다.

그런데 전통적 공익론과 이것을 비판하는 시장주의 공익론의 규범적 차원을 아우르면서 앞에서 논의한 합리주의적 관점에서 공익을 바라보는 '신공익론'이 점차 확산하고 있다. "신공익주의"(정용준, 2004) 또는 "공공적 민영론"(윤석민, 2002)의 이름으로 나타나는 신공익론은 규범적 차원 및 실천적 차원 모두에서 현실론적인 유연성을 지니는 포괄적 태도를 보인다. 신공익론이 말하는 방송의 공익 의무는 '반드시 그래야 하는' 당위성과는 관계없이 공익 규범을 주어진 조건으로 생각하는 '현실적 규범론', 시장이 실패한 경우 이에 대한 개입은 공익을 위한 것이라는 '시장실패론', 공공기금을 받는 데 대한 의무로서 공익을 말하는 '공적 지원 대가론', 그리고 방송 소비자로서 갖는 소비자들의 권리를 말하는 '수용자 주권론' 등을 아우른다.

〈표 8-1〉 방송공익 근거

	전통적 공익론	시장주의 공익론	신공익론
방송공익 근거	전파희소성 영향성 공공커뮤니케이션	공정경쟁을 통한 효율성	현실적 규범 시장실패 수용자 주권 공적 지원 대가
방송공익 하위 가치	공정성/정치적 독립 경제적 독립 지역성 공동체 가치 다양성	경쟁력 시청자 주권 건전 시장주의	미디어 복지 보편적 서비스 네트워크 보편성

신공익론은 공익 개념을 구성하는 하위 가치들이 무엇인지의 문제에 대해서도 종합적인 시각을 보인다. 즉, 융합 미디어들의 경쟁 상황 아래 방송 공익의 목표가 "공공적 서비스의 축뿐만 아니라 소비자 편익이라는 다른 축으로도 함께 구성"(송민정, 2001: 10) 되는 것을 수용한다. 신공익론은 시장주의에서 중요하게 생각하는 시청자 주권을 수용자 복지론, 또는 보편적복지론으로 연결한다. 수용자 주권을 수용자들의 선택에만 맡겨 두었을 때 충분한 '주권'이 자연적으로 실현되는 것이 아니므로 이를 '수용자 복지' 개념으로 확장하는 것이다. 수용자 복지 개념은 내용을 중시하던 전통적 공익 개념을 전송수단(네트워크)이나 플랫폼, 또는 단말에 적용하기에 어려움이 있기 때문에 이를 수용자 복지로 재정의한 후 여기에 내용과 전송수단 및 단말기에 대한 개념을 연결하여 보편적 서비스에 연결하는 방식을 취하는 것이다(예를 들면, 주정민, 2006; 안정임, 2006). 이 보편적 서비스 개념은 통신산업에서 시작한 보편적 서비스 개념이 전이된 것(이상식, 2008)이라고 보기도 한다. 보편적 서비스를 공익의 하위 개념으로 보는 등 양자를 크게 구별하지 않는

경향이 있지만, 한편으로는 이것을 구분하는 연구자들도 있다(예를 들어, 김영주, 2008). 이들은 통신 환경에서 주로 이야기된 보편적 서비스 개념이 방송통신 융합과 함께 방송에도 확대 적용되어야 한다고 주장한다(이수영 · 박은희, 2002; 박은희, 2005; 이호규, 2000; 윤석민, 2002).

한국에서 발표된 방송학자들의 공익 관련 연구 대부분이 융합 미디어 상황에서도 기존의 공익 개념을 수호하거나 시대에 맞게 변화시키는 것이 바람직하다는 '친공익론적' 태도를 보인다(강형철, 2013). 즉, 공익을 완전히 폐기할 것이 아니라 이것을 재개념화하여야 한다는 것이다. 공익에 대한 비판들도 대부분 공익 개념의 모호성이나 시대 부적합성을 이야기한다는 점에서 근본적인 존재 부정이라고 하기는 어렵다. 공익이 시대에 맞게 변화하거나 더 타당한 개념구조를 만들어 내면 되기 때문이다. 파편화한 이해로 이루어진 현대사회에서 몇 가지 하위 개념에 의해 이해들의 공통분모를 찾는 것이 어려운 것도 사실(Moroni, 2004)이다. 하지만 공익은 '이해의 공통분모'가 아니라 '전체의 이익'을 뜻한다는 점에서 시장의 오류를 제어할 수 있는 유일한 가치인 이 개념을 포기하는 것은 어리석다. 개인의 이익에 편중하지 않고 전체의 이익을 보전하려는 시도로서 공익 개념은 "미디어의 진화에 따라 끊임없이 재해석"(김평호, 2008) 되는 것이 당연하다. 물론, 자유주의 철학의 기초에서 '전체 이익' 자체를 부정하거나(오창호, 2000), 끊임없는 정당화 작업을 통해 항존성을 지켜 내는 공익의 이데올로기성을 주장하는 것(임정수, 2008; 강재원, 2009)에는 마땅히 답을 할 수도, 할 필요도 없다. 이것은 세계관의 문제이지 논쟁의 차원이 아니기 때문이다.

공익 개념이 사회적으로 구성되는 것이라고 하여 이것이 비논리적이거나 무용한 것이라고 말하는 것은 성급한 단정이다. 공익이 사익의 반대라고 하였을 때, 이는 방송과 통신이 사적 이익만이 아니라 공적 이익에도 봉사하여야 한다는 뜻을 가지고 있기 때문이다. 물론 사적 이익의 합이 공익이라든지, 공중(*public*)의 관심(*interest*)이 곧 '공익'(*public interest*)이라는 주장이 있을 수 있다. 그러나 어쨌든 이러한 주장들도 공익을 '독특하게' 정의할 뿐, 공익을 부정하는 것은 아니다. 공익에 대한 논의는 방송과 통신이 융합하는, 과거와 달리 더욱 큰 제도 변화가 요구되는 시점에서 사회가 양자를 더 효율적으로 수용, 활용하는 데 필수적인 과정이 되어야 한다.

3. 공익의 재개념화와 실현

끝으로, 새로운 공익 개념의 설정과 도출을 위한 제언으로 마무리하려고 한다. 우선, 공익에 대한 생각의 폭을 더 넓혀서 공익, 즉 모두의 이익이 최종 목표이며 이것을 이루기 위한 하위 차원의 복지 개념들을 두루 살펴보아야 할 것이다. 나는 제 7장에서 이것을 정치적, 문화적, 사회적, 경제적 차원들의 복지로 구분해 제시하였다. 사실상, 이러한 복지 개념들은 국가가 일반적으로 추구해야 할 가치이기도 하다. 2000년대 중반 내가 한 집담회에서 이 4가지 차원의 복지 개념을 발표하였을 때 그 자리에 있던 당시 한 장관은 그 4가지 차원은 어차피 정부가 기본적으로 추구하는 가치가 아니냐고 질문하였다. 이에 나는 정부가 공익의 실현자인 것이 맞고, 융합 미디어에 이러한 공익 실현 가치들을 '여전히' 추구해야 한다고 답하였다. 융합 미디어에 대해 과거와 마찬가지로 정치 · 사회 · 문화적 가치만을 강조해야 한다고 주장하거나, 과거와 달리 경제적 가치만이 필요하다고 주장하는 일원적 사고를 지양하기 위해서는, 그리고 실제로 융합 미디어 현상이 요구하는 공익적 요구를 달성하기 위해서는 이러한 폭넓은 개념화가 불가피하다.

이러한 하위 개념적 복지를 실현하기 위한 구체적 제도화가 필요하다. 방송의 공익성에 대한 그간의 논의들은 주제 면이나 개념 면에서 추상적인 수준의 논의에 머문 것이 대부분이다(강형철, 2013). 논의의 주제는 공익 자체나 방송의 가치 등 일반론적인 것이 많았으며, 개념화 면에서도 실행적 차원의 논의보다는 철학적이나 하위 개념적 차원의 논의가 많았다. 물론 2008년 이후, 즉 융합기구 및 융합 미디어 규제 이슈가 사라진 상태에서 구체적인 규제제도 등 실행적 차원의 이슈로 이행하는 모습이 보이는 것은 바람직한 흐름이다. 공익 논의가 추상적 수준에 머문다는 공익에 대한 핵심적인 비판(김진웅, 2006)은 공익 논의가 실행적 수준이 아닌 철학적 또는 하위 개념적 수준에 머문다는 것을 의미한다(주정민, 2006). 공익 논의가 "실천적 조항들로 뒷받침되지 못한 채 백화점식으로 좋은 개념은 다 모아 놓은 꼴"(윤석민, 2002: 109)이며, 공익 담론의 초점이 공익의 구성 요인을 찾는 데만 맞추어져 있다면, 이것은 "정책과는 무관한 난상토론"(조영신, 2007: 90)이 되고 말 것이다.

그러나 실행적 수준의 논의만 바람직한 것은 아니다. 그것이 철학적, 하위 개념적 논의와 정교하게 연결될 때만 합리적 실천성을 가질 수 있기 때문이다. 오히려 방송정책을 논의하는 장에서 "방송의 공익성은 으레 초장에서 언급되나, 그 개념을 당연한 것으로 전제하고 그 정의나 의미, 배경 등을 생략한 채 곧바로 정책논의를 전개하는 경향"(이창근, 2001: 8)이 있는 것도 엄연한 사실이다. 이 문제를 해결하기 위해 미디어별 의무의 층위를 나누고 층위별 미디어들이 앞에서 제시한 4가지 복치 차원들 가운데 어떠한 의무를 어떻게 실행해야 하는지에 대한 법적 규정이 필요하다. 예를 들어, 모든 방송이 같은 공적 책임(제 5조)과 공정성·공익성(제 6조)의 의무를 지닌다고 하는 방송법을 전면 개정할 필요가 있다. 현 방송법에는 심지어 공영방송에 대한 정의도 없기 때문에 그것이 어떠한 구별된 역할을 해야 하는지에 대한 내용도 전무하다. 이러다 보니 공영방송이 다른 방송들과 구별되지 않고 단순히 경쟁의 위치에 머물며 차별성을 드러내지 못하는 실정이다.

공익을 옹호하는 측은 이 개념이 융합시대에도 여전히, 아니 융합시대에 더 필요하다고 주장한다. 이에 반해 공익의 무용성을 주장하는 측은 이 '허망한'(?) 개념이 쉽게 사라지지 않을 것이라고 말한다. 이것은 규범주의적 차원이든 합리주의적 차원이든 공익 또는 공익에 대한 인식은 실체로서 존재한다는 사실을 말해 준다. 이제 더 이상 '있다, 없다'의 존재론을 논할 것이 아니라 공익 개념을 어떤 특정 주체를 위한 명분으로 추상적으로 '동원'하는 현실적 논의에서 한걸음 발전하여 이 현상 자체를 객관적으로 분석하거나 규범론적 공익 개념이 현실에서 구체적으로 어떠한 논리구조로 적용될 수 있는지를 더 정교화하는 방법론이 필요한 시점이다.

끝으로, 방송 통신에서 공익적 가치의 융합을 위해서는 이른바 방송계와 통신계의 인적 교류가 절실하다는 점을 강조하고 싶다. 인적 교류를 통해 나의 선글라스를 벗고 상대의 선글라스를 써보는 작업이 필요하다는 뜻이다. 패러다임이 서로 다른 사람들이 논의할 때 인적 교류를 통한 기본적 신뢰가 뒷받침되지 못한다면 모든 이야기는 상호 흡수되지 못하고 허공으로 튀어 반사되는 결과만을 초래하는 것을 그간 우리는 많이 경험했다. 인적 교류 과정에서는 상대방의 언어로 자신들의 이론과 인식을 설명하는 적극적인 커뮤니케이션이 동반되어야 한다. 예를 들어, 방송계 사람들은 공익에 대한 계량화를 시도하여야 하며, 통신계 사람들은 외부효과에 대한 충실한 인정이 요구된다. 이 책을 통한 저자의 거친 시도가 방송계와 통신계 사람들의 상호 이해에 조금이나마 도움이 되기를 소망한다.

참고문헌

국내 문헌

강명구·백미숙(2005). 방송이념으로 공익 개념의 형성과 건전한 국민의 형성: '동원형 국가주의'를 중심으로. 방송문화진흥회 보고서.

강병준(2011. 2. 5). 차라리 LTE망 투자를 더 하는 게. 〈전자신문〉.

강상현(1993). 한국의 뉴미디어 방송정책 현황과 개선방향. 〈신문과방송〉, 1993년 7월, 37~43.

강재원(2009). 융합시대, 공익개념의 지형도, 그리고 공익의 재개념화. 〈방송통신연구〉, 2009년 겨울호(통권 69호), 9~41.

강준만(1994). 방송정책 수립과정과 교수참여의 문제점: '끝발주의' 방송정책에 '소모'되는 언론학자. 〈저널리즘비평〉, 13호, 45~54.

강현두·강준만·이창근·오하타 히로시·주어훽이·부정남·이진구(1992). 《세계방송의 역사》. 나남.

강형철(1997). 한국 케이블TV산업의 규세정책에 관한 연구: 경제규제를 중심으로. 〈방송연구〉, 44호(1997. 7), 315~346.

______(2002). MBC 네트워크: 방송제도론적 함의. 《방송과 커뮤니케이션》, 55~78.

______(2004). 《공영방송론: 한국의 사회변동과 공영방송》. 나남.

______(2006). 사이버커뮤니케이션과 공익. 〈사이버커뮤니케이션학보〉, 17호(2006. 1), 5~46.

______(2008). 방송통신융합 시대의 공영방송 규제: '공공방송위원회' 모델. 〈방송문화연구〉, 20권 1호, 7~34.

______(2011a). 방송 공익 개념과 공영방송의 수용: 조선방송협회에서 한국방송

공사까지. 〈방송문화연구〉, 23권 1호, 7~40.

______(2011b). 한국 방송정책의 결정과정과 특징: 신제도주의적 시론. 〈방송통신연구, 75호(2011 여름), 28~57.

______(2012). 《공영방송 재창조》. 나남.

______(2013). 방송환경 변화 아래 공익에 대한 도전과 개념변화: 한국 방송학 논문 메타분석. 〈정보통신정책연구〉, 20권 4호, 33~71.

______(2014). 융합미디어 시대 보편적 서비스와 공영방송. 〈한국언론정보학보〉, 67호, 35~61.

______(2016). 통신 공익 개념의 출발과 제도화: 영·미 사례 분석. 〈정보통신정책연구〉, 23권 2호, 17~47.

강형철·양승찬(2005). 공영방송의 수신료 제도 개선방안 연구: 디지털시대의 수신료 제도. 방송위원회.

곽정호(2005). 방송의 보편적 서비스제도 도입방안 분석. 〈정보통신정책〉, 17권 1호, 1~37.

권경희(2006. 1. 19). 1인 미디어방송 성장세 무섭다. 〈서울경제〉, A6면.

권장원(2001). 신제도주의 접근에 기반한 한국 방송사 조직의 행위 지속성에 대한 연구: 공영방송체제에서 공민영 혼합체제로의 이행기에서의 방송사 조직 행위를 중심으로. 〈한국방송학보〉, 15권 3호, 7~43.

김경호(2013). '공익을 해할 목적의 허위통신' 조항에 대한 위헌결정의 함의와 온라인 표현의 자유에 관한 연구: 헌재 2008헌바157, 2009헌바88(병합) 결정 분석. 〈사회과학연구〉, 24권 1호(2013), 283~304.

김대규·윤석민(2010). 방송위원회와 정보통신부의 통합 과정: 인사와 조직문화를 중심으로. 〈한국방송학보〉, 24권 3호, 50~97.

김대호(2009). 방송 서비스의 보편적 서비스 정책 연구. 〈정보통신정책연구〉, 16권 3호, 1~28.

김도연(2002). 김대중 정부의 방송정책 결정 및 운영방식에 대한 평가적 연구: 방송개혁위원회와 방송위원회를 중심으로. 사이버커뮤니케이션학회 추계정기학술대회 - 김대중 정부의 정보화 정책 평가와 차기정부의 과제(2002년 12월 3일 프레스센터 19층 기자회견장) 발표논문.

김동진(1986). 방송의 공익성에 관한 연구. 연세대학교 대학원 신문방송학과 박사학위논문.

김문조(2012). 융합사회의 문제점과 대응 방안. 〈사회와 이론〉, 20집, 7~35.
김병선(2008). 디지털 케이블 서비스에서의 시청자 복지에 관한 탐색적 연구. 〈한국방송학보〉, 22권 3호, 5~50.
김비환(2001). 영미 자유주의 사상에서의 공익 개념과 한국에서의 함의, 〈철학과 현실〉, 50권(2001년 9월), 36~48.
김성재(2008). 이명박 정부의 미디어 정책: 권위주의적 시장주의. 〈서석사회과학논총〉, 1권 2호, 87~111.
김성환·이내찬·김형찬(2008). 망중립성의 배경 및 이론의 이해. 〈정보통신정책연구〉, 15권 1호, 95~133.
김세철(1993). 지역 민영방송 설립에 대한 시론적 연구. 〈한국언론학보〉, 30호, 5~31.
김승수(2001). 민주적 편성규약의 제정을 위한 이론적 탐색. 〈방송연구〉, 2001년 여름호(통권 52호), 193~221.
______(2007). 방송의 공공성-공익성: 이론적 진화. 한국언론정보학회 매체자본연구회 세미나 발표 자료.
김시윤(1997). 정책변화와 신제도주의: 통신산업정책의 사례. 〈한국정치학회보〉, 31집 1호, 323~345.
김영석·김재영·박선영·성선제·이재진·황용석(2004). 《인터넷언론과 법》. 한국언론재단.
김영주(2008). 방송산업에서의 보편적 서비스 제도화에 관한 연구. 〈한국방송학보〉, 22권 5호, 53~91.
김영환(2006). '황우석 사건' e-메일 수사, 원칙 지키나. 〈중앙일보〉, 1월 24일자 칼럼.
김원동(2003). 한국사회의 변화와 공익개념. 한국언론재단(편), 《공영방송》(37~67쪽). 서울: 한국언론재단.
김유승(2005). 인터넷 콘텐츠 공동규제 연구: 유럽연합의 "더 안전한 인터넷 사용증진을 위한 행동계획"을 중심으로. 〈사이버커뮤니케이션학보〉, 16호(2005. 2), 83~118.
김일영(2001). 한국에서 발전국가의 기원, 형성과 발전 그리고 전망. 〈한국정치외교사논총〉, 23집 1호, 87~126.
김재영·강한나(2007). 매체균형발전과 지상파 역차별의 실체. 〈방송과커뮤니케이션〉, 8권 2호, 59~79.

김재영·박규장(2005). 디지털 시대의 방송 공익성과 지상파방송 정책 패러다임. 〈사회과학연구〉, 16호, 49~69.

김재홍(1983). 행정과 공익. 〈고시계〉, 9월호, 233~235.

김종성·김연수(2003). NGO와 정부 간 관계에 대한 신제도주의적 접근. 〈한국사회와 행정연구〉, 14권 1호, 21~46.

김지일(2001). MBC 김지일 국장 인터뷰. 2001년 11월 19일 오후 5시, MBC 본사 사옥.

김진기(1997). 미국의 정보통신 자유화 과정과 전망. 〈정보통신정책〉, 9권 23호, 23~41.

김진웅(2003). 방송 공익성의 철학적, 제도적 분석. 〈방송과 커뮤니케이션〉, 2003년, 6~31.

______(2006). 방송 공익론의 법적 접근: 방송법을 중심으로. 〈커뮤니케이션학연구〉, 14권 2호, 95~116.

김평호(2008). 미디어 환경개념의 정책적 함의: 공익성 관련 논의를 중심으로. 〈한국언론정보학보〉, 통권 43호, 152~172.

김현숙·민희철·박기백(2007). 공기업 민영화 성과분석: 국민 경제적 관점의 효과. 한국조세연구원.

나상우(2010). 주요국 보편적 서비스 제도 재편 방향 및 시사점. 〈정보통신정책연구〉, 22호, 23~58.

______(2012). 통신환경 변화에 대응한 EC의 보편 범위 검토결과. 〈정보통신정책연구〉, 24권 3호, 52~61.

나상윤(2005). 시장개방이 국가기간산업에 미치는 영향. 〈진보평론〉, 23호, 63~75.

노정팔(1968). 방송부문. 《한국의 언론》 제1집. 문화공보부.

______(1995). 《한국방송과 50년》. 나남.

류춘렬·배진한(2000). 위성방송에서의 시청자 권익신장과 보편적 서비스 구현방안. 〈방송통신연구〉, 50호, 151~176.

목진자(1970). 한국방송윤리의 자율규제성과 그 문제점. 〈신문학보〉, 3호, 77~99.

문시형(1971). 중앙방송국 경영형태에 관한 소고. 〈신문학보〉, 4호, 39~60.

박선미(2011). 방송공익의 제도철학적 고찰: 1990년 이후 방송정책 결정과정을 중심으로. 동의대학교대학원 언론광고학과 박사학위논문.

박용규(2000). 한국 초기 방송의 국유화 과정에 관한 연구: 1945년부터 1953년까지를 중심으로. 〈한국언론학보〉, 44권 2호. 93~123.

박은희(2005). 수용자 복지 정책 제도화를 위한 개념적 접근. 한국언론학회 2005년 학술세미나 발제문. 53~71.

박천일·강형철·안민호 역(2004). 《매스커뮤니케이션 이론: 연구방법과 이론의 활용》. 나남.

〈방송〉(1960년 여름호). 4월 민주혁명과 방송. 조항제(편) (2000), 《방송사사료집》. 방송위원회.

방송문화진흥회(편) (1999). 《한국방송총람》. 나남.

방정배(1989). 80년대 한국언론 구조적 특징 변화. 〈기독교사상〉, 1989년 12월호(통권 372호), 51~62.

배상진(2003). 공익의 본질과 행정에서의 적용, 〈진리논단〉, 8호.

배상훈(2010). 교육과학기술부 출범을 위한 입법과정 분석: 법정책학적·역사적 신제도주의 관점. 〈교육법학연구〉, 22권 2호, 103~124.

배진아(1999). 방송정책 참여자들이 인식하는 '공익' 개념의 유형 연구. 〈방송연구〉, 1999년 여름호(통권 49호), 268~306.

백미숙(2004). 미국 공영 텔레비전 PBS의 위기: '상업적 비영리' 공영방송과 '내부적 다원주의'. 〈한국언론학보〉, 48권 5호, 53~78.

______(2004). 미국 라디오 방송 제도의 성립과 공익 개념의 형성, 1922~26. 〈한국언론학보〉, 48권 2호, 373~399.

______(2008). 미국 초기 방송역사에서 '공익' 개념의 사회적 결정 요인, 1920~1925: 아마추어 '시민라디오'와 고출력 주파수 정책 사례분석을 중심으로. 〈경제규제와 법〉, 1권 2호, 191~214

백미숙·홍종윤·윤석민(2007). 국회 문화관광위원회 논의에 나타난 '방송정책이념': 종합유선방송법, 통합방송법 제·개정안(1991~2004)을 중심으로. 〈한국방송학보〉, 21권 2호, 305~350.

백완기(1984). 행정에 있어서 공익의 문제. 〈고시계〉, 11월호, 149~159.

부산문화방송(1990). 《부산문화방송 30년사: 1959~1989》. 부산문화방송사.

서규석(2014). 방송의 질과 균형. data.adic.co.kr/lit/fulltext/Article/A0000634/

01.doc. 2014. 9. 23. 웹페이지 열람.
손 열(2002). 관념, 제도, 전파: 근대일본의 경제구상. 〈한국정치학회보〉, 36집 1호, 243~345.
______(2006). 기술, 제도, 경로의존성: 정보화시대 벤처지원정책 한·일 비교 연구. 〈한국정치학회보〉, 40집 3호, 237~261.
송민정(2001). 다채널 시대의 상업적인 공익 프로그램 공급 가능성에 대한 연구. 〈한국언론학보〉, 45권 1호, 5~34.
송효진(2014). 질적 정보격차와 인터넷 정보이용의 영향요인 고찰: 이용자의 디지털 리터러시, 인식, 자기효능감을 중심으로. 〈한국정책과학학회보〉, 18권 2호, 85~116.
심미선·강형철·이승혜(2009). 공영방송 프로그램 성과 평가를 위한 탐색적 연구. 〈한국방송학보〉, 423권 5호.
안정민(2006). 《디지털 컨버전스와 방송규제》. 한국학술정보.
안정임(2006). 디지털 격차와 디지털 리터러시. 〈한국언론정보학보〉, 36호, 78~108.
안해균(1982). 정책철학과 공익. 〈고시계〉, 2월호, 109~128.
양승목(1999). 주류 언론학의 제도화와 패러다임 변화. 〈언론과 정보〉, 5호, 67~103.
연세대학교 신문방송학과(편) (1991). 《언론의 공익성과 규제: 고 김동진 교수 논문모음집》.
오창호(2000). 대안적 방송·통신정책 패러다임에 대한 철학적 탐구. 〈한국방송학보〉, 14권 1호, 155~208.
유일상(2013). 《언론정보윤리론》.
윤상길(2012. 3. 14). 인생사 희로애락이 담겨 있는 통신수단, 전보. 문화재청 홈페이지(http://www.cha.go.kr).
윤석민(1999). 다채널 상황하의 수용자 복지와 보편적 방송영상 서비스. 〈한국언론학보〉, 4권 1호, 287~327.
______(2002). 21세기 방송환경 변화와 새로운 방송이념. 〈방송연구〉, 2002년 여름호(통권 54호), 89~115.
______(2003). 방송정책에 있어서 공익이념의 이론적 토대. 한국언론재단(편), 《공영방송》(68~101쪽). 서울: 한국언론재단.

______(2008). 2008년 초 정권교체 시점의 방송통신 정책기구 개편을 둘러싼 논의의 혼선과 쟁점들. 한국언론학회 세미나 "융합시대의 방송통신융합기구 개편방안"(2008. 1. 31 프레스센터 18층 외신기자클럽) 발표논문.

______(2009). 토론문. 한국언론학회 50년사 편찬위원회(편), 《한국언론학회 50년사》(961~864쪽). 서울: 한국언론학회.

______(2010). 방송위원회와 정보통신부의 통합 과정. 〈한국방송학보〉, 24권 3호, 50~97.

윤석민·홍종윤(2005). 우리나라 DMB 도입 정책에 있어서의 쟁점과 과제. 〈방송문화연구〉, 17권 1호, 9~40.

윤영철(2001). 디지털시대 방송의 공익성과 민주주의. 〈방송연구〉, 2001년 여름호(통권 제52호), 33~55.

윤태진(2006. 1. 18). 끼리끼리만의 사이버 공간, 〈한국일보〉, A29면.

이경석·신용희·박명철(2005). 통신산업 민영화 성과에 대한 소고. 〈대한전자공학회 전자 정보 통신 학술 대회 논문집〉, 257~260.

이계만·안병철(2011). 한국의 공익개념 연구: 공익 관련 법률내용 분석을 중심으로. 〈한국정책과학학회보〉, 15권 2호, 1~27.

이덕근(1961). 방송의 의견기능과 한국의 배경적 조건에 대한 일고찰. 〈신문학보〉, 2호, 59~71.

이범경(1994). 《한국방송사》. 범우사.

이상식(2003). 공익성과 보편적 서비스 개념의 비교 연구. 〈한국언론정보학보〉, 20호, 111~139.

______(2008). 방송·통신 규제 기구 통합과 효과에 관한 연구. 〈언론과학연구〉, 8권 2호, 272~306.

이상우·김창완(2006). 공익과 경쟁: 융합 환경에서 공익성에 대한 경제학적 분석. 〈사이버커뮤니케이션 학보〉, 17호(2006. 1), 77~113.

이상희(1960. 5. 20). 방송 정치 중립: 영국 BBC의 경우. 〈동아일보〉 칼럼.

이수영·박은희(2002). 양방향시대 '수용자 복지'의 개념화와 새로운 구현장치. 〈방송통신연구〉, 2002년 여름호(통권 54호), 65~87

이승환(2001). 〈철학과 현실〉, 통권 50호, 24~35.

이연호·임유진·정석규(2002). 한국에서 규제국가의 등장과 정부-기업관계. 〈한국정치학회보〉, 36집 3호, 199~222.

이영음(2003). 사이버 공동체에서의 윤리, 〈사이버커뮤니케이션학보〉, 12호(2003. 2), 179~211.
이종기·이상우·이봉규(2009). 융합시대의 통신과 방송의 보편적 서비스 정립 방안에 관한 연구. 〈한국언론학보〉, 53권 3호, 128~145.
이준웅·정준희(2011). 디지털 전환과 디지털 지상파 플랫폼 서비스 제공: 해외 사례와 국내 도입에 대한 함의. 〈방송통신연구〉, 77호, 38~76.
이창근(2002). 커먼 캐리어(Common Carrier)의 공적(公的) 의무의 기원에 대하여: 비차별 서비스 의무(Duty to Serve)를 중심으로. 〈언론과사회〉, 10권 1호, 8~41.
이창현(1998). 한국방송 영향력자의 방송정책에 대한 인식 차이: "공익적 계도론"과 "상업적 자율론", 〈한국방송학보〉, 11호, 117~146.
이호규(2000). 이용자의 성향을 고려한 보편적 서비스 개념의 재정립. 〈언론정보학보〉, 45권 1호, 266~296.
이환의(1992). MBC와 나. 《문화방송30년사》(415~419쪽). 문화방송.
일본방송협회 편(1965). 《일본방송사》. 동경.
임정수(2004). 세 가지 미디어 집중현상의 개념화와 미디어 산업규제정책에서의 함의. 〈한국언론학보〉, 48권 2호, 138~163.
______(2008a). 방송공익의 개념적 파생에 대한 칸트 윤리학적 논의. 〈한국언론학보〉, 52권 6호, 282~299.
______(2008b). 케이블방송의 커뮤니티 복지에 대한 케이블방송사와 시청자의 인식. 〈한국방송학보〉, 20권 4호, 231~266.
장하용·조명희(2011). 방송 프로그램 제작 PD의 '방송 공익성' 인식에 관한 연구: 지상파방송 3사를 중심으로. 〈언론과학연구〉, 11권 3호, 261~293.
전관응(1881). 서문. 진한엠앤비편집부 편(2012), 《만국전보통례》.
______(1881b). 후서. 진한엠앤비편집부 편(2012), 《만국전보통례》.
전규찬(2004). 텔레비전과 문화다양성, 질 평가의 연관성. 〈방송연구〉, 2004년 겨울호(통권 59호), 7~31.
전영범(2009). 융합시대 미디어산업의 공익성과 소유규제. 〈한국언론정보학보〉, 통권 46호, 511~555.
전인철(1998). 공익에 관한 이론과 판단근거. 〈용인대학교 논문집〉 15호, 433~447.

정보통신부(2005. 12. 29). 보도자료: 수치로 본 IT 2005.
_____(2001). 《한국 정보통신 20세기사》.
정보통신정책연구원(2005). 《통신서비스 정책의 이해》. 서울: 법영사.
_____(황주성 · 조동기 · 김상배 · 강홍렬 · 유지연 · 최선희 · 김성우 · 조희경) (2002). 사이버문화 및 사이버공동체 활성화 정책방안 연구.
정신량(1997). 한국의 정보통신 자유화 과정과 전망. 〈정보통신정책〉, 9권 23호, 1~22.
정용준(2004). 방송사유화 이론 및 정책 비판. 〈방송과 커뮤니케이션〉, 5권 1호, 98~122.
_____(2009). 수평적 규제체계와 방송의 공익성. 〈방송과 커뮤니케이션〉, 10권 1호, 5~36.
_____(2000). 뉴미디어 시대의 방송정책과 시장 그리고 민주주의. 〈한국언론정보학보〉, 14호, 267~287.
_____(2010). 한국과 영국의 방송 공익성 이념 비교 연구. 〈언론과학연구〉, 10권 2호, 544~571.
정윤식(2005). 유료방송의 공익 및 공적 책임: 지역성, 다양성, 경쟁 원리를 중심으로. 〈사이버커뮤니케이션학보〉, 16호, 45~81.
_____(2009). 커뮤니케이션 정책 연구 50년. 한국언론학회 50년사 편찬위원회(편), 《한국언론학회 50년사》(825~865쪽). 한국언론학회.
정인숙(1996). 방송정책 결정과정에 관한 연구. 〈한국언론학보〉, 제36호, 121~129.
_____(1998). 김영삼 정부에서의 언론의 자유도와 비공식적 통제. 〈한국언론학보〉, 22권 4호, 57~99.
_____(2002). 1990년 이후 방송사업자 인허가정책에 대한 평가. 〈한국언론정보학보〉, 18호.
_____(2006). 3대 언론학술지에 게재된 방송정책연구에 대한 평가. 〈미디어, 젠더&문화〉, 6호, 109~135.
_____(2006). 커뮤니케이션 환경 변화에 따른 보편적 서비스의 개념 재구성에 관한 연구. 〈커뮤니케이션학연구〉, 14권 2호, 69~94.
_____(2007). MMS와 디지털 공익성: 공동체지향과 시장지향적 관점의 대립. 〈미디어, 젠더&문화〉, 8호, 157~185.

______(2009). IPTV 도입 과정에 대한 지대추구론적 분석. 〈한국언론정보학보〉, 47호(2009 가을), 5~22.

______(2013). 《커뮤니케이션 핵심이론》. 서울: 커뮤니케이션북스.

정재철(2002). 90년대 이후 한국 방송학 연구의 성찰: 학회 학술지 게재논문들의 주요 연구경향을 중심으로. 〈한국방송학보〉, 16권 1호, 333~366.

정현준(2005). 미국 통신시장 규제의 역사와 통신법 개정 움직임. 〈정보통신정책〉, 17권 16호(통권 377호), 1~22.

조동기·오영석·조희경(2001). 《사이버공간에서의 여론형성과 집합행동》. 정보통신정책연구원.

조영신(2007). 커뮤니케이션 기업의 합병과 공익기준: FCC의 합병심사서를 대상으로. 〈미디어 경제와 문화〉, 5권 1호, 55~101.

______(2012). 스마트 TV 시대의 지역 기반 방송의 위상과 과제: 망의 진화로 본 방송 시장. 〈언론정보연구〉, 49권 1호, 295~329.

조영신·현경보·이선미(2005). FCC 방송 재허가와 공익. 〈미디어 경제와 문화〉, 3권 1호, 78~120.

조항제(1998). 1960년대 한국방송의 자율성의 성격: 코포라티즘과 복합대기업화. 〈한국방송학보〉, 10호, 289~322.

______(2000). 해제. 조항제(편), 《방송사사료집》. 방송위원회.

______(2001). 전환기 공영방송의 패러다임. 〈언론과 사회〉, 28호, 72~97.

주재원·나보라(2009). 올드미디어는 뉴미디어를 어떻게 재현하는가?. 〈언론과 사회〉, 17권 2호, 2~48.

주정민(2006). 방송통신 융합에 따른 산업구조의 변화와 공익성. 〈한국언론정보학보〉, 통권 36호, 109~132.

______(2005). IPTV의 방송통신 융합적 특성과 도입정책에 관한 연구. 〈사이버커뮤니케이션 학보〉, 15호, 161~197.

______(2006a). 집중점검 - 2기 방송위 평가와 과제/방통융합 상황에 맞는 새로운 규제체계 정립 시급. 〈신문과방송〉, 425호(2006. 5), 112~115.

______(2006b). 방송통신융합추진위원회 출범과 운영 전망. 〈신문과방송〉, 428호(2006. 8), 81~85.

지은주(1995). 민영화와 국가: 1980년대 이후 정보통신산업을 중심으로. 이화여자대학교 정치학과 석사학위논문.

채장수(2009). 공공성의 한국적 현재성: 상황과 의미. 〈21세기 정치학회보〉, 19집 1호, 47~69.
최낙관·국영희(2006). 신제도주의와 신제도주의 경제학(NIE)에 대한 이론적 검토. 〈한국자치행정학보〉, 20권 2호, 155~179.
최민재(2013). 공영방송의 스마트 미디어 및 인터넷 정책의 공익성에 관한 연구. 〈한국언론정보학보〉, 64호, 31~58.
최선규·이한영(2005). 인터넷 도입 이후 10년: 한국경제에 미친 영향과 시사점. 〈사이버커뮤니케이션학보〉, 16호(2005. 2), 163~202.
최세경(2007). 매체균형발전 정책개념의 평가와 재정립을 위한 탐색. 한국방송학회 세미나 자료집.
최창봉·강현두(2001). 《우리방송 100년》. 현암사.
최창수(2009). 행정개혁, 절반의 성공: 신제도주의 동형화 관점에서의 사례분석. 〈한국사회와 행정연구〉, 19권 3호, 1~23.
통계청(2005). 〈2004년 생활시간조사 결과〉.
편집부(2012). 《기록으로 본 한국의 정보통신 역사》. 서울: 진한엠엔비.
하태수(2002). 공익과 행정이념에 대한 시론적 재고: 국가이론의 중심으로. 〈행정논총〉, 40권 2호, 85~109.
한국방송협회(1997). 《한국방송 70년사》. 한국방송협회.
한국언론연구원(1993). 《매스컴대사전》.
한국인터넷진흥원(2005). 《한국인터넷 통계집》.
한국전산원(2003). 《한국인터넷백서》.
한국정보문화진흥원(2004). 2004 정보격차지수조사.
______(2005). 인터넷 중독 실태조사.
한국정보화진흥원(2015). 2014 정보화지수 및 실태조사.
황 근(2002). 독립규제기구로서 방송위원회의 구조적 특성에 관한 평가연구. 〈사이버커뮤니케이션학보〉, 6호, 264~298.
황상재(1994). 커뮤니케이션 체제변화와 정책연구의 위상변화. 〈방송학연구〉, 통권 5호, 159~179.
황성기(2005). 현행 인터넷 내용심의제도의 법적 문제점에 관한 연구: 법적 규제시스템과 자율 규제시스템의 바람직한 방향을 도출하기 위한. 〈사이버커뮤니케이션학보〉, 15호(2005. 1), 5~55.

황용석 · 양승찬(2003). 인터넷 토론 활성화를 위한 '상호작용성' 개념 탐구. 〈언론과사회〉, 11권 2호, 111~139.

공영 또는 민영화. 〈동아일보〉 1960년 10월 1일자 기사.
관영방송의 방송공사회 안. 〈동아일보〉 1969년 12월 9일자 사설.
국영방송 독립회계 구상. 〈경향신문〉 1962년 7월 28일자 기사.
국영방송의 공영화 문제. 〈조선일보〉 1964년 3월 15일자 사설.
문화공보부와 방송청. 〈동아일보〉 1968년 5월 14일자 사설.
방송관리 민영화의 움직임. 〈동아일보〉 1956년 8월 19일자 기사.
방송관리법안 지상공청. 〈조선일보〉 1960년 6월 1일자 기사.
방송관리법안의 제출을 보고. 〈동아일보〉 1960년 10월 17일자 사설.
방송국 移管. 협회업무원 반대. 〈조선일보〉 1948년 8월 21일자 기사.
방송사업을 근본적으로 뜯어고치라. 〈조선일보〉 1955년 5월 26일자 사설.
방송협회 공보처서 인수. 〈조선일보〉 1948년 10월 9일자 기사.
새로 발족될 한국방송공사. 〈경향신문〉 1972년 12월 25일자 기사.
신문용지 수입 특혜조치 강구. 〈동아일보〉 1959년 11월 21일자 기사.
여당 편중방송 논란. 〈경향신문〉 1958년 7월 30일자 기사.
텔리비 광고 취급. 〈경향신문〉 1962년 11월 15일자 기사.
행정기구간소화안. 〈동아일보〉 1956년 11월 5일자 기사.
현실에 맞는다. 〈동아일보〉 1956년 8월 19일자 기사.
5 · 16 장학회를 설립. 〈경향신문〉 1962년 6월 5일자 기사.

해외 문헌

Advisory Committee on Public Interest Obligations of Digital Television Broadcasters(1998). Changing the digital creating future. U. S. Department of Commerce.

Allnutt vs Inglis(1810). 12 East 527, 104 ER 206.

Altschull, J. H. (1984). *Agents of Power: The Role of the News Media in Human Affairs*. New York: Longman.

Anderson, S. (2009). Net neutrality: The view from Canada. *Media Development*, *56*(1), 8~11.

Andersson-Skog, L. (2000). National patterns in the regulation of railways and telephony in the Nordic countries to 1950. *Scandinavian Economic History Review*, *48*(2), 30~46.

Arthur, B. (1989). Competing technologies, increasing returns, and lock-in by historical event. *Economic Journal*, *99*, 116~131.

Ashley, S. (2013). The closing of the ether: Communication policy and the public interest in the United States and Great Britain, 1921~1926, *Communication Law and Policy*, *18*(1), 1~61.

Aufderheide, P. (1992). Cable television and the public interest. *Journal of Communication*, *42*(1), 52~65.

______(1999). *Communication Policy and the Public Interest: The Telecommunication Act of 1996.* NY: Guilford Press.

Avery, R. K. (1993). Introduction. In R. K. Avery(Ed.), *Public Service Broadcasting in a Multichannel Environment*(pp. Xiii~Xix). New York and London: Longman.

Bailey, M. F. (2003). Railway regulation in 19th Century Britain: The economic rationale and legacy of Gladstone and Chadwick. Unpublished Article at: http://128.118.178.162/econ-wp/mhet/papers/0307/0307001.pdf.

Bailey, M., Clarke, B., & Walton, J. K. (2012). *Understanding Richard Hoggart: A Pedagogy of Hope.* Blackwell Publishing Ltd., Oxford.

Barile, P. & Rao, G. (1992). Trends in the development of broadcasting law in Western Europe. *European Journal of Communication*, *7*(2), 261~281.

Bedesky, R. E. (1994). *The Transformation of South Korea: Reform and Reconstruction in the Sixth Republic under Rho Tae Woo 1987~1992.* London & New York: Routledge.

Bell, D. (1995). Communications, corporatism, and dependent development in Ireland. *Journal of Communication*, *45*(4), 70~88.

Bell, K. (2005). Funding for PBS hinging on war of ideology; Senate panel to tackle budget as partisan debate heightens. *Boston Globe*, *Jul. 11*, pg. A3.

Bennett, W. (2003). The internet and global activism. In N. Couldry & J. Curran (Eds.), *Contesting Media Power: Alternative Media in a Networked World* (pp. 17~37). Lanham, Maryland: Rowman & Littlefield Publishers.

Bimber, B. (1999). The internet and citizen communication with government: Does the medium matter?. *Political Communication*, *16* (4), 409~428.

______ (2001). Information and political engagement in America: The search for effects of information technology at the individual level. *Political Research Quarterly*, *54* (1), 53~67.

Blitz, M. (2005). The media we deserve. *Public Interest*, *Spring*, 125~175.

Blumler, J. & Hoffmann-Reim, W. (1992). New roles for public television in western Europe: Challenges and prospects. *Journal of Communication*, *42* (1), 20~35.

______ (1992). Public service broadcasting before the commercial deluge. In J. G. Blumler (Ed.), *Television and the Public Interest: Vulnerable Values in West European Broadcasting* (pp. 7~21). London, Newbury Park, New Delhi: SAGE.

Bobrow, D. B. & Na, J. J. (1999). Korea's affair with globalization: Deconstructing Segyehwa, In C. Moon & J. Mo (Eds.), *Democratization and Globalization in Korea: Assessments and Prospects* (pp. 179~207). Seoul: Yonsei University Press.

Born, G. and Prosser, T. (2001). Culture and consumerism: citizenship, public service broadcasting and the BBC's fair trading obligations. *Modern Law Review*, *64* (5), 657~687.

Bozeman, B. (2007). *Public Values and Public Interest: Counterbalancing Economic Individualism*. Georgetown University Press.

Braman, S. (1995). Horizons of the state: Information policy and power. *Journal of Communication*, *45* (4), 4~24.

Brants, K. & Bens, E. D. (2000). The status of TV broadcasting in Europe. In J. Wieten, G. Murdock & P. Dahlgren (Eds.), *Television across Europe: A Comparative Introduction* (pp. 7~22). London: Sage.

Brendstrup, S.(2002). Historical institutionalism as middle ground in institutionalism?. Paper prepared for the conference Institutionalism in economics and sociology, Thursday 23 May～Saturday 25 May, 2002, Rungstedgaard, Denmark.

Broadcasting Research Unit(1985). *The Public Service Idea in British Broadcasting: Main Principles.* London: BRU.

Burch, K.(2002). Toward a constructivist comparative politics. In D. M. Green(Ed.), *Constructivism and Comparative Politics.* New York and London: M.E. Sharpe.

Burdick, C. K.(1911). The origin of the peculiar duties of public service companies, Part I. *Columbia Law Review, 11*(6), 514～531.

Burton, J.(1996). Seoul takes tough line with foreign media. *The Financial Times, 14 March,* International Page 7.

Campbell, H. & Marshall, R.(2002). Utilitarianism's bad breath? A re-evaluation of the public interest justification for planning. *Planning Theory, 1*(2), 163～187.

Carey, J.(1989). *Communication and Culture. Essays on Media and Society.* Boston.

Castells, M.(2001). *Internet Galaxy.* Oxford: Oxford University Press.

CEC(Commission of the European Communities)(1998). DGIV Discussion Paper.

______(1999). State aid to public broadcasting channels Kinderkanal and Phoenix(OJ C 238, 21.8.).

______(2000). Financing of a 24-hour advertising-free news channel with licence fee by the BBC(OJ C 78, 18.3).

Cha, V.(1997). Realism, liberalism, and the durability of the U.S.-South Korean alliance. *Asian Survey, 37*(7).

Chadwick, P.(1989). *Media Mates.* Malbourne: Macmillan.

Chester, J. & Montgomery, K. C.(1993). A public-interest perspective for the future U.S. telecommunications infrastructure. In C. M. Firestone (Ed.), *Television for the 21st Century*(pp. 101～104). Washington, DC:

The Aspen Institute.

Chitty, T. & Temple, L. (1857). *A Practical Treatise on the Law of Carriers of Goods and Passengers by Land, Inland Navigation, and in Ships: With an Appendix of Statutes and Forms of Pleadings.* T. & J. W. Johnson & Co. : Philadelphia.

Christophers, B. (2008). Television's power relations in the transition to digital: The case of the United Kingdom. *Television and New Media*, *9*(3), 239~257.

Clemens, E. S. & Cook, J. M. (1999). Politics and institutionalism: Explaining durability and change. *Annual Review of Sociology*, *25*, 441~466.

Collins, R., Finn, A., McFadyen, S., & Hoskins, C. (2001). Public service broadcasting beyond 2000: Is there a future for public service broadcasting?. *Canadian Journal of Communication*, *26*(1), 3~15.

Corner, J. (1999). *Critical Ideas in Television Studies.* Oxford: Oxford University Press.

Cotton, J. (1994). From authoritarianism to democracy in South Korea. In J. Cotton(Ed.), *Korea under Roh Tae-Woo: Democratization, Northern Policy and Inter-Korean Relations* (pp. 22~41). St Leonards, Australia: Allen & Unwin Pty Ltd.

Council of Europe(2009). Strategies of public service media as regards promoting a wider democratic participation of individuals. Report prepared by the Group of Specialists on Public Service Media in the Information Society.

Crawford, E. (1925). *Report of the Broadcasting Committee.* HMSO.

Cremer, H., Gasmi, F., Grimaud, A., & Laffont, J. (1988). *The Economics of Universal Service: Theory.* http://info.worldbank.org/etools/docs/library/64602/theory.pdf.

Croteau, D. R. & Hoynes, W. (2006). *The Business of Media: Corporate Media and the Public Interest.* Pine Forge Press.

Cuilenburg, Van J. & Mcquail, D. (2003). Media policy paradigm shifts: Towards a new communication policy paradigm. *European Journal of*

Communication, *18*(2), 181~207.

Cumings, B. (1983). Introduction: The course of Korean-American relations, 1943~1953. In B. Cumings(Ed.), *Child of Conflict: The Korean-American Relationship, 1945~1953*. Seattle & London: University of Washington Press.

Curran, J. (1996). Mass media and democracy revisited. In J. Curran & M. Gurevich(Eds.), *Mass Media and Society*, 2nd ed. (pp. 81~119). London, New York, Sydney, Auckland: Arnold.

______(1996). Mass media and democracy revisited. In J. Curran & M. Gurevitch(Eds.), *Mass Media and Society*, 2nd ed. London: Arnold.

______(2003). Global journalism: A case study of the internet. In N. Couldry & J. Curran(Eds.), *Contesting Media Power: Alternative Media in a Networked World* (pp. 227~241). Lanham, Maryland: Rowman & Littlefield Publishers.

Curran, J. & Seaton, J. (1996). *Power without Responsibility: The Press and Broadcasting in Britain*, 5th ed. London: Routledge.

______(2003). *Power without Responsibility*, 6th Ed. London: Routledge.

Dahlgren, P. (2000). Introduction. In J. Wieten, G. Murdock, & P. Dahlgren (Eds.), *Television across Europe: A Comparative Introduction*. London: Sage.

Dahrendorf, R. (1959). *Class and Conflict in Industrial Society*. Stanford: Stanford University Press.

Debrett, M. (2007). Reinventing public service television: From broadcasters to media content companies. Communications, Civics, Industry: ANZCA 2007 Conference Proceedings.

DeLuca, A. P. (1976). FCC broadcast standards for ascertaining community needs. *Fordham Urban Law Journal*, *5*(1), 55~81.

DiMaggio, P. J. & Powell, W. W. (1991). The iron cage revisited: Institutional isomorpism and collective rationality in organizational fields. In W. W. Powell & DiMaggio(Eds.), *The New Institutionalism in Organizational Analysis* (pp. 63~82). University of Chicago Press.

Dizard, W. (1994). *Old Media/New Media: Mass Communications in the Information Age.* New York: Longman.

Dogan, M. & Pelassy, D. (1984). *How to Compare Nations: Strategies in Comparative Politics.* Chatham House Publishers: Chatham, NJ.

Donders, K. (2009). State aide and public service broadcasting. In C. Pauwels, H. Kalimo, & K. Donders(Eds.), *Rethinking European Media and Communications Policy*(pp. 187~210). Brussels: Vubepress.

______(2012). *Public Service Media and Policy in Europe.* Palgrave Macmillan.

Douglas, W. V. (2006). Regulatory convergence?. *Legal Studies, 26*(1), 26~64.

Dwivedi, O. P. & Gow, J. I. (1999). *From Bureaucracy to Public Management: The Administrative Culture of the Government of Canada.* Broadview Press.

Dyson, K. & Humphreys, P. (1988). Regulatory change in Western Europe: From national cultural regulation to international economic statecraft. In K. Dysen & P. Humphreys(Eds.), *Broadcasting and New Media Policies in Western Europe*(pp. 92~160). Routledge.

______(1989). Deregulating broadcasting: the West European experience. *European Journal of Political Research, 17,* 137~154.

______(Eds.) (1988). *Broadcasting and New Media Policies in Western Europe.* London: Routledge.

Eckstein, H. (1974). Case study and theory in political science. In F. Greenstein & N. Polsby(Eds.), *Handbook of Political Science, 7.* Random House.

Eliassen, K. A. & From, J. (2009). Deregulation, privatisation and public service delivery: Universal service in telecommunications in Europe. *Policy and Society, 27*(3), 239~248.

Entman, R. & Wildman, S. (1992). Reconciling economic and non-economic perspectives on media policy: Transcending the "marketplace of ideas". *Journal of Communication, 42*(1), Winter, 5~19.

Erk, J. (2008). *Explaining Federalism: State, Society and Congruence in Austria, Belgium, Canada, Germany and Switzerland.* Routledge.

Erwin, G. K. (1997). The "public interest" standard: The elusive search for the holy grail. Briefing paper prepared for the Advisory Committee on Public Interest Obligations of Digital Television Broadcasters. Washington, D. C. http://www. ntia. doc. gov/legacy/archives/pubintadvcom/octmtg/KRASNOW. htm.

Eto, J. (1982). The censorship operation in occupied Japan. In J. L. Curry & J. R. Dassin (Eds.), *Press Control around the World* (pp. 235~253). New York: Praeger.

Etziony-Halevy, E. (1987). *National Broadcasting under Siege: A Comparative Study of Australia, Britain, Israel, and West-Germany*. Macmillan.

European Commission (1997). Green paper on the convergence of the telecommunications, media and information technology sectors, and the implications for regulation. Towards an information society approach. COM (97) 623, 3 December 1997.

______ (2001). Commission communication on the application of state aid rules to public service broadcasting (OJ C 320, 15. 11).

______ (2002a). Framework directive (2002/21/EC), OJ L 108, 24 April 2002. Brussels: EC.

______ (2002b). Authorisation directive (2002/20/EC), OJ L 108, 24 April 2002. Brussels: EC.

______ (2002c). Access and interconnection directive (2002/19/EC), OJ L 108, 24 April 2002. Brussels: EC.

______ (2002d). Universal service directive (2002/22/EC), OJ L 108, 24 April 2002. Brussels: EC.

______ (2002e). E-privacy or data protection directive (2002/58/EC), OJ L 201, 31 July 2002. Brussels: EC.

______ (2002f). Directive on competition (2002/77/EC), OJ L 249, 17 September 2002. Brussels: EC.

______ (2007). Communication from the commission to the Council, the European Parliament, the European Economic and Social Committee and the Committee of the Regions. Report on the outcome of the review of the EU Regulatory Framework for Electronic Communications

Networks and Services in accordance with directive 2002/21/EC and summary of the 2007 reform proposals, Com(2007)696, European Commission, Brussels.

European Court of Justice(1974). Judgment 30 April 1974 in Case 155/173.

European Parliament(1996). Resolution on the role of public service television in the multimedia society.

______(2010). Motion for a European Parliament resolution on public service broadcasting in the digital era: the future of the dual system.

European Union(2002). Directive 2002/22/EC of the European Parliament and of the Council of 7 March 2002 on universal service and users' rights relating to electronic communications networks and services(universal service directive) [Official Journal L 108, 24/04/2002].

Federal Communication Commission(1939). Investigations of the telephone industry in the United States(Walker Report).

______(1941). In the matter of the Mayflower Broadcasting Corporation and the Yankee Network, Inc. 8 FCC 333, 338.

______(1946). Public service responsibility of broadcasting licensees.

______(1949). In the matter of editorializing by broadcast licensees. 13 FCC 1246.

______(1960). Report and statement of policy re: Commission en banc programming inquiry. 25 Fed. Reg. 7291; 44 FCC 2303 July 29, 1960.

______(1971). Primer on ascertainment of community problems by broadcast applicants, Part I, Sections IV-A and IV-B of FCC Forms, Report and Order, 27 FCC 2d 650, 651.

______(1979). Notice of inquiry and proposed rulemaking in the matter of deregulation of radio. 73 FCC 2d 457.

______(1981). Deregulation of radio, report and order, 84 FCC 2d 968.

______(1984). Television deregulation order, 1984 WL 251255.

______(1987). Inquiry into section 73.1910 of the commission's rules and regulations concerning the general fairness doctrine obligations of broadcast licensees, report, 102 FCC 2d 145, 170.

______(2011). THE INFORMATION NEEDS OF COMMUNITIES.

Ferris, W. G. (1975). The disgrace of Ira Munn. *Journal of the Illinois State Historical Society*, *68*(3), 202~212.

Firesone, C. (Ed.) (1993). *Television for the 21st Century: The Next Wave*. Queenstown, Maryland: The Aspen Institute.

Forbes, S. C. (2000). Broadening the playing field: Modernizing twentieth-century American telecommunications access policy to include the public interest. Unpublished Ph. D. thesis at the Pennsylvania State University.

Foreman-Peck, J. S. (1987). Natural monopoly and railway policy in the nineteenth century. *Oxford Economic Papers*, *39*(4), 699~718.

Foster, C. D. (1992), *Privatization, Public Ownership and the Regulation of Natural Monopoly*. Oxford: Blackwell.

Fowler, M. (1982). The public's interest. *Communications and the Law*, *4*(1), 51~57.

Fowler, M. & Brenner, D. (1982). A marketplace approach to broadcast regulation. *Texas Law Review*, *60*(2), 207~258.

Francis, J. G. (1993). *The Politics of Regulation: A Comparative Perspective*. Cambridge, MA: Blackwell Publishers.

Frank, J. S. (1967). The public interest reconsidered. *The Journal of Politics*, *19*(4), 616~639.

Galperin, H. (2002). Can the U.S. transition to digital TV be fixed?: Some lessons from the European Union case, *Telecommunications Policy*, *26*(1-2), 3~15.

______(2004a). *New TV, Old Politics: The Transition to Digital TV in the U.S. and Britain*. New York: Cambridge University Press.

______(2004b). Beyond interest, ideas, and technology: An institutional approach to communication and information policy. *The Information Society*, *20*, 159~168.

Garnham, N. (1990). *Capitalism and Communication*. London: Sage.

______(1997). Universal service. In W. H. Melody(Ed.), *Telecom Reform: Principles, Policies and Regulatory Practices* (pp. 207~212). Den Private

Ingeniøfond, Technical University of Denmark, Lyngby.

Geller, H. (2003). Promoting the public interest in the digital era. *Federal Communication Law Journal*, *55*(3), 515~520.

Gill, S. (1995). Globalisation, market civilisation, and disciplinary neoliberalism. *Millennium: Journal of International Studies*, *24*(3), 399~423.

______(2001). Constitutionalising capital: EMU and disciplinary neo-liberalism. In A. Bieler & A. Morton(Eds.), *Social Forces in the Making of the New Europe: The Restructuring of European Social Relations in the Global Political Economy*(pp. 47~69), Palgrave: Basingstoke.

Gills, B. (1996). Economic liberalization and reform in South Korea in the 1990s: A 'coming of age' or a case of 'graduation blues'?. *Third World Quarterly - Journal of Emerging Areas*, *17*(4), 667~688.

Goodin, R. E. (1996). Institutionalizing public interest: The defense of deadlock and beyond. *American Political Science Review*, *90*(2), 331~343.

Goodman, E. P. & Chen, A. H. (2010). Modeling policy for new public service media networks. *Harvard Journal of Law & Technology*, *24*(1), 111~170.

Goodman, J. W. (2006). *Telecommunications Policy-Making in the European Union*. Edward Elgar: cheltenham, UK & Northampton, MA, USA.

Goodwin, P. (1999). The role of the state. In J. Stokes & A. Reading (Eds.), *The Media in Britain: Current Debates and Developments*. GB: Macmillan Press Ltd.

Graham, A. & Davies, G. (1998). *Broadcasting, Society and Policy in The Multimedia Age*. Luton: John Libbey.

Grandi, R. (1988). Italy. In P. Rosen(Ed.), *International Handbook of Broadcasting Systems*. Green Wood Press, 양기석(역) (1993), 《세계방송의 역사》(pp. 167~180). 나남.

Granham, N. (1986). The media and the public sphere. In P. Golding, G. Murdock, and P. Schlesinger(Eds), *Communicating Politics*. Leicester: Leicester University Press.

Gray, K. (2010). Regulatory property and the jurisprudence of quasi-public trust. *Sydney Law Review*, 32, 221~241.

Gross, L. (2003). The gay global village in cyberspace. In N. Couldry & J. Curran (Eds.), *Contesting Media Power: Alternative Media in a Networked World* (pp. 259~272). Lanham, Maryland: Rowman & Littlefield Publishers.

Habermas, J. (1989). *The Structural Transformation of the Public Sphere: An Inquiry into a Category of Bourgeois Society*. Cambridge: Polity Press.

Hachten, W. A. (1981). *The World News Prism: Changing Media, Clashing Ideologies*. Ames, Iowa: The Iowa State University Press.

Hall, P. A. (1986). *Governing the Economy: The Politics of State Intervention in Britain and France*. New York: Oxford University Press.

Hall, P. A. & Taylor, R. C. R. (1996). Political science and the three new institutionalisms. *Political Studies*, 44(5), 936~957.

Hallin, D. C. (1996). Commercialism and professionalism in the American news media. In J. Curran & M. Gurevitch (Eds.), *Mass Media and Society*, 2nd ed. (pp. 243~262). London: Arnold.

______ (1998). Broadcasting in the third world: From national development to civil society. In T. Liebes & J. Curran (Eds.), *Media, Ritual and Identity*. Routledge.

Hantke-Domas, M. (2003). The public interest theory of regulation: Non-existence or misinterpretation?. *European Journal of Law and Economics*, 15(2), 165~194.

Harrison, J. & Woods, L. M. (2001). Defining European public service broadcasting. *European Journal of Communication*, 16(4), 477~504.

Hassan, R. (2004). *Media, Politics, and the Network Society*. Open Unversity Press.

Hay, C. (1995). Structure and agency. In D. Marsh & G. Stoker (Eds.), *Theory and Methods in Political Science*. London: Macmillan.

Hazlett, T. (2004). All broadcast regulation politics are local: A response to Christopher Yoo's model of broadcasting regulation. *Emory Law Journal*, 53, 233~247.

Head, S. W., Steling, C. H., & Schofield, L. B. (1994). *Broadcasting in America*, 7th Ed. Boston, MA: Houghton Mifflin Company.

Held, D. (1989). *Political Theory and Modern State.* Stanford: Stanford University Press.

Held, V. (1970). *The Public Interest and Individual Interests.* New York: Basic Books.

Hellman, H. (1999). From companions to competitors: The changing broadcasting markets and television programming in Finland. *Acta Universitatis Tamperensis, 652*, University of Tampere.

Heuvel, J. V. & Dennis, E. E. (1984). Trends and developments in the media of South Korea. In C. Kim and J. Lee (Eds.), *Elite Media amidst Mass Culture: A Critical Look at Mass Communication in Korea.* Seoul: Nanam Publishing House.

Hills (1993). Back to the future: Britain's 19th century telecommunications policy. *Telecommunications Policy, 17*(3), 186~199.

Hirsch, P. M. (1997). Sociology without social structure: Neoinstitutional theory meets brave new world. *American Journal of Sociology, 102* (May), 1702~1723.

Hoffmann-Riem, W. (1992). Trends in the development of broadcasting law in Western Europe. *European Journal of Communication, 7*(2), 147~171.

______ (1996). *Regulating Media: The Licensing and Supervision of Broadcasting in Six Countries.* New York; London: The Guilford Press.

Hujanen, T. (2000). Programming and channel competition in European television. In J. Wieten, G. Murdock, & P. Dahlgren (Eds.), *Television across Europe: A Comparative Introduction* (pp. 65~83). London: Sage.

Hwang, K. (1996). South Korea's bureaucracy and the informal politics of economic development. *Asian Survey, 36*(3).

Iosifidis, P. (2011). Growing pains? The transition to digital television in Europe. *European Journal of Communication, 26*(1), 3~17.

Jääsaari, J. (2007). *Consistency and Change in Finnish Broadcasting Policy: The*

Implementation of Dgital Television and Lessons. ÅBO Akademis Főrlag - ÅBO Akademi University Press.

Jakubowicz, K. (2003). 마지막 승부? 계약, 감사, 공영방송의 미래. 강형철 (2006), 《디지털 시대 공영방송의 책무수행 평가》. 서울: 한울.

______(2006). PSB: The beginning of the end, or a new beginning in the 21st century?. Presentation for the RIPE@2006 conference: Public service broadcasting in the multimedia environment: Programmes and platforms.

Johnson, C. (1993). South Korean democratization: The role of economic development. In J. Cotton(Ed.), *Korea Under Roh Tae-Woo: Democratization, Northern Policy and Inter-Korean Relations* (pp. 92~107). St Leonards, Australia: Allen & Unwin Pty Ltd.

Jones, W. (1980). The common carrier concept as applied to telecommunications: A historical perspective. Submitted to the Federal Communications Commission as appendix to the reply comments of International Business Machines corporation in competitive carriers rulemaking CC docket No. 79~252(filed April 4, 1980).

Jung, K. H. & Kim, D. J. (1999). Globalization and international competitiveness: The case of Korea. In C. Moon & J. Mo(Eds.), *Democratization and Globalization in Korea: Assessments and Prospects*. Seoul: Yonsei University Press.

Kahl, C, H. (2001). Constructivism. on World Wide Web: http://www.polisci.umn.edu/courses/spring2001/4810/4810_2-1-2-6-01.pdf.

Kahn, F. J. (1984) (Eds.). *Documents of American Broadcasting*, 4th ed. New Jersey: Prentice-Hall.

Kaiser Family Foundation(2004). Parents, media and public policy: A Kaiser Family Foundation survey.

Kang, H. C. (2001). A mixed form of public service broadcasting: A legacy of foreign regimes in South Korea. *Korean Journal of Journalism & Communication Studies*, Special English Edition, 65~86.

______(2002). A mixed form of public service broadcasting: A legacy of

American military rule in South Korea. Paper prepared for the ICA conference held in Seoul.

Kasza, G. J. (1986). Democracy and the founding of Japanese public radio. *The Journal of Asian Studies*, *45*(4).

Katz, E. and Wedell, G. (1977). *Broadcasting in the Third World: Promise and Performance*. Cambridge, MA: Harvard University Press.

Kellner, D. (1981). Network television and American society: Introduction to a Critical Theory of Television. *Theory and Society*, *10*, 31~62.

______(1990). *Television and the Crisis of Democracy*. Boulder, Colorado: Westview.

Kim, C. & Shin, T. (1994). The Korean press: A half century of controls, suppression and intermittent resistance. In C. Kim & J. Lee(Eds.), *Elite Media amidst Mass Culture: A Critical Look at Mass Communication in Korea*. Seoul: Nanam Publishing House.

Kim, J. Y. (1994). Democratization in South Korea. In J. Cotton(Ed.), *Korea under Roh Tae-Woo: Democratization, Northern Policy and Inter-Korean Relations*. St Leonards, Australia: Allen & Unwin Pty Ltd.

King, S. M., Chilton, B. S., & Roberts, G. E. (2010). Reflections on defining the public interest. *Administration & Society*, *41*(8), 954~978.

Kopp, S. W. & Landry, M. (2000). Clothed in the public interest: The common callings, commerce, and marketing. *Journal of Macromarketing*, *20*(1), 36~45.

Korpi, W. (2001). Contentious institutions: An augmented rational-action analysis of the origins and path dependency of welfare state institutions in Western countries. *Rationality and Society*, *13*(2), 235~283.

Krasner, S. (1988). Sovereignty: An institutional perspective. *Comparative Political Studies*, *21*(April), 66~94.

Krasnow, E. G. & Goodman, J. N. (1998), The 'public interest' standard: the search for the Holy Grail. *Federal Communications Law Journal*, *50*(3), 606~636.

Krattenmaker, T. G. and Powe, L. A. (1994). *Regulating Broadcast Program-*

ming. Cambridge, MA: The Mit Press.

Kuhn, R. (1988). The media and the public sphere in Fifth Republic France. In V. Randall (Ed.), *Democratization and the Media*. Portland, OR: Frank Cass Publishers.

Küng-Shankeleman, L. (2000). *Inside the BBC and CNN: Managing Media Organisations*. London and New York: Routledge.

Larabie, C. L. (2010). Net neutrality and the public interest: A comparative analysis of Canada, the UK, Australia and Japan. *Graduate Major Research Papers and Multimedia Projects, Paper 7*. http://digitalcommons.mcmaster.ca/cmst_grad_research/7.

Lasswell, H. (1948). *The Structure and Function of Communication and Society: The Communication of Ideas*. New York: Institute for Religious and Social Studies.

______(1960). The structure and function of communication in society. In W. Schramm (Ed.), *Mass Communication* (pp. 117~130). Urbana: University of Illinois Press.

Lerner, D. (1963). Toward a communication theory of modernization: A set of considerations. In L. W. Pye (ed.) (1963), *Communications and Political Development* (pp. 327~350). NJ: Princeton University Press.

Leunig, T. & Crafts, N. (2008). Did early utility regulation work? An investigation of British railway regulation prior to the First World War. The Public Service Programme Discussion Paper Series: No. 0804.

Levin, Y. (2002). Politic after the internet. *The Public Interest, Fall*, 80~94.

Leys, C. (2001). *Market-Driven Politics: Neoliberal Democracy and the Public Interest*. Verso.

Lievrouw, L. & Livingstone, S. (2006). Introduction to the updated student edition. In L. Lievrouw & S. Livingstone (Eds.), *Handbook of New Media: Social Shaping and Social Consequences* (pp. 1~14). Fully revised student edition. London: Sage.

Lijphart, A. (1975). The comparable-cases strategy in comparative research. *Comparative Political Studies, 8*(2), 158~177.

Lim, M. (2003). The internet, social networks, and reform in Indonesia. In N. Couldry & J. Curran (Eds.), *Contesting Media Power: Alternative Media in a Networked World* (pp. 273~288). Lanham, Maryland: Rowman & Littlefield Publishers.

Lowndes, V. (2002). Institutionalism. In D. Marsh & G. Stoker (Eds.), *Theory and Methods in Political Science*, 2nd ed. (pp. 90~130). Houndmills: Palgrave Macmillan.

Luther, C. A. & Boyd, D. A. (1997). American occupation control over broadcasting in Japan. *Journal of Communication*, *47*(2), 39~59.

Machill, M., Hart, T., & Hauser, B. K. (2001). Structural development of internet self-regulation: Case study of the Internet Content Rating Association (ICRA).

March, J. G. & Olsen, J. P. (1984). The new institutionalism: Organizational factors in political life. *American Political Science Review*, *78*, 734~749.

Markel Foundation (2001). Toward a framework for internet accountability.

Mcchesney, R. W. (2000). *Rich Media, Poor Democracy: Communication Politics in Dubious Times*. New York: The New Press.

______ (2004). *The Problem of The Media: U. S. Communication Politics in the 21St Century*. New York: Monthly Review Press.

McCulloch, J. R. (1848). *A Treatise on the Succession to Property Vacant by Death: Including Inquiries into the Influence of Primogeniture, Entails, Compulsory Partition, Foundations, etc.* Over the Public Interests, London: Longman, Brown, Green, and Longmans.

McDonnell, J. (1987). Public broadcasting: Cultural good or commercial commodity?. *Communication Research Trends*, *8*(3/4).

______ (1991). *Public Service Broadcasting*. London: Routledge.

McLean, I. (2004). The history of regulation in the United Kingdom: three case studies in search of a theory. In J. Jordana & D. Levi-Faur (Eds.), *The Politics of Regulation: Institutions and Regulatory Reforms for the Age of Governance* (pp. 45~66).

McQuail, D. (1992). *Media Performance: Mass Communication and The Public Interest*. Sage.

______(1995). Western European media: The mixed model under threat. In J. Downing, A. Mohammadi, & A. Sreberny-Mohammadi (Eds.), *Questioning Media: A Critical Introduction* (pp. 147~164). Thousand Oaks: Sage.

______(2000). *Mass Communication Theory*, 4th Ed. 양승찬 · 강미은 · 도준호 (역) (2002), 《매스커뮤니케이션 이론》. 나남.

______(2003). 공영방송의 자유와 책임. 강형철 (역) (2006), 《디지털 시대 공영방송의 책무수행 평가》. 서울: 한울.

Melody, W. (1997a). Chapter 2: Policy objectives and models of regulation. In W. H. Melody (Ed.), *Telecom Reform: Progress and Prospects* (pp. 11~24). Den Private Ingeniøfond, Technical University of Denmark, Lyngby.

______(1997b). Network cost analysis: Concepts and methods. *Telecom Reform: Principles, Policies, and Regulatory Practices* (pp. 207~237). Den Private Ingeniørfond, Technical University of Denmark, Lyngby.

Melody, W. H. (1989). Efficiency and social policy in telecommunication: Lessons from the U.S. experience. *Journal of Economic Issues*, *23* (3), 657~688.

Menon, S. (2005). The role of diverse institutional agendas in the importation of convergence policy into the Indian communications sector. *Journal of Policy, Regulation and Strategy for Telecommunications, Information and Media*, *7* (4), 30~46.

Meyerson, M. I. (1997). Ideas of the marketplace: A guide to the 1996 telecommunications act. *Federal Communications Law Journal*, *49* (2), 251~288.

Michalis, M. (2002). The debate over universal service in the European Union: Plus ça change, plus c'est la même chose. *Convergence*, *8* (2), 80~98.

______(2012). Assessing the british public value test: Benefits, limitations and challenges ahead. *International Journal of Media & Cultural Politics*, *8*(1), 13~30.

Millward, R. (2005). *Private and Public Enterprise in Europe: Energy, Telecommunications and Transport, 1830~1990.* Cambridge University Press: Cambridge, UK.

Mok, J. J. (1990). The role of elites in information technology development: A Korean case study. Ph.D. thesis, University of Taxas(Austin).

Monberg, J. & Esrock, S. E. (2006). What a long, strange trip it's been: The past, present, and uncertain future of universal service. *Convertgence 2000*, *6*(4), 78~92.

Moore, S. A. (2004). *A History of the Foreshore and The Law Relating Thereto. With A Hitherto Unpublished Treatise by Lord Hale, Lord Hale's "De Jure Maris" and Hale's Essay on the Right of the Crown in the Seashore*, 3rd Ed. Clark, New Jersey: The Lawbook Exchange, Ltd.

Moroni, S. (2004). Towards a reconstruction of the public interest criterion. *Planning Theory*, *3*(2), 151~171.

Mosco(2003). Brand new world? globlization, cyberspace, and the politics of convergence. In M. P. Mccauley, E. E. Peterson, & D. Halleck (Eds.), *Public Broadcasting and the Public Interest*(pp. 25~40).

Mueller, M. (1993). Universal service in telephone history: A reconstruction. *Telecommunications Policy*, *17*(5), 352~369.

Mulgan, G. J. (1991). *Communication and Control: Networks and the News Economies of Communication.* New York: The Guilford Press.

Munn v. Illinois(1876). 94 US 113, 24 L.Ed. 77.

Na, S. (1995). Business agenda. *Far Eastern Economic Review*, *22 June*, 55~56.

Napoli, P. (2001). *Foundations of Communications Policy: Principles and Process in the Regulation of Electronic Media.* Hampton Press.

Napoli, P. M. (2003). The public interest obligations initiative: Lost in the digital television shuffle. *Journal of Broadcasting & Electronic Media*, *47*(1), 153~156.

Negroponte, N. (1996). *Being Digital.* London: Hodder And Stoughton.

Nieuwenhuis, A. J. (1992). Media policy in the Netherlands: Beyond the market?. *European Journal of Communication*, *7*(2), 195~218.

Noam, E. (1991). *Television in Europe*. New York and Oxford: Oxford University Press.

______(1992). *Telecommunications in Europe*. Oxford University Press.

Norris, P. (2002). *Digital Divide: Civic Engagement, Information Poverty, and The Internet Worldwide*. New York, NY: Cambridge Univ. Press.

Oberlander, S. E. (2000). How independent are independent regulatory commissions? public interest decision making at the Federal Communications Commission. Unpublished Ph. D. Thesis at University of California, Berkeley.

Ofcom (2004). Ofcom review of public service television broadcasting: Phase 1. Is television special?.

Oftel (1995). Universal telecommunications services: A consultative document on universal service in the UK from 1997. Available at: http://www.ofcom.org.uk/static/archive/oftel/publications/1995_98/consumer/univ_1.htm#chap4.

______(1999). Universal telecommunications services: A consultative document issued by the Director General of Telecommunications. Available at: http://www.oftel.gov.uk/consumer/uts799.htm.

PCMLP (2004). Self-regulation of digital media covering on the internet: Industry codes of conduct in sectoral analysis.

Peacock, A. (1986). Report of the Committee on financing the BBC. HMSO.

Picard, R. (1985). *The Press and the Decline of Democracy: The Democratic Socialist Response in Public Policy*. Greenwood Press.

Pisciotta, A. A. (1997). Global trends in privatisation and liberalisation. In W. Melody (Ed.), *Telecom Reform: Principles, Policies, and Regulatory Practices* (pp. 333~348). Den Private Ingeniørfond, Technical University of Denmark, Lyngby.

Popper, K. (1979). *The Poverty of Historicism*. London: Routledge & Kegan Paul.

Posner, R. (1971). Taxation by regulation. *The Bell Journal of Economics and Management*, 2(1), 22~50.

Poster, M. (1997). Cyberdemocracy: Internet and the public sphere. In D. Porter(Ed.), *Internet Culture*. New York: Routledge.

Pratten, S. (1998). Needs and wants: The case of broadcasting policy. *Media, Culture & Society*, *20*, 381~407.

Preston, P. & Flynn, R. (2000). Rethinking universal service: Citizenship, consumption norms, and the telephone, *The Information Society: An International Journal*, *16*(2), 91~98.

Price, M. E. & Ravoy, M. (2003). *Public Service Broadcasting in Transition: A Documentary Reader*. Hague, Netherlands: Kluwer Law International.

Pritchard, D. (2000). Introduction: The process of media accountability. In D. Pritchard(Ed.), *Holding the Media Accountable: Citizens, Ethics, and the Law* (pp. 1~10). Bloomington, IN: Indiana University Press.

Prosperetti, L. & Cimatoribus, M. (1998). Telecommunications regulation in Europe. Working Paper Series. Dipartimento di Economia Politica, Universita degli Studi di Milano - Bicocca.

Prosser, T. (1992). Public service broadcasting and deregulation in the UK. *European Journal of Communication*, *7*(2), 173~193.

______(1997). *Law and the Regulators*. Oxford: Clarendon Press.

Raboy, M. (1996). The world situation of public service broadcasting: Overview and analysis. Available on: http://media.mcgill.ca/files/1997_Unesco.pdf.

Rapp, L. (1996). Comment: Public service or universal service?. *Telecommunications Policy*, *20*(6), 391~397.

Rawnsley, D. & Razar, N. (1999). Managing the universal service obligation. In M. A. Crew et al. (eds.), *Emerging Competition in Postal and Delivery Services*. © Springer Science+Business Media Dordrecht.

Reding, V. (2007). The EU telecoms reform 2007: Better, more consistent rules for effective competition and sustainable investment. Speech to the 8th Annual ECTA Regulatory Conference, speech/07/765, Brussels, 28 November.

______(2008). The access revolution: an evolution of regulation for competition. paper presented at the KPN Annual Event, 14 January.

Reich, R. B. (1988). Introduction. In R. B. Reich(Ed.), *The Power of Public Ideas* (pp. 1~12). Cambridge, MA: Harvard University Press.

Gill, R. (1991). *Economics and the Public Interest*, 5th Ed. Mountain View, CA: Bristlecone Books.

Robinson, M. (1999). Broadcasting, cultural hegemony, and colonial modernity in Korea, 1924~1945. In G. Shin & M. Robinson(Eds.), *Colonial Modernity in Korea*. Harvard University Asia Center.

Rogers, E. & Chaffee, S. (1983). Communication as an academic discipline: A dialogue. Journal of Communication 33(3), 18~30.

Rohlinger, D. A. (2007). American media and deliberative democratic processes. *Sociological Theory*, *25*(2), 122~148.

Rosengren, K. E., Carlsson, M., & Tågerud, Y. (1996). Quality in programming: Views from the north. In S. Ishikawa(Ed.), *Quality Assessment of Television* (pp. 3~48). Luton, University of Luton Press.

Rowland, W. D. (1997a). The meaning of "the public interest" in communications policy, part I: Its origins in state and federal regulation. *Communication Law and Policy*, *2*(3), 309~328.

______(1997b). The meaning of "the public interest" in communications policy, part II: Its implementation in early broadcast law and regulation. *Communication Law and Policy*, *2*(4), 363~396.

Ruck, S. (1992). Development of broadcasting law in the Federal Republic of Germany. *Communication European Journal of Communication*, *7*(2), 219~239.

Ryan, M. P. (1994). East Asian political economies and the GATT regime. *Asian Survey*, *4*(6: June).

Scannell, P. (1989). Public service broadcasting and modern public life. *Media, Culture & Society*, *11*(2), 135~166.

Schiller, D. (2007). The hidden history of US public service telecommunications, 1919~1956. *Info*, *9*(2/3), 17~28.

Schubert, G. A. (1960). *The Public Interest: A Critique of the Theory of a Political Concept*. Glencoe, IL: Free Press.

Schudson, M. (1994). The public sphere and its problems: Bringing the state (back) in. *Notre Dame Journal of Law, Ethics & Public Policy, 8*(2), 529~546.

Scott, W. R. (1995). *Institutions and Organizations*. London: Sage.

Self, P. (1993). *Government by the Market: The Politics of Public Choice*. London: Macmillan.

Sibert, F. S., Peterson, T. B., & Schramm, W. (1956). *Four Theories of the Press*. Urbana: University of Illinois Press.

Simpson, S. (2004). Universal service issues in converging communications environments: The case of the UK. *Telecommunications Policy, 28*, 233~248.

______(2010). Governing information infrastructures and services in telecommunications, Aslib Proceedings. *New Information Perspectives, 62*(1), 46~56.

Siune, K. & Hultén, O. (1998). Doses public broadcasting have a future?. In D. McQuail and K. Siune(Eds.), *Media Policy*(pp. 22~38). London: Sage.

Smith, A. (1998). Television as a public medium. In A. Smith(Ed.), *Television: An International History*(pp. 38~54). Oxford University Press.

Søndergaard, H. (1996). Public service after the crisis. *Nordicom Review*, 1996. 1, 107~120.

______(1999). Some reflections on public service broadcasting. *Nordicom Review*, 1999. 1, 21~28.

Speta, J. B. (2001). Common carrier approach to internet interconnection. *Federal Communication Law Journal, 54*, 225~598.

Spiller, P. & Vogelsang, I. (1996). The United Kingdom: A pacesetter in regulatory incentives. In B. Levy & P. Spiller(Eds.), *Regulations, Institutions, and Commitment: Comparative Studies of Telecommunications*(pp. 79~120). Cambridge University Press.

Stern, J. (2003). Regulation and contracts for utility services: Substitutes or complements? lessons from UK railway and electricity history. *Policy Reform*, 6(4), 193~215.

Sterling, C., Bernt, P., & Weis, M. (2008). *Shaping American Telecommunications: A History of Technology, Policy, and Economics*. New Jersey: Lawrence Erlbaum Assoc Inc.

Stigler, G. J. (1971). The theory of economic regulation. *The Bell Journal of Economics and Management Science*, 2(1), 3~21.

Stinchcombe, A. (1968). *Constructing Social Theories*. New York: Harcourt, Brace & World.

Storsul, T. & Syvertsen, T. (2007). The impact of convergence on European television policy: Pressure for change - forces of stability. *Convergence: The International Journal of Research into New Media Technologies*, 13(3), 275~291.

Sunsein, C. (2000). Television and public interest. *California Law Review*, 33(2), 499, 564.

______(2001). *Republic.Com*. Princeton, NJ: Princeton University Press.

Sykes Committee(1923). Broadcasting committee report, Cmnd. 1951, London: HMSO.

Syvertsen, T. (1992). *Public Television in Transition: A Comparative and Historical Analysis of the BBC and the NRK*. Oslo: Norges Allmen-nevitenskepelige Forskningsrad. Levende Bilder nr. 5/92.

______(1999). The many uses of the public service concept. *Nordicom Review*, 1999. 1, 5~12.

Tompson, C. & Temple, L. (1857). *A Practical Treatise on the Law of Carriers of Goods and Passengers by Land, Inland Navigation, and in Ships with an Appendix of Statutes and Forms of Pleadings*. Philadelphia, PA: T. & J. W. Johnson.

Tracy, M. (1977). *The Production of Political Television*. London, Henley & Boston: Routledge & Kegan Paul.

______(1998). *The Decline and Fall of Public Service Broadcasting*. New York:

Oxford University Press.

Tsatsou, P. (2011). EU regulations on telecommunications: The role of subsidiarity and mediation. *First Monday, 16*(1). http://dx.doi.org/10.5210/fm.v16i1.3150.

United States Department of Commerce (1997). A primer on the public interest obligations of television broadcasters. Prepared by United States Department of Commerce National Telecommunications and Information Administration for the Advisory Committee on the Public Interest Obligations of Digital Television Broadcasters (PIAC). http://www.ntia.doc.gov/legacy/archives/pubintadvcom/octmtg/PI-COVR2.htm#[8].

Uscinski, H. J. (1984). Comments: Deregulating commercial television: Will the marketplace watch out for children?. *The American University Law Review, 34*, 141~173.

Valcke, P. (2006). The future of must-carry: From must-carry to a concept of universal service in the info-communications sector. *Media Law & Policy, 15*(spring), 247~265.

Van de Wallea, S. (2008). What services are public? What aspects of performance are to be ranked? The case of "services of general interest". *International Public Management Journal, 11*(3), 256~274.

Verhoest, P. (2000). The myth of universal service: Hermeneutic considerations and political recommendations. *Media Culture Society, 22*, 595~610.

Ward, D. (2003). State aid or band aid? An evaluation of the European Commission's approach to public service broadcasting. *Media, Culture & Society, 25*(2), 233~250.

______(2008). The European Commission's state aid regime and public service broadcasting. In D. Ward (Ed.), *The European Union and the Culture Industries: Regulation and the Public Interest* (pp. 59~80).

Warnick, B. (2002). *Critical Literacy in a Digital Era: Technology, Rhetoric, and the Public Interest.* London: Lawrence Erlbaum Associates.

Webster, F. (2011). Information and democracy. In S. Papathanassopoulos

(Ed.), *Media Perspectives for the 21st Century*. London & New York: Routledge.

Wedell, G. (1994), Prospects for television in Europe. *Government and Opposition*, *29*, 315~331.

Weissman, S. (1981). FCC and minorities: An evaluation of FCC policies designed to encourage programming responsive to minority needs. *Columbia Journal of Law & Social Problems*, *16*, 561.

Wiio, J. (2004). From the information society to a knowledge-value society: Public service digital television as a player in the information society of the future. Paper presented during the RIPE@2004 conference, Copenhagen and Arhus.

Winston, B. (1995). How are media born and developed?. In J. Dowing, A. Mohammadi, & A. A. Sreberny-Mohammadi(Eds.), *Questioning Media: A Critical Introduciton* (pp. 54~74). SAGE.

______(1998). *Media Technology and Society: A History: From the Telegraph to the Internet*. London & New York: Routledge.

Woods, L. (2005). Broadcasting, universal service and the communications package. *Info*, *7*(5), 29~41.

Wright, C. (1975). *Mass Communication: A Sociological Perspective*, 2nd Eds. New York: Random House.

______(1986). *Mass Communication: A Sociological Perspective*, 3rd Eds. New York: Random House.

Wu, T. (2003). Network neutrality, broadband discrimination. *Journal of Telecommunications and High Technology Law*, *2*(1), 141~176.

______(2014. 5. 16). Net neutrality and the Idea of America. *The New Yoker*.

Wyman, B. (1904). The law of the public callings as a solution of the trust problem. *Harvard Law Review*, *17*(3), 156~173.

Xavier, P. (1997). Universal service and public access in the networked society. *Telecommunications Policy*, *21*(9/10), 829~843.

Yoo, C. S. (2004). The role of politics and policy in television regulation. *Emory Law Journal*, *53*(1), 255~275.

Zaragoza, R. Z., Bodorff, R. J., and Emord, J. W. (1988). Public interest transformed. In J. T. Powell & G. Wally (Eds.), *Public Interest and the Business of Broadcasting* (pp. 25~50). New York: Quorum Books.

"An unexpected invitation" (1995). *Business Asia*, February, 12.

찾아보기

ㅂ~ㅅ

ㅇ~ㅊ

ㅋ~ㅎ

기타